经纬徐也
挺技南天
贺教方印
走大方向项目
必至土壤

季羡林
九十有八

教育部哲学社会科学研究重大课题攻关项目

我国粮食安全保障体系研究

RESEARCH ON FOOD SAFETY
GUARANTEE SYSTEM IN CHINA

胡小平
等著

经济科学出版社
Economic Science Press

图书在版编目（CIP）数据

我国粮食安全保障体系研究/胡小平等著. —北京：经济科学出版社，2013.10

教育部哲学社会科学研究重大课题攻关项目

ISBN 978 – 7 – 5141 – 3823 – 8

Ⅰ.①我… Ⅱ.①胡… Ⅲ.①粮食问题 – 研究 – 中国 Ⅳ.①F326.11

中国版本图书馆 CIP 数据核字（2013）第 228674 号

责任编辑：王　娟
责任校对：杨　海
版式设计：齐　杰
责任印制：邱　天

我国粮食安全保障体系研究

首席专家　胡小平

经济科学出版社出版、发行　新华书店经销

社址：北京市海淀区阜成路甲 28 号　邮编：100142

总编部电话：010 – 88191217　发行部电话：010 – 88191522

网址：www.esp.com.cn

电子邮件：esp@esp.com.cn

天猫网店：经济科学出版社旗舰店

网址：http://jjkxcbs.tmall.com

北京季蜂印刷有限公司印装

787×1092　16 开　23 印张　430000 字

2013 年 10 月第 1 版　2013 年 10 月第 1 次印刷

ISBN 978 – 7 – 5141 – 3823 – 8　定价：58.00 元

（图书出现印装问题，本社负责调换。电话：010 – 88191502）

（版权所有　翻印必究）

课题组成员

首席专家： 胡小平　西南财经大学中国西部经济研究中心研究员、博导

主要成员： 汪希成　四川师范大学经济与管理学院教授、经济学博士

　　　　　　徐　芳　西南财经大学中国西部经济研究中心研究员

　　　　　　罗　叶　四川省粮食局政策法规处副处长、经济学博士

　　　　　　贾　晋　西南财经大学中国西部经济研究中心副教授、博导、经济学博士

　　　　　　袁　平　西南财经大学中国西部经济研究中心讲师、经济学博士

　　　　　　邱　雁　西南财经大学中国西部经济研究中心讲师、经济学博士

　　　　　　葛党桥　西南财经大学中国西部经济研究中心经济学博士

　　　　　　钟秋波　西南财经大学中国西部经济研究中心经济学博士

　　　　　　星　焱　西南财经大学中国西部经济研究中心经济学博士

　　　　　　朱　颖　西南财经大学中国西部经济研究中心经济学博士

编审委员会成员

主　任　孔和平　罗志荣
委　员　郭兆旭　吕　萍　唐俊南　安　远
　　　　　　文远怀　张　虹　谢　锐　解　丹
　　　　　　刘　茜

总　序

哲学社会科学是人们认识世界、改造世界的重要工具,是推动历史发展和社会进步的重要力量。哲学社会科学的研究能力和成果,是综合国力的重要组成部分,哲学社会科学的发展水平,体现着一个国家和民族的思维能力、精神状态和文明素质。一个民族要屹立于世界民族之林,不能没有哲学社会科学的熏陶和滋养;一个国家要在国际综合国力竞争中赢得优势,不能没有包括哲学社会科学在内的"软实力"的强大和支撑。

近年来,党和国家高度重视哲学社会科学的繁荣发展。江泽民同志多次强调哲学社会科学在建设中国特色社会主义事业中的重要作用,提出哲学社会科学与自然科学"四个同样重要"、"五个高度重视"、"两个不可替代"等重要思想论断。党的"十六大"以来,以胡锦涛同志为总书记的党中央始终坚持把哲学社会科学放在十分重要的战略位置,就繁荣发展哲学社会科学做出了一系列重大部署,采取了一系列重大举措。2004年,中共中央下发《关于进一步繁荣发展哲学社会科学的意见》,明确了21世纪繁荣发展哲学社会科学的指导方针、总体目标和主要任务。党的"十七大"报告明确指出:"繁荣发展哲学社会科学,推进学科体系、学术观点、科研方法创新,鼓励哲学社会科学界为党和人民事业发挥思想库作用,推动我国哲学社会科学优秀成果和优秀人才走向世界。"这是党中央在新的历史时期、新的历史阶段为全面建设小康社会,加快推进社会主义现代化建设,实现中华民族伟大复兴提出的重大战略目标和任务,为进一步繁荣发展哲学社会科学指明了方向,提供了根本保证和强大动力。

高校是我国哲学社会科学事业的主力军。改革开放以来，在党中央的坚强领导下，高校哲学社会科学抓住前所未有的发展机遇，紧紧围绕党和国家工作大局，坚持正确的政治方向，贯彻"双百"方针，以发展为主题，以改革为动力，以理论创新为主导，以方法创新为突破口，发扬理论联系实际学风，弘扬求真务实精神，立足创新、提高质量，高校哲学社会科学事业实现了跨越式发展，呈现空前繁荣的发展局面。广大高校哲学社会科学工作者以饱满的热情积极参与马克思主义理论研究和建设工程，大力推进具有中国特色、中国风格、中国气派的哲学社会科学学科体系和教材体系建设，为推进马克思主义中国化，推动理论创新，服务党和国家的政策决策，为弘扬优秀传统文化，培育民族精神，为培养社会主义合格建设者和可靠接班人，做出了不可磨灭的重要贡献。

自 2003 年始，教育部正式启动了哲学社会科学研究重大课题攻关项目计划。这是教育部促进高校哲学社会科学繁荣发展的一项重大举措，也是教育部实施"高校哲学社会科学繁荣计划"的一项重要内容。重大攻关项目采取招投标的组织方式，按照"公平竞争，择优立项，严格管理，铸造精品"的要求进行，每年评审立项约 40 个项目，每个项目资助 30 万～80 万元。项目研究实行首席专家负责制，鼓励跨学科、跨学校、跨地区的联合研究，鼓励吸收国内外专家共同参加课题组研究工作。几年来，重大攻关项目以解决国家经济建设和社会发展过程中具有前瞻性、战略性、全局性的重大理论和实际问题为主攻方向，以提升为党和政府咨询决策服务能力和推动哲学社会科学发展为战略目标，集合高校优秀研究团队和顶尖人才，团结协作，联合攻关，产出了一批标志性研究成果，壮大了科研人才队伍，有效提升了高校哲学社会科学整体实力。国务委员刘延东同志为此做出重要批示，指出重大攻关项目有效调动各方面的积极性，产生了一批重要成果，影响广泛，成效显著；要总结经验，再接再厉，紧密服务国家需求，更好地优化资源，突出重点，多出精品，多出人才，为经济社会发展做出新的贡献。这个重要批示，既充分肯定了重大攻关项目取得的优异成绩，又对重大攻关项目提出了明确的指导意见和殷切希望。

作为教育部社科研究项目的重中之重，我们始终秉持以管理创新服务学术创新的理念，坚持科学管理、民主管理、依法管理，切实增强服务意识，不断创新管理模式，健全管理制度，加强对重大攻关项目的选题遴选、评审立项、组织开题、中期检查到最终成果鉴定的全过程管理，逐渐探索并形成一套成熟的、符合学术研究规律的管理办法，努力将重大攻关项目打造成学术精品工程。我们将项目最终成果汇编成"教育部哲学社会科学研究重大课题攻关项目成果文库"统一组织出版。经济科学出版社倾全社之力，精心组织编辑力量，努力铸造出版精品。国学大师季羡林先生欣然题词："经时济世　继往开来——贺教育部重大攻关项目成果出版"；欧阳中石先生题写了"教育部哲学社会科学研究重大课题攻关项目"的书名，充分体现了他们对繁荣发展高校哲学社会科学的深切勉励和由衷期望。

　　创新是哲学社会科学研究的灵魂，是推动高校哲学社会科学研究不断深化的不竭动力。我们正处在一个伟大的时代，建设有中国特色的哲学社会科学是历史的呼唤，时代的强音，是推进中国特色社会主义事业的迫切要求。我们要不断增强使命感和责任感，立足新实践，适应新要求，始终坚持以马克思主义为指导，深入贯彻落实科学发展观，以构建具有中国特色社会主义哲学社会科学为己任，振奋精神，开拓进取，以改革创新精神，大力推进高校哲学社会科学繁荣发展，为全面建设小康社会，构建社会主义和谐社会，促进社会主义文化大发展大繁荣贡献更大的力量。

教育部社会科学司

前　言

自从人类进入农耕社会以后，粮食就是我们生存的最基本条件，无论哪个国家，国泰民安总是和粮食丰足紧紧联系在一起的。随着人口的不断增长，耕地越来越多地用于修建住房、道路、工厂以及拓展城市空间。到了20世纪中叶，人们终于发现我们赖以生存的地球正在变得越来越狭小。悲观的人不断地发出人类生存危机的呼吁，而乐观的人则寄希望于科学技术无止境地发展，它不仅可以带来新的优良品种和更高的生产率，甚至还可能用人工合成食物来解决人类的生存问题，谁敢断言未来的人类会与我们食用同样的食品？然而，我们现在还看不到这个前景。虽然转基因技术在农业生产上的应用可以大大提高农业生产率，但其安全性却受到广泛的质疑，还需时间来检验转基因技术是否可以用于食物的生产。这意味着至少在21世纪的很长一段时期内，人类的食物种类不会发生大的变化，粮食安全都将是全世界必须重视的大问题。

中国是世界上人口最多的国家，而中国的耕地资源和水资源又很短缺，远远低于世界平均水平。资源条件的约束使我国在增加粮食产量上的困难远远大于其他国家。新中国成立以来，我国政府一直高度重视粮食问题，"以粮为纲"曾经是我国农业生产的指导方针。但真正解决了中国人的吃饭问题还要归功于党的改革开放政策。农村家庭承包经营责任制充分调动了农民的生产积极性，我国的农业生产形势发生了根本性的转变。充足的农产品供给不仅极大地改善了我国人民的生活，还有力地支持了城市的经济体制改革。如果不是农村改革解决了吃饭问题，当城市中数千万国企职工下岗时，我们就不会有一个稳定的社会环境。

从1984年第一次出现农民"卖粮难"到现在,已经过去了整整30年,在这30年中,经历过食品定量供给时代的人都已步入老年,知道那个困难年代的人越来越少。20世纪80年代以后出生的人更是没有经历过饥饿的困苦,社会上浪费粮食的现象触目惊心,人们丧失了对中国粮食安全应有的警惕。实际上,除了1984年真正短暂出现过粮食"过剩"以外,其余的大多数年份我国的粮食供求都是处于"紧平衡"状态。

2004年以来,我国粮食创造了连续九年增产的奇迹,在粮食生产资源日益紧张的情况下能够九连增,确实不易。但是,尽管粮食产量不断跃上新的台阶,但我国还在不断刷新进口粮食数量的纪录。2012年,在粮食产量达到历史最高水平的情况下,我们仍然进口了7 000多万吨粮食,其中,净进口玉米、小麦、大麦、稻谷及大米等1 296.7万吨,大豆5 838万吨。造成这一现象的原因就是我国粮食需求的快速增长。一方面,人口的不断增加造成了粮食需求的刚性增长;另一方面,人民群众收入的不断增长带来了食物消费结构的巨大变化。自20世纪90年代以来,我国的人均口粮消费开始逐年下降,而动物性食品的消费却迅速增长。通俗地说就是饭吃得越来越少,肉吃得越来越多。如果说,过去粮食安全的任务是保证大家有饭吃,要"吃得饱",而现在粮食安全保障的重点则转移到要保证广大群众"吃得好"。从营养学角度来看,我国绝大部分城镇居民已经基本完成了食物消费结构的升级,不能在现有基础上再大量增加肉、蛋、奶的消费。但我国还有约一半人口是农村居民,他们的食物消费结构还远远没有达到(但最终要达到)与城镇居民相近的水平,我国还需要生产更多的肉、蛋、奶才能满足中国人食物消费结构升级的需求。因而我国粮食生产的任务还很重,还有很大的需求缺口要填补。只不过粮食品种的需求结构发生了变化,今后粮食生产的压力更多地将表现在饲料用粮这个问题上。近几年不断上涨的玉米价格已经揭示了未来粮食需求的发展趋势。

我国在粮食问题上曾经有过沉痛的教训,如何避免重犯过去的错误是我们必须高度警惕的问题。现在看来,三年困难时期粮食问题的出现并不能简单地归结为某个人或某些人的主观失误，而是在许多因素综合作用下一步一步演变出来的结果，它反映了我国体制上存在的缺陷。体制上的这些缺陷至今并没有得到解决。看看大量的耕地被用来修建空置的楼房，看看农民进城以后抛荒的农村土地，再算一算我们正在逐年下降的粮食自给率，我们能够对中国粮食安全问题掉以轻心吗？

我国理论界对中国粮食和粮食安全问题进行了大量的研究，这些研究成果无论在理论上还是在实践中都对我国的粮食安全起到了重要的作用。本书试图从一个新的角度讨论粮食安全保障问题。

过去我们在讨论中国的粮食安全问题时，都把重点放在如何抓好粮食生产这个环节上。毫无疑问，生产是粮食安全的基础，如果我们不能主要依靠自己的资源条件来生产粮食而寄希望于国际市场，中国的粮食安全就是一句空话。但是，如果认为粮食安全仅仅是生产方面的问题，那就陷入了误区。粮食安全要靠生产、储备、流通、进出口等各个环节的协调努力才能实现。以粮食储备为例，过去我们很多城市和以粮食消费为主的地区不愿意储备足够的粮食以应对不时之需。他们不愿意花这个钱，因为储备粮食要占用大量的资金。结果是把储备这个包袱甩给了粮食主产区。主产区的农民种粮食本来就赚不到多少钱，还要占用自己的资金把粮食储备起来等销区想用粮时才卖，谁还会有种粮的积极性？如果产区的农民都只管自己粮食够吃就行，销区的人又到哪里去买粮食？又如，粮食从生产者到消费者手中要经过流通环节，如果流通环节的工作没抓好，粮食不能及时地到达消费者手中，尽管全国的粮食总量是充足的，也会出现局部地区的暂时缺粮，这也可能引起粮食抢购风潮并导致局部或区域性的粮食安全公共危机。我国就出现过销区无库存，中央紧急向销区大量调粮的情况，结果加剧了铁路运输的紧张状况。运输一紧张，流通成本就跟着涨，各行各业都受影响。还有就是进出口，进出口是调节国内市场供求平衡的有效手段，但由于进出口的时点没有把握好，国内粮食充足时我们在进口，国内粮食紧张时却在出口，反而加剧了国内的供求失衡。

本书突破了传统的粮食安全观念，把粮食生产、储备、流通、进出口贸易和应急保障作为一个完整的系统来研究我国的粮食安全保障问题。构建了一个全方位的中国粮食安全保障体系的理论框架，并对这五个子系统的基本运行规律和存在的问题进行了分析讨论。中国粮食安全保障体系及其子系统的内容很复杂，一个课题不可能完成这么大的任务，本书的任务是构建一个体系，但不可能把所有的问题都逐一研究并提出切实可行的建议。本书留下的很多问题如果能够引起关心中国粮食安全问题的朋友作进一步深入的研究，也就达到了我们撰写这本书的目的。

本书各章分工如下：第一章由胡小平撰写；第二章由郭晓慧博士撰写初稿，葛党桥博士协助整理资料；第三、四、五章由汪希成教授撰写初稿，徐芳研究员、官雨虹同学搜集了大量资料；第六章由钟秋波博士撰写初稿；第七章由朱颖博士撰写初稿；第八章由星焱博士撰写初稿；第九章由贾晋副教授撰写初稿；第十章由邱雁博士撰写初稿；第十一章由袁平博士撰写初稿；第十二章由罗叶博士撰写初稿。全书由胡小平修改定稿。

袁洪斌副教授参与了课题前期的大量工作，国家统计局河南调查总队综合处处长张广宇博士为我们在河南省的调查做了周到的安排，他也参加了河南省的全部调研工作。课题研究过程中，很多专家、学者提出了有价值的建议，实际工作部门的同志为我们的调研提供了大量帮助，限于篇幅，不能在这里一一列出他们的姓名。在本书完稿之际，我谨代表课题组向他们表示深深的感谢！

胡小平
2013 年 4 月于成都

摘　要

粮食安全有着复杂的内涵，它贯穿于粮食生产、储备、流通、进出口各个环节，这些环节相互联系，形成一个由粮食的生产保障、储备保障、流通保障、进出口保障和应急保障为基本内容的粮食安全保障体系。本书构建了一个粮食安全保障体系的理论分析框架。

本书主要内容分为六个部分。

第一部分：我国粮食需求结构分析及预测（第二章）。

过去对我国粮食需求的测算主要是集中在总量方面，但缺乏对具体粮食品种需求量的测算。本书从营养标准视角，按照粮食的用途结构对2020年我国的粮食需求总量和主要粮食品种的需求量进行了预测。结果表明：2020年我国粮食需求总量约为6.1亿吨，其中玉米约占37%，将成为我国用量最大的粮食品种。

第二部分：粮食生产保障体系研究（第三～八章）。

本书在分析了改革开放以来我国粮食生产状况（第三章）的基础上，根据我国粮食综合生产能力建设过程中的实际情况以及粮食持续增产面临的挑战，从以下五方面论述了粮食生产保障体系的基本内容：

耕地资源保护与中低产田改造（第四章）。耕地是粮食生产的重要载体。面对我国耕地数量减少、质量下降、后备耕地资源利用潜力不大以及中低产田分布广、面积大的现实，应坚持集约利用和有效开发的原则，实行最严格的耕地保护制度，实现耕地数量与质量的动态平衡。尤其对中低产田改造，难点在于没有建立起有效的投入机制，本书就此提出了根据不同内容分类实施的新思路。

农业基础设施建设（第五章）。以农田水利为重点的农业基础设施薄弱对我国粮食综合生产能力的提高埋下了重大隐患，而资金短缺是造成我国农业基础设施薄弱最重要的因素。因此，建立健全以公共财政为主的多元化投入机制，加大财政及税收优惠政策，吸引农民及社会组织资金投入农田基础设施建设是提高我国粮食综合生产能力的重要战略任务。

粮食生产技术推广与制度保障（第六章）。农业科技推广体制的市场化改革，忽略了政府在农业技术推广中应承担的公益性职能，导致农业技术推广能力下降。本章以超级稻栽培技术推广为例，分析了政府主导型农业科技推广体制的弊端，提出了构建以政府、高校、科研院所为主体的新型多元化政产学研结合的农业技术推广体系的设想。

粮食生产经营形式创新（第七章）。实现粮食生产的规模经营是未来我国粮食生产发展的关键，但难点是土地集中困难，根本原因在于土地流转机制不健全和合理的土地流转价格机制缺失。本章基于对河南省种粮大户的调研资料，总结概括了种粮大户和种粮专业合作社的利弊，并提出了相应的促进土地流转和培育多种形式的粮食生产组织的政策保障措施。

粮食价格形成机制与生产者利益保护（第八章）。粮食生产价格是影响粮食生产者积极性的重要因素。本章在综合考虑了预期收益、机会成本、通货膨胀等因素的基础上，测算了2020年的粮食综合价格，应该上涨到5.5元/公斤左右才能保证粮食产量达到预期目标。

第三部分：粮食储备保障体系研究（第九章）。

作为粮食生产和消费的"蓄水池"，如果储备不足，有可能引发社会动荡；如果储备过多，会造成巨大的资金沉淀和消费。本章在对国家粮食储备目标和功能优化分析的基础上，测算了合理的储备规模，到2020年，城镇居民口粮保障的储备规模应大致保持在5 500万～6 500万吨左右。再加上全国饲料用粮储备约6 000万吨，两项合计，国家粮食储备规模应为1.2亿吨左右。而且要优化储备结构和储存形态，并适当保证部分成品粮油的储备比例，以应对突发性的粮食危机事件。

第四部分：粮食流通保障体系研究（第十章）。

粮食流通体制市场化改革，虽然形成了粮食流通主体多元化格局，繁荣了粮食流通市场，但同时也造成了政府对流通领域的调控能力下降和城市粮食公共危机应对能力不足的问题。粮食流通能力不足，极易产生粮食突发性风险。因此，在不断改革创新粮食流通体制的同时，必须保持政府强有力的应急干预能力，尤其是国有粮食企业应继续发挥在流通领域的主渠道作用。

第五部分：粮食进出口贸易保障体系研究（第十一章）。

改革开放以来，我国粮食进出口贸易格局在总量规模和品种结构方面发生了显著变化。随着近年来玉米和大豆进口量激增，我国已成为粮食净进口国，而且进口来源国过度集中，同时还存在着进出口时点的"逆向选择"问题。目前我国粮食自给率已不足90%。在此基础上，本书对优化我国进口粮食的品种结构、市场选择、利用替代品等方面提出了政策建议。

第六部分：突发事件下的粮食安全保障研究（第十二章）。

突发事件下的粮食安全保障是我国粮食安全研究中的一个重要问题。在全社会粮食供求形势总体良好的情况下，仍然可能由于突发事件形成局部地区人群以粮食抢购为特征的粮食不安全事件，甚至会引起粮食公共危机。本书从一个全新的视角提出了粮食公共危机的概念，揭示了粮食公共危机形成的机理，并根据周期过程中粮食公共危机的阶段性特点，提出了一系列政策建议。

Abstract

Food safety has complex connotations which run through all parts of the process that consists of food production, reserve, distribution, import and export. And these interrelated parts form a guarantee system of food safety, which includes sub – guarantee – systems of food production, reserve, distribution, import and export, and emergency support. This book builds a theoretical and analytical framework for the guarantee system of food safety.

The book is divided into six parts.

Part I: Analysis and forecast of the demand structure of China's food (Chapter 2).

The quantity estimation of China's food demand focused on the total demand but not on varieties in the past. From the perspective of nutritional standards, the book forecasts China's total demand and the individual demand for main food varieties in 2020, in accordance with the structure of the food uses; and the results of estimation show that: in 2020, the total food demand will be about 610 million tons, about 37% of which be maize that will be the largest consumption kind of food in China.

Part II: Research on the guarantee system of food production (Chapter 3 – 8).

According to the analysis of food production from 1978 to now (see Chapter 3) and the actual situations of China's food production as well as the challenges of food production continual growing, the book discusses the guarantee system of food production as following five aspects:

About protection of arable land resource and the low and medium yield farmland upgrade, see Chapter 4. The arable land is an important carrier of food production. Facing the quantity decreasing and quality reduction of arable land, small utilization potential of untouched arable land resource, and wide distribution of large scale low and medium yield farmlands, China should adhere to the principle of intensive use and effective development of arable land, implement the most stringent protection regulation of arable land, and then to balance the quantity and quality of arable land dynamically. Especially for the lacking effective investment mechanism of the low and medium yield farmland upgrade, the book proposes a new idea of different implementations for the different kinds of low and medium yield arable land.

For agricultural infrastructure construction, see Chapter 5. Focused on the irrigation and water conservancy, the weak agricultural infrastructure which mainly resulted from the capital shortage undermines the improvement of China's food production capacity. Therefore, the important strategic task for China to improve its food production capacity should be: establishing and improving the diversified investment mechanism focused on the public finance, increasing the financial and preferential tax policies, and attracting farmers' and social organizations' capital into agricultural infrastructure construction.

About the institutional guarantee for food production technology extension, see Chapter 6. Because of ignoring government's commonweal functions, market-oriented reforms of the agricultural technology extension resulted in the capacity decline of agricultural technology extension. This chapter takes the cultivation techniques extension of Super Rice as an example to analyze the drawbacks of the government-led agricultural technology extension, and then proposes to construct a agricultural technology extension system combined with governments, universities and research institutes.

For food production and management innovation, see Chapter 7. The scale management of food production will be essential for China's future food production. But it is difficult to realize the concentration of landholdings, basically because the land transfer mechanism has not been perfect and the reasonable price mechanism of land transfer doesn't be built. Based on the investigating and survey materials of the major producer of food in Henan province, Chapter 7 summarizes the pros and cons of the major producer and specialized cooperatives, and then proposes some corresponding countermeasures of promoting land transfer and fostering various food production organizations.

About the formation mechanism of food price and the producer's benefits protection, see Chapter 8. The key factor for food producer's behavior is the food producer price. Taking into account such factors as the expected benefits, opportunity cost and inflation, this chapter estimates the food price of year 2020 that it should go up to 5.5 RMB/kg so that the expected food production can be achieved.

Part III: The guarantee system of food reserve (Chapter 9).

As "reservoir" of food production and consumption, the insufficient food reserve may trigger social instability, and the excessive one may cause huge financial cost and waste. Based on the optimizing analysis of the goals and functions of China's food reserve, this chapter estimates that the reasonable reserve scale for guaranteeing urban residents' food should be about roughly 55 – 65 million tons, and the national food reserve about roughly 120 million tons if coupled with about 60 million tons of the national feed grain reserve. Furthermore, it's necessary to optimize reserve structure and storage forms of food, and to guarantee an appropriate reserve proportion of grain and food oil in order to efficiently respond to the sudden food crisis.

Part Ⅳ: Study on the guarantee system of food circulation (Chapter 10).

As results of the market – oriented reform of food circulation system, the pattern of multi – subject of food circulation has been formed and the food circulation market has been prosperous. But this reform also caused a decline in government's ability to regulate and control the food circulation, and the lack of coping capacity of public crisis of urban food demand. And it's easy to trigger sudden risk of food under the scarce capacity of food circulation. Therefore, it is a must to maintain government's strong intervention capacity of food emergency, especially maintain the state – owned food enterprises' role of main channel in food circulation, as well as the reform and innovation of the food circulation system continuing.

Part Ⅴ: Study on the guarantee system of food import and export (Chapter 11).

The trade pattern of China's food import and export has undergone significant changes in aspects of total quantity and the varieties structure of food from 1978 to now. With the sharp increase of corn and soybean imports in recent years, China has become a net importer of food characterized by too much concentration in food exporters and by a problem of "adverse selection" in trade policies of food. The time being, China's food self – sufficiency rate has been less than 90%. Based on the above analysis, the book discusses some countermeasures such as optimization of the food varieties structure of China's imports, market selection and food alternatives.

Part Ⅵ: Study on the guarantee system of food safety in the emergency (Chapter 12).

An important issue in China's food safety research is about the food safety in the emergency. The food safety events even public food crisis may be triggered because people in some local area would rush to purchase food, although the overall situation of the food supply and demand is well. The book explains the concept of public crisis of food from a new perspective, and then reveals the forming mechanism of public crisis of food, and finally discusses some related policy proposals based on the periodic characteristics of public crisis of food in the cycle process.

目 录

第一章 ▶ 绪论 1

第一节　粮食安全的概念及内涵　1
第二节　粮食安全保障体系及其构成　3

第二章 ▶ 我国粮食需求结构分析及预测 14

第一节　我国粮食需求特征分析　15
第二节　非食物用粮分析及预测　26
第三节　食物用粮分析及预测　28
第四节　中国粮食需求品种结构分析及预测　34
第五节　结论　40

第三章 ▶ 我国粮食生产保障体系研究（之一）
　　　　——我国粮食生产状况　44

第一节　粮食生产保障及其在粮食安全保障体系中的地位　44
第二节　改革开放以来我国的粮食生产状况　45
第三节　我国粮食持续增产面临的挑战　50

第四章 ▶ 我国粮食生产保障体系研究（之二）
　　　　——耕地资源保护与中低产田改造　55

第一节　耕地资源保护　55
第二节　中低产田改造　66

第五章 ▶ 我国粮食生产保障体系研究（之三）
　　　　——农业基础设施建设　79

第一节　农业基础设施的内涵界定　79

第二节　我国农业基础设施建设的现状和问题分析　80
第三节　农业基础设施薄弱的原因分析　88
第四节　加强农业基础设施建设、提高粮食产量的对策建议　93

第六章　我国粮食生产保障体系研究（之四）
——粮食生产技术推广与制度保障　97

第一节　技术进步对粮食生产的贡献　97
第二节　粮食生产技术推广的现状研究　100
第三节　农业科技推广的国际经验及启示　113
第四节　构建我国粮食生产技术推广服务体系及保障机制　118

第七章　我国粮食生产保障体系研究（之五）
——粮食生产经营形式创新　124

第一节　小规模分户经营方式对粮食生产的约束　124
第二节　粮食生产经营形式创新的实现途径——规模经营　127
第三节　推进规模经营的难点——土地集中　129
第四节　规模经营的模式及其利弊　135
第五节　政策保障　146

第八章　我国粮食生产保障体系研究（之六）
——粮食价格形成机制与生产者利益保护　150

第一节　我国粮食价格形成机制的演变历程　151
第二节　粮价调控目标与生产价格形成　166
第三节　粮食生产价格决定机制的改革思路　179
第四节　生产价格与粮食产量变动的定量检验　183
第五节　粮食生产价格的合理运行　186

第九章　粮食储备保障体系研究　194

第一节　我国粮食储备体系基本情况　194
第二节　我国粮食储备目标定位及合理规模　202
第三节　我国粮食储备布局研究　217
第四节　国家粮食储备的宏观调控　221

第十章　粮食流通保障体系研究　230

第一节　粮食流通保障体系在粮食安全中的功能和作用　230

第二节　新中国成立以来我国粮食流通体制的发展历程　232

第三节　我国粮食流通体系的运行机制　237

第四节　我国粮食流通保障体系的现状与特点　242

第五节　政府宏观调控粮食流通市场的绩效评价　247

第六节　粮食流通体系的国际比较与经验借鉴　250

第七节　优化我国粮食流通保障体系的政策建议　257

第十一章 ▶ 粮食进出口贸易保障体系研究　260

第一节　国际粮食贸易总体情况　261

第二节　国际粮食贸易的影响因素　265

第三节　我国粮食进出口贸易总体情况　269

第四节　利用国际粮食市场调节我国粮食供求关系　275

第五节　基本结论与政策建议　281

第十二章 ▶ 突发事件下的粮食安全保障问题研究　284

第一节　突发事件下粮食安全问题的表现：粮食公共事件与粮食公共危机　284

第二节　粮食公共危机的产生机理与基本特征　287

第三节　粮食公共危机演变路径与管理目标分析
——基于汶川特大地震及后续灾害期间的粮食公共危机管理　292

第四节　粮食公共危机的消费者视角：抢购风的产生与影响因素
——基于四川省21个大中型城市消费者问卷的实证研究　298

第五节　粮食公共危机预警、分级与管理原则　310

第六节　粮食公共危机产生的原因与防范、管理的对策　314

第七节　粮食公共危机管理立法建议　321

参考文献　322

Contents

Chapter 1 Introduction   1

1.1 The Concept and Connotation of Food Safety   1

1.2 The Guarantee System of Food Safety and Its Structure   3

Chapter 2 Analysis and Forecast of the Structure of Food Demand in China   14

2.1 Characteristics of China's Food demand   15

2.2 Analysis and Forecast of Non – Food Grain   26

2.3 Analysis and Forecasting of Food Grain   28

2.4 Analysis and Forecast of the Varieties Structure of Food Demand in China   34

2.5 Conclusions   40

Chapter 3 Study on the Guarantee System of China's Food Production: Production Status   44

3.1 Protection of Food Production and its Position in the Guarantee System of Food Safety   44

3.2 China's Food Production Status since the Reform and Open Policy   45

3.3 The Challenges of China's Food Production Continuing Grow   50

Chapter 4 Study on the Guarantee System of China's Food Production: Protection of Arable Land Resources and the Upgrading the Low and Medium – yield Farmlands   55

    4.1   Protection of Arable Land Resources   55

    4.2   Upgrading the Low and medium – yield Farmlands   66

Chapter 5 Study on the Guarantee System of China's Food Production: Construction of Agricultural Infrastructure   79

    5.1   The Concept of Agricultural Infrastructure   79

    5.2   Analysis of the Current Situations and Problems of China's Agricultural Infrastructure Construction   80

    5.3   The Reason Analysis of the Weak Agricultural Infrastructure   88

    5.4   The Countermeasure and Suggestions   93

Chapter 6 Study on the Guarantee System of China's Food Production: Technology Extension of Food Production and the Corresponding Institutional Guarantee   97

    6.1   The Contribution of Technological Advances to Food Production   97

    6.2   The Current Status of Technology Extension of Food Production   100

    6.3   International Experience and Its Implication of Agricultural Technology Extension   113

    6.4   Constructions of China's Food Production Technology Extension Service System and the Corresponding Guarantee Mechanism   118

Chapter 7 Study on the Guarantee System of China's Food Production: Innovations of Scale Operation and the Forms of Food Production Organizations   124

    7.1   Small – scale Household's Operation Placing Restrictions on Food Production   124

    7.2   The Way to Realize Innovation for the Forms of Food Production Organizations: Scale Operation   127

    7.3   The Difficulty in Carrying out Scale Operation: Concentration of Landholdings   129

7.4 Pros and Cons of Scale Operation　135

7.5 Policy Guarantee for Innovations of Food Production Organization Forms　146

Chapter 8　Study on the Guarantee System of China's Food Production: Food Price Formation Mechanism and Protection Mechanism of Producer Interests　150

8.1 Evolution of China's Food price Formation Mechanism　151

8.2 Control Targets of Food price and Producer price Formation　166

8.3 Thinking of Producer Price Formation Mechanism Reform　179

8.4 Quantitative Examination of the Changes of Food Producer Price and Food Output　183

8.5 Reasonable Operation of Food Producer Price　186

Chapter 9　Study on the Guarantee System of Food Reserves　194

9.1 The Status of China's Food Reserves System　194

9.2 The Targets and Reasonable Scale of China's Food Reserves　202

9.3 China's Food Reserves Layout　217

9.4 Macro-control of China's Food Reserves　221

Chapter 10　The Guarantee System of Food Circulation　230

10.1 The Function and Role of the Guarantee System of Food Circulation in National Food Safety　230

10.2 Evolution of China's Food Circulation System Since 1949　232

10.3 The Operating Mechanism of China's Food Circulation System　237

10.4 The Current Status and Characteristics of the Guarantee System of China's Food Circulation　242

10.5 Performance Evaluation of the Food Circulation Controlled by Government　247

10.6 International Comparison and Experience of Food Circulation System　250

10.7 Policy Recommendations on Optimizing the Guarantee System of China's Food Circulation　257

Chapter 11 The Guarantee System of China's Food Import and Export Trade 260

    11.1 The Overall Situation of International Food Trade 261

    11.2 Influencing Factors of International Food Trade 265

    11.3 The Overall Situation of China's Food Import and Export 269

    11.4 Using International Food Market to Adjust China's Food Supply and Demand Relationship 275

    11.5 Conclusions and Policy Recommendations 281

Chapter 12 The Guarantee System of Food Security in Emergencies 284

    12.1 Performance of the Problems in Food Security in Emergencies: Food Public Events and Crisis 284

    12.2 The Mechanism and Basic Characteristics of Food Public Crisis 287

    12.3 Evolution and Management Goals of Food Public Crisis: Case from Wenchuan Great Earthquake and Subsequent Disasters 292

    12.4 The Food Public Crisis from Consumer Perspective: Generation and Influencing Factors of Food Panic Buying Based on an Empirical Study of Sichuan Province 298

    12.5 Crisis Warning, Classification and Management Principles of Food Public Crisis 310

    12.6 Causes of Food Public Crises and the Countermeasures for Prevention and Management 314

    12.7 The legislative proposals on Food Public Crisis Management 321

References 322

第一章

绪　论

随着人口增长、城市化进程加快以及人民生活水平的不断提高，在未来的20～30年中，我国的粮食需求总量将保持刚性增长趋势，粮食供给的压力会越来越大，实现粮食安全将是一项长期、艰巨的任务。绷紧粮食安全这根弦，长抓不懈，是我们的一项基本国策。

本书将从生产、储备、流通、进出口、应急保障等环节论述我国粮食安全保障体系的构建，并就这些环节中的问题提出我们的政策建议。

第一节　粮食安全的概念及内涵

"粮食安全"（Food Security）的概念最早由联合国粮农组织（FAO）于1974年11月在第一届世界粮食会议上提出。后来经过多次补充，1983年，联合国粮农组织原总干事爱德华·萨乌马总结的"粮食安全"的定义是："确保所有的人在任何时候都能买得到又能买得起他们所需要的基本食物"。这个定义在相当长的一段时间内被人们普遍使用。

萨乌马的概念提出了两个基本要求：一是食物的供给必须十分充足，任何人都能随时买得到。二是食物的价格必须低廉，使任何人都能买得起。这是站在消费者的立场上提出的标准。换一个角度，从生产者一方来看，如果某种物品在市场上数量很多、价格又低，就意味着过剩，他是不会去生产这种物品的。市场上不会存在一种长期过剩的产品。市场机制必然会导致减少对该产品的资源配置。因而粮食安全概念提出任何人都能买得到又能买得起的这两个要求在市场经济中很难实现。国内也有不少研究者提出了这样一个观点：粮食应是一种"公共品"或"准公共品"，要由政府来提供。这样虽然避开了市场经济中不存在"长期过剩产品"问题，但从另一个角度给政府提出了难题。因为在现实生活中是没有任何政府能够以"公共品"或"准公共品"的形式长期向社会成员提供食物的。"粮食安全"概念说的也是"买得到"和"买得起"，并未要求作为一种公共品由政府来提供。从经济学意义上讲，萨乌马对"粮食安全"的解释是不符合市场经济规律的。

此后，FAO出版的《2001世界粮食不安全状况报告》中，又对粮食安全定义做了新的解释[①]："粮食安全就是所有人都能通过社会、经济等途径来获得充足、安全并富有营养的食物，以满足其积极健康生活的膳食需要及食物偏好。"在这个解释中，获取食物的途径除了经济方式（也就是通过市场）以外，还增加了从社会（Social）来获取。所谓从"社会"获取食物，意思是政府或社会团体向那些没有足够经济能力的人提供食品。这一解释内容的增加，说明FAO也意识到仅仅依靠市场机制不能实现全社会的粮食安全。

从字面意义来看，Food Security译为"粮食安全"并不十分准确，Food的直译是食物而不是粮食，"食物"的内容非常宽泛，它既包含了粮食（也就是谷物，其对应的英文词应是Grain）以及由粮食转化而来的各种食品，如肉、蛋、奶，甚至酒类，也包含了不需要用粮食转化的食物，如河湖海洋中的各种水产品、草食动物，以及人类食用的各种植物，蔬菜、水果等。Security更主要的意思是"保障"而不是"安全"，相比之下，从国外引入的另一个词"Food Safety"，我们译为"食品安全"就很准确，与Food Safety相比，把Food Security译为"粮食安全"显得有些牵强。笔者认为：Food Security更准确的意思应是"食品供给保障"。

联合国粮农组织提出这个概念的目的就是要保障食物供给，让人人都有饭吃，这是问题的核心。由于"粮食安全"这一译法已沿用多年，为了便于进一步的讨论，本课题仍然使用"粮食安全"作为基本概念，但本书坚持讨论的核心是"供给保障"问题，以免与"食品安全"概念混淆而产生歧义。还需要说明的是，本书研究的"粮食"就是谷物，即水稻、小麦、玉米、大豆等。它虽然与食物有区别，但我们认为，解决了粮食问题，也就基本解决了食物问题，至少在中国是这样。

---

① FAO下属的世界粮食安全委员会也使用了这一最新解释。

如果从谷物的角度来研究粮食和粮食安全，也存在一个问题，那就是在一个国家的粮食总需求中，有一部分是与食物供给无关的工业用粮，如化工、医药、纺织等行业的用粮。它们是不应包含在"粮食安全"概念中的。虽然我们可以对工业用粮的数量进行控制，但在利益驱动下，工业用粮也会挤占食物用粮。为了保证有充足的食物用粮，本书从粮食总需求的角度来考虑我国的粮食安全问题，构建的粮食安全保障体系也包括了我国的工业用粮需求。

第二节 粮食安全保障体系及其构成

粮食安全保障贯穿于生产、储备、流通、进出口各个环节，这些环节相互联系，形成一个复杂的系统，即粮食安全保障体系。粮食安全保障体系主要由粮食生产保障体系、储备保障体系、流通保障体系、进出口保障体系和应急保障措施这五个子系统构成。

一、粮食生产保障是粮食安全保障体系的核心基础

在粮食安全保障体系中，生产是最重要的基础环节，实现粮食安全首先要求我们必须生产出足够的粮食。而我国人口多，耕地资源稀缺，水资源不足，都成为制约我国粮食增产的瓶颈。对我们这个世界第一人口大国来说，必须坚持立足国内实现粮食基本自给的方针，着力提高粮食综合生产能力，提高粮食生产保障水平，才能确保国家粮食安全。

生产保障是整个粮食安全保障中最基础、最重要、内容最多的一个环节。本书用了六章来论述生产保障体系的内容。它们分别是第三章：我国粮食生产状况；第四章：耕地资源保护与中低产田改造；第五章：农业基础设施建设；第六章：粮食生产技术推广与制度保障；第七章：粮食生产经营形式创新；第八章：粮食价格形成机制与生产者利益保护。

（一）加强耕地保护和农业基础设施建设

人多地少是我国的基本国情。保证我国粮食产量和粮食安全的前提是确保一定数量的耕地面积和粮食播种面积。然而，现实情况是，随着人口增加、城镇化和工业化的加快推进，我国耕地数量正在逐年减少，而且耕地质量偏低，对我国粮食单产水平的提高造成了巨大压力。1996～2008 年，我国耕地面积从

130 039.2 千公顷减少到 121 715.9 千公顷（18.26 亿亩），净减少 8 323.3 千公顷（1.25 亿亩），年均减少 693.6 千公顷。《国家粮食安全中长期规划纲要（2008～2020年）》明确提出到2020年我国耕地保有量不低于18亿亩，粮食播种面积不低于15.8亿亩。这意味着从现在到2020年期间，只有0.26亿亩耕地可以占用，这对我国的耕地保护提出了前所未有的挑战。

在我国现有耕地中，大约2/3是中低产田。中低产田既是影响我国粮食生产再上新台阶的制约因素，又是粮食增产潜力的希望所在。在我国耕地面积逐年减少的前提下，通过中低产田改造，提高粮食单产，将成为保障我国粮食安全的重要途径。然而，我国中低产田面积大、分布广，改造需要大量资金投入。目前，中低产田改造的难点在于没有建立起有效的投入机制。按照"谁投资、谁受益"原则，农村土地所有者和经营者本应是投入主体。但因耗资巨大，无论是村集体还是农民都没有投资能力。加之粮食生产的比较效益太低，根本无法激励农民投资改造土地的积极性。如果完全依靠财政投入来完成改造，不仅在理论上说不通（因为政府不是农村土地的所有者，也不是土地经营成果的受益者），财政也承担不起。因此，应当根据不同内容分类实施：农田共用的基础设施（如道路、农田水利设施等）可由财政投资、农民投工来共同解决；土地整治（如土壤改良、地力培肥等）可由财政给予少量补贴、以土地经营者投入为主来解决。随着土地流转的逐步推进，应鼓励形成土地经营者投入为主、财政补贴为辅的中低产田改造投入机制。为了解决资金不足的问题，要把改造中低产田的重点放在粮食生产的核心产区和全国的产粮大县。按照"统筹使用"原则，以农业综合开发中低产田改造项目为平台，将与中低产田改造密切相关的国土资源部土地整理、农业部优质粮食产业工程、国家林业局防护林工程及生态建设等中央农口项目资金统筹规划，集中使用，并用有效措施保证改造后的耕地用于粮食生产。

在加强耕地保护和改造中低产田的同时，强化以农田水利为重点的农业基础设施建设是提高农业综合生产能力和粮食安全的根本保障。近年来频繁出现的严重水旱灾害，暴露出我国的农田水利等基础设施还十分薄弱，是我国粮食安全的重大隐患。我国农田水利等基础设施骨干工程大多建于20世纪50年代至60年代，由于投入不足，年久失修，设备老化，带病运行，抵御自然灾害的能力大大下降，严重影响了我国粮食综合生产能力的提高和农业现代化的发展。加强以农田水利为重点的农业基础设施建设，已成为提高我国粮食综合生产能力迫在眉睫的重要战略任务。而从目前来看，资金短缺又是制约我国农田水利建设最重要的因素。因此，要建立健全以公共财政为主的多元化投入机制，加大财政及税收优惠政策，吸引农民及社会组织的资金投入农田基础设施建设。一是加大各级政府的投入力度，逐步提高农田水利设施建设投资占国家基建总投资的比重。具体做法是争取中央加大对农村水利建设的投入力度，建立合理的投资分担机制和不同级次政府的事权和财权配比机制，以缓解地方财政困难，充分调动农民的投资和参与信心。二是调整公共支出结构，各级财政按照经济增长速度，逐年调整农村水利建设的投资预算，加大对农田水利设施的投入力度。三是引入市场化机制，广开融资渠道。不断开辟新的农业投入渠道，逐步形成农民积极筹资投劳、政府持续加大投入、社会力量广泛参与的多元化投入机制。

（二）在满足口粮需求量情况下，调整粮食作物种植结构

本书预测，2020 年我国粮食需求总量约为 6.1 亿吨，较 2011 年消费量（59 101 万吨）增长约 2 000 万吨，与 2011 年中国粮食产量（57 121 万吨）相比，高出约 4 000 万吨，为实现供需平衡，粮食生产需要保持年均约 0.8% 的增速，平均每年约需增长 450 万吨。

需要指出的是，从 2004 年开始至 2012 年，我国粮食产量实现历史性的"九连增"，粮食产量从 2004 年的 46 946.9 万吨增加到 2012 年的 58 957 万吨。人均粮食占有量从 2004 年的 722 斤递增到 2012 年的 870 斤。而在此次粮食"九连增"之前，我国人均粮食占有量的最高点是 1996 年的 824 斤。在粮食增产的硬性约束没有大幅改观之前，我们认为粮食产量不可能持续保持增产状态。

在控制用途结构的前提下，预计 2020 年中国粮食分品种的需求量为：稻谷 1.4 亿吨，小麦 0.91 亿吨，玉米 2.3 亿吨，大豆 0.68 亿吨，以上四类的总量约为 5.3 亿吨（其余 0.8 亿吨为薯类和杂粮），占粮食总量的 86.8%。玉米需求较 2011 年增长 3 900 万吨，增幅为 20.4%，将取代稻谷成为中国第一大粮食品种。

2020 年稻谷需求量较 2011 年减少 5 500 多万吨，降幅为 28.2%，与 2011 年产量相比，供需盈余约 6 000 万吨。小麦需求量较 2011 年减少 1 800 万吨，降幅为 16.5%，与 2011 年产量相比，供需盈余约 2 700 万吨。玉米需求量较 2011 年增加 3 500 多万吨，按照 2011 年玉米产量，缺口为 3 900 万吨。稻谷和小麦出现盈余，玉米出现缺口，需要调整粮食生产战略，把发展玉米生产作为今后粮食增产的重点。

玉米作为主要的饲料用粮，提高玉米总产量对满足饲料用粮需求有着重要的作用。2011 年，袁隆平院士的超级稻百亩试验田亩产达到 926.6 公斤，比常规水稻增产 30%～40%。如果能够通过建立一套有效的超级稻推广体系，推广超级稻栽培技术，引导农民种植超级稻理论上存在置换出水稻总种植面积 30%～40% 的耕地用于种植高产玉米的可能性。从我国的玉米生产情况看，2010 年，我国玉米每亩平均产量为 360 公斤，比欧盟国家的平均水平低了 100 多公斤，比美国的平均水平低了 580 公斤。中国要提升玉米单产的潜力，接近美国的平均水

平,开展玉米转基因新品种的选育工作变得十分必要,但同时必须做好对转基因品种的风险控制。当然,水稻和玉米播种面积的置换必须以超级稻能够大面积推广为前提,否则会影响口粮的供给。

(三) 粮食生产技术推广与制度保障

科技进步是推动农业生产力发展的基本要素之一,农业生产技术推广服务体系建设是提高粮食生产水平的重要技术支撑。从中长期来看,我国耕地面积刚性减少,大幅度扩大播种面积来增加粮食产量可能性不大,重点要放在提高粮食单产水平。提高粮食单产水平必须依靠科技进步和粮食生产技术推广服务体系的建立。长期以来,由于我国农业科技投入增长缓慢,增速低于财政用于农业支出的增长,导致农业科技创新能力严重不足。加之在农业科技推广体制改革过程中,各级政府过度强调农技推广的市场化手段,忽略了政府在农业技术推广中应承担的公益性职能,致使许多基层农业科技推广机构"线断、网破、人散、站撤",农业技术推广能力下降。因此,加快农业科技体制创新,建立起能有效激发科技推广人员积极性的农业科技推广制度,加快粮食生产技术推广服务体系建设是保证粮食增产的关键内容。

"超级稻"的推广就是一个典型的例子,在杂交水稻基础上发展起来的"超级稻"是我国粮食生产一个具有很大潜力的增长点。然而,仅靠超级稻种子的使用还不能达到增产的预定目标,需要配套与之相适应的田间管理技术,即"良种"与"良法"要结合起来使用。一般情况下,良种与栽培技术在超级稻增产中的贡献率各占50%左右。即如果超级稻能够实现30%的增产,则仅使用良种而没有采用配套栽培技术,增产效果约为15%;另一方面,如果不采用超级稻良种,但只要采用了高产栽培技术,也能够增产15%左右。从现有农业科技推广制度看,推"良种"易,推"良法"难。这是因为良种的推广已经形成了一整套符合市场机制的制度,使用"良种"产生的效益在育种者、经销者、使用者之间分配,各方面都获得了利益,因而"良种"的推广已不存在制度障碍。而"良法"基本上是以无偿服务方式推行的。配套栽培技术的研究和推广属于纯公益性,工作量大,技术性强,需要先示范再推广,任务艰巨。而且,在目前县、乡两级财政普遍困难的情况下,推广经费投入不足已经成为制约我国超级稻示范推广的"瓶颈"。同时,缺乏有效的利益激励也成为制约农技人员推广积极性的主要原因。部分地区将工作重点放在超级稻品种的筛选和推广上,而对配套栽培技术示范推广重视不够,使得示范片种植与转化成为农民的实用技术发生了脱节,也就是有良种而无栽培技术。因此,加快农业科技体制创新,明确界定基层农技推广体系的公益性职能,建立健全科技推广绩效评价与收入分配相结合的激励机制，有效激发科技推广人员的积极性，是保证粮食增产的关键内容。

（四）推进粮食生产经营制度创新和规模经营

土地经营的分散、零碎是我国粮食生产中存在的一个极为普遍的现象。家庭经营规模小以及粮食生产的比较效益低，在一定程度上已经限制了农民种粮的积极性和农民收入的提高。我国粮食生产经济效益不高的根本原因是经营规模过小。经济效益直接影响到农户的生产积极性，并成为一些年份粮食减产的主要原因之一。所以，将分散、零碎的地块适当整合，可以提高土地利用率，能产生一定程度的规模效益，从而达到增加粮食产量的目的。规模经营更重要的作用在于把分散的兼业经营小农户转变为专业化的粮食生产者，为粮食生产构建一个稳定的基础。因此，未来粮食生产发展的关键是要逐步推动以家庭联产承包责任制为主的生产组织形式创新和农村土地流转制度。即，在坚持家庭承包基本经营制度的前提下，在坚持依法、自愿、有偿的原则下，积极推进农村土地流转，积极鼓励种粮大户、专业协会和合作经济组织发展，实现粮食生产的规模化、集约化和专业化，提高种粮农民收益和粮食生产保障水平。20世纪90年代以来，我国粮食主产区不断增产的经验已经证明：培育专业化、规模化的粮食生产大户，发展粮食规模经营是建立稳定的粮食生产基础的有效办法。

粮食生产实现规模经营的难点是土地集中困难，关键是农村土地流转比例不高。目前，农村土地流转面积占耕地总面积的比例一般在20%以下，即使流转的土地也大都集中在投资收益较高的高效农业种植，如蔬菜、果林等和养殖业，很少用于粮食生产。造成土地集中困难的原因主要有农民流转土地的意愿不强、土地流转机制不健全、合理的土地流转价格机制缺失等。因此，未来的粮食规模经营要在完善土地流转机制，降低土地流转风险和继续加大对种粮农民补贴的基础上，加大政策扶持力度，积极扶持种粮大户，提高粮食生产规模化水平。加快培育发展粮食专业合作组织，积极探索粮食生产服务的各类专业组织，提高粮食生产组织化程度。

（五）加强粮食价格的调控和粮食生产者利益保护机制

调动农民种粮积极性是提高粮食生产保障水平和确保粮食安全的根本。从实行家庭联产承包责任制、改革粮食统购统销体制、几次大幅度提高粮食收购价，到对种粮农民实行"三减免四补贴"、出台粮食最低收购价政策等，不断加大扶持力度，各项政策均是以调动农民种粮积极性为出发点。但是，随着城市经济快速发展，非农产业为农民提供的就业机会日益增多，农村"空心化"现象也越来越明显。目前在农村从事粮食生产的大都是在非农产业中没有就业竞争力的老弱农民,这是我国粮食生产的一大隐患。从中长期来看,除了发展粮食规模经营外,关键还在于加强对粮食价格的调控,尽快扭转我国粮价偏低的状况,形成粮价稳步、合理上涨机制,让农民愿意并安心种粮,这是稳定粮食生产的一项关键措施。

本书在设定了2020年总产量目标和1985~2011年间相关经济指标的变动情况的基础上,测算了未来时期粮食生产价格的合理运行区间。在满足设定条件的情况下,若要同时实现到2020年粮食增产2 000亿斤、平均成本利润率保持在45%左右这两个目标,那么到2020年粮食综合价格应该上涨到5.5元/公斤左右。

二、充足的粮食储备是保持市场供求平衡的基本条件

粮食储备用于调节粮食供给波动、平抑粮食价格,是粮食安全保障体系的重要组成部分。我们从以下三个方面研究了粮食储备体系:一是计算合理的储备规模;二是明确不同层次的储备主体;三是保持合理的储备结构。

(一)关于储备规模

粮食储备作为调节社会粮食供求的"蓄水池",合理的粮食储备规模既是保持市场供求平衡的基本条件,也是粮食储备中的一大难点。如果粮食储备不足,在紧急状态下可能会造成供给紧张,甚至会引起社会动荡;如果粮食储备过多,将导致财政的不合理开支和消耗,造成资金沉淀和不必要的浪费。合理的储备数量既可保障粮食安全,又能节省资金。

关于粮食储备规模,很多国内学者依据不同的测算方法进行过预测。然而,从现实情况看,居民口粮是国家粮食储备的保障主体,对口粮的分析与预测是核算合理粮食储备规模的基础。本书在探讨居民口粮消费特征基础上,以官方数据为基础,预测2020年我国城镇居民口粮的保障储备规模应该大致保持在5 500万~6 500万吨左右。再加上全国饲料用粮储备大致在6 000万吨左右,两项合计,国家粮食储备规模大致在1.2亿吨左右。

(二)关于储备主体

目前,我国已逐渐形成了政府储备(中央专储、地方储备)、企业商业储备和农户家庭储备三位一体的多元化粮食储备格局。从储备数量上看,政府储备(包括中央专储和省、市、县级储备)占全国储备总规模的80%以上,这是我国

粮食安全的最重要保障。与此相对应，企业商业储备主要是保障企业加工用粮需求，基于成本考虑，储备数量一般不超过一个粮食生产周期的加工用粮数，可用于调节市场供求的数量比较有限。我国农户粮食储备主要用于满足口粮和饲料用粮需求，20世纪80年代中期以来，粮食供给不再短缺，农户的"备荒"心理已基本消失，家庭粮食储备数量不多，可用于调剂市场余缺的总量作用很小。

过去，我国粮食储备主要由各级粮食部门承担储备任务。由于储备粮食会造成大量资金沉淀，地方政府往往不愿意在这方面投入足够的资金，其结果是销区的储备普遍不足，达不到中央要求的6个月需求量的储备数量。更有甚者，有些地方的粮食部门将储备资金挪作他用，造成储备粮"账实不符"，埋下了严重的隐患。

2000年，中央开始建立直接控制的中国储备粮管理总公司（以下简称"中储粮"）。其政策设计的意图在于规避"账实不符"的风险，以保证中央政府在应对粮食公共危机时有充足的粮源，由此形成了中央和地方两套粮食储备系统。粮食储备的事权也在这两套系统中进行了初步划分。中央储备负责全局性的粮食供求失衡和突发事件引发的公共危机，区域性的粮食供求失衡则在地方粮食储备的框架下解决。以近年来发生的局部地区的粮食公共事件来看，所需要的粮食保障性供给量本应靠省级储备来解决，而实际每次危机都是调用中央储备来平息粮食公共危机。这就验证了建立中央粮食储备体系确实为保障粮食安全发挥了重要作用。中储粮体系的建立，有效地防范了粮食储备风险。但另一方面，也形成了地方政府对中央储备的依赖。地方政府的粮食储备数量急剧减少，有些地方政府甚至委托粮食经营企业代储，自己基本不储粮。近年来，中储粮体系在运行过程中也产生了不少问题，尤其是改革前国有粮食部门集政策性经营与商业性经营于一体的弊病在中储粮系统重演。目前，中储粮的经营范围已逐渐突破政策性领域，不断寻求向下游产业链的延伸，开始涉足经营性活动。这样，中储粮一方面在粮食收储环节享受农发行全额贷款和财政包干补贴，获取政策补贴；另一方面又凭借原粮优势和垄断地位涉足产业化经营，谋取市场利润。在获取国家财政补贴和市场利润诉求的双重激励下，中储粮自然形成了不断扩大粮食储备规模的动机，粮食储备的目标功能范围不断扩张，远远超出维护国家粮食安全的战略储备规模，为满足产业化经营储备了大量的商业性储备粮。中储粮这种多元化目标形成的超额储备，已违背了设立中储粮体系的初衷。

（三）关于储备结构

目前，我国的粮食储备品种结构存在的主要问题有以下两个方面：一是稻谷和小麦的储备相对不足，玉米储备规模偏高。我国北方地区主食食品主要是小麦，南方广大地区和全国大中型城市居民日常食用的主食食品 60% 以上为大米，玉米的主要用途是饲料加工等转化用粮，居民口粮占的比例较小。储备结构与消费结构的不匹配降低了粮食安全的保障力度。二是从储存形态看，现有储备粮都是以原粮（小麦、稻谷、玉米）和原油（毛油）的形态储存，没有一定数量的成品粮库存（面粉、大米等），在救灾或突发事件需要紧急动用时，首先要找加工厂进行加工，从而相对延误了投放时机。因此，优化粮食储备品种结构，首先要加大稻谷的储备规模，逐渐减少玉米的储备量；其次要适当保证部分成品粮油的储备比例，以应对突发性的粮食危机事件。最后，还要适度加大绿色、有机等高品质粮食品种的储备规模，以满足居民的消费需求。

三、粮食流通是保障粮食安全的关键环节

粮食流通保障是指粮食的运输、销售网络及相配套的原粮加工能力，是粮食供给保障体系的终端环节。通俗地讲，粮食流通就是要把粮食顺利送到消费者手中，具体包括区际间的粮食流通和小区域内的粮食流通。区际间的粮食流通主要是从产区运往销区；小区域内的粮食流通主要是由粮食加工企业将原粮加工成贸易粮后通过市场销售到消费者手中。从粮食安全保障体系的整体来看，如果粮食流通体系不健全，运销效率低，即使粮食综合生产能力比较强，粮食安全保障水平也不够高。在突发事件下，粮食如果不能及时从产区运往销区，有可能出现暂时的、局部的粮食供给紧张局面，甚至出现粮食公共危机。

长期以来，我国粮食区际间的流通主体是国有粮食企业。但自 2003 年我国实行粮食流通体制改革以来，国有粮食企业对流通领域的垄断局面被打破，形成了多元化的粮食流通格局。粮食流通领域竞争的出现使农民不仅能以更好的价格出售粮食，还能享受到更优质的服务。在减少了国家对粮食流通企业补贴的同时，从全社会来看，粮食物流的效率也普遍得到提高。

在 1998 年和 2003 年两轮粮食流通体制改革期间，国有粮食流通部门的资产被大量处置，粮食收购、储备网络被大幅度压缩，导致两个方面的不利后果：一是政府对流通领域的调控能力下降，执行粮食最低收购价的收购网点严重不足。二是城市粮食公共危机应对能力不足。大多数城市的国有粮食供应系统已经基本解体，主要依靠农贸市场和超级市场，一旦出现城市粮食供应危机，缺乏有效的粮食应急供应体系保障。因此，如何发挥国有粮食企业在流通领域主渠道作用的同时加快其改革进程，仍然是一个亟待解决的问题。

目前，国有粮食企业在粮食流通领域仍占主导地位。以中储粮为例，2008 年 3 月分别占到市场流通量 50% 的份额和市场销售量 60% 的份额。有学者认为

这个市场份额过大，还可进一步降低。这个份额是否过大需要在实践中验证，但本书认为，即使国有粮食企业的市场份额可以进一步降低，它在粮食流通领域中的主渠道地位无论如何不能丧失。这种主渠道作用将保证国家的调控能力。2003年SARS疫情、2008年春季南方雪灾、"5.12"汶川大地震等事件中，正是国有粮食部门的主渠道作用有力地保障了受灾地区的粮食供应，避免了局部粮食安全危机的发生。

历史经验说明，粮食安全突发性风险往往发生在流通环节，能否把粮食安全危机消灭在萌芽状态，取决于国家是否掌握流通主渠道并能利用它来调控流通领域，保障粮食供给。在粮食流通领域，既要不断地改革创新，建立充满活力的竞争机制，又必须保持政府强有力的应急干预能力。

四、粮食进出口是调剂粮食余缺的重要手段

粮食进出口是调节我国粮食供求平衡的重要手段，主要目的是弥补我国粮食总量的不足和品种质量的调剂。在保障国内粮食基本自给的前提下，合理利用国际市场调剂粮食余缺是保障我国粮食安全的一项必然选择。

改革开放以来，我国粮食进出口贸易格局在总量规模方面发生了显著变化。1978~1996年，总体上是粮食净进口国。1997~2008年，总体上是粮食净出口国，中间仅有2004年为净进口。但2009年至今，又成为粮食净进口国。从品种结构来看：大米基本上维持一定量的出口，但净出口量已明显减少；小麦净进口但总量呈减少态势；玉米出口已大幅度减少并于2010年转变为净进口。2012年进口玉米180万吨，比2009年激增19倍多。大豆从1996年开始进口量激增，并从当年的111万吨持续猛增到2012年的5 838万吨，17年间进口量暴增了52.6倍。一般认为大豆是油料作物，进口大豆对我国粮食的自给率不构成影响。但是，大豆只有20%左右作为油料使用，80%的豆粕在我国作为饲料粮使用，相当于进口了4 600多万吨的饲料粮。算上大豆，我国目前粮食自给率已下降到90%左右。同时近年来我国进口玉米数量也大幅度增加，表明目前我国饲料粮存在较大的缺口，需要通过进口来维持国内市场粮食的基本供需平衡。然而，随着国际上（特别是美国）把玉米作为生产燃料乙醇的原料，国际玉米市场需求不断趋紧。因此，寻求饲料粮替代品种，可以缓解我国粮食进口压力和过度依赖国际市场的风险，同时也是规避大豆及玉米需求严重依赖进口的有效措施。

从我国粮食进口来源地来看，我国粮食进口来源国过度集中，尤其是小麦、玉米和大豆进口来源国，高度集中于极个别国家，这种粮食进口贸易格局，一旦出口国爆发突发事件如自然灾害等，将在很大程度上威胁到我国的粮食安全。另

外,2007年以来,国际市场粮价快速上涨,加之极端气候状况导致世界粮食产量下降,世界主要粮食出口国如俄罗斯、澳大利亚等均限制或停止其粮食出口,导致我国粮食对国际市场的可依赖程度降低。

在我国以往的粮食进出口贸易中,还存在进出口时点选择的政策问题。在我国粮食丰收年,粮食进出口贸易表现为大量粮食净进口。但在粮食产量大幅减产的年份,粮食进出口贸易却表现为大量粮食净出口。这种异常情况的出现,说明我国的粮食进出口贸易中售卖或采购的时点决策存在较大的问题。为了避免这类不利于我国国内粮食余缺调剂和粮食安全保障的"逆向"调剂问题出现,有必要改善我国的粮食进出口决策机制,增强灵活性,并与来年的国内粮食产量状况挂钩。

五、突发事件下的粮食供给保障是重大的粮食安全问题

我国和国际上多年的一系列事件证明,在全社会粮食供求形势总体良好的情况下,仍然可能由于突发事件的发生而出现一定区域内的公共性粮食不安全事件。在地震、洪灾、极端气候灾难和大范围卫生疫情等突发事件冲击下,极易形成局部地区人群抢购粮食。如果处置不当、拖延时间长就会积累、扩散成粮食公共危机,从而形成粮食供给甚至相关产品的连锁反应的公共危机,或者形成突发事件状态下的粮食安全危机甚至社会稳定危机。

历史经验告诉我们,虽然粮食公共危机存在一些偶然性突发诱因,但也有一些规律性的原因、表现和后果。通过对近年来我国发生的粮食公共事件的总结,粮食公共危机的产生主要有以下深层次原因:(1)地方政府粮食公共危机管理意识不强;(2)突发事件下容易形成粮食短缺、粮价上涨的社会心理预期;(3)粮食供应链的波动、断裂成为危机产生的突破口;(4)政府粮食储备不足、结构不合理成为粮食公共危机产生的物质根源;(5)政府应急保障载体缺失,能够掌握的加工体系、供给体系十分薄弱;(6)粮食经营者在粮食公共危机中的义务、权利缺乏规范;(7)现行粮食管理制度的不完善。

突发事件下粮食安全管理区分为相对和绝对粮食超额需求的管理。对主要由灾难事件冲击导致供给抑制形成的粮食相对超额需求,政府应当以人道救助为唯一目标,加大粮食供给,充分满足粮食需求;对主要由社会事件引发需求膨胀形成的绝对超额需求,应当以维护正常的市场秩序为唯一目标,控制和消除膨胀;突发事件下应当极力防止出现供给抑制和需求膨胀叠加、相对和绝对超额需求交替、抢购和饥荒并存的公共粮食危机。

针对突发事件下的粮食公共危机,政府可以采取的措施是:一是健全粮食应

急保障体系，建立科学的、合理的、能够适应粮食公共危机管理需要的粮食储备、加工、运输、供应体系，及时改进现存的粮食应急管理能力不足的问题。二是建立粮食公共危机预警体系，特别是对粮食公共事件发生后粮食市场运行情况的监测，并及时作出预警。三是完善粮食公共事件管理机制，特别是各级政府及政府相关部门的职责划分、统一领导和协调互动的问题。四是稳定社会心理预期，维护社会安定。主要是建立危机处理的信息公开制度，特别是避免特定社会群体形成粮食供给不足的心理预期，出现粮食抢购风。五是采取行政、经济、法律措施化解危机。规范粮食经营者行为，稳定粮食市场秩序，建立并完善应急主体的利益保障制度，完善突发事件下粮食危机管理法律制度，维护市场机制的正常运行。

总之，粮食安全保障体系是一个复杂的系统工程，是由生产、储备、流通、进出口和应急保障构成的一个复杂整体，其中的任何一个环节都不能出问题。2004年以来，我们把粮食工作的重点放到了生产环节，实现了连续九年增产。当粮食丰收时，应当加强储备保障能力、流通保障能力和应急保障措施建设，以及进出口调节，这是构建完整的粮食安全保障体系的客观要求。

第二章

我国粮食需求结构分析及预测

我国粮食需求可以分为两大类、四大用途和四大品种。两大类是指食物用粮和非食物用粮,其中食物用粮指直接和间接满足人们食物消费需要的粮食,又可分为口粮和饲料用粮两大用途,非食物用粮主要分为种子用粮和工业用粮两大用途。因而我国的粮食需求结构由种子用粮、工业用粮、口粮及饲料用粮这四种用途构成。此外,粮食品种结构中,稻谷、小麦、玉米、大豆四大品种约占据了中国粮食消费总量的九成。本章也将对非食物用粮和食物用粮的用途结构和品种结构进行分析。

由于中国统计部门没有公布粮食消费总量、用途结构和分品种消费等方面的数据,我们参考了美国农业部(USDA)、联合国粮农组织(FAO)、中华粮网、国务院发展研究中心等研究机构使用的数据,并在此基础上,加以整理分析[①]。

---

① 一是按照 USDA 提供的三大粮食品种消费数据推算中国 1978~2008 年粮食消费总量。具体方法如下:(1)首先按 100∶70 的比例将糙米折算为稻谷(原粮)。(2)将小麦、玉米、稻谷三种粮食(原粮)消费量加总得到三大品种粮食消费量。(3)计算粮食消费总量。此方法的关键在于如何确定三大品种粮食消费量占中国粮食消费总量的比重。本书计算了中国 1978~2008 年三大品种产量占粮食总产量的比重,31 年间,该比重的均值为 85%。考虑中国居民粮食消费习惯、粮食进出口等实际情况,将其作为三大品种粮食消费量占中国粮食消费总量的比重,折算中国粮食消费总量。二是根据国务院发展研究中心和中华粮网较为详细的分类数据分析中国 1995 年以来(缺 1995 年以前的分类数据)粮食消费结构特点。需要说明的是:中华粮网统计的粮食消费总量及品种消费数据与笔者根据 USDA 数据推算的消费量略有出入,例如,2008 年中国粮食消费总量,前者为 52 307 万吨,后者为 52 403 万吨,相差 96 万吨。总体来看,二者差别不大,不影响总体结论。

第一节 我国粮食需求特征分析

粮食需求是一个相对广泛和抽象的概念,被满足的需求也就是过去我国的粮食实际消费数据。本章的需求预测是建立在过去我国居民消费数量的基础之上,粮食需求量也主要是已被合理满足的需求,从这个意义上来看,粮食需求量和粮食消费量是等同的概念。

一、粮食总需求特征

由于我国统计部门没有公开历年粮食消费数据,在此根据美国农业部公布的我国小麦、玉米、糙米(Rice Milled)的消费量来估计我国粮食历史消费数据。

(一)粮食消费需求总量增长趋势明显

1978年以来,我国粮食消费需求增长趋势明显(见图2-1)。1978~2011年,粮食需求总量由27 044万吨增至59 101万吨,34年间,需求总量增长119%,年均增长率为2.3%,平均每年增长942万吨。理论上讲,需求总量受人口增长因素以及人均粮食消费量的影响。我国人均粮食消费量呈增长趋势,主要是由于随着收入的增加,城乡居民生活水平不断提高,膳食结构发生改变,食品消费中,高耗粮食品消费量显著增加。人口方面,1978年我国人口总量为9.6亿人,2010年人口总量增至13.4亿人,30多年间人口增长近四成。人口数量和消费结构变化的共同作用使得消费总量增长趋势明显。

(二)粮食消费需求增速呈V型态势

从增长速度看,我国粮食消费需求呈V型态势。由图2-1可以看出,我国粮食消费需求可以划分为四个阶段:一是改革开放初期(1978~1984年),粮食消费需求快速增长。1979年粮食消费较上年增长12.2%,1980年较上年增长8.1%,1984年增长4.4%,1979~1984年,六年的消费平均增长率为5.1%,是我国粮食消费增速最快的阶段。此阶段,粮食消费快速增长得益于我国一系列农村改革的推进。家庭联产承包责任制的推行,极大地调动了农民的生产积极性,粮食产量大幅提高,1984年甚至出现了"卖粮难"现象。在温饱问题尚未解决时，粮食产量的提高直接决定了粮食消费需求量的攀升。二是 1985~1991 年，消费需求增速在 2.6% 上下徘徊。三是 1992~2004 年，消费增速稳步下降。进入 21 世纪后，消费需求增速降为负值（2002 年、2003 年、2004 年），呈现短暂的负增长[①]。四是 2004~2011 年，消费需求年均增速为 2.6%，基本与 1985~1991 年持平。2004 年至今，伴随着居民生活水平的快速提高，饲料粮需求快速增长，粮食消费总需求增长明显。综合来看，粮食消费需求增速呈先降后升的"V"型态势。

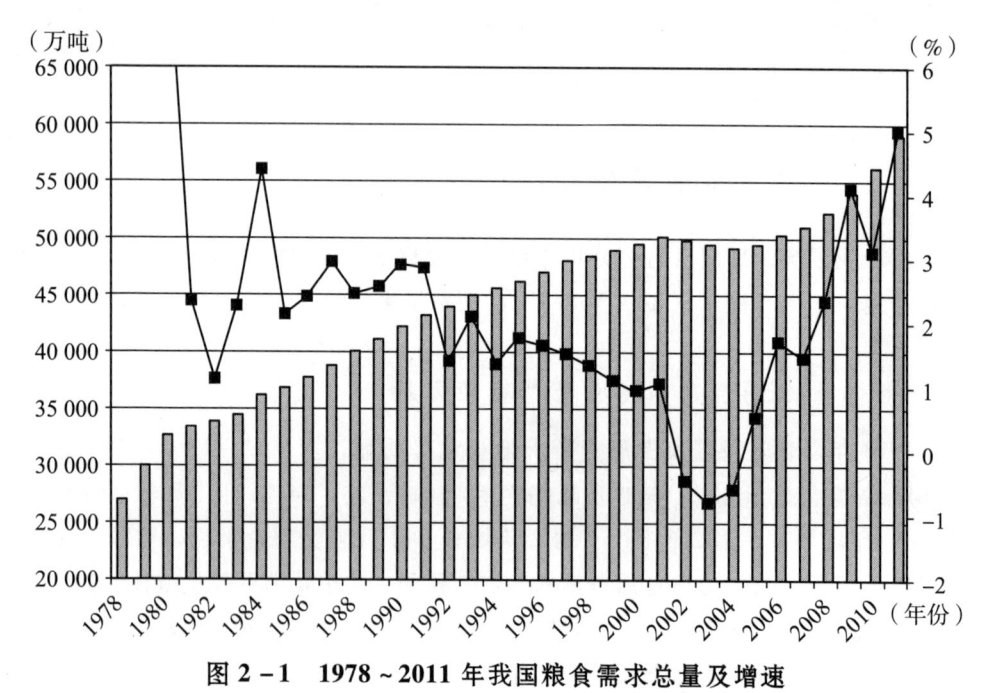

图 2-1 1978~2011 年我国粮食需求总量及增速

资料来源：根据美国农业部提供的数据加总、计算获得。具体计算方法见正文。

二、粮食需求品种结构及特征

考察粮食的需求品种结构，首先涉及的是粮食的品种类别。在我国，粮食除

---

① 根据美国农业部数据推算的我国粮食消费量在 2002~2004 年间呈负增长，这与现实情况有偏差。第一，2002~2004 年我国总人口分别较上年增加 826 万人、774 万人、761 万人；第二，我国粮食产量只是 2003 年减少 2 636 万吨，2002 年和 2004 年粮食均增产，虽然三年净出口分别为 1 884 万吨、638 万吨、205 万吨，但是此阶段储备投放大幅增加，2002~2004 年分别为 5 187 万吨、5 660 万吨、1 775 万吨。考虑到人口、产量、净出口及储备的变化，粮食消费需求增速不应为负值。但不影响对粮食需求增速减缓特征的判断。

了包括稻谷、小麦、玉米三大品种外，还包括杂粮、豆类、薯类，但由于杂粮、薯类所占比重较小，而豆类又主要作为食用植物油的原料，加之受统计数据不全的限制，因此这里主要考察稻谷、小麦、玉米三大品种的消费情况。由图2-2可以看出，我国粮食消费需求品种结构呈现如下特点：

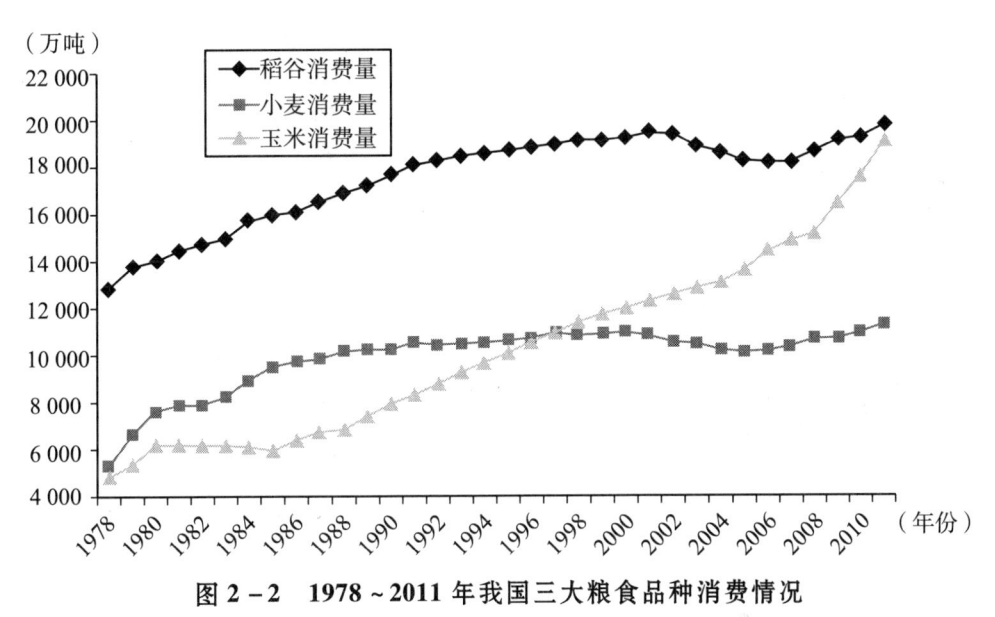

图2-2　1978~2011年我国三大粮食品种消费情况

资料来源：美国农业部，其中稻谷消费量是按0.7的折算系数由糙米折算而得。

（一）粮食需求的品种结构发生变化

从需求数量看，稻谷是粮食消费的首要品种，需求量最大。1978~2010年，我国稻谷需求量一直领先于小麦和玉米，1985年之前，稻谷消费需求甚至高于小麦、玉米需求之和。此后，虽然稻谷领先幅度越来越小，但是其消费量一直居于各粮食品种首位。小麦需求量相对稳定，在经历了1978~1991年的增长后，1991~2010年平均稳定在1.05亿吨的水平，1996年之前，其消费量位居第二，但之后被玉米超越。

从消费需求增长速度看，玉米增速最快。玉米消费已由1978年的4 860万吨升至2011年的19 100万吨，消费量增长了接近4倍，34年间年均增速为8.6%，平均每年增长419万吨，尤其是1985年之后，玉米消费呈线性增长。而稻谷消费量虽然也由1978年的12 838万吨逐渐增至2011年的19 500万吨，增长逾50%，但其年均增长率为1.5%，平均每年增长196万吨，低于玉米消费增速。

从消费需求长期趋势看，稻谷平稳上升，玉米快速增长，小麦相对稳定。

（二）主要粮食品种的消费比重发生变化

从三大粮食品种占消费总量的比重看，稻谷占 33.5%，玉米占 32.3%，小麦约为两成，表明稻谷仍然是我国粮食消费的首要品种，但稻谷的消费比重已呈现明显的下降趋势（见图 2-3）。1978~2011 年，稻谷消费的比重已由 47.5% 降至 33.5%。稻谷作为我国粮食消费的首要品种，主要是由我国居民的消费习惯决定的。2004~2008 年，稻谷占口粮消费的比重分别为 59.4%、59.0%、58.5%、58.5%、57.9%，五年平均占比 58.7%，而口粮又占据了粮食消费量的半壁江山（2004~2008 年口粮占粮食消费总量的比重分别为 56.5%、55.8%、51.7%、51.3%、51.2%，平均为 53.3%），这决定了稻谷在粮食品种中的首要地位。

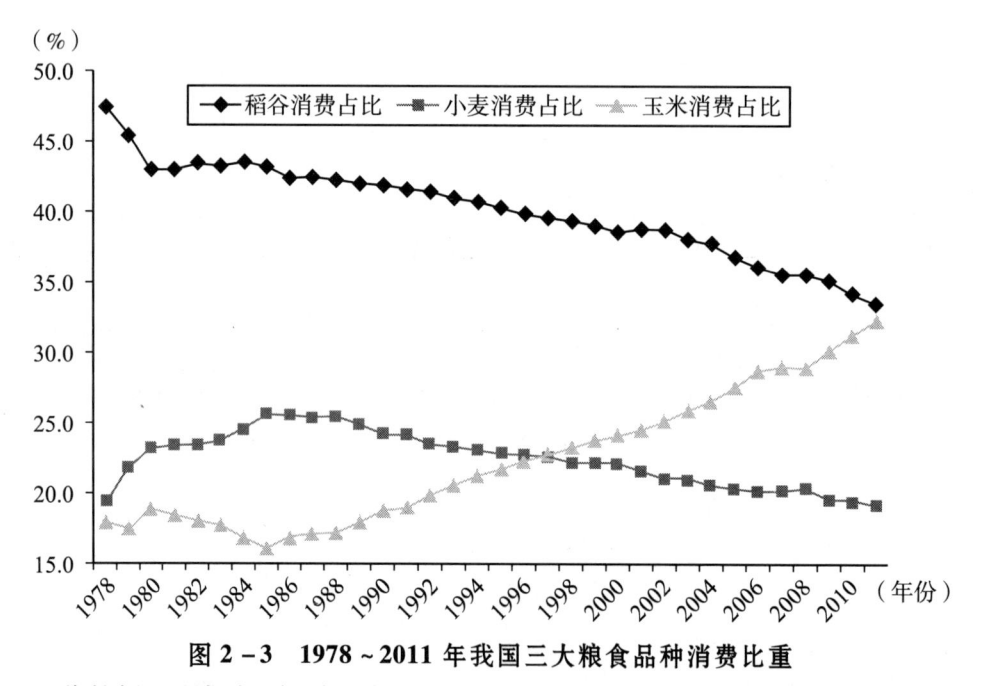

图 2-3 1978~2011 年我国三大粮食品种消费比重

资料来源：根据美国农业部公布的消费数据，分别计算各品种占粮食消费总量的比重。

玉米消费比重在 1996 年之前低于小麦，是我国第三大粮食消费品种，但自 1996 年之后，玉米消费比重超过小麦，成为我国第二大粮食消费品种。玉米消费比重的快速上升，一是由于我国肉、禽、蛋、奶等高耗粮食品消费的增加引起饲料转化用粮的大幅增加；二是由于工业用玉米的大幅增长。2004~2008 年，饲料用玉米由 8 181 万吨增至 9 400 万吨，累计增长 15%，工业用玉米由 1 832 万吨增至 3 850 万吨，累计增长 110%，饲料用和工业用玉米增加量占玉米消费总增加量的 104%（因用作口粮的玉米消费量减少）。

（三）主要粮食品种消费比重的发展趋势出现较大差异

从三大粮食品种比重的发展趋势看，稻谷消费所占比重下降趋势明显，玉米消费比重显著上升，小麦消费占粮食消费总量的比重稳定。1978~2011 年，稻谷消费的比重由 47.5% 降至 33.5%，以年均 1% 的速度下降，而玉米消费的比重由 18% 升至 32.3%，年均增速为 1.7%。与此同时，小麦消费所占比重先升后降，1978~1985 年小麦所占比重波动上升，并于 1985 年到达最高点 25.7%。此后，连年下降，至 2011 年已降至 19.2%，该比重已低于 1978 年 19.6% 的水平。

稻谷和小麦比重的下降、玉米消费比重的上升，是由于我国居民口粮消费减少、饲料粮需求增多的膳食结构引起的。2000~2010 年，在人口增长逾 7 390 万人的情况下，我国口粮消费数量在 2.66 亿吨上下徘徊，口粮消费占粮食消费总量的比重由 56.5% 降至 51.2%。而稻谷消费量的 86% 和小麦消费量的 80% 用作口粮，并且二者占口粮消费的比重分别为 60% 和 30%，人均口粮消费的下降直接影响了主要用作口粮的稻谷和小麦的需求。

三、粮食需求用途结构及特征

粮食的需求用途包括口粮、饲料用粮、工业用粮、种子用粮。关于数据选用，我国官方没有公布粮食消费需求数据，美国农业部对我国粮食用途的统计只是简单分为饲料粮（feed consumption）和其他（food、seed and industrial consumption，FSI），没有将口粮、种子用粮以及工业用粮单列，联合国粮农组织（FAO）虽然对粮食用途进行了上述划分，但其数据只更新到 2003 年，无法反映我国近年粮食需求用途结构变化情况，并且其数据与现有文献显示的数据存在一定差距。中华粮网统计了我国 2004 年以来的粮食需求数据，并且数据分类详细。鉴于以上原因，本书选用中华粮网的统计数据分析我国 2004~2008 年 5 年的粮食需求用途情况（下一节品种用途数据选取标准基于相同的原因，不再赘述）。需要说明的是，中华粮网统计的粮食需求总量及品种消费数据与上节根据美国农业部数据推算的需求量略有出入，如 2008 年我国粮食消费总量，前者为 52 307 万吨，后者为 52 403 万吨，相差 96 万吨。总体来看，二者差别不大，不影响结论性意见。

（一）口粮消费

与粮食消费总量显著增加的趋势不同，我国口粮消费数量较为稳定，增长趋势不明显，在26 600万吨上下徘徊。2006年甚至较上年减少约400万吨。2004年我国口粮消费数量为26 602万吨，2005年小幅增长，在经历2006年下降后，2007年、2008年口粮消费回升。

直接用作口粮消费的粮食之所以数量变化不大，一是由于我国近几年人口自然增长率不断降低，人口增长数量较小且不断下降。2005~2008年，我国人口自然增长率由5.89‰降至5.08‰，年底总人口每年分别较上年增加768万人、692万人、681万人、673万人，增长数量不断下降。二是由于我国居民生活水平提高、饮食结构改善，直接用于口粮的消费量下降。在人均每天所需热量消费较为稳定的前提下，肉、禽、蛋、奶、蔬菜、水果等食品消费数量增加，必然导致口粮消费数量减少。我国城镇和农村居民人均口粮消费数量下降趋势非常明显，城镇居民人均购买粮食数量（贸易粮）已由1978年的134公斤降至2008年的77公斤，降幅为42.5%。农村居民人均口粮消费数量（原粮）也由1978年的257公斤降至2008年的199公斤。人口数量的小幅增加和人均口粮消费数量的下降是近几年口粮消费较为稳定的主要原因。

在粮食消费的四种用途中，口粮消费占总需求量的比重最高，2004~2008年平均为53%，远远高于用于工业、饲料和种子的消费比重。口粮消费比重较高，主要是我国居民的饮食习惯决定的。与美国、澳大利亚等高脂肪、高蛋白、高热量的饮食习惯不同，在我国居民的食品消费结构中，谷物消费占有相当的比重。1978年，人均每天热量消费近70%来源于谷物，随着生活水平的提高，该比例逐渐下降，至2003年，人均每天热量摄入量的47%来源于谷物食品的消费。

口粮消费比重下降趋势明显。2004~2008年口粮消费占总需求的比重依次是56.5%、55.8%、51.7%、51.3%、51.2%，下降趋势明显。主要是因为肉、禽、蛋、奶等高耗粮食品消费数量增加。

（二）工业用粮

工业用粮增长趋势明显，消费数量及占总需求的比重均显著增加，增速高于其他种类用粮（见图2-4）。工业用粮数量由2004年的3 852万吨增至2008年的7 350万吨，4年增长数量超过90%，年均增速为17.5%，是4种粮食用途中增速最快的。尤其是在2006年，工业用粮较上年增加2 700万吨，增长量是近5年之最。比重方面，工业用粮占总需求的比重由2004年的8.2%增至2008年的14.1%，增长明显。

(万吨)

图 2-4 我国粮食需求用途结构

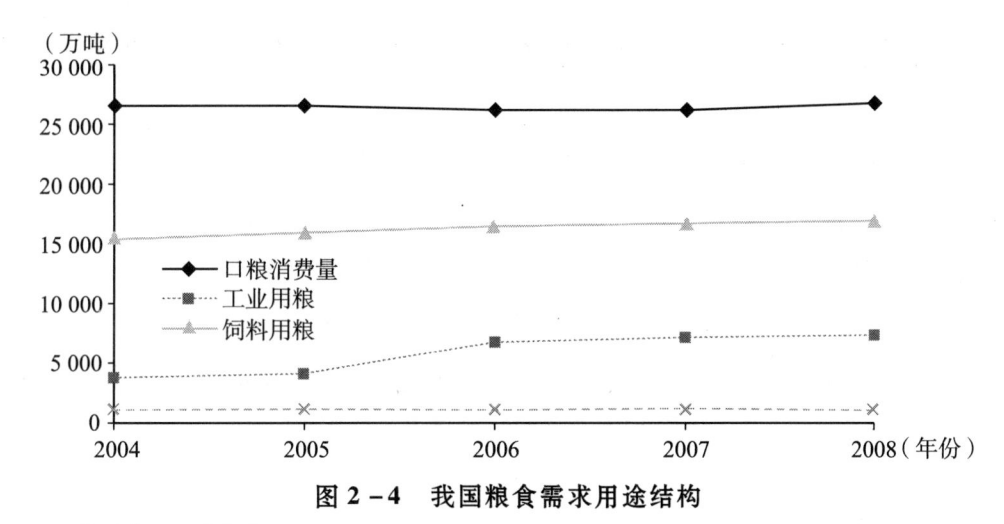

资料来源：中华粮网。

工业用粮近几年的大幅增长主要是燃料乙醇的消耗。截至 2011 年，我国政府已批准了 5 个燃料乙醇生产项目，分别是黑龙江华润酒精、吉林燃料乙醇、河南天冠燃料乙醇、安徽丰原生化以及中粮集团在北海建设的 40 万吨燃料乙醇项目。我国已经从玉米的净出口国转换为玉米的进口国，玉米的需求量越来越大。国家发改委出台相关政策强调"非粮化"生物燃料，并严格控制玉米、小麦的燃料乙醇生产。中粮集团的燃料乙醇项目以木薯为原料，其他 4 家定点企业也都在提高"非粮"原料的产能比例。但是燃料乙醇仍然是短期内工业用粮大幅增加的主要原因。

此外，国家发改委计划在东北、山东等地建设若干个以甜高粱为原料的燃料乙醇试点项目，在广西、重庆、四川等地，建设若干个以薯类作物为原料的燃料乙醇试点项目，在川、贵、云等地建设若干个以小桐子、黄连木、油桐等油料植物为原料的生物柴油试点项目。虽然甜高粱等杂粮作物以及薯类作物占我国居民口粮消费的比例极低，但是杂粮、薯类也在我国的粮食统计口径之内，倘若上述项目开始实施，工业用粮数量仍有较大上涨空间。

（三）饲料用粮

饲料用粮平稳增长。饲料是我国第二大粮食用途，比重在 33% 左右。2004~2008 年，我国饲料粮消费由 15 506 万吨增至 17 000 万吨，年均增速为 2.3%。2005~2008 年分别较上年增长 344 万吨、695 万吨、65 万吨、390 万吨，增长数量较大。饲料用粮的增加是我国粮食消费需求增加的主要构成部分。从占粮食总需求比重看，近几年饲料用粮比重较为稳定（详细数据参见

表2-1），饲料用粮消费位于口粮消费之后，工业用粮消费之前，是我国第二大粮食用途。

表2-1　　　　　我国近几年粮食需求用途　　　　　单位：万吨；%

年份	口粮消费		工业用粮		饲料用粮		种用		合计	
	数量	比重	数量	比重	数量	比重	数量	比重	数量	比重
2004	26 602	56.5	3 852	8.2	15 506	32.9	1 148	2.4	47 108	100.0
2005	26 662	55.8	4 120	8.6	15 850	33.2	1 163	2.4	47 795	100.0
2006	26 265	51.7	6 820	13.4	16 545	32.6	1 145	2.3	50 775	100.0
2007	26 320	51.3	7 255	14.1	16 610	32.3	1 170	2.3	51 355	100.0
2008	26 800	51.2	7 350	14.1	17 000	32.5	1 157	2.2	52 307	100.0
均值	26 530	53.3	5 879.4	11.7	16 302.2	32.7	1 156.6	2.3	49 868	100.0

资料来源：中华粮网，比重数据由笔者计算整理获得。

（四）种子用粮

种子用粮数量稳定、比重最小。2004~2008年，我国种子用粮数量较为稳定，在1 160万吨上下波动，其中，2004年最低，数量为1 148万吨，2007年最高，数量为1 170万吨，期间有小的波动，但变化不大。比重方面，种子用粮占总需求的比重在2.3%上下，较为稳定（见表2-1）。

种子消费主要受播种面积和播种技术的影响。随着耕地面积的减少以及种植结构的调整，我国粮食播种面积也呈下降趋势。我国稻谷、小麦播种面积分别由1978年的5.16亿亩、4.38亿亩，下降到2009年的4.44亿亩、3.64亿亩，分别下降了13.95%、16.9%。另一方面，随着科技水平提高，种子的使用会更加节约，所需种子数量将会减少。因此，长期来看，我国种子用粮数量将稳中下降。

四、主要粮食品种用途结构及特征

本节将"品种"和"用途"结合起来，分析近五年我国主要粮食品种的用途特征，以期更加清晰的看到我国粮食消费的结构特点。

（一）小麦需求波动上升，工业用比重上升明显

2004~2008年，小麦总需求量波动上升，由9 600多万吨上升至10 200多万吨，期间个别年份需求量有所下降，但总体呈小幅上升趋势。从用途看，小麦主要用于口粮，口粮消费占小麦需求的80%左右。从绝对数量看，口粮消费不断上升，但是比重呈下降趋势，已由2004年的81.8%降至2008年的78.7%。饲料用小麦数量和比重都呈下降趋势，工业用小麦数量和比重显著上升，种用小麦数量和比重分别稳定在470万吨和4.8%的水平（见表2-2）。小麦新增需求量主要用于口粮和工业用粮消费。随着人们生活水平的提高，人们的饮食结构将会发生一定的变化，居民对小麦的需求主要向优质化方向发展。

表2-2　　　　　　我国近几年小麦用途结构　　　　单位：万吨；%

年份	口粮消费		工业用粮		饲料用粮		种用		总消费量	
	数量	比重	数量	比重	数量	比重	数量	比重	数量	比重
2004	7 873	81.8	406	4.2	881	9.2	466	4.8	9 626	100.0
2005	7 842	82.6	342	3.6	856	9.0	457	4.8	9 497	100.0
2006	7 950	79.6	820	8.2	740	7.4	475	4.8	9 985	100.0
2007	8 030	79.4	920	9.1	685	6.8	475	4.7	10 110	100.0
2008	8 025	78.7	895	8.8	810	7.9	468	4.6	10 198	100.0
均值	7 944	80.42	676.6	6.78	794.4	8.06	468.2	4.74	9 883.2	100.0

注：因缺乏2008年种用消费数据，故取其前四年均值作为当年消费量值。

资料来源：中华粮网。

（二）稻谷需求稳定下降，工业用比重有上升趋势

我国稻谷消费量近几年稳定下降，已由2004年的18 603万吨降至2008年的17 995万吨，累计降幅为3.3%，平均每年下降150万吨。稻谷主要用作口粮消费，约占稻谷消费量86%，年均消费量在15 560万吨左右。饲料用稻谷数量和比重均呈下降趋势。稻谷在工业上用作酿酒、制药、调味品等，因近年来白酒消费需求不断增加，酿酒业的快速发展对稻谷需求起到很强的拉动作用，使得稻谷工业用数量比重不断上升。种子用粮稳定在220万吨，约占稻谷消费总量的1.2%，见表2-3所示。随着经济发展和人民生活水平的提高，人均稻谷消费总体呈下降趋势。

表2-3　　　　　　　我国近几年稻谷用途结构　　　　　　单位：万吨；%

年份	口粮消费量		工业用粮		饲料用粮		种用		总消费量	
	数量	比重	数量	比重	数量	比重	数量	比重	数量	比重
2004	15 805	85.0	649	3.5	1 930	10.4	219	1.2	18 603	100.0
2005	15 742	87.0	461	2.5	1 660	9.2	241	1.3	18 104	100.0
2006	15 360	85.2	810	4.5	1 640	9.1	210	1.2	18 020	100.0
2007	15 400	84.4	905	5.0	1 730	9.5	210	1.2	18 245	100.0
2008	15 525	86.3	900	5.0	1 350	7.5	220	1.2	17 995	100.0
均值	15 566.4	85.58	745	4.1	1 662	9.14	220	1.22	18 193.4	100.0

注：因缺乏2008年种用消费量数据，故取其前四年均值作为当年消费量值。

资料来源：中华粮网。

（三）玉米需求线性增长，工业用比重显著上升

我国玉米需求增长趋势明显。已由2004年的11 389万吨增至2008年的14 520万吨，平均每年增长800万吨。从用途看，玉米主要用作饲料，饲料用玉米约占需求量的66%，工业用玉米约占23%，口粮用玉米约占9.5%。2004～2008年，饲料用玉米数量不断增加，由8 181万吨增至8 795万吨，但是比重不断降低，由71.8%降至64.8%。玉米口粮消费平稳下降，由2004年的1 215万吨降至2008年的1 050万吨，比重也由10.7%降至7.2%。种子用粮相对稳定，略有增加，种用比重基本稳定在1.4%的水平。工业用玉米的数量和比例均快速上升（见表2-4）。

表2-4　　　　　　　我国近几年玉米用途结构　　　　　　单位：万吨；%

年份	口粮消费量		工业用粮		饲料用粮		种用		总消费量	
	数量	比重	数量	比重	数量	比重	数量	比重	数量	比重
2004	1 215	10.7	1 832.45	16.1	8 181.4	71.8	159.7	1.4	11 389	100.0
2005	1 369	10.9	2 798	22.2	8 263	65.6	170	1.3	12 600	100.0
2006	1 245	9.1	3 445	25.1	8 860	64.5	195	1.4	13 745	100.0
2007	1 370	9.4	3 675	25.3	9 270	63.8	205	1.4	14 520	100.0
2008	1 050	7.2	3 850	26.5	9 400	64.8	215	1.5	14 515	100.0
均值	1 249.8	9.5	3 120.1	23.0	8 794.9	66.1	188.9	1.4	13 353.8	100.0

注：因缺乏2008年种用消费量数据，并且其前四年增长趋势明显，故估计较上年增加10万吨。

资料来源：中华粮网。

2006年以来,随着化石能源在全球范围内的供应趋紧,以玉米淀粉、乙醇及其衍生产品为代表的玉米深加工业发展迅速,成为农产品加工业中发展最快的行业之一,并表现出如下特点:一是深加工消耗玉米量快速增长。2006年深加工业消耗玉米数量比2003年的1 650万吨增加了1 839万吨,累计增幅117.5%,年均增幅高达29.6%。二是产品结构进一步优化。玉米加工产品逐渐由传统的初级产品淀粉、酒精向精深加工扩展,氨基酸、有机酸、多元醇、淀粉糖和酶制剂等产品所占比重不断扩大,产业链不断延长,资源利用效率不断提高(国家发改委,2007)。三是燃料乙醇占玉米深加工和产量的比重较小,对我国未来粮食需求影响不大。2006年我国用于燃料乙醇的玉米消费量为272万吨,占当年工业用玉米的7.9%,占当年玉米产量的1.87%,见表2-5所示。

表2-5　　　　　2006年我国玉米深加工情况　　　　单位:万吨

行业	产品	产量	玉米消耗量
淀粉加工产品	发酵制口	460	1 069
	淀粉糖	500	850
	多元醇	70	120
	变性淀粉	70	120
其他医药、化工产品等			
酒精	食用酒精	174	560
	工业酒精	142	448
	燃料乙醇	85	272

注:转引自骆建忠:《基于营养目标的粮食消费需求研究》,中国农科院博士学位论文,2008年。

(四) 大豆需求快速增长,主要用作饲料及食用油加工

近年来我国大豆需求增长强劲,总消费量已由2004年的2 767万吨增至2007年的4 210万吨(2007年,我国大豆产量为1 720万吨,进口3 082万吨,出口46万吨),平均每年增加480万吨。2008年我国大豆产量为2 043万吨,进口3 744万吨,出口47万吨,不考虑储备,2008年大豆消费量为5 740万吨,较上年增加1 530万吨,增幅为36%。国内大豆需求的快速增长主要来自食用油压榨的需要及养殖业对豆粕等副产品的强烈需求。从表中数据可以看出,工业用和饲料用数量占据了大豆需求总量的九成。用作口粮的大豆消费数量较为稳定,比重下降明显。种子数量平均在70万吨左右,约占总消费量的2.2%,见表2-6所示。

表 2-6　　　　我国近几年大豆用途结构　　　　单位：万吨；%

年份	口粮消费量		工业用粮		饲料用粮		种用		总消费量	
	数量	比重	数量	比重	数量	比重	数量	比重	数量	比重
2004	550	19.9	62	2.3	2 095	75.7	60	2.2	2 767	100.0
2005	378	12.0	27	0.9	2 685	85.0	70	2.2	3 160	100.0
2006	385	9.1	965	22.8	2 790	66.0	85	2.0	4 225	100.0
2007	385	9.1	1 005	23.9	2 745	65.2	75	1.8	4 210	100.0

资料来源：中华粮网。

第二节　非食物用粮分析及预测

一、种子用粮

种子用粮在粮食四种用途中数量最少，从长期变动来看，种子用粮数量呈阶梯形下降趋势。1995~2008 年，中国种子用粮数量的变动特征可以概括为"两个平台"、"一个陡坡"（见图 2-5）。1995~1999 年为第一个平台，种子用粮每年稳定在 1 300 万吨左右；之后经历了 1999~2003 年的下降"陡坡"，由 1 304 万吨降至 1 140 多万吨；2003~2008 年为第二个平台，数量在 1 160 万吨上下波动。种子用粮从一个"平台"下降到另一个"平台"的时间为 4~5 年，每个时段较上一时段数量下降约 70 万吨。

种子用粮占粮食总量的比重也呈平稳下降趋势。1995~2008 年，种子用粮的比重由 2.92% 降至 2.21%，年均降速为 2.12%，其中，1995~2000 年，年均降速为 2.14%；2000~2005 年，年均降速为 1.82%；2005~2008 年，三年平均降速为 1.55%。可以看出，一方面，种子用粮占粮食总量的比重不断下降，另一方面，下降速度不断放缓，平均五年降速放缓约 0.3 个百分点。

种子用粮与播种面积的相关性最大。在粮食播种面积平稳上升的时期，种子用粮的下降趋势得到抑制，数量相对平稳。在粮食播种面积下降时期，种子用粮也呈下降趋势。例如，在 1995~1999 年的这个平台，粮食播种面积由 11 006 万公顷上升至 11 316 万公顷，平均每年增加 77 万公顷，但每年种子用粮基本保持稳定。在 1999~2003 年这个下降"陡坡"中，粮食播种面积由 11 316 万公顷降至 9 941 万公顷，降幅达 12.2%，平均每年减少 344 万公顷，种子用粮平均每年减少约 40 万吨。在 2003~2008 年这个平台，粮食播种面积由 9 941 万公顷增加至 10 670 万公顷，增幅为 7.3%，平均每年增加 146 万公顷，但种子用粮涨幅很小，基本保持稳定。这表明，种子用粮在下降趋势中受粮食播种面积的影响很大。除非生产技术有重大突破导致用种数量减少，种子用粮与播种面积的正相关关系不会变化。

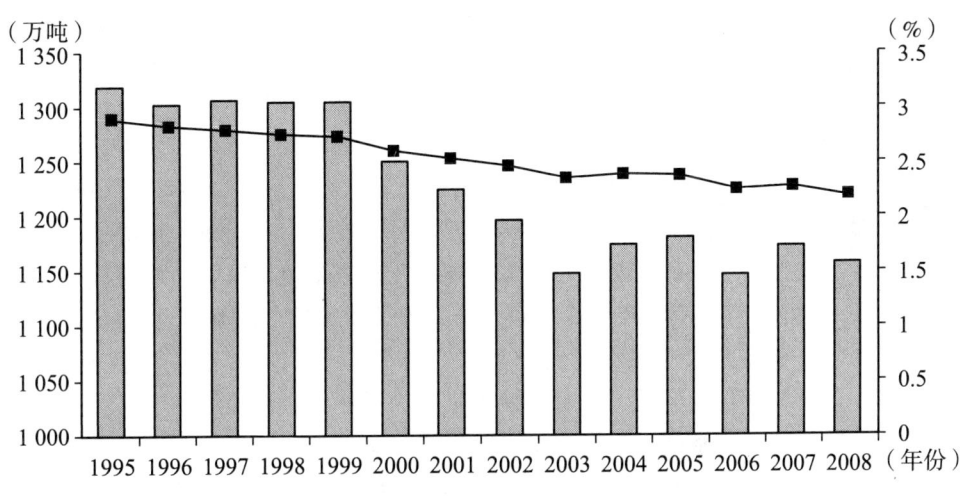

图 2-5　种子用粮数量及占粮食总量的比重

资料来源：国务院发展研究中心课题组（2009）及中华粮网（http://www.cngrain.com/）。

到 2020 年，按中国 6 亿吨左右的粮食需求量估计，不考虑进出口变动，中国的粮食产量约需保持年均 1% 的速度增长。如果中国的粮食单产不能实现年均 1% 的同步增长，就需要扩大播种面积约 1 350 万公顷。但是，根据中国粮食单产的现状和潜力，未来十年单产有望实现 1% 的增速。从现状看，中国粮食单产水平在 1990~2008 年由 4 206 公斤/公顷增至 5 320 公斤/公顷，年均增速为 1.48%。从增长潜力看，中国粮食单产与国际先进水平差距还比较大，水稻单产相当于国际先进水平的 85%，小麦、玉米和大豆单产约为国际先进水平的 55% 左右，单产提高的潜力很大。综合来看，只要中国粮食单产能够保持 1% 的年均增速，播种面积就不需要太大的增长，种子用粮数量也将稳定在 1 100 万~1 200 万吨之间。为方便下文测算需求总量，2015 年和 2020 年种子用粮均取其均值 1 150 万吨。

随着工业化和城镇化进程的加快，耕地被占用的情况日益严重，中国政府多次强调："要守住 18 亿亩耕地红线，要确保 16 亿亩粮食播种面积。"这也间接表明，中国未来粮食增产的动力在于提高单产，而非大幅增加播种面积。

二、工业用粮

工业用粮指用粮食作为主要原料或辅料的生产行业（例如食品、医药、化工、酒精、制酒、淀粉等行业）所用粮食的统称，不包括饲料行业用粮。

工业用粮作为中国第三大粮食用途，数量在中国粮食消费总量中排在第三位。20世纪90年代中期以来工业用粮呈现高速增长的态势，占粮食消费总量的比重也显著增加。由1995年的3 800万吨增至2008年的7 350万吨，增长近1倍，年均增速为5.2%，其中，2005~2008年，年均增速达到11.3%。从增长情况看，除在2006年和2007年较上年大幅攀升外（分别较上年增加1 485万吨和435万吨），其余年份工业用粮平均每年增长150万吨左右。2006年、2007年，中国为消耗大批陈化粮兴建了几个燃料乙醇项目，这是工业用粮大幅增加的主要原因，但这只是一个短暂的非常态情况。此后，国家迅速控制了燃料乙醇项目的发展速度，2006年和2007年工业用粮井喷式增长的情况今后不会重现。

中国的粮食安全战略以保障食物用粮（即口粮和饲料用粮）为首要任务，也就是首先要保证吃饭问题。国家对粮食生产进行补贴，目的在于增加农民种粮积极性。保持粮食价格的相对低廉，稳定物价，降低居民生活成本，一定程度上具有社会福利的性质，并不是为了向工业部门提供廉价的原料。虽然近几年中国工业用粮大幅增加，但长远看来，鉴于中国粮食供求关系在未来相当长的时期内会处于紧平衡状态，控制耗粮工业发展应是保障粮食安全的一个重要措施，因而，它不具备持续大幅增加的条件，预计工业用粮最大限度也只能保持常态增长速度，每年约增长150万吨。据此推算，2015年中国工业用粮大约为8 400万吨，2020年约为9 150万吨。

第三节 食物用粮分析及预测

一、食物用粮需求特征

（一）口粮消费是中国第一大粮食用途

我国口粮消费占粮食消费总量的50%以上，在粮食消费中的比重一直呈下降趋势。改革开放以来，随着生活水平的提高和膳食结构的改善，肉、禽、蛋、奶、蔬菜、水果等食品消费量增加，中国人均口粮消费量明显下降。城镇居民人均购买粮食数量（贸易粮）已由 1978 年的 134 公斤降至 2008 年的 77 公斤，降幅为42.5%，年均下降 1.8%；农村居民人均口粮消费数量（原粮）由 1978 年的 257 公斤降至 2008 年的 199 公斤，降幅为 22.7%，年均下降 0.85%。从口粮消费总量看，1995~1999 年小幅增长，由 27 247 万吨增至 27 680 万吨，而 1999~2004 年则明显下降，2004 年已降至 27 200 万吨。2004~2008 年，中国人口增长了 2 800 多万，而口粮消费总量基本稳定在 26 600 万吨上下，2004 年为 26 602 万吨，2008 年为 26 800 万吨，5 年平均消费量为 26 530 万吨。此外，1995 年以来中国口粮消费占粮食消费总量的比重持续下降，已由 1995 年的 60.17% 降至 2008 年的 51.2%，年均降速为 1.08%。

（二）饲料用粮是中国第二大粮食用途

饲料用粮数量和占粮食消费总量的比重均稳定增长。1995 年以来，饲料用粮由 12 913 万吨增至 2008 年的 17 000 万吨，年均增速为 2.14%，其中，2005~2008 年的年均增速为 2.3%，分别较上年增长 344 万吨、695 万吨、65 万吨、390 万吨，各占当年粮食消费总增加量的 50.1%、23.3%、11.2%、41.0%，饲料用粮的增长是中国粮食消费量增加的主要原因。占粮食消费总量的比重也由 1995 年的 28.5% 增至 2008 年的 32.7%，见表 2-7 所示。

表 2-7　　　　　中国粮食消费用途结构演变　　　　　单位：%

年份	口粮	饲料用粮	工业用粮	种子用粮	总计
1995	60.17	28.52	8.39	2.92	100
2008	51.24	32.50	14.05	2.21	100

二、食物用粮需求预测

食物用粮预测的难点在于对食物结构及其变化趋势的估计。其中，食物结构的历史数据可从《中国统计年鉴》获取，其未来变化趋势则与人们的食物偏好变化密切相关（其中，收入水平变化是最重要的影响因素），由于对这些变量很难做出准确预测，食物用粮的测算相当困难。本书设立假设前提来进行预测，假设不论人们的收入水平增长多快，其食品消费量总要受到自然和生理条件的限制，因而人们的食物消费最终会趋向合理化、健康化。在现有的食物消费建议指标中，中国营养学会制定的《中国居民膳食指南 2007》（以下简称《指南》）是最新的营养标准。《指南》从营养和健康的角度,给定了多种能量水平下的食物摄入量,其所提倡的膳食标准在未来十年仍有很大的指导意义,因此,本书以该指标作为居民食物消费结构的假设前提来预测食物用粮。测算的具体公式为:

$$Q_F = P(q_1 + q_2) \tag{2-1}$$

式 (2-1) 中,Q_F 为食物用粮总量,P 为总人口,q_1 为人均口粮,q_2 为人均饲料粮。

总人口方面,参照国务院(2006)的预测结果,以2015年和2020年中国人口总量预计分别达到14亿人和14.5亿人为基础数据。人均消费方面,人均口粮的计算是根据《指南》推荐的人均谷薯类和豆类摄入量范围做适当调整;人均饲料粮计算的依据是人均肉、蛋、奶、水产品的摄入量和相应的料肉比(即饲料粮转化率),其中,人均肉、蛋、奶、水产品摄入量则根据《指南》推荐的摄入量范围做适当调整。因此,食物用粮预测的关键是确定《指南》人均食品摄入量的标准和料肉比。

(一)人均食品摄入量和人均口粮

《指南》将每人每天摄入的食品种类和摄入量以膳食宝塔的形式分为五层(本书只考察与食物用粮消费有关的层级),其中,谷薯类食物位居底层,每人每天应摄入250g~400g;畜禽肉类、蛋类、鱼虾类等动物性食物位于第三层,每天应分别摄入50~75克、25~50克、50~100克;奶类和豆类食物合居第四层,每天应食用相当于鲜奶300g的奶类及奶制品和相当于干豆30g~50g的大豆及制品,见图2-6所示。

上述指标给定了食品摄入量参考范围,但该参考值的波动范围太大,本书采用了算术平均值上调10%的标准,理由如下:

第一,膳食宝塔指标中建议的食品摄入量上下限分别代表不同的能量摄入水平,上限为2 600千卡能量水平,下限为1 800千卡,两者相距甚远。以谷物为例,建议每天摄入量的范围在250克到400克之间,上下限相差近150克,若折合为人均年消费量,以2020年人口达到14.5亿人推算,谷物需求量差距达0.8亿吨。第二,膳食宝塔中建议的食品摄入量范围适用于一般健康成人,对于孕妇、婴幼儿、学龄前儿童、青少年、老年人等特殊群体食品摄入量又有不同,即使在"一般健康成人"范围内因性别、劳动强度等不同,所需能量和食品摄入量也不相同,年轻人、劳动强度大的人需要的能量要大得多。第三,中国幅员辽阔,地区差异导致饮食习惯相差较大。第四,中国城乡居民收入差异大,城乡膳食结构的差异也很明显,农村居民口粮消费需求量大,而城镇居民动物性食品需求多。以2007年为例,口粮消费方面,城镇居民家庭人均购买粮食(成品粮)

油 25~30 克
盐 6 克

奶类及奶制品 300 克
大豆类及坚果 30~50 克

畜禽肉类 50~75 克
鱼虾类 50~100 克
蛋类 25~50 克

蔬菜类 300~500 克
水果类 200~400 克

谷类、薯类及杂豆
250~400 克
水 1 200 毫升

身体活动 6 000 步

图 2-6 中国居民平衡膳食宝塔

资料来源：中国营养学会，中国居民膳食指南 2007。

77.6 公斤（按 80% 的比例折算原粮 97 公斤），农村居民人均消费原粮 199.5 公斤，农村人均口粮消费量是城镇的 2 倍；而在动物性食品需求方面，城镇居民家庭人均购买的猪肉、牛肉、羊肉、禽肉、蛋类合计为 42.1 公斤，农村居民家庭合计为 23.5 公斤，前者是后者的 1.8 倍。第五，考虑中长期的粮食供求平衡测算应该留有一定的余地，因此，综合考虑上述因素，本书取《指南》中的各类食物消费量的平均值测算人均粮食需求，为了避免低估，再上调 10%[①]作为保险系数。

计算结果详见表 2-8 所示，人均口粮需求为 402 克/日，即 146.7 千克/年。人均肉（畜禽肉）、蛋、奶、水产品的摄入量分别为 69 克/日、41 克/日、330

---

① 本书做了 5%、10%、15% 三个方案，各方案中人均每年食物用粮计算结果分别为 336 公斤、352 公斤和 368 公斤，5% 和 15% 作为保险系数的预测结果与目前的人均消费水平差异巨大。此外，三个方案计算的 2020 年人均粮食需求量分别为 391 公斤、423 公斤和 439 公斤，将之与我国的人均粮食占有量历史最高水平（414 公斤）进行比较，10% 的方案既反映了人均占有量增加的趋势，又反映了粮食生产条件的限制。

克/日、83 克/日。

表 2-8　　按《指南》标准测算的人均食物用粮需求量　　单位：g/日

食品摄入量	谷物 (1)	豆类 (2)	肉 (3)	蛋 (4)	奶 (5)	水产品 (6)	口粮 (7) = (1)+(2)	饲料粮 (8) = (3)×3.7+(4)×2.7+(5)×0.5+(6)×0.4	食物用粮 (9) = (7)+(8)
最大值	400	50	75	50	300	100	450	602.5	1 052.5
最小值	250	30	50	25	300	50	280	422.5	702.5
均值	325	40	62.5	37.5	300	75	365	512.5	877.5
*均值	358	44	69	41	330	83	402	564	966
料肉比	1	1	3.7	2.7	0.5	0.4	—	—	—

注：*均值表示在均值基础上，上调10%。

资料来源：食品摄入量的最大值、最小值来自中国营养学会（2008），其他由笔者计算整理。

（二）人均饲料粮

人均饲料粮的测算有两个技术性难题。一是如何确定料肉比的平均水平。这是因为不同饲养模式的饲料消耗水平有较大差距，而我国又缺乏完整的统计数据供我们计算平均数。二是如何确定按人口计算的饲料粮用粮水平。按人口来测算饲料粮用量是因为动物性食品的需求量要以人口为基数来测算，但由于人们的消费水平、消费倾向不同，肉、禽、蛋、奶的消费水平差距很大。在肉类中，牛、羊、猪肉的消费比例也无法统计。本书采用的方法是，以科学合理的消费量为依据进行估算。我们认为这是目前最为接近今后实际消费量的估算。

1. 料肉比的确定

在现有文献资料中，料肉比差异非常大。比如，猪肉料肉比，高的约为 4.3∶1（徐翔，1993；刘静义等，1993；隆国强①，1997），而低的只有 2.5∶1（程国强等，1998）；牛肉料肉比，高的为 4.8∶1（李波等，2008），低的只有 1∶1（骆建忠，2008）；其他例如禽、蛋、奶、水产品的料肉比也都存在很大差异。原因是研究人员的测算标准不同，有些学者是参照畜牧业标准化、规模化饲养的耗粮标准进行分析，有些学者是根据对中国小农户的调查进行估算。料肉比的差异受饲

---

① 此处引用的隆国强（1997）以及程国强等（1998）的料肉比，是根据二者文中提到的饲料转化率和饲料构成比例计算得出。

养规模及专业化程度影响极大。一般而言，饲养专业化标准化程度越高，规模越大，饲料粮用量所占比例越高，料肉比也越高；反之，专业化标准化程度越低，规模越小，料肉比越低。这是因为家庭小规模饲养所需饲料通常有一部分可以替代（例如米糠、麦麸、菜叶、泔水等），节约了一部分饲料。但是，随着技术的进步，农业生产尤其是畜牧业的专业化和规模化程度必将提高，畜禽的分户散养模式会被专业化、规模化饲养模式取代。考虑到料肉比会逐渐提高这一发展趋势，最终会达到标准化生产，饲料粮的需求也逐渐会按标准的料肉比来测算。因此，本书选择了标准的料肉比来测算饲料粮需求。按照国际国内的通行标准，猪肉的料肉比为 4.3:1，牛肉的为 3.6:1，羊肉、禽肉和蛋类的料肉比均为 2.7:1，奶产品和水产品的料肉比分别为 0.5:1 和 0.4:1。

由于《指南》中推荐的肉类人均摄入量是畜禽肉总量指标，故需要计算肉类饲料粮综合转化率。在已估计的分项指标基础上，根据中国城镇家庭 2007 年平均每人购买的猪肉、牛肉、羊肉、禽肉的数量作为折算比率，计算出肉类饲料粮综合转化率[①]，公式如下：

$$Y = \sum a_i X_i \qquad (2-2)$$

式（2-2）中，Y 为肉类综合饲料粮转化率，a 为猪、牛、羊、禽肉各自消费比例，X 为各自饲料粮转化率，计算结果是，肉类综合饲料粮转化率为 3.7。

2. 人均饲料粮的确定

根据已估算的人均肉、蛋、奶、水产品的摄入量和料肉比，可计算出人均肉、蛋、奶、水产品的饲料粮需求，加总得到人均饲料粮需求，计算结果为 564 克/日，即 205.9 千克/年，详见表 2-8。人均口粮与人均饲料粮求和得到满足营养标准的人均食物用粮数量为 966 克/日，即 352 公斤/年。

（三）食物用粮及粮食总需求预测

假定中国人口总量在 2015 年和 2020 年分别达到 14 亿人和 14.5 亿人。那么，2015 年，中国粮食总需求达到约 5.89 亿吨，分别为：种子用粮 1 150 万吨，约占粮食总需求的 2.0%，工业用粮 8 400 万吨，约占粮食总需求的 14.3%，食物用粮 4.9 亿吨，约占粮食总需求的 83.7%（其中，口粮约为 2.05 亿吨，饲料粮约为 2.88 亿吨）。2020 年，中国粮食总需求达到约 6.1 亿吨，分别为：种子用粮 1 150 万吨，约占粮食总需求的 1.9%，工业用粮 9 150 万吨，约占粮食总

[①] 采用城镇家庭肉类消费数量作为折算比率主要基于以下考虑：一是中国城镇化率逐渐提高，2007 年已达到 45.8%，预计 2020 年城镇人口将占总人口的多数。二是城镇居民家庭比农村人均肉类消费量多，2007 年约为后者的 1.8 倍，城镇居民肉类消费量更接近未来消费趋势。

需求的 14.9%，食物用粮 5.1 亿吨，约占当年粮食总需求的 83.2%（其中，口粮约为 2.1 亿吨，饲料粮约为 2.98 亿吨）。预测结果详见表 2-9 所示。

表 2-9　　　　　　　　粮食需求用途结构预测　　　　　　单位：万吨，%

年份	食物用粮						非食物用粮				总需求	
	合计		口粮		饲料粮		种子用粮		工业用粮			
	数量	比重	数量	比重	数量	比重	数量	比重	数量	比重	数量	比重
2015	49 320	83.7	20 510	34.8	28 810	48.9	1 150	2.0	8 400	14.3	58 870	100
2020	51 080	83.2	21 240	34.6	29 840	48.6	1 150	1.9	9 150	14.9	61 380	100

第四节　中国粮食需求品种结构分析及预测

对粮食用途结构的分析，是为了根据需求变动的趋势来预测粮食需求总量。但是，只测算总量还不够，因为中国的粮食生产不是按用途而是按品种来布局的，要确定不同种类粮食的实际需求，还需要对粮食的品种结构进行分析。品种结构是指各类粮食在总量中的比重。由于薯类等杂粮的种类很多，各品种的数量不多，比重也不大，对粮食总量平衡的影响较小，本书主要对稻谷、小麦、玉米、大豆这四个主要粮食品种进行预测。

一、稻谷

稻谷是中国粮食消费量最大、比重最高的品种。1978~2011 年，中国稻谷消费量一直高于小麦和玉米，如图 2-2 所示，1985 年之前，稻谷消费量甚至高于小麦、玉米消费量之和。从占粮食消费总量的比重看，即使在比重最低的 2011 年，仍达到了 33.5%。从用途看，稻谷主要用作口粮，口粮消费的 58% 左右是稻谷。

1978~2001 年，稻谷消费量不断增加，由 12 838 万吨增至 19 500 万吨，年均增长 1.8%，但占粮食消费总量的比重不断降低，由 47.5% 降至 38.8%，年均下降 0.87%。2002~2011 年，稻谷消费总量比较稳定，数量由 19 000 多万吨增至 19 786 万吨左右，占粮食消费总量的比重则由 38.8% 降至 33.5%。

从稻谷的主要用途看，2004~2008年①，平均每年有15 560万吨左右用于口粮，约占稻谷消费量的85%；有1 660万吨左右用作饲料，约占稻谷消费量的9%；有745万吨用作工业原料，约占稻谷消费量的4%；有220万吨左右用于种子消费，约占稻谷消费量的1.2%，如表2-10所示。从稻谷各用途的发展趋势看，口粮和种子用粮基本稳定，饲料用粮呈下降趋势，工业用粮增长明显，其中，饲用稻谷数量由2004年的1 930万吨降至2008年的1 350万吨，占稻谷消费量的比重由10.4%降至7.5%；工业用稻谷数量由2004年的649万吨升至2008年的900万吨，占稻谷消费量的比重由3.5%升至5.0%。从稻谷占粮食总消费各用途的比重看，粮食总口粮消费的58%、饲料粮消费的10%、工业用粮消费的13%以及种子用粮消费的20%是稻谷，如表2-11所示。

表2-10　　　　2004~2008年中国主要粮食品种用途结构　　　单位：万吨，%

品种	年份	口粮		工业用粮		饲料用粮		种用*		各品种消费总量	
		数量	比重	数量	比重	数量	比重	数量	比重	数量	比重
稻谷	2004	15 805	85.0	649	3.5	1 930	10.3	219	1.2	18 603	100.0
	2005	15 742	87.0	461	2.5	1 660	9.2	241	1.3	18 104	100.0
	2006	15 360	85.2	810	4.5	1 640	9.1	210	1.2	18 020	100.0
	2007	15 400	84.4	905	5.0	1 730	9.4	210	1.2	18 245	100.0
	2008	15 525	86.3	900	5.0	1 350	7.5	220	1.2	17 995	100.0
	均值	15 566.4	85.6	745	4.1	1 662	9.1	220	1.2	18 193.4	100.0
小麦	2004	7 873	81.8	406	4.2	881	9.2	466	4.8	9 626	100.0
	2005	7 842	82.6	342	3.6	856	9.0	457	4.8	9 497	100.0
	2006	7 950	79.6	820	8.2	740	7.4	475	4.8	9 985	100.0
	2007	8 030	79.4	920	9.1	685	6.8	475	4.7	10 110	100.0
	2008	8 025	78.7	895	8.8	810	7.9	468	4.6	10 198	100.0
	均值	7 944	80.4	676.6	6.8	794.4	8.1	468.2	4.7	9 883.2	100.0
玉米	2004	1 215	10.7	1 832	16.1	8 181	71.8	160	1.4	11 388	100.0
	2005	1 369	10.9	2 798	22.2	8 263	65.6	170	1.3	12 600	100.0
	2006	1 245	9.0	3 445	25.1	8 860	64.5	195	1.4	13 745	100.0
	2007	1 370	9.5	3 675	25.3	9 270	63.8	205	1.4	14 520	100.0
	2008	1 050	7.2	3 850	26.5	9 400	64.8	215	1.5	14 515	100.0
	均值	1 249.8	9.5	3 120	23.0	8 794.8	66.1	189	1.4	13 353.6	100.0

① 因缺乏2004年之前各品种的用途结构数据，故只分析了2004~2008年的情况，后面对小麦、玉米、大豆的分析亦同。

续表

品种	年份	口粮 数量	口粮 比重	工业用粮 数量	工业用粮 比重	饲料用粮 数量	饲料用粮 比重	种用* 数量	种用* 比重	各品种消费总量 数量	各品种消费总量 比重
大豆	2004	550	19.9	62	2.2	2 095	75.7	60	2.2	2 767	100.0
	2005	378	12.0	27	0.8	2 685	85.0	70	2.2	3 160	100.0
	2006	385	9.1	965	22.9	2 790	66.0	85	2.0	4 225	100.0
	2007	385	9.1	1 005	23.9	2 745	65.2	75	1.8	4 210	100.0
	均值**	424.5	12.5	514.7	12.5	2 578.8	73.0	72.5	2.0	3 590.5	100.0

注：*因缺乏2008年种子用粮数据，稻谷、小麦均取其前四年均值作为2008年种用消费量，玉米因前四年种用消费增长趋势明显且年均增长10万吨，故预计其2008年种用消费量仍保持这一趋势。**因缺乏大豆2008年的各项消费数据，故其均值为四年平均。

资料来源：中华粮网（http://www.cngrain.com/）。

表2-11　2004~2008年中国主要粮食品种各用途占粮食总消费各用途的比重　　单位：%

品种	年份	口粮	工业用粮	饲料用粮	种用	占粮食总消费比重
稻谷	2004	59.4	16.8	12.4	19.1	39.5
	2005	59.0	11.2	10.5	20.7	37.9
	2006	58.5	11.9	9.9	18.3	35.5
	2007	58.5	12.5	10.4	17.9	35.5
	2008	57.9	12.2	7.9	19.0	34.4
	均值	58.7	12.9	10.2	19.0	36.6
小麦	2004	29.6	10.5	5.7	40.6	20.4
	2005	29.4	8.3	5.4	39.3	19.9
	2006	30.3	12.0	4.5	41.5	19.7
	2007	30.5	12.7	4.1	40.6	19.7
	2008	29.9	12.2	4.8	40.4	19.5
	均值	29.9	11.1	4.9	40.5	19.8
玉米	2004	4.6	47.6	52.8	13.9	24.2
	2005	5.1	67.9	52.1	14.6	26.4
	2006	4.7	50.5	53.6	17.0	27.1
	2007	5.2	50.7	55.8	17.5	28.3
	2008	3.9	52.4	55.3	18.6	27.7
	均值	4.7	53.8	53.9	16.3	26.7

续表

	年份	口粮	工业用粮	饲料用粮	种用	占粮食总消费比重
大豆	2004	2.1	1.6	13.5	5.2	5.9
	2005	1.4	0.7	16.9	6.0	6.6
	2006	1.5	14.1	16.9	7.4	8.3
	2007	1.5	13.9	16.5	6.4	8.2
	均值	1.6	7.6	16.0	6.3	7.3

资料来源：根据中华粮网（http://www.cngrain.com/）数据整理计算。

二、小麦

小麦的消费数量经历了1978~1991年的快速增长、1991~2000年的小幅增长、2000~2005年的下降以及2006~2008年的恢复性增长几个阶段，2011年约为11 350万吨，较1978年增长4 900多万吨，增长约90%。与消费数量上升的态势不同，小麦占粮食消费总量的比重除在1978~1984年有所上升外，1985年之后一直呈下降态势。1985年到达最高点25.7%，此后连年下降，至2011年，已降至19.2%，接近1978年时的水平。从消费数量和占粮食消费总量的比重看，1996年之前，小麦是中国第二大粮食品种，但之后被玉米超越，降至第三。

从用途看，80%的小麦主要用于口粮，占口粮总消费的30%，是口粮消费的第二大品种。2004~2008年，用作口粮的小麦消费量小幅增加，但占小麦总消费的比重呈下降趋势，消费量由7 873万吨升至8 025万吨，消费比重由81.8%降至78.7%；饲料用小麦数量和比重都呈下降趋势；工业用小麦数量和比重显著上升；种用小麦数量和比重分别稳定在470万吨和4.8%的水平，约占种子总消费量的40%，是种子用粮中最大的品种。

稻谷和小麦占粮食消费总量比重的下降，是由中国居民口粮消费减少、饲料粮消费增多的膳食结构变化引起的。2004~2008年，口粮消费数量在2.66亿吨上下徘徊，口粮消费占粮食消费总量的比重由56.5%降至51.2%。

三、玉米

1978~2011年，玉米消费量由4 800多万吨升至1.9亿多吨，增长了近4倍，年均增速为8.6%，平均每年增长419万吨，尤其是在2004~2011年，玉米消费由11 389万吨增至19 100万吨，平均每年增长963万吨，是三大粮食品种中增长速度最快的。与消费量快速增加的势头相同,玉米在粮食消费结构中的比重也快速提高,1978~2011年,由18%升至32.3%。1996年之后,玉米占粮食消费的比重超过小麦,成为中国第二大粮食消费品种。

从用途看,2004~2008年,饲料用玉米约占玉米消费量的66%,工业用玉米约占23%,口粮用玉米约占9.5%。此外,饲料用粮约有54%来自玉米,工业用粮的54%也来自玉米,口粮消费中,玉米仅占4.7%,玉米是饲料用粮和工业用粮的首要品种。从增速来看,工业用玉米由1 832万吨增至3 850万吨,平均每年增加504万吨,年均增速为20.4%[①];饲料用玉米由8 181万吨增至9 400万吨,年均增速约为3.5%;口粮用玉米消费平稳下降,由1 215万吨降至1 050万吨;种子用玉米相对稳定,略有增加,约为190万吨。

玉米消费的快速增长,一是由于中国肉、禽、蛋、奶等高耗粮食品消费的增加引起饲料用粮的大幅增加,二是由于工业用玉米的大幅增长。2004~2008年间,饲料用玉米累计增长15%,工业用玉米累计增长110%,饲料用和工业用玉米增加量占玉米消费总增加量的104%(因用作口粮的玉米消费量减少165万吨,降幅为13.6%,占玉米消费总增加量的-5.3%)。

四、大豆

大豆主要用作食用油加工及饲料。近年来,中国大豆消费增长强劲,总消费量已由2004年的2 767万吨增至2008年的约5 500万吨[②],平均每年增加680万吨,年均增长18.7%。国内大豆消费的快速增长主要来自食用油压榨的需要及养殖业对豆粕等副产品的需求。表2-10数据显示,工业用和饲料用数量占据了大豆消费总量的九成。此外,表2-11数据显示,饲料用粮总消费的16%以上为大豆,大豆仅次于玉米,是中国第二大饲用粮食作物。用作口粮的大豆消费数量较为稳定,但占大豆消费总量的比重下降明显,由2004年的20%降至2007年的9%左右。种子数量平均在70万吨左右,约占大豆总消费量的2%。

---

① 需要说明的是,2004~2008年间,工业用粮经历过两年的非常态高速增长,因而这个数据不具有代表性,但因为无法搜集到2004年以前各粮食品种的用途结构数据,故只能列出该数据,其年均增长速度无参考价值。

② 2008年中国大豆产量为1 700万吨,进口3 850万吨,出口50万吨,不考虑储备,估计2008年大豆消费量为5 500多万吨,较上年增加1 300多万吨,增幅约为30%。

五、品种结构预测

粮食需求预测的目的一方面是实现供需总量平衡,另一方面则是根据预测结果调整粮食生产结构,实现供需结构平衡。下面将根据对各主要粮食品种消费特点的分析,结合已经预测出的各用途粮食需求量,测算主要粮食品种需求量。预测公式如下:

$$Q_{it} = \frac{U_{mt} \times \Phi_{mi}}{\Lambda_{ni}} \tag{2-3}$$

式(2-3)中,$Q_{it}(i=1,2,3,4;t=1,2)$ 分别表示 2015 年或 2020 年稻谷、小麦、玉米、大豆的需求量。$U_{mt}(m=1,2;t=1,2)$ 分别表示 2015 年或 2020 年总口粮需求量和总饲料粮需求量。$\Lambda_{ni}(n=1,2)$ 表示各品种内部的口粮消费或饲料粮消费所占比重。因稻谷和小麦主要用作口粮消费,玉米和大豆主要用作饲料粮消费,Λ_{11} 表示稻谷消费中用作口粮消费的比重,Λ_{12} 表示小麦消费中用作口粮消费的比重,Λ_{23} 表示玉米消费中用作饲料粮消费的比重,Λ_{24} 表示大豆消费中用作饲料粮消费的比重,其他情况不予计算。Φ_{mi} 表示总口粮或总饲料粮需求中第 i 个品种所占的比重。Φ_{11} 和 Φ_{12} 分别表示总口粮消费中稻谷和小麦所占比重,Φ_{23} 和 Φ_{24} 分别表示总饲料粮消费中玉米和大豆所占比重,其他情况不予计算。

随着技术的进步,稻谷的用途将更加广泛,除用作口粮外,在医药、化工等深加工领域的应用也逐渐增多,长期来看,稻谷口粮消费比重有下降趋势,但从另一方面看,由于中国 60% 的人口以稻谷为主食,这决定了未来十年用作口粮的稻谷比重下降幅度不会太大。关于未来十年该比重的确定,由于缺乏长期可供观察的历史数据,我们只能凭借经验判断。中华粮网数据显示,2004~2008 年中国稻谷需求量的约 85.6% 用作口粮,中国粮食行业协会、中国粮食经济学会和中国粮食行业协会大米分会课题组(2008)认为,稻谷消费量的 80% 以上是口粮消费。本书认为,未来十年用作口粮的稻谷比重按 0.5% 的下降速度估算较为合理,并且该比重应当在 80%~85% 之间。计算结果显示,2015 年该比重达到 82.6%,2020 年达到 80.6%(即 $\Lambda11$)。此外,粮食总口粮消费中稻谷所占比例由 2004 年的 59.4% 降至 2008 年的 57.9%,年均降速为 0.6%,按此发展速度,2015 年稻谷占总口粮消费的比例为 55.4%,2020 年为 53.6%(即 $\Phi11$)。

小麦消费中用作口粮消费的比重有下降趋势,由 2004 年的 81.8% 降至 2008 年的 78.7%,年均下降 0.96%,按此降速,预计 2015 年用作口粮的小麦消费比重为 73.5%,2020 年为 70.1%(即 $\Lambda12$)。小麦占总口粮消费的比重一直较为稳定，预计未来十年仍将保持30%的水平（即Φ12）。

随着中国肉类食品消费的增加以及畜牧业生产专业化和规模化程度的提高，饲料粮需求增加明显，玉米消费中用作饲料粮的比重有增加的趋势。2004~2007年该比重有所下降是因为此间经历了工业用粮的非常态增长，燃料乙醇项目的实施使得玉米消费用于工业用途的比重增加明显，从而导致饲料用途的比重下降。随着国家对燃料乙醇项目的控制，2008年，玉米消费中饲料用途的比重已经回升。本书认为，在适当控制粮食工业用途的情况下，中长期看，玉米消费中的饲料用途将更加凸显，预计未来十年饲料用玉米比重将恢复性增长至常态时的比重70%（即Λ23）。此外，总饲料粮消费中玉米所占比重一直较为稳定，预计未来十年仍将保持54%的水平（即Φ23）。

大豆消费中用作饲料粮的比重这几年波动较大，中华粮网数据显示，该比重2005年高达85%，2007年又低至65.2%，因其没有表现出明显的增长或下降趋势，又缺乏长期历史数据，本书取近几年的平均水平70%作为预测值（即Λ24）。同样的，大豆占总饲料粮消费的比重也取其平均值16%作为预测值（即Φ24）。

结合已经预测出的口粮和饲料粮需求，主要粮食品种需求预测结果见表2-12所示。

表2-12　　　　　　　　粮食品种结构预测　　　　　　　　单位：%，万吨

年份	稻谷			小麦			玉米			大豆		
	$\Lambda 11$	$\Phi 11$	需求	$\Lambda 12$	$\Phi 12$	需求	$\Lambda 23$	$\Phi 23$	需求	$\Lambda 24$	$\Phi 24$	需求
2015	82.6	55.4	13 756	73.5	30	8 371	70	54	22 225	70	16	6 585
2020	80.6	53.6	14 125	70.1	30	9 090	70	54	23 019	70	16	6 821

第五节　结　论

一、需求总量稳步增长

2020年中国粮食需求总量约为6.1亿吨，较2011年消费量（59 101万吨）增长约2 000万吨，与2011年中国粮食产量（57 121万吨）相比，高出约4 000万吨，为实现供需平衡，粮食生产需要保持年均约0.8%的增速，平均每年约需

增长 450 万吨。

需要指出的是从 2004 年开始至 2012 年，我国粮食产量实现历史性的"九连增"，粮食产量从 2004 年的 46 946.9 万吨到 2012 年的 58 957 万吨。人均粮食占有量从 2004 年的 722 斤递增到 2012 年的 870 斤。而在此次粮食"九连增"之前，我国人均粮食占有量的最高点是 1996 年的 824 斤（见图 2-7）。在粮食增产的硬性约束没有大幅改观之前，我们认为粮食产量不可能持续保持目前的增产状态。

图 2-7 我国人均粮食占有量

资料来源：《中国统计年鉴（2012）》。

二、饲料用粮将取代口粮成为中国第一大粮食用途

2020 年粮食需求用途结构为：种子用粮 0.115 亿吨，工业用粮 0.915 亿吨，口粮 2.1 亿吨，饲料用粮 2.98 亿吨，其最显著的特征是饲料用粮大幅增加，将在中国粮食用途中排第一位。与 2008 年比较，饲料用粮增加 1.28 亿吨，增幅约 75.5%，饲料用粮占粮食总需求的比重由 32.5% 升至 48.6%，约提高 16 个百分点。而口粮将由第一大用途降至第二大用途，减少约 0.55 亿吨，降幅约 20%，占粮食总需求的比重由 50% 以上降至 35% 左右，约减少 15 个百分点。工业用粮增加 0.18 亿吨，增幅约 24.5%，仍是中国第三大粮食用途，种子用粮保持稳定。

三、玉米将取代稻谷成为中国第一大粮食品种

在控制用途结构的前提下,预计2020年中国粮食分品种的需求量为:稻谷1.4亿吨,小麦0.91亿吨,玉米2.3亿吨,大豆0.68亿吨,以上四类的总量约为5.3亿吨(其余0.8亿吨为薯类和杂粮),占粮食总量的86.8%。玉米需求较2011年增长3 900万吨,增幅为20.4%,玉米取代稻谷成为中国第一大粮食品种。

2020年稻谷需求量较2011年减少5 500多万吨①,降幅为28.2%,与2011年产量相比,供给盈余约6 000万吨。小麦需求量较2011年减少1 800万吨,降幅为16.5%,与2011年产量相比,供需盈余约2 700万吨。稻谷和小麦供给出现盈余,需要调整粮食生产战略,集中资源发展玉米生产。

2020年大豆需求量较2011年增加约800多万吨,增幅约为13%,与2011年产量相比,缺口为5 500万吨。如果不考虑进口,要填平缺口,大豆生产需要保持年均23%的增长速度,年均增产600万吨。1980~2004年,中国大豆年均增产39万吨,平均增速为3.3%,但在2004~2008年间,产量不增反降,由2004年的1 740万吨降至2006年的1 597万吨,2008年产量有所回升但也没有达到2004年的水平。2008年,中国稻谷、小麦、玉米三大品种净出口175万吨,但是当年净进口大豆达3 800万吨(大豆对外依存度达70%),大豆是作为粮食品种计入中国粮食总产量的,受大量进口的影响,中国粮食的自给率水平已下降至93%。2010年大豆进口量高达5 480万吨,粮食的自给率水平又进一步降至约90%。2011年中国大豆进口量虽然比上年减少了3.9%,但仍然高达5 264万吨。如果国家依靠进口大豆的政策不变,2020年在现有产量和进口量的基础上,还需要增加进口约800万吨。

四、调整粮食作物种植结构

(一)在满足口粮需求量情况下,扩大玉米种植面积

根据上述预测,2020年我国稻谷和小麦供给将出现盈余,玉米出现缺口,

---

① 稻谷和小麦2020年的预测结果较2011年大幅减少,较2015年略有上升,主要是因为:二者作为口粮消费的主要品种占据了口粮消费的88%以上,随着近几年人均口粮消费的显著下降,二者需求量2015年之前也呈下降趋势;但是,人均口粮消费的下降是有一定限度的;再者,受总人口增长的影响,2015年之后口粮消费总量呈缓慢增长态势,属于恢复性增长。

需要调整粮食生产战略，集中资源发展玉米生产。

玉米作为主要的饲料用粮，提高玉米的总产量对满足饲料用粮需求有着重要的作用。2011年，超级稻百亩试验田亩产达到926.6公斤，比常规水稻增产30%~40%。如果能够通过建立一套有效的超级稻推广体系，推广超级稻栽培技术、水肥管理、病虫害防治等生产技术，引导农民种植超级稻，就能够置换出水稻总种植面积30%~40%的耕地，用于种植玉米。

(二) 提高玉米产量

发展高产玉米，通过水稻增产之后置换的土地进行玉米生产，提高玉米的播种面积。2010年，我国玉米平均每亩产量为360公斤，比欧盟国家的平均水平低了100多公斤，比美国的平均水平低了250公斤左右。美国玉米种子经过转基因技术处理，中国要提升玉米单产潜力，接近美国的平均水平，开展玉米转基因新品种的选育工作变得十分必要，但同时必须做好对转基因食品的风险控制。必须强调的是，这种水稻和玉米播种面积的置换必须建立在超级稻能够推广的前提下，不能盲目直接转换导致口粮需求不能满足。

第三章

我国粮食生产保障体系研究（之一）
——我国粮食生产状况

粮食生产保障是粮食安全保障体系的核心基础。对于我们这样一个拥有近14亿人口的大国来说，立足依靠本国的力量来解决粮食和主要农产品有效供给始终是我国农业发展的一项长期而重要的战略任务。虽然自2004年以来，我国粮食产量实现了来之不易的九年连续增产，但同时还应认识到，我国粮食生产长期持续增长的基础还不牢固，结构性、区域性矛盾日益突出，水土资源等制约因素日渐增强，极端气候条件和市场波动的不确定性导致粮食生产的风险增加。根据上一章的预测，到2020年，我国的粮食总需求将达到6.1亿吨，这要求我们在现有的基础上增加20%的产量，这是一项相当艰巨的任务。本章将回顾改革开放以来我国粮食生产状况，分析我国粮食持续增产面临的挑战，在此基础上，构建我国粮食生产保障体系。

第一节 粮食生产保障及其在粮食安全保障体系中的地位

粮食安全保障体系是由粮食生产、流通、储备、进出口构成的一个复杂整体，四个环节相互作用、相互影响，缺一不可。即一个国家的粮食安全不仅要依靠粮食生产能力，还要依靠粮食流通能力、储备能力、进出口能力以及应急保障能力,要靠粮食生产、流通、储备、进出口贸易这几个环节的相互作用以及应急保障措施才能实现粮食安全保障,其中,生产保障在粮食安全保障体系中处于核心基础地位。

粮食生产保障是指一个国家(地区)在一定时期、一定的社会经济技术条件和正常气候条件下,通过各种生产要素综合投入、有机组合及相互作用形成的,能够相对稳定地实现一定产量的粮食产出,从而保障粮食安全的能力。从我国的基本国情出发,粮食生产能力的提高是保障国家粮食安全的基础和前提。要解决近14亿人口的吃饭问题,必须坚持立足国内实现粮食基本自给的方针,着力提高粮食综合生产能力,提高粮食生产保障水平。

粮食流通和储备作为粮食安全保障体系的重要环节,也要建立在粮食生产的基础之上。粮食流通和储备的前提是要"有粮可运"、"有粮可储",如果粮食生产能力下降造成供给减少,很可能会出现"无粮可运"、"无粮可储"的局面。粮食进出口贸易作为调剂粮食余缺的重要手段,主要是为了弥补总量的不足和品种的调剂,在粮食供给总量中所占比重较小。有人认为我们可以利用国际市场通过粮食进口来满足我国的粮食需求,但实际上国际市场可供利用的空间很小。作为一个人口大国,我国不可能主要依赖国际市场进口粮食来提高粮食安全水平,必须通过提高自身的粮食综合生产能力,增加粮食供给,实现国家粮食安全。

第二节　改革开放以来我国的粮食生产状况

一、粮食总量在波动中保持增长趋势

改革开放以来,我国粮食产量总体上呈现迅速增长的态势。1978～2012年,粮食总产量从30 476.5万吨增加到58 957.0万吨,增长了93.4%;人均粮食产量从1978年的316.6公斤增加到2012年的435.4公斤,增加了37.5%(见图3-1)。粮食播种面积从1978年的120 587.2千公顷减少到2012年的111 267.0千公顷,共减少9 320.2千公顷,减少了7.7%;粮食单产从1978年的2 527.3公斤/公顷提高到2012年的5 298.7公斤/公顷,提高了100.65%(见图3-2)。

从我国粮食总产量变动情况来看,大致可分为4个阶段:第一阶段为1978～1984年,粮食产量持续大幅增长。1984年粮食产量达到40 730.5万吨,比1978年

增加10 254.0万吨，增长了33.6%，年均递增5%。这一阶段，由于家庭联产承包责任制的实施，农民种粮积极性高涨，尽管粮食播种面积减少，但是粮食单产水平的大幅度提高推动了粮食总产量的快速增长。第二阶段为1984~1998年，粮食产量在周期波动中逐步提高。1998年粮食产量突破50 000万吨，达到历史高点的51 229.5万吨，比1984年增长25.8%，年均递增1.7%。第三阶段为1998~2003年，由于播种面积减少和单产下降，除2002年粮食产量较上年略有增加外，基本上呈现粮食连年减产状态。2003年粮食总产量为43 069.5万吨，比1998年减少15.9%，年均递减4.0%。第四阶段为2004年至今，历史上少有的粮食连年增产，其中2007~2012年连续6年粮食产量稳定保持在50 000万吨以上。主要原因是在中央一系列支农惠农富农政策的引导下，农民种粮积极性提高，播种面积和单产双双上升所致。

值得一提的是，2008年国家发改委颁发《全国新增1 000亿斤粮食生产能力规划（2009~2020年）》，提出到2020年粮食总产量在2008年粮食产量的基础上再新增500亿公斤生产能力，即到2020年粮食产量应达到5 787亿公斤。然而现实情况是，我国2012年的粮食产量就已经达到5 895.7亿公斤，已提前8年实现了粮食增产目标。从历史上看，1978年后，我国人均粮食产量的最高值是1996年，为412公斤，而2012年我国的人均粮食产量已达到435.4公斤。因此，我们认为，在我国粮食生产的基础条件没有得到完全改善之前，粮食产量不能够持续保持目前的增产状态。

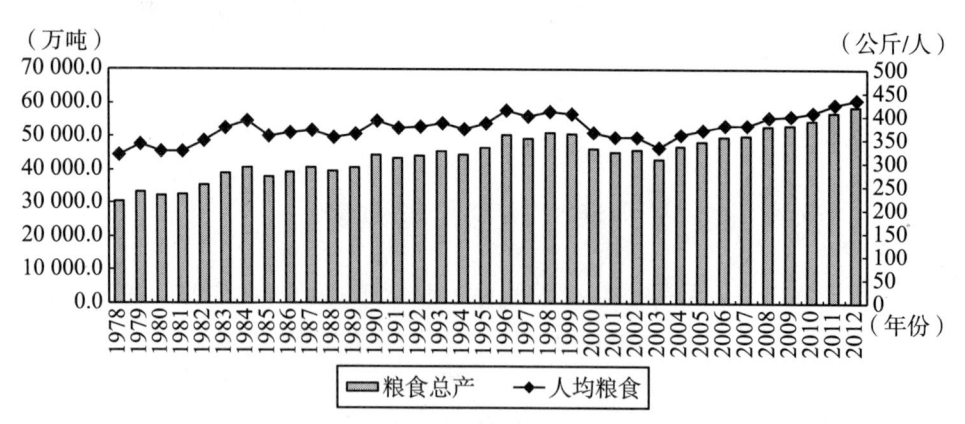

图3-1 1978~2012年我国粮食总产量与人均粮食的变动

资料来源：1978~2011年粮食总产量数据来源于《中国统计年鉴》各年版，2012年数据来源于国家统计局《关于2012年粮食产量数据的公告》。人均粮食数据根据《中国统计年鉴》中的历年人口数和粮食总产量数据进行测算，其中人口数据不包括香港、澳门特别行政区和台湾省的人口数据。

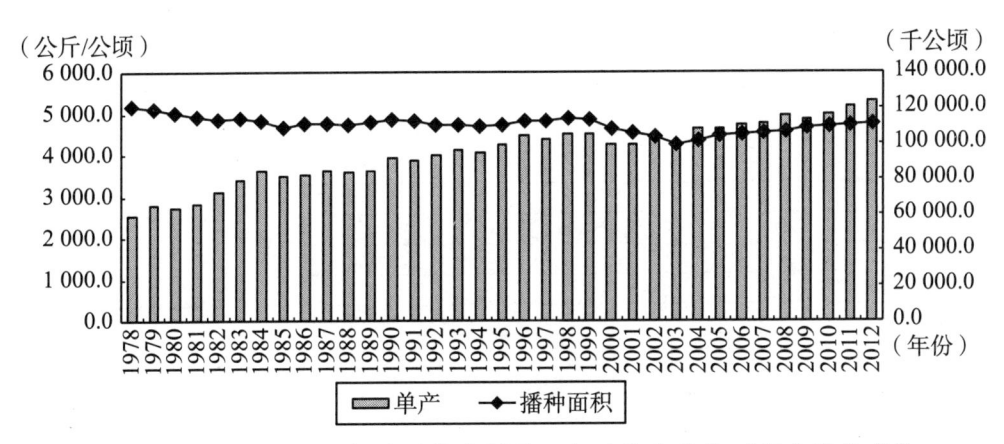

图 3-2 1978~2012 年我国粮食播种面积及粮食单位面积产量的变化

资料来源：1978~2011 年粮食单产和播种面积数据来源于《中国统计年鉴》各年版，2012 年数据来源于国家统计局《关于 2012 年粮食产量数据的公告》。

二、主要粮食品种结构发生变化

分品种看，稻谷始终是我国粮食的第一大品种，但其在粮食总产量中的比重明显下降。20 世纪 90 年代中期以前，多数年份的小麦产量超过玉米，是我国粮食的第二大主要品种。但自 90 年代中期以来，玉米在全国粮食总产量中的比重显著上升，产量已基本稳定地超过小麦，2012 年产量超过稻谷，成为我国的第一大粮食品种。

从各主要粮食品种的产量情况看，1978~2012 年，稻谷产量从 13 693.0 万吨增加到 20 429.0 万吨，增加了 6 736.0 万吨，增长了 49.2%。但期间经历了从 1978~1997 年波动上升、1997~2003 年大幅度下降和 2004 年后稳定增加几个阶段。小麦产量从 5 384.0 万吨增加到 12 058.0 万吨，增加了 1.24 倍。20 世纪 90 年代中期以前，小麦一直是我国粮食的第二大品种，产量在波动中稳定增加，1997 年小麦产量达到历史最高水平的 12 328.9 万吨。但 1997~2003 年，小麦产量大幅度下降，2003 年下降到 8 648.8 万吨，2004 年以后，小麦产量快速回升。玉米产量从 5 594.5 万吨增加到 20 812.0 万吨，增加了 2.72 倍，期间 1998~2000 年产量下降幅度较大，之后产量快速增长。大豆产量从 1978 年的 746.0 万吨增加到 2012 年的 1 277.4 万吨，增加了 71.2%，见图 3-3。

从各主要粮食品种产量占粮食总产量的比重情况看，稻谷所占的比重从 1978 年的 44.93% 下降到 2012 年的 34.65%，下降了 10.28 个百分点；玉米所占比重从 1978 年的 18.36% 增加到 2012 年的 35.30%，增加了 16.94 个百分点；小麦所占比重从 1978 年的 17.67% 增加到 2012 年的 20.45%，增加了 2.78 个百分点；大豆所占比重从 1979 年的 2.25% 下降到 2012 年的 2.17%，下降了 0.08 个百分点，见图 3-4 所示。

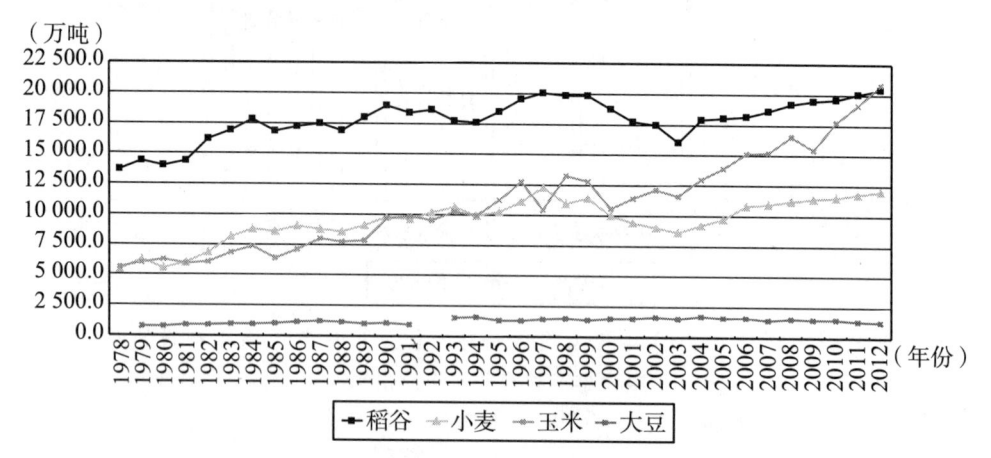

图 3-3　1978~2012 年我国主要粮食品种产量的变化

资料来源：1978~2011 年稻谷、小麦、玉米、大豆产量数据来源于《中国统计年鉴》各年版，2012 年数据来源于中华粮网数据中心。

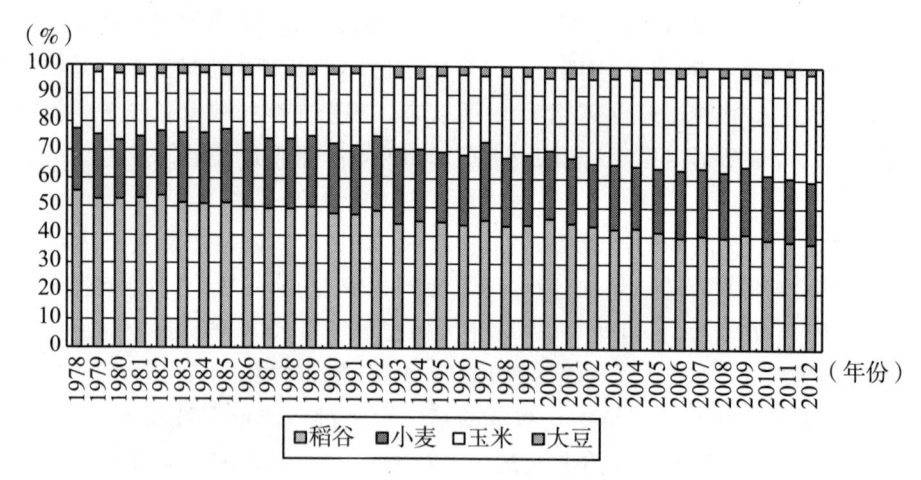

图 3-4　1978~2012 年我国粮食产量品种结构的变化

注：根据各年原始数据进行测算的结果。

三、粮食生产区域格局发生重要分化

改革开放以来，我国粮食生产区域格局发生了重要分化，原有"南粮北调"的格局发生逆转，粮食主产中心逐步北移，且有逐步集中到少数地区的趋势。而且传统粮食主产区内部的粮食供求关系也发生了重大变化。按照现有的划分方法，粮食核心产区和产粮大县在保障我国粮食安全方面起到了重大作用，但由于粮食核心产区和产县大县的相关数据收集困难，在此仍然运用传统的划分方法，即传统粮食主产区、产销平衡区和主销区进行分析。从商品粮情况来看，13 个传统粮食主产区中[①]细粮和粗粮均能调出的只有黑龙江 1 个省，有 9 个省（区）粮食总量有净剩余但存在结构性矛盾，4 个省（四川、湖南、河北和辽宁）粮食总量已经出现净缺口；7 个传统主销区粮食产销缺口扩大；11 个传统粮食产销平衡区中粮食总量净剩余的只有新疆、宁夏和甘肃 3 个省（区），其中细粮和粗粮均能调出的有新疆和宁夏 2 个地区，甘肃属于结构性余粮区，其余 8 个省（区、市）粮食总量短缺。[②]

1990～2012 年，我国 13 个传统粮食主产区和 11 个传统粮食产销平衡区的粮食产量占全国的比重分别提高了 2.83% 和 3.07%，7 个传统粮食主销区的粮食产量占全国的比重下降了 5.91%，详见表 3-1 所示。粮食主产区的地位明显提升。

表 3-1　　　　1978～2012 年我国粮食产量的区域结构变化

年份	主产区		主销区		平衡区	
	粮食产量（万吨）	占全国粮食总产量的比重（%）	粮食产量（万吨）	占全国粮食总产量的比重（%）	粮食产量（万吨）	占全国粮食总产量的比重（%）
1990	32 501.6	72.83	5 225.2	11.71	6 897.5	15.46
1991	31 402.8	72.14	5 318.6	12.22	6 807.9	15.64
1992	32 231.5	72.81	5 126.1	11.58	6 908.2	15.61
1993	33 405.1	73.18	4 784.6	10.48	7 459.1	16.34
1994	32 825.2	73.75	4 757.6	10.69	6 927.4	15.56
1995	34 470.1	73.87	4 965.1	10.64	7 226.6	15.49
1996	37 129.1	73.59	5 176.6	10.26	8 147.8	16.15
1997	35 172.7	71.18	5 240.8	10.61	9 003.8	18.22
1998	36 315.7	70.89	5 213.6	10.18	9 700.4	18.94
1999	36 517.7	71.83	5 103.3	10.04	9 217.7	18.13

---

① 按照传统的划分方法，我国粮食和农业主管部门一般将黑龙江、吉林、内蒙古、河南、江西、安徽、河北、辽宁、河北、湖南、江苏、山东、四川 13 个省（区）作为粮食主产区，将北京、天津、上海、浙江、福建、广东及海南 7 个省（市）作为粮食主销区，将山西、重庆、广西、宁夏、新疆、青海、陕西、西藏、云南、贵州、甘肃 11 个省（区、市）作为产销平衡区。主要依据是按其粮食产量、播种面积和提供的商品粮数量及其占全国的比重。

② 国务院发展研究中心课题组：《我国粮食生产能力与供求平衡的整体性战略框架》，载《改革》2009 年第 6 期，第 5～35 页。

续表

年份	主产区		主销区		平衡区	
	粮食产量（万吨）	占全国粮食总产量的比重（％）	粮食产量（万吨）	占全国粮食总产量的比重（％）	粮食产量（万吨）	占全国粮食总产量的比重（％）
2000	32 607.4	70.55	4 474.4	9.68	9 135.8	19.77
2001	37 640.2	75.04	3 184.4	6.35	9 335.8	18.61
2002	39 917.5	75.50	3 244.9	6.14	9 708.5	18.36
2003	30 578.5	71.00	3 417.7	7.94	9 073.2	21.07
2004	34 115.0	72.67	3 450.8	7.35	9 381.4	19.98
2005	35 443.2	73.23	3 415.7	7.06	9 543.5	19.72
2006	36 824.2	74.02	3 522.7	7.08	9 400.9	18.90
2007	37 640.2	75.04	3 184.4	6.35	9 335.8	18.61
2008	39 917.5	75.50	3 244.9	6.14	9 708.5	18.36
2009	39 710.1	75.11	3 360.9	6.36	10 011.1	18.86
2010	41 184.0	75.36	3 323.3	6.08	9 055.3	16.57
2011	43 421.0	76.02	3 409.0	5.97	10 290.3	18.01
2012	44 609.8	75.66	3 421.8	5.80	10 925.4	18.53

资料来源：1990～2008年原始数据来源于中华人民共和国农业部编：《新中国农业60年统计资料》，中国农业出版社2009年版。2009～2011年原始数据来源于中国统计年鉴。2012年数据来源于国家统计局《关于2012年粮食产量数据的公告》。

在我国粮食生产的区域格局变化的同时，各区域内部的粮食供求关系也出现了严重分化。从主产区来看，变化最大的是黑龙江省。1990～2012年，黑龙江省的粮食产量净增3 449.00万吨，位次从全国第八位上升到第一位。而四川省粮食产量净减少951.80万吨，位次也从全国第一位下降到第六位，从粮食剩余区变成了粮食短缺区；7个传统粮食主销区的粮食产量均有不同程度减少，其中，广东省减少了26.40％，浙江省减少了51.5％。在11个传统粮食产销平衡区中，云南省粮食产量增加了65.4％，产量位居11个传统粮食产销平衡区第一位。

第三节　我国粮食持续增产面临的挑战

一、水资源短缺约束日益增强

今后我国粮食增产面临的水资源短缺的矛盾将日益突出，主要表现在：一是水资源少、分布不均。我国是个水资源短缺、水旱灾害频繁的国家，人均水资源占有量为 2 220 立方米，仅为世界平均水平的 1/4，是世界上 13 个贫水国之一，而且时空分布极不均匀。全国 81% 的水资源集中在仅占全国耕地 36% 的长江及其以南地区，而占总耕地面积 64% 的淮河及其以北地区只占有 19% 的水资源。南涝北旱现象十分突出，水旱灾害频繁。① 北方地区是中国重要粮食产区，它的径流量仅占全国的 6%，但它却支持着全国近 40% 的人口粮食需求。② 因此，水资源短缺的制约已超过耕地上升为第一位。二是水资源的利用率低。尽管从 1996 年以来，我国通过实施大型灌区续建配套与节水改造等项目建设、财政贴息贷款等政策，建成了一大批节水灌溉工程，有效灌溉面积增加到 9.05 亿亩，农田灌溉用水有效利用系数由 0.45 提高到 0.5③，但与发达国家的 0.70～0.80 相比仍有很大差距。三是水利等基础设施建设严重滞后。我国灌溉用水的生产效率低与农业用水方式落后、农田水利设施差和用水管理薄弱密切相关。大水漫灌的方式普遍存在，水库、渠、沟、井等农田水利设施老化失修严重，不少水利工程不配套，"跑冒滴漏"现象严重，这在一定程度上加剧了水资源的稀缺程度。2011 年中央一号文件《中共中央　国务院关于加快水利改革发展的决定》明确指出，"农田水利建设滞后仍然是影响农业稳定发展和国家粮食安全的最大硬伤，水利设施薄弱仍然是国家基础设施的明显短板。"由此可见，我国水利面临的形势十分严峻，加快水利建设已刻不容缓。

二、耕地资源数量减少、质量下降的趋势日益明显

据国土资源部公布的土地详查数据，我国的耕地面积已从 1996 年的 130 039.2 千公顷减少到 2008 年的 121 715.9 千公顷，净减少 8 323.3 千公顷（1.25 亿亩），年均减少 693.6 千公顷。目前，中国人均耕地只有 1.43 亩，不到世界人均水平的 1/3，全国有 14 个省（区）的人均耕地不足 1 亩，有 6 个省（区）的人均耕地不到 0.5 亩，低于联合国粮农组织确定的 0.86 亩的警戒线。④ 造成近年来耕地面积减少的主要因素为农业结构调整、生态退耕、自然灾害损毁和非农建设用地，尤其是非农建设占用耕地呈刚性增长的势头，将成为我国粮食安全的重大隐患。

---

① 孙梅君：《新的粮食安全观与新的宏观调控目标》，载《调研世界》2004 年第 8 期，第 3～6 页。
② 张毅：《发挥比较优势与国家粮食安全的统一》，载《调研世界》2003 年第 3 期，第 19～23 页。
③ 《我国有效灌溉面积超 9 亿亩》，载《科技日报》，2011 年 11 月 21 日。
④ 农业部发展规划司等：《保护和提高粮食综合生产能力专题研究报告》，选自《恢复发展粮食生产专题调研报告汇编》，2004 年 8 月，第 206 页。

除耕地数量减少外，耕地质量持续下降对我国粮食单产水平的提高也造成了巨大压力。根据 2009 年 12 月国土资源部发布的《中国耕地质量等级调查与评定》成果，目前我国耕地质量平均等别为 9.80 等，等别总体偏低。优等地、高等地、中等地、低等地面积占全国耕地评定总面积的比例分别为 2.67%、29.98%、50.64%、16.71%。由此可见，我国中低等地所占的比例达到了 67.35%，比例明显偏大。我国耕地质量下降的主要表现：一是耕地养分含量下降。根据 1990 年全国第二次土壤普查结果，全国耕地土壤有机质平均不到 1%，低于 0.5% 的耕地约占 10%，明显低于欧美国家 2.5% ~ 4.0% 的水平。现有耕地中，缺磷地占 59%，缺钾地占 23%，缺磷钾地占 10%。二是土地退化严重。主要表现在水土流失、荒漠化和沙化、盐渍化的土地面积不断增加。根据国家林业局发布的 2005 年中国荒漠化和沙化状况公报显示，截止到 2004 年，全国荒漠化土地总面积为 263.62 万 km²，占国土总面积的 27.46%，全国沙化土地面积为 173.97 万 km²，占国土总面积的 18.12%，沙化耕地为 4.63 万 km²，占沙化土地总面积的 2.66%。三是耕地污染严重。主要表现为农药、化肥、重金属等污染，目前，我国污染土壤已占耕地面积的 1/5。① 四是占用的是优质地，补充的是劣质地。近年来，随着我国工业化和城镇化的迅速推进，非农建设占用耕地呈刚性增长势头，而且占用的耕地大多是城郊的良田和菜地，熟化程度较高、产出率高。而通过占补平衡新开发的耕地质量和产出率低，一般 3 公顷新地才能抵得上 1 公顷熟地。②

三、农业科技服务能力减弱

农业科技服务能力减弱主要表现在：一是农业科技投入力度不足。1978 ~ 2009 年，中央财政支农支出从 150.66 亿元增加到 7 161.4 亿元，年均增长 13.2%，但财政支农支出占财政总支出的比重从 1978 年的 13.43% 下降到了 2009 年的 9.4%。二是农业科技推广体系薄弱。在基层农技推广人员中，专业技术人员只占 58%，每年参加短期培训的人数只占 13%。在多数地方，农技人员知识更新缓慢，推广技能和综合素质较低，抑制了农业技术的推广。③ 三是农民科技素质不高，技术培训与指导不到位。目前，中国农民平均受教育年限不足 7 年，全国 92% 的文盲、半文盲在农村，农村劳动力的 38.2% 是小学及以下文化

---

① 孙兰英：《中国耕地质量之忧：污染土壤占比达 1/5》，载《瞭望》新闻周刊，2010 年 9 月 19 日。
② 刘俊文、贾秀春：《耕地：确保粮食安全的基础》，载《调研世界》2004 年第 6 期，第 46 页。
③ 马晓河、蓝海涛等：《中国粮食综合生产能力与粮食安全》，经济科学出版社 2008 年版，第 125 页。

程度。由于农民科技文化素质偏低,导致接受新技术的能力较差,有的农民甚至听不懂科技广播,看不懂农业部门印发的科技"明白纸"。① 由此可见,我国科技支撑粮食增产的长效机制尚未形成。

四、农业经营比较利益低、生产成本和机会成本加快上升的约束不断强化

从今后中长期来看,我国粮食增产仍有很大的资源和技术潜力。但是,这种潜力将在很大程度上取决于农民种粮和增加农业投入的积极性。农业的经营效益和比较利益对农民种粮和增加投入的积极性具有决定性的影响。自20世纪90年代以来,我国粮食生产成本呈现明显的增加态势,尤其是进入21世纪以来,生产成本和机会成本正在加快上升,人工成本、土地成本、能源成本成为推动粮食成本提高的三大主要因素。近年来粮食补贴规模虽不断增加,但总体上仍不能弥补成本上升所导致的利润损失。由此可见,随着工业化、城市化和现代化的加快推进,在中长期内,粮食生产成本仍将呈现不断增加的态势。在此背景下,如果粮食价格不能维持在合理的水平,农民的种粮积极性必将逐步受到损害,并最终影响和妨碍粮食增产潜力向增产现实的转化。

五、粮食生产面临的自然风险和市场风险加大

我国是个自然灾害频繁发生的国家,由于农业基础设施条件差、抗灾减灾能力弱,粮食生产的自然风险很大。近年来,干旱、洪涝、地震、泥石流等极端天气灾害大面积、频繁发生,由此导致粮食生产的风险进一步增加。据统计,1978年,我国农作物受灾面积和成灾面积分别为 50 807.0 千公顷和 24 457.3 千公顷,分别占农作物播种面积的 33.85% 和 16.29%;2011 年,农作物受灾面积和成灾面积分别为 32 470.5 千公顷和 12 441.3 千公顷,分别占农作物播种面积的 20.01% 和 7.67%(见图 3-5)。

此外,随着农业对外开放的进一步扩大,我国农业面临的市场风险进一步增加,国际粮农产品乃至石油等相关产品价格的波动对我国粮食价格的影响显著加深,而国际粮食和农产品价格波动的不确定性正在显著增强。从国内来看,我国农产品市场已经进入价格波动幅度放大、波动频率增加的阶段,粮食价格大起大落的风险较以前也有明显扩大。因此,发展粮食生产的市场风险也在显著增加。

---

① 农业部发展规划司等:《粮食生产技术示范推广专题调研报告》,选自《恢复发展粮食生产专题调研报告汇编》,2004 年 8 月,第 44 页。

这种粮食生产的自然风险和市场风险达到一定程度，都可能影响导致粮食生产能力的破坏，给实现粮食供求平衡和维护粮食安全带来严重困难。①

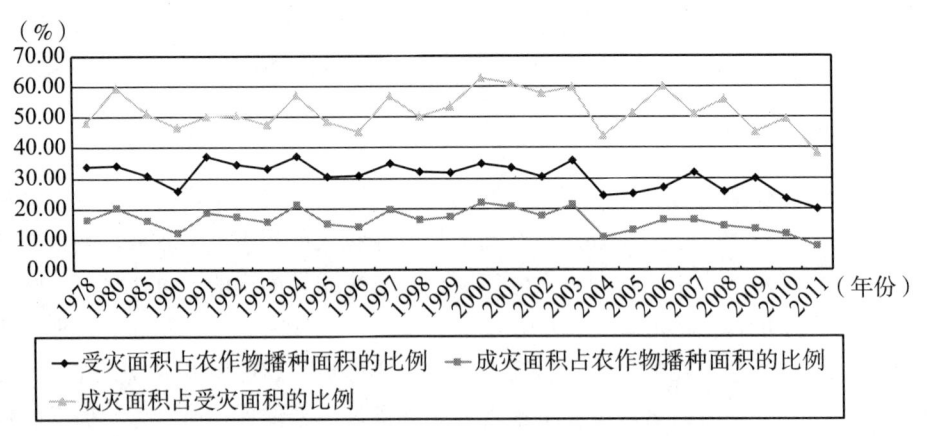

图 3-5　1978~2011 年我国农作物受灾面积和成灾面积变化

资料来源：中华人民共和国统计局：《中国统计年鉴 2012 年》，中国统计出版社 2012 年版。

针对我国粮食持续增产面临的挑战，构建我国粮食生产保障体系的核心内容是提高粮食综合生产能力，它由耕地、农田基础设施、粮食生产技术、生产者素质、农业技术装备（农机具）水平等要素构成。因此，粮食生产保障的内容主要包括耕地保护制度和农业基础设施建设、粮食生产技术推广、粮食生产组织制度创新和农民种粮积极的保护。本书将在第四章、第五章、第六章、第七章和第八章分别对耕地资源保护和中低产田改造、农业基础设施建设、农业生产技术推广服务体系、粮食生产组织形式创新与规模经营、粮食价格形成机制与粮食生产者利益保护等问题进行详细论述。

---

① 国务院发展研究中心课题组：《我国粮食生产能力与供求平衡的整体性战略框架》，载《改革》2009 年第 6 期，第 5~35 页。

第四章

我国粮食生产保障体系研究（之二）

——耕地资源保护与中低产田改造

耕地作为粮食生产的重要载体，在我国城市化和工业化进程中呈现出数量逐年下降、质量逐步降低的趋势，而且随着农村青壮年劳动力大量向城市转移，耕地撂荒现象也日趋严重，对我国粮食安全造成了巨大隐患。本章将对我国耕地数量和质量以及区域变化情况进行分析，在此基础上，提出我国耕地保护制度构建的若干对策措施。与此同时，中低产田作为我国粮食增产潜力的希望所在，但由于其量大面广和资金投入不足而面临诸多改造的难题。本章将对我国中低产田的分布以及改造成效和存在的问题进行分析，并提出中低产田改造的对策措施。

第一节 耕地资源保护

一、耕地资源总量变化情况

新中国成立初期，中国通过开发荒地等途径，耕地面积总量不断增加，并于

1957年达到16.77亿亩,是我国耕地统计面积的峰值①。此后,耕地面积逐年下降,尤其是改革开放以来,耕地资源非农化的现象更加明显,耕地面积下降的趋势进一步加剧。1983~1995年,耕地面积从132 932.3千公顷减少到129 546.6千公顷,12年净减少3 385.7千公顷。1996年耕地面积略有增加,但此后下降的速度更加剧烈。据国土资源部公布的土地详查数据,我国的耕地面积已从1996年的130 039.2千公顷减少到2008年的121 715.9千公顷,12年净减少8 323.3千公顷(1.25亿亩),年均减少693.6千公顷,见图4-1。

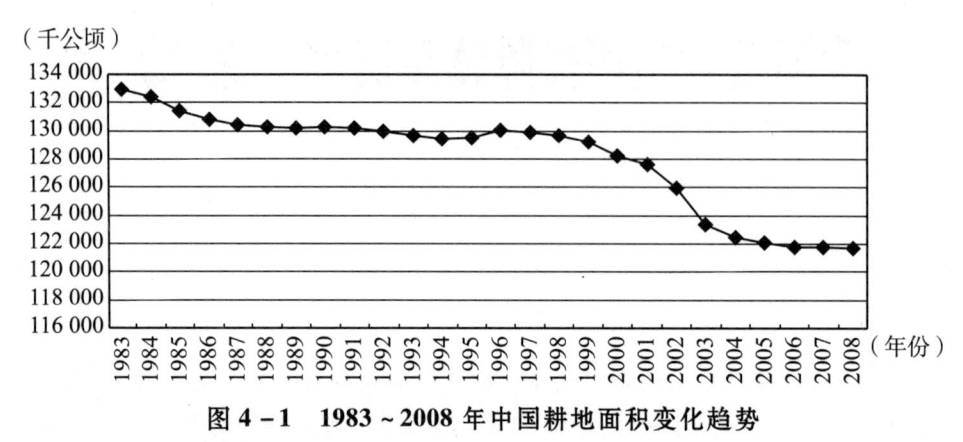

图4-1　1983~2008年中国耕地面积变化趋势

注:1983~2000年耕地面积数据来源于《中国农业年鉴》各年版,2001~2008年耕地面积数据来源于《中国国土资源公报》(2001~2008)。

二、耕地资源区域变化情况

2000~2008年,我国13个传统粮食主产区、7个传统粮食主销区和11个传统粮食平衡区耕地面积及占全国耕地面积比例变化情况如表4-1所示。

表4-1　　2000~2008年我国耕地面积及比例的区域变化

年份	耕地面积（千公顷）	主产区		主销区		平衡区	
		耕地面积（千公顷）	占全国耕地面积比例（%）	耕地面积（千公顷）	占全国耕地面积比例（%）	耕地面积（千公顷）	占全国耕地面积比例（%）
2000	128 243.1	80 885.1	63.02	8 465.4	6.60	38 992.4	30.38
2001	127 615.8	80 618.0	63.17	8 405.9	6.59	38 591.7	30.24

---

① 封志明、刘宝勤、杨艳昭:《中国耕地资源数量变化的趋势分析与数据重建:1949~2003》,载《自然资源学报》2005年第1期,第35~43页。

续表

年份	耕地面积（千公顷）	主产区		主销区		平衡区	
		耕地面积（千公顷）	占全国耕地面积比例（%）	耕地面积（千公顷）	占全国耕地面积比例（%）	耕地面积（千公顷）	占全国耕地面积比例（%）
2002	125 929.6	79 748.2	63.33	8 288.8	6.58	37 892.5	30.09
2003	123 392.2	78 509.0	63.63	8 209.0	6.65	36 674.1	29.72
2004	122 444.3	78 145.7	63.82	8 088.2	6.61	36 210.3	29.57
2005	122 082.7	78 134.8	64.00	7 934.0	6.50	36 014.1	29.50
2006	121 775.9	78 057.0	64.10	7 805.7	6.41	35 913.2	29.49
2007	121 735.2	78 074.3	64.13	7 761.3	6.38	35 899.7	29.49
2008	121 715.9	78 078.2	64.15	7 726.0	6.35	35 911.7	29.50

资料来源：历年《中国国土资源年鉴》。

从表4-1可以看出，我国13个传统粮食主产区、7个传统粮食主销区和11个传统粮食平衡区的耕地面积均呈现出不同程度的下降趋势。2000~2008年，主产区的耕地面积从80 885.1千公顷下降到78 078.2千公顷，减少了3.5%，净减少2 806.9千公顷；耕地面积占全国的比重从63.02%提高到64.15%。主销区的耕地面积从8 465.4千公顷下降到7 725.9千公顷，减少8.7%，净减少739.5千公顷；耕地面积占全国的比重从6.60%下降到6.35%。平衡区的耕地面积从38 992.4千公顷下降到35 911.7千公顷，减少7.9%，净减少3 080.7千公顷；耕地面积占全国的比重从30.41%下降到29.50%。由此可以看出，我国耕地面积减少绝对量最大的是平衡区，其次是主产区，再其次是主销区，相对量减少最大的是主销区，其次是平衡区，再其次是主产区。平衡区耕地面积的大幅度减少将成为未来我国粮食安全最为关注的问题。而主销区粮食供给的对外依存度高，自给率下降，除了耕地面积减少外，更重要的是由于粮食播种面积及其占农作物播种面积的比例下降所致。1996~2008年，我国粮食主产区粮食播种面积占农作物播种面积的比重从75.18%下降到71.43%，下降了3.75个百分点；主销区从66.20%下降到55.06%，下降了11.14个百分点；平衡区从71.84%下降到63.45%，下降了8.39个百分点，见图4-2所示。

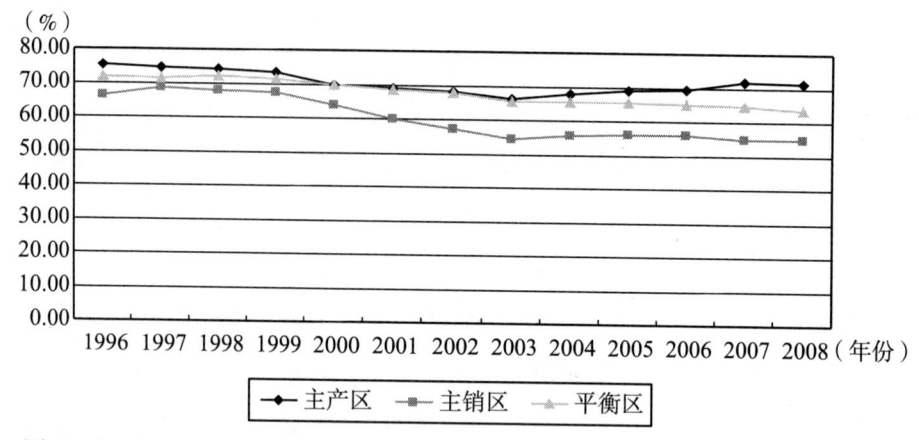

图 4-2　1996~2008 年各粮食产区粮食播种面积占农作物播种面积的比重

三、耕地面积、粮食播种面积与粮食总产量之间的变化分析

耕地面积变化会通过影响粮食播种面积对粮食生产产生影响。表 4-2 和图 4-3 反映了 1983~2008 年我国耕地面积年变化率、粮食播种面积年变化率与粮食产量变化率的变动情况。从中可以看出，改革开放以来，我国粮食生产具有明显的周期性波动特征，基本上呈现出"两增（产）一减（产）"的波动周期规律。但是，进入 21 世纪以来，这种特征越来越弱化。而耕地面积除了 1995~1996 年两年增加外，其余年份都呈现减少的趋势，而且这种趋势在 1997~2003 年逐年递增，2003 年后逐年好转。粮食播种面积年变化率基本上呈现无规律的变化趋势，但是，2003 年以前粮食播种面积总体存在下降趋势，也在一定程度上影响了粮食产量。

表 4-2　1983~2008 年我国粮食产量、耕地面积和粮食播种面积变化率

年份	粮食总产（万吨）	耕地面积（千公顷）	粮食播种面积（千公顷）	粮食产量年增长率（%）	耕地面积年变化率（%）	播种面积年变化率（%）
1983	38 728.0	132 932.3	114 047.0			
1984	40 730.5	132 426.4	112 884.0	5.17	-0.38	-1.02
1985	37 910.8	131 419.0	108 845.1	-6.92	-0.76	-3.58
1986	39 151.2	130 802.6	110 933.0	3.27	-0.47	1.92
1987	40 473.1	130 461.4	111 268.0	3.38	-0.26	0.30
1988	39 408.1	130 294.5	110 123.0	-2.63	-0.13	-1.03
1989	40 754.9	130 228.7	112 205.0	3.42	-0.05	1.89

续表

年份	粮食总产（万吨）	耕地面积（千公顷）	粮食播种面积（千公顷）	粮食产量年增长率（％）	耕地面积年变化率（％）	播种面积年变化率（％）
1990	44 624.3	130 245.6	113 465.9	9.49	0.01	1.12
1991	43 529.3	130 226.3	112 313.6	-2.45	-0.01	-1.02
1992	44 265.8	129 998.5	110 559.7	1.69	-0.17	-1.56
1993	45 648.8	129 674.1	110 508.7	3.12	-0.25	-0.05
1994	44 510.1	129 479.4	109 543.7	-2.49	-0.15	-0.87
1995	46 661.8	129 546.6	110 060.4	4.83	0.05	0.47
1996	50 453.5	130 039.2	112 547.9	8.13	0.38	2.26
1997	49 417.1	129 904.2	112 912.1	-2.05	-0.10	0.32
1998	51 229.5	129 643.2	113 787.4	3.67	-0.20	0.78
1999	50 838.6	129 206.2	113 161.0	-0.76	-0.34	-0.55
2000	46 217.5	128 233.1	108 462.5	-9.09	-0.75	-4.15
2001	45 263.7	127 615.8	106 080.0	-2.06	-0.48	-2.20
2002	45 705.8	125 930.0	103 890.8	0.98	-1.32	-2.06
2003	43 069.5	123 392.2	99 410.4	-5.77	-2.02	-4.31
2004	46 946.9	122 444.3	101 606.0	9.00	-0.77	2.21
2005	48 402.2	122 082.7	104 278.4	3.10	-0.30	2.63
2006	49 804.2	121 775.9	104 958.0	2.90	-0.25	0.65
2007	50 160.3	121 735.2	105 638.0	0.71	-0.03	0.65
2008	52 870.9	121 716.0	106 792.6	5.40	-0.02	1.09

资料来源：粮食总产和粮食播种面积数据来源于历年《中国统计年鉴》；耕地面积采用《中国农业年鉴》数据。

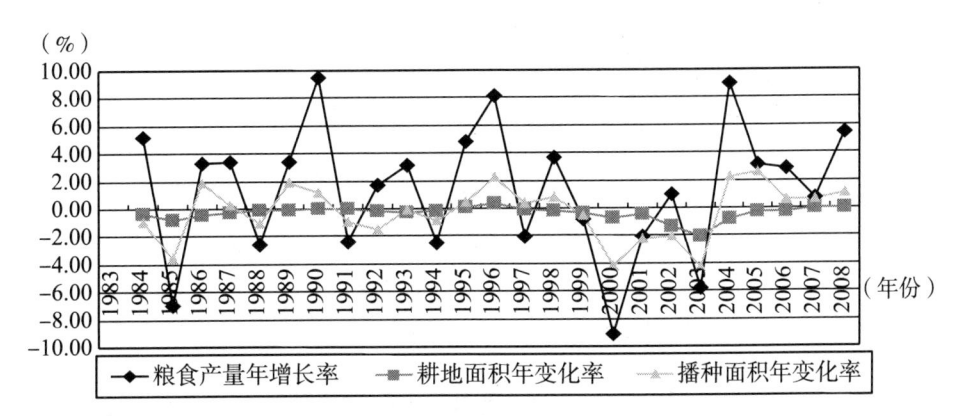

图 4-3 我国耕地面积、粮食播种面积变化与粮食产量变化的关系

四、耕地质量及其分布状况

除耕地数量减少外,耕地质量持续下降对我国粮食单产水平的提高也造成了巨大压力。1958 年和 1979 年,我国曾开展过两次土壤大普查。按照全国第二次土壤普查(1979~1991 年)的数据,全国耕地总面积中,高产耕地占 21.55%,中产耕地占 37.23%,低产耕地占 41.22%。其中,耕地土壤有机质低于 0.5% 的耕地约占 10%,缺磷地占 59%,缺钾地占 23%,缺磷钾地占 10%。水土流失、盐渍化、沼泽化、沙化的耕地,共计占 53%。耕地质量的地区分布是:高产耕地比重较高的是华北区和长江中下游区;中低产耕地比重最高的是黄土高原区和西北干旱区,其次是华南区和西南区,再次是青藏高原区和东北区。

1999 年,我国开始部署实施全国耕地质量等级调查与评定工作,逐年分批部署,按照"规程先行、分省组织、统一汇总"的思路开展,历时十年。2009 年 12 月,国土资源部发布《中国耕地质量等级调查与评定》成果,结果显示,根据自然条件、耕作制度、基础设施、农业生产技术及投入等因素综合调查与评定,我国耕地评定为 15 个等别,1 等耕地质量最好,15 等最差,全国耕地质量平均等别为 9.80 等,等别总体偏低。优等地、高等地、中等地、低等地面积占全国耕地评定总面积的比例分别为 2.67%、29.98%、50.64%、16.71%,见图 4-4 所示。全国耕地低于平均等别的 10~15 等地占调查与评定总面积的 57% 以上;全国生产能力大于 1 000 公斤/亩的耕地仅占 6.09%。中国耕地质量总体明显偏低。

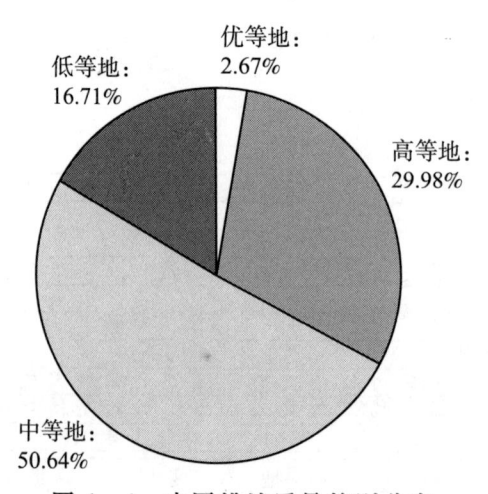

图 4-4 中国耕地质量等别分布

新中国成立以来，通过扩大有效灌溉面积、除涝和盐碱地治理，以及水土流失治理等措施，耕地保护工作取得了很大进展，耕地质量也得到了较大程度的改善。从土壤生产能力的角度来看，在20世纪80年代之前，限制我国耕地土壤生产能力的主要问题是土壤氮磷养分不足，随着多年来化肥投入量和作物产量的持续增长，耕地土壤氮磷养分供应状况有较大改进，但"低、费、污"已经逐步成为我国耕地土壤质量新一轮的核心问题。[①]

"低"主要是指基础地力低。基础地力是指不施肥时农田靠本身肥力可获取的产量。优质耕地土壤是长期发育或多年培育的结果，通常土层深厚，富含有机质，水氧气热协调，保水保肥、耐旱耐涝、高产稳产，基础地力高。据中国农科院土壤肥料研究所近年来在全国的田间定位实验与调查显示，我国各主要农区广泛存在的不合理耕作、过度种植、农用化学品的大量投入和沟渠设施老化已经导致农田土壤普遍性的耕层变薄，养分非均衡化严重，土壤板结，土壤生物性状退化，土壤酸化、潜育化、盐渍化增加，防旱排涝能力差，耕地土壤基础地力不断下降。

"费"是由于耕地基础地力下降，保水保肥性能、耐水耐肥性能差，对干旱、养分不均衡更敏感，对农田管理技术水平更苛求，因此土壤更加"吃肥、吃工、吃水"，增加产量或维持高产，主要靠大量使用化肥、农药、农膜和灌溉用水"，导致"费"。分析显示，目前在全球高氮化肥用量国家中，我国是唯一的"增肥低增产"类型，2000～2008年9年中，化肥总用量较20世纪90年代增长了35%，粮食单产净增加为315公斤/公顷。其他类型分别为："减肥高增产"类型，如德国、以色列、荷兰，在2000～2006年7年中氮化肥总用量较90年代下降9%～26%，粮食单产增加约500公斤/公顷；"减肥低增产"类型，如韩国、丹麦、英国、法国在氮化肥用量下降17%～33%条件下粮食单产为较低增产（同期增加为211～296公斤/公顷）；"增肥高增产"类型，如越南、孟加拉国、埃及、智利等，同期化肥用量增加了20%～69%，粮食单产净增加超过400公斤/公顷，最高达1 173公斤/公顷。

"污"即耕地土壤污染。土壤污染主要是指土壤中某些有害物质大大超出正常含量，土壤无法消除这些有害物影响的现象。在长期的农业生产过程中，由于过量施用化肥、农药、农膜等化学物质，以及工业和城市排污，导致土壤理化性状退化，土壤有机质含量下降，地力衰减。据有关资料显示，目前，我国农药使用量已达130万吨，是世界平均水平的2.5倍，受农药污染的耕地土壤面积达1.36亿亩；地膜使用量达63万吨，但回收率不足40%～60%，白色污染相当严重；我

---

① 孙兰英：《中国耕地质量之忧：污染土壤占比达1/5》，载《瞭望》新闻周刊，2010年9月19日。

国畜禽养殖业始终保持高速发展的势头，畜、禽存栏量每10年增加1~2倍，近年来畜禽粪便产生量已达到工业固废量的3.8倍，在畜禽养殖业主产区，当地畜禽粪便及废弃物产生量往往超出当地农田安全承载量数倍乃至百倍以上，造成严重的土壤重金属和抗生素、激素等有机污染物的污染。目前，我国污染土壤已占耕地面积的1/5，污染最严重的耕地主要集中在耕地土壤生产性状最好、人口密集的城市周边地带和对土壤环境质量的要求应当更高的蔬菜、水果种植基地。土壤污染不仅使土壤生态恶化，耕地质量下降，作物的正常生长发育和土壤的生物活动受到影响，造成作物的产量降低，更重要的是通过食物链危及人类健康。

此外，土地的"三化"现象[①]（即土地的荒漠化、盐渍化、贫瘠化）日益严重，也对耕地质量造成了严重影响。

五、后备耕地资源

后备耕地资源开发是增加耕地面积，保障粮食供给的重要途径之一。后备耕地资源的概念是在耕地资源面积有限的前提下提出来的。所谓"后备"指的是在数量一定的资源中，可以利用而没有得到利用的部分，如果不存在数量上的限制，就无所谓"后备"的存在。因此，后备耕地资源指的是在一定区域内，现有技术经济条件下，可以开垦为耕地的那一部分后备土地资源，可以开垦的含义是自然条件允许、技术上可行、经济上合理。

后备耕地资源也被称作宜农荒地、"四荒"、宜农后备土地资源，等等。迫于耕地的压力，我国先后开展了多次全国范围的后备耕地资源调查工作。

（1）原国家土地管理局1988年组织的待开发土地资源调查，得出我国有宜耕待开发土地资源1 357.67万公顷，按60%的垦殖率计算，可开垦耕地有814.6万公顷。

（2）1990~1994年，全国农业区划委员会组织开展了全国县级农业综合开发后备土地资源调查，包括"四低"，即中低产田、低产园、低产林、低产水面的调查，和"四荒"，即可供农业利用而目前尚未开发利用的荒山、荒地、荒滩（不包括海涂）和荒水（未利用于水产养殖的可养殖水面）的调查。调查结果表明：全国有"四荒"资源7 090.06万公顷（10.64亿亩），占全国土地总面积的7.38%。在"四荒"资源中，宜耕的面积为947.63万公顷，占13.4%，若全部开发出来，按60%垦殖率计算，可得耕地568.58万公顷。加上调查期间可开发

---

① 汪希成：《阳光生态工程与西北干旱区农田生态环境建设》，载《生态经济》2006年第9期，第100~102页。

而未开发的 153 多万公顷沿海滩涂，按 50% 垦殖率计算，可得耕地 76.5 万公顷（1 147.5 万亩），则耕地的后备资源最多为 645.1 万公顷（9 676 万亩）。

"四荒"资源调查还表明：20 世纪 90 年代初，我国后备耕地资源 38.3% 集中在蒙新干旱区，其中新疆和内蒙古分别各有全国后备耕地资源的 19.5% 和 14.2%。其次是东北区，占全国的 19.5%，其中黑龙江一省就有全国后备耕地资源的 14.7%。再其次，在云南、宁夏、甘肃、四川、吉林各有占全国 4% 左右的后备耕地资源。而其余各省、市、自治区的后备耕地资源都很少而且分布零散。

（3）根据国家土地管理局 1996 年土地利用变更调查结果，目前可供开发的后备土地资源，即未利用地中的荒草地、沼泽地、盐碱地和水域用地中的苇地与滩涂，大约 0.62 亿公顷。张凤荣等（1998）根据 1996 年原国家土地管理局的土地利用详查变更数据，将其中的荒草地、沼泽地、盐碱地和水域用地中的苇地与滩涂计为可供开发的后备土地资源，全国共约 6 200 万公顷；再根据各省（市、区）坡耕地占总耕地面积的比例、水土资源的状况、自然条件以及保护生态环境的要求，给出各区域后备土地资源的可垦率，得出全国后备耕地资源总共 661 万公顷。①

后备耕地资源的分布如图 4-5 所示。从中可以看出，后备资源最多的是东北区（19.9%），其次是西北区（15.8%），再其次是黄淮海区（14.4%）。

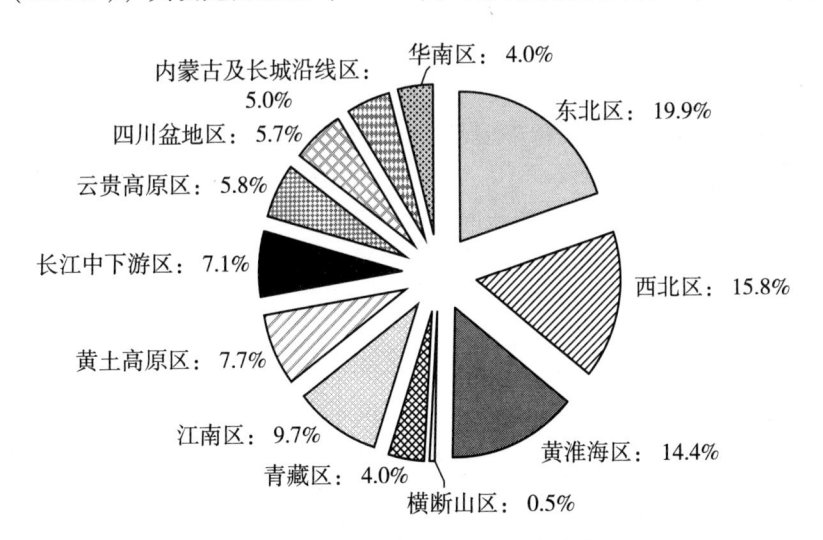

图 4-5 我国后备耕地资源分布状况

若按中国农业生态区划，东部地区的后备耕地资源占后备耕地资源总数的

---

① 张凤荣、张迪、安萍莉：《我国耕地后备资源供给量——从经济学适宜性角度分析》，载《中国土地》2002 年第 10 期，第 14~17 页。

56%，中部占 24%，西部占 20%。可以得出，后备耕地资源仍主要分布在东部地区，这同后备土地资源的分布趋势并不一致。后备土地资源的 48% 分布在西部地区，24% 分布在中部地区，仅有 28% 分布在东部地区。后备耕地资源主要分布在水热条件较好的东部地区，这说明了虽然西部地区有大量的后备土地资源，但是适合开垦的不多。而且，考虑到开垦耕地的生态成本，以及西部生态服务功能的战略意义，不宜将干旱半干旱区作为开发的重点关注区域。[①] 真正具有开发潜力的地区仍然是东部和中部，全国的耕地后备资源开发可以重点关注黑龙江、吉林、辽宁、河北、贵州、广西、山东和江西等省。[②]

总体来看，从自然供给角度看，我国还有一定数量的后备耕地资源，扩大耕地还有潜力，但潜力已不大。后备耕地资源的自然供给量只有现有耕地的 5.1% 左右。[③]

六、耕地保护制度的构建

"十分珍惜、合理利用土地和切实保护耕地"是我国的一项基本国策。农业是国民经济的基础，耕地是农业的基础，是确保国家粮食安全的基础。在科学技术没有取得重大突破的前提下，为保证国家粮食安全，必须以保有一定数量和质量的耕地作保障。

随着我国城镇化和工业化的迅速推进，非农建设占用耕地呈刚性增长态势。为了坚决遏制耕地资源迅速减少的趋势，2006 年 9 月在国务院召开的第 149 次常务会上，国务院领导强调 18 亿亩耕地红线坚决不容突破，不仅要管到 2010 年，而且要管到 2020 年甚至更长时间。为此，要实行最严格的耕地保护制度，确保 18 亿亩的耕地红线不被突破。

（一）集约利用与有效开发相结合，确保耕地总量不减少、质量不下降

耕地资源永续利用的关键在于保护耕地数量和质量两个总量指标的动态平衡。在耕地扩张潜力十分有限、耕地占用又不可避免的情况下，实现耕地资源的

---

① 张百平、张雪芹、郑度：《西北干旱区不宜作为我国耕地后备资源基地》，载《干旱区研究》2010 年第 1 期，第 1~5 页。
② 张甘霖、吴运金、赵玉国：《基于 SOTER 的中国耕地后备资源自然质量适宜性评价》，载《农业工程学报》2010 年第 4 期，第 1~8 页。
③ 张迪、张凤荣等：《中国现阶段后备耕地资源经济供给能力分析》，载《资源科学》2004 年第 9 期，第 46~52 页。

可持续利用,主要依赖于耕地生产率、单位面积产量的提高,实现耕地利用方式由粗放向集约化的转变。要进一步强化政府耕地保护目标,加强监督管理与考核制度;全面实施农村土地综合整治——金土地工程,加快农村土地整理复垦,增加有效耕地面积,提高耕地质量,改善农业生产条件;加强耕地占补平衡管理,严格"先补后占、占一补一",且补充耕地质量不降低;进一步加强耕地保护体制机制创新,积极推进耕地保证金制度,积极稳妥推进多样化土地开发整理模式和多元化投入机制,构建耕地保护"责任明确、规范有序、良性互动、保障有力"的新机制。

(二) 强化规划控制,严控建设用地规模

强化土地利用总体规划的整体控制作用,避免城镇的盲目外延扩张和土地资源的闲置浪费。在规划范围内合理确定新增城镇建设用地指标,严格限制和缩小划拨用地范围,提高建设用地保有成本,严格控制建设用地总量,强化建设用地定额指标管理。合理划定建设用地区和耕地保护区,并严格实施。对新增建设用地指标、新增建设用地占用农用地指标、新增建设占用耕地指标建立台账,实行跟踪评价,并以跟踪评价结果作为下达下一年度建设用地计划指标的依据之一。

(三) 加强农村土地管理,挖掘农村土地潜力

按照节约用地、保障农民权益的要求推进征地制度改革,严格控制征地的规模和速度,提高征地补偿标准。完善农村集体经营性建设用地流转机制,严格用途管制,严禁"以租代征"将农用地转为非农用地。高度重视农村集体建设用地的规划管理,按照统筹城乡发展、节约集约用地的原则,编制规划,划定村镇发展和撤并复垦范围。继续实施城乡建设用地的增减挂钩,将城镇建设用地的扩大建立在农村居民点的逐步缩减基础上。加强中心村建设,严格执行农村一户一宅政策,研究并推行农村宅基地退出机制,制定合理的宅基地补偿标准,并实行"一对一"专款专用。加大投入力度,加强农村土地整理,实现农村土地的生态化利用,减少土地闲置、污染和水土流失。

(四) 积极稳妥开发耕地后备资源

在各种用地需求可能更加高涨的未来较长时间内,为了实现既定耕地保护目标,必须加大包括土地开发在内的增加耕地力度。鉴于当前我国耕地后备资源数量有限、质量较差和生态脆弱、保护压力较大,而且许多地方土地开发往往加重了灾害损毁耕地的事实,必须坚持必要性、科学性、保护性和优选性原则,因地

制宜地稳妥推进耕地后备资源开发。无论是开发荒地还是围垦滩涂，都必须进行生态环境影响评价和可行性论证，并搞好规划设计，尤其要注意与水利建设和农田基本建设同步进行。改变当前遍地开花、乱垦乱挖的土地开发方式，要在合理确定土地开发规模、结构和布局前提下，鼓励采取集中连片开发，特别是要走以建设促保护模式，在开发补充耕地的同时，协调开发配置林地、草地等其他农用地，改善新开发耕地的立地条件，增强其抗自然灾害侵袭能力。

（五）积极开展农业生态保护，改善农业生产条件

当前我国生态环境"局部改善，总体恶化"趋势并未从根本上得到遏制，而土地利用变化、植被减少等生态环境因素的改变则使得自然灾害频率加快、程度加重。为了减轻自然灾害对耕地的损毁，必须一方面在全国或区域层面上组织实施生态保护重点工程，如天然林资源保护、退耕还林还草、退牧还草、京津风沙源治理、防护林体系、水土保持、石漠化地区综合治理工程等；另一方面，要根据地方实际，因地制宜加强土地生态建设（退化土地治理），例如，以小流域为单元，合理选择工程措施、生物措施和耕作措施对山水田林路进行统一规划和综合治理，减少水土流失对耕地的损毁；通过人工和飞播造林种草、封沙育林（草）等措施，恢复沙区植被、重建林灌草结构，合理营造防风固沙林网（带），并搞好配套水源工程建设，缓解和消除沙漠化对耕地的侵袭和泥石流灾害。

（六）强化用地责任意识，实行用地目标考核

加强土地资源集约利用技术监测体系建设，建立科学合理的节约集约用地评价指标体系，将集约用地纳入各级政府目标责任制和干部考核体系，逐步建立与考核结果挂钩的激励机制。实行集约利用土地问责制，对严重浪费土地资源的行为，要严格追究管理者的领导责任。将节约集约用地评价结果与用地指标安排相挂钩，根据评价结果确定奖励或削减下一年度土地利用计划指标。

第二节 中低产田改造

一、中低产田改造的重要意义

国内大多数学者认为，中低产田是指土壤环境因素不良或土体内存在一种或

者几种障碍因子,影响土壤生产力的发挥,从而导致产量低而不稳的一类耕地土壤;或者说中低产田是指那些环境条件不良和农业生产技术措施(包括农田水利设计、作物布局、耕地制度、施肥措施等)不高,农作物全部环境因素(包括光照、温度、降水、地形地貌、作物布局、土壤属性)等配合不协调、产量水平低的耕地。中低产田改造是指针对影响农作物生产发育的主要土壤障碍因素,采取工程、农艺、生物的措施将其消除,从而稳定提高耕地生产能力,改善农产品品质,使中低产田得到改良。也有学者将其定义为:人为采取各种可操作措施,改善生态条件,提高生产水平,调整种植结构,有针对性地解决或减轻农作物产量的关键因素,使低产田逐步变为中产、高产田。在我国现有耕地中,有约2/3是中低产田。中低产田既是影响我国粮食生产再上新台阶的制约因素,又是粮食增产潜力的希望所在。在我国耕地面积逐年减少的前提下,依靠扩大粮食播种面积来确保粮食安全的可能性不大,而通过中低产田改造,提高粮食单产,将成为保障我国粮食安全的有效途径。

二、中低产田的数量与类型

新中国成立以来,尤其是改革开放以来,我国对中低产田的调查和研究形成了不少调研成果,汇总结果如表4-3所示。

表4-3　　　　　　　我国对中低产田的调查和研究成果

时间	单位	成果名称	划分方法	划分结果
1987~1988年	中国农业科学院区划所和农业部土肥总站	我国中低产田分布及粮食增产潜力研究	地力等级法	高产田:32.16% 中产田:32.90% 低产田:34.94%
1991~1993年	全国农业资源区划办公室	"四低"、"四荒"调查资源结果		高产田:29.80% 中产田:29.60% 低产田:41.60%
1992年	中国农业科学院农业自然资源和农业区划研究所、农业部全国土肥总站	中国耕地资源及其开发利用	平均单产法	高产田:22.54% 中产田:37.24% 低产田:41.22%
2008年	林鹏生	我国中低产田分布及增产潜力研究	潜力产出法	高产田:34.92% 中产田:41.95% 低产田:23.13%

续表

时间	单位	成果名称	划分方法	划分结果
2009年	国土资源部	中国耕地质量等级调查与评定		优等地：2.67% 高等地：29.98% 中等地：50.64% 低等地：16.71%

由表4-3可以看出，虽然采用不同的划分方法和标准所得到的我国中低产田的数量有一定差异，但中低产田所占的比重均在65%以上，由此可以得出我国中低产田面积比重偏大的共同结论。并且，依据主要障碍因子，可将我国的中低产田划分为6种类型，其面积和比例如表4-4所示。

表4-4　　　　　我国中低产田主要类型及面积分布

类型	土壤瘠薄型	干旱缺水型	坡耕地	渍涝旱地型	渍涝水田型	风沙地	盐碱型	其他
面积（亿亩）	3.33	3.15	2.04	0.87	0.76	0.42	0.56	1.99
比例（%）	25.40	24.10	15.50	6.61	5.80	3.20	4.30	15.10

三、我国中低产田的主要形成原因

我国中低产田的形成多是环境因素综合作用的结果，具体形成原因比较复杂，如干旱缺水、水土流失、土壤贫瘠、盐碱化和经营管理，等等。同时，在不同的地域区划中中低产田的成因也不尽相同，中国南方和北方中低产田的成因就有明显差别。但从全国范围来看，仍然可以将我国中低产田的成因归纳为如下几点。

第一，土壤本身质地及其他客观自然因素造成的限制，土地生产力低下。在我国现有耕地中，由于土壤耕作层浅薄，有机质含量少，缺乏作物生长发育所必需的锌、钼、锰和硼等微量元素，同时还受到冷、烂、锈、酸、粘、瘦、砂、薄、板、水土流失、坡度陡等因素制约，使得我国绝大多数耕地属于中下等肥力。从坡度等级情况看，0~15度的耕地占87.5%；15~25度、25度以上的耕地分别占9.2%和3.3%[①]，同时我国耕地的有机质含量一般较低，水田土壤大多在1%~3%，而旱地土壤有机质含量较水田更低，小于1%的就占31.2%；我国大

---

① 数据来源：第二次全国农业普查主要数据公报（第六号）。

部分耕地土壤全氮都在 0.2% 以下，其中山东、河北、河南、山西、新疆 5 省（区）严重缺氮面积占其耕地总面积的一半以上；缺磷土壤面积约为 1 009.5 万亩（67.3 万公顷），其中有 20 多个省（区）有一半以上耕地严重缺磷；缺钾土壤面积比例较小，约有 277.5 万亩（18.5 万公顷），但在南方缺钾较为普遍，其中海南、广东、广西、江西等省（区）有 75% 以上的耕地缺钾。因而，无论在南方还是北方，农田土壤元素含量均有普遍下降的趋势；缺乏中量元素的耕地占 63.3%。

第二，土地投入少，用地与养地脱节，产量未达到应有水平。在中国，大部分农村仍延续传统耕作习惯，粗放经营，不注重培肥地力，但为了提高产量和短期利益，大量施用化肥。根据《中国统计年鉴》统计数字显示，我国农业化肥的施用量从 1978 年的 884 万吨，增加到 2007 年的 5 107.8 万吨，年均增加 140.8 万吨。同时化肥品种单一，施肥方法也不科学，结果导致土壤有机质含量平均每年以 0.01 的速度递减，由此产生土壤板结、盐碱化、容量增加、耕性变差，土壤养分长期处于入不敷出的恶性循环状态。与此同时，由于种植结构和布局不合理，加剧了地力的消耗，耕地得不到休养生息。此外，由于农业生产比较效益低，目前在农村专门从事农业生产的人数在减少、质量在降低，也是导致对土地投入不足的主要原因之一。

第三，农业水资源缺乏，分布不均，灌溉水污染严重。水利是农业的命脉，粮食的增产通常需要增加灌溉面积来实现。而我国是一个水资源匮乏的国家，水资源人均占有量只有世界人均值的 1/4，在世界银行统计的 153 个国家和地区人均水资源拥有量排行榜上，中国居第 121 位，是世界 13 个水资源高度贫乏的国家之一。据统计，我国平水年年缺水量 358 亿立方米，其中农业缺水 300 亿立方米。平均每年因旱受灾面积达 3 亿多亩，粮食减产 300 亿公斤左右。与此同时，我国水资源分布不均：长江流域及其以南地区，水资源占全国的 82% 以上，耕地占 36%，水多地少；长江以北地区，耕地占 64%，而水资源量仅占 19.6%，地多水少，其中粮食增产潜力最大的黄淮海流域的耕地占全国的 39%，水资源量仅占全国的 7.7%。① 此外，由于我国农村水利基础设施尚不完善，约 55% 的耕地还没有灌排设施。已建的灌排工程也大多修建于 20 世纪五六十年代，经过几十年的运行，不少工程已超过规定的使用年限，普遍老化失修，功能衰减。2008 年，我国有效灌溉面积为 58 471.7 千公顷（约 8.77 亿亩），仅占耕地面积 121 715.9 千公顷（约 18.26 亿亩）的 48.0%，严重影响我国的粮食产量增长。

---

① 李远华、倪文进：《新时期农田水利基本建设的战略思考》，载《中国农村水利水电》2002 年第 7 期，第 1~4 页。

第四，农田生态环境保护不力，耕地质量破坏严重。我国的农业耕垦历史悠久，大部分地区自然生态平衡遭到严重破坏。据国家林业局组织完成的 2004 ~ 2008 年第七次全国森林资源清查结果显示：全国森林面积 1.95 亿公顷，森林覆盖率 20.36%，仅有全球平均水平的 2/3，排在世界第 139 位。人均森林面积 0.145 公顷，不足世界人均占有量的 1/4；人均森林蓄积 10.151 立方米，只有世界人均占有量的 1/7。① 由此造成我国局部地区土壤水蚀、风蚀严重，耕地质量大幅下降，主要分布于北方，尤以旱作农田为甚，并有逐渐加重的趋势。根据 2002 年水利部公布的全国第二次遥感调查结果，我国水土流失面积 356 万平方公里，占国土面积的 37.1%，其中水力侵蚀面积 165 万平方公里，风力侵蚀面积 191 万平方公里。由于水土流失，我国每年流失的土壤总量达 45 亿吨，占世界年流失量的 19.2%。近 50 年来，我国因水土流失而损失的耕地达 5 000 多万亩，平均每年 100 万亩。按照现在的流失速度推算，50 年后东北黑土区 1 400 万亩耕地的黑土层将流失殆尽，35 年后西南岩溶区石漠化面积将增加 1 倍。②

四、我国中低产田改造的成效

对应 1988 年以来我国农业综合开发的发展阶段，我国中低产田改造也大体经历了三个卓有成效的发展阶段。

第一阶段（1988 ~ 1993 年）。这一时期开发的主要内容是，以区域开发为重点，进行大面积的中低产田改造，同时依法酌量开垦宜农荒地，着力提高粮食产量。6 年间，农业综合开发共投入资金 293.2 亿元，改造中低产田 1.47 亿亩，开垦宜农荒地 1 883 万亩，新增粮食生产能力 252 亿公斤，为提高农业综合生产能力，突破农业徘徊局面，确保粮食等主要农产品有效供给，发挥了重要作用。

第二阶段（1994 ~ 1998 年）。呈现全面开发的特征，开发的内容是在继续进行中低产田改造的同时，加大了多种经营项目的建设力度，把增产与增收结合起来，切实解决粮食总量增加导致其比较效益下降，粮食增产而农民不增收或少增收的矛盾。从 1994 年开始，农业综合开发单独设立多种经营项目。5 年间，农业综合开发新开垦宜农荒地比前 6 年减少了 43%，发展农产品加工和农业生产服务项目增长了 434%；农业综合开发新增肉、蛋、奶、水产品和干鲜果蔬药产量分别是前 6 年的 1.8 倍、9.1 倍、12.9 倍、3.3 倍和 4.6 倍。

第三阶段（1999 年至今）。这一时期，指导思想和工作思路上作了重大调

---

① 国家林业局第七次全国森林资源清查结果，2009 年 11 月 17 日。
② 《我国水土流失面积达 356 万平方公里》，载《法制日报》，2010 年 8 月 24 日。

整,即实行"两个转变",突出"两个着力、两个提高"。由过去以改造中低产田和开垦宜农荒地相结合,转到以改造中低产田为主,尽量少开荒甚至不开荒,把提高农业综合生产能力与保护生态环境有机结合起来;由以往追求增加主要农产品产量为主,转到积极调整结构,依靠科技进步,努力发展优质高产高效农业上来。2000 年农业综合开发停止了所有宜农荒地的开垦。1999~2002 年农业综合开发共投入资金 829.1 亿元,改造中低产田 1.03 亿亩,新增和改善灌溉面积 9 960 万亩,新增和改善除涝面积 6 127 万亩,新增节水灌溉面积 3 379 万亩,增加农田林网防护面积 6 225 万亩①。2003~2008 年的 6 年间,我国在实施农业综合开发项目中将资金重点投到粮食主产区,用于中低产田改造,建设国家优质粮食基地,对 13 个粮食主产区的 484 个县(市、农场)实行了重点倾斜,全国农业综合开发累计投入各类资金 1 894 亿元,重点用于中低产田改造,累计改造中低产田 0.99 亿亩,占同期全国农业综合开发中低产田改造面积的 64%;新增粮食生产能力 139.5 亿公斤,占全国农业综合开发新增粮食生产能力的 69.9%。

综上,我国进行中低产田改造 20 多年来,采取以水利工程措施为主,大搞沟、渠、井、站的建设,沟道清淤,早灌冬水,排除明水,增施肥料,改革耕作栽培制度等一系列治水改土有效措施,改造中低产田面积 52 379.52 万亩,共投入资金 3 193.4 亿元,其中来自中央财政的资金为 989.2 亿元,占总投入的 31%;地方财政配套资金 765.4 亿元,占总投入的 24%;自筹资金和银行贷款分别为 1 111 亿元和 327.8 亿元,分别占总投入的 35% 和 10%,有效改善了我国农业生产条件和生态环境,提高了农业综合生产能力,有效促进了粮食增产和农民增收。据统计,从 1988~2007 年:生态综合治理 5 431.35 万亩,年均治理 271.57 万亩;新增和改善灌溉面积 48 481.46 万亩;新增和改善除涝面积 21 337.46 万亩;增加林网防护面积 32 689.60 万亩,年均增加 1 634.5 万亩;新增农机总动力 2 068.28 万千瓦,年均增加 103.4 万千瓦;与此同时,开垦宜农荒地 2 988.53 万亩,建设优质粮食基地 2 127.41 万亩,新增粮食生产能力 8 943 743.25 万公斤;项目区农民人均纯收入高于全国农民人均纯收入平均 200 元左右且增长较快,从 1998 年的 2 400 元到 2003 年的 2 783 元,年均增长 76.6 元,见表 4-5 所示。因此,中低产田改造为提高我国粮食产量,实现我国农产品总量平衡、丰年有余的历史性转变,保证国家粮食安全,作出了重大贡献。

---

① 国家农业开发办公室:《一项顺应时势的战略举措 一个深得民心的德政工程——农业综合开发 20 年发展历程回顾》,中华人民共和国财政部网站。

表 4–5　我国农业综合开发

年份	1988	1989	1990	1991	1992	1993	1994	1995	1996	1997
改造中低产田（万亩）	944.90	2 189.58	3 167.95	2 736.26	2 557.97	2 755.15	1 599.84	2 022.59	2 563.75	2 623.41
资金投入（万元）	178 368.7	347 770.4	495 558.1	566 910.3	622 907.5	720 708.6	682 714.8	871 689.4	1 198 521.0	1 291 708.0
中央财政资金投入（万元）	50 267.0	100 858.0	140 563.9	152 508.3	157 720.9	182 138.9	182 136.8	235 224.0	305 263.0	293 129.0
新增粮食生产能力（万公斤）	130 549.0	405 362.8	522 038.2	461 672.9	450 494.4	549 904.3	305 218.5	367 578.7	531 918.1	571 255.0
项目区农民人均纯收入（元）	—	—	—	—	—	—	—	—	—	—
项目区高于全国农民人均纯收入（元）	—	—	—	—	—	—	—	—	—	—
开垦宜农荒地（万亩）	168.00	289.60	382.83	329.95	374.15	281.99	154.06	169.85	242.17	284.70
生态综合治理（万亩）	58.20	163.63	231.97	176.03	309.17	261.57	222.12	244.02	326.43	245.03
新增和改善灌溉面积（万亩）	917.50	2 033.40	2 636.08	2 456.89	2 202.97	2 420.42	1 284.87	1 733.06	2 327.90	2 777.21
新增和改善除涝面积（万亩）	387.10	1 047.35	1 610.88	1 250.27	1 181.93	1 371.86	752.61	1 024.50	1 153.71	1 176.92
增加林网防护面积（万亩）	874.10	1 368.39	2 411.61	2 104.48	2 102.86	2 133.07	1 344.14	1 736.94	1 747.69	1 432.25
新增农机总动力（万千瓦）	40.60	80.31	97.83	86.98	98.83	93.55	76.31	94.53	114.39	110.06

资料来源：农业综合开发办全国农业综合开发基本情况表（1988~2007）。

中低产田改造情况

1998	1999	2000	2001	2002	2003	2004	2005	2006	2007	合计
3 039.82	3 647.36	3 742.75	3 058.76	2 818.44	1 711.16	2 415.13	3 062.17	2 980.61	2 741.92	52 379.52
1 642 498.0	1 887 745.0	1 972 322.0	2 065 077.0	2 374 018.0	2 379 917.0	2 566 991.0	3 067 781.0	3 367 437.0	3 633 492.0	31 934 135.0
421 135.0	472 563.8	676 790.9	708 629.6	761 896.8	867 132.4	856 504.1	1 018 301.0	1 099 003.0	1 210 596.0	9 892 363.0
592 407.3	661 025.0	644 202.0	556 625.5	498 229.6	356 427.8	308 533.6	366 324.1	346 991.2	316 985.3	8 943 743.0
2 400.00	2 472.00	2 465.00	2 544.00	2 696.00	2 782.57	—	—	—	—	—
238.02	261.66	211.58	177.60	220.00	160.57	—	—	—	—	—
227.07	84.16	—	—	—	—	—	—	—	—	2 988.53
205.05	178.95	265.55	296.68	345.87	301.66	400.85	463.01	383.44	352.12	5 431.35
3 019.23	3 378.24	3 460.87	2 785.89	2 655.03	2 144.54	2 082.55	2 905.88	2 775.56	2 483.37	48 481.46
1 298.67	1 363.64	1 398.41	1 069.41	866.64	737.03	717.75	1 007.13	986.59	935.06	21 337.46
1 813.90	1 955.73	2 394.31	1 885.23	1 525.99	1 189.73	1 041.33	1 300.80	1 259.10	1 067.95	32 689.60
262.30	120.47	101.99	104.72	83.38	229.83	95.81	55.85	68.30	52.24	2 068.28

五、我国中低产田改造存在的主要问题

近年来，为稳定发展粮食生产，国家通过以小型农田水利建设为主要内容和节水灌溉为重点的农业综合开发，加大中低产田改造力度，各地通过逐步提高项目投入和建设标准，集中连片地进行中低产田改造，加强农田林网建设，大力改善农业生产基本条件，取得了积极成果，为进一步调整农业结构，提高农业综合生产能力提供了必要的基础。但是由于我国中低产田面积大，改造利用的难点仍然很多，依然影响和制约着我国的粮食生产。

（一）农田水利基础设施条件差

虽然我国农田水利事业取得了举世瞩目的成就，但与新时期中低产田改造目标和农业现代化的要求相比，还存在很大差距。我国农田水利骨干工程大多建于20世纪50年代至60年代，由于勘测、规划、设计仓促，经费不足，配套不全，施工条件简陋，工程质量差，后期又缺乏维修管理，经过几十年的运行，不少工程已超过规定的使用年限，普遍老化损坏。目前大型灌溉区骨干建筑物的完好率不足40%，多数灌区的灌溉保证率为50%~75%，除涝保证率为3~5年一遇，不少土地还是引不进、灌不上、排不出的实心田；500多座大型泵站中，有70%老化严重，设备损坏；0.5万多座中型泵站中有60%急需更新改造。小型农田水利设施基本处于吃老本状态，灌排设施不全，老化失修，效益衰减①。

（二）权责利不明确，中低产田改造投入和管理主体缺位

第一，在确保国家粮食安全的责任划分上，没有形成中央和地方财权和事权相匹配的体制。一方面，从财力方面看，粮食主产省多数是人均财力较少的省份，产粮大县一般都是工业小县、财政穷县；另一方面，从事权方面看，中央要求主产区稳定发展粮食生产，但由于种粮比较效益低，粮食主产省和产粮大县缺乏重农抓粮的内在动力。中央和地方财力与事权不相匹配的体制，已经成为影响我国农业综合开发和粮食生产的一个重大问题。

第二，改造中低产田是作为一项我国农业综合开发的子项目组织实施，其直接管理及监督机构为国家农业综合开发办公室。但与此同时，中低产田改造的资金来源却是按照中央财政下达专项资金、地方财政配套、农民出工的"三结合"

---

① 孔庆雨、郑垂勇：《财政农田水利投入的取向研究》，载《南方农村》2006年第5期，第15~18页。

模式进行的。投入主体和管理主体的不一致必然导致中低产田改造组织实施困难，甚至会出现诸如资金不到位、相互推诿、欺骗等现象。比如公路、铁路沿线的中低产田"样板工程"、"参观工程"的频频曝光就足以说明目前的中低产田改造协调管理体制不畅。

第三，当前在我国中低产田改造的某些领域试图引入市场机制，即建立"政府推动，市场拉动，龙头带动，农民组合"新的投入机制。着重强调社会组织和农户的投入主体作用，而弱化政府功能。农田水利基础设施建设的市场化竞争机制引入便是其中最具代表性的改革。事实上此项改革效果不佳，反而带来了大、中型水利工程得不到有效利用、小型农田水利设施吸引社会资本投入的难度大、市场化改革引起少数人与多数人的对抗及个体化农户与已有的大中型水利设施之间缺乏衔接等突出问题。究其原因，在市场经济背景下，组织和个人的行为模式可以概括为利润或者是收益最大化。如果同时存在两种及其不同的选择，经济人将会选择给自己带来更高收益的投资方案[①]。而目前我国市场化改革后的现状是：一是我国农村虽然实行了市场化的方式供给农田水利设施，但没有完善的所有权制度和分配制度的保障，使得私人不愿意提供农田水利设施；二是已经形成的资产或具有资产特性的小型水利工程产权不清，职责不明，影响了群众参与建设与管理的积极性；三是农地碎耕既制约了农田水利基础设施服务规模经济的实现，也增加了农户个体提供农田水利设施和抽水的成本，所以导致私人不愿意提供农田水利设施。所以，引入市场竞争机制并不代表市场可以解决一切问题，也并不意味着政府可以完全退出。

（三）中低产田改造投入不足，资金缺口大

中低产田改造工作是一项庞大的系统工程，耗资巨大。目前，我国现有耕地中约有2/3是中低产田，改造中低产田是提高我国粮食增产潜力的希望所在，但难点在于没有建立起有效的投入机制。按照"谁投资、谁受益"原则，农村土地所有者和经营者本应是投入主体，但因耗资巨大，加之我国中低产田又大多分布在经济比较落后的地区，集体投资非常有限，农民没有投资能力，缺乏投资积极性；如果完全依靠财政投入来完成改造，不仅在理论上说不通（因为政府不是土地经营成果的受益者），而且财政也承担不起。在我国现有中低产田改造的"三结合"模式中，往往由于地方（主要是县、乡）财力不足，中低产田改造的配套资金难以落实。实际上，自20世纪80年代以来，农村集体组织对土地改造

---

① 唐忠、李众敏：《改革后农田水利建设投入主体缺失的经济学分析》，载《农业经济问题》2005年第2期，第34~40页。

的投资急剧下降,而在粮食主产区这类投资已基本上停止。这种情况使中低产田改造以至于农业综合开发陷入了两难境地,也使未来的粮食安全问题更加严峻。现实中,在我国"三结合"的中低产田改造模式中,中央和省级财政投资仍然是进行中低产田改造的主要资金来源。

(四)农村劳动力大量外流,农民投工投劳参与中低产田改造的难度大

长期以来,农业综合开发中低产田改造项目通过财政资金投入,引导受益村内的群众投工投劳参与项目建设。这种方式既增加了投入来源,也能够促进农民增收。但由于种粮效益低,农村大量青壮年劳动力外出务工,农村"空心化"现象日益严重,目前难以动员足够的劳动力参与中低产田项目建设,所以在部分项目区,农户"投工投劳"的方式已经演变为"以资代劳",很多地方还反映农民筹资存在困难。所以让农户筹资筹劳参与中低产田改造的难度日益增大。然而,在有条件的地区,通过建立有效的农地使用权流转机制,逐步实现农地的规模经营,政府对农户中低产田改造给予一定资金和政策的扶持,通过示范效应让农户能切实感受中低产田改造带来的经济收益,在一定程度上能够调动农户投资改造中低产田的积极性。

六、中低产田改造的保障机制构建

(一)制定统一规划,确定各地区中低产田改造的时间进度表

中低产田改造是我国农业综合开发的重要组成部分,能缓解耕地资源紧张状况,是促进粮食生产和农业发展的重要举措。根据前述分析,我国现有耕地中约有2/3是中低产田,且点多面广,改造难度大。为此,中央应统一订立中低产田改造计划,提出改造措施,制定科学详尽的中低产田改造进度表,由各级政府积极组织实施,有计划地进行逐片、逐块、逐丘改造,限期达到目标。中央政府可以将中低产田改造列为考核地方政府政绩的重要指标之一,在做好规划的前提下,加大执行力度。

(二)建立健全中低产田改造的投入机制

中低产田改造工作是一项庞大的系统工程,耗资巨大。目前,中低产田改造的难点在于没有建立起有效的投入机制。本书认为,较符合实际的办法:一是根

据不同内容分类实施：农田共用的基础设施（如道路、农田水利设施等）可由财政投资、农民投工来共同解决；土地整治（如土壤改良、地力培肥等）可由财政给予少量补贴、以土地经营者投入为主来解决。随着土地流转的逐步推进，应鼓励形成土地经营者投入为主、财政补贴为辅的中低产田改造投入机制。二是在中低产田改造中，可以按照"统筹使用"原则，以农业综合开发中低产田改造项目为平台，将与中低产田改造密切相关的国土资源部土地整理、农业部优质粮食产业工程、国家林业局防护林工程及生态建设等中央农口项目资金，统筹规划，集中使用。

（三）采取有效措施，提高农民对农地投入的积极性

目前农民对农地投资积极性不高的原因主要有：第一，农民收入较低，没有足够的资金进行农地改造；第二，市场经济条件下，种粮比较效益低下，农民不愿意较多投工投劳；第三，农地产权缺乏有效的法律保障，导致农民缺少农地经营热情。因此要提高农民对农地投入的积极性，一是制订全国性的土地承包经营法，以强化和稳定农户的土地承包关系，进一步明晰农地使用权的产权界定。同时要开辟农地使用权流转市场，建立有效的农地使用权流转机制，以便在有条件的地区，逐步实现农地的规模经营。二是积极宣传，提高农户对现代农田经营和改造中低产田的认识。通过示范效应让农户能切实感受中低产田改造带来的经济收益，逐步使之抛弃只顾眼前或局部利益，重用轻养，仅索取而不维护的经营理念，转到"高投入—高功能—高产出"的生产模式上来，同时对农户中低产田的改造行为政府给予资金和政策的扶持。三是坚定执行粮价保护政策，稳定粮食价格。让农户通过加大投入后能从粮食生产上获得切切实实的收益。

（四）加大农田水利基础设施建设的投入力度

农田水利是农业的命脉，是农业发展的物质基础。我国是一个干旱缺水国家，农业基础还很脆弱，抗御自然灾害的能力差，在许多地方粮食生产依然是典型的靠天吃饭。农田水利基础设施落后是制约我国粮食增产的最重要因素，所以农田水利建设成为我国中低产田改造的重要环节。而从目前来看，资金短缺又是制约我国农田水利建设的最重要因素。因此要建立健全以公共财政为主的多元化投入机制，加大财政及税收优惠政策，吸引农民及社会组织资金投入农田基础设施建设。具体可从以下方面入手：一是加大各级政府的投入力度，逐步提高农田水利设施建设投资占国家基建总投资的比重。具体做法是争取中央加大对农村水利建设的投入力度，建立合理的投资分担机制和不同级次政府的事权和财权配比机制，以缓解地方财政困难，充分调动农民的投资和参与信心。二是调整公共支

出结构，各级财政按照经济增长速度，逐年调整农村水利建设的投资预算，加大对农田水利设施的投入力度。三是引入市场化机制，广开融资渠道。不断开辟新的农业投入渠道，逐步形成农民积极筹资投劳、政府持续加大投入、社会力量广泛参与的多元化投入机制。当然，引入市场竞争机制并不代表市场可以解决一切问题，也并不意味着政府完全退出。政府在一定领域还必须发挥作用，如提供必要的制度保障，才能使市场机制良好的运转。

（五）发展农业科学技术，提升中低产田改造效率和成效

耕地生产水平受自然环境条件、人为因素及土壤本身条件等多因素的影响，要提高耕地生产率，就应采取多种措施，进行综合治理。在我国，中低产田的治理主要涉及改土培肥、改善耕地及其周围的环境条件、推广良种良法、提高管理水平等多方面，利用农业技术与水利工程措施相配套，改造中低产田的力度和改造效益将会更好。所以农业科技和农田水利共同成为我国改造中低产田的关键环节，缺一不可。这就要求政府要在今后的工作中除了继续对农田水利建设进行投资外，还要重视农业技术方面的投资，将农业教育、科研和推广业务紧密联系在一起，形成更为强劲的合力，使科学技术对中低产田改造和农业增产发挥更大效应。

第五章

我国粮食生产保障体系研究（之三）
——农业基础设施建设

在加强耕地保护和改造中低产田的同时，强化以农田水利为重点的农业基础设施建设是提高农业综合生产能力的根本保障。近年来频繁出现的严重水旱灾害，暴露出我国的农田水利等基础设施还十分薄弱，是我国粮食安全的巨大隐患。我国农田水利等基础设施骨干工程大多建于20世纪五六十年代，由于投入不足，年久失修，设备老化，带病运行，抵御自然灾害的能力大大下降，严重影响了我国粮食综合生产能力的提高和农业现代化的发展。为了顺利实现新增1 000亿斤粮食生产能力规划，加强以农田水利为重点的农业基础设施建设，已成为提高我国农业综合生产能力、保障粮食安全迫在眉睫的重要任务。

第一节 农业基础设施的内涵界定

对于农业基础设施的含义和分类，目前国内学术界还没有形成统一的认识。现有文献观点认为，农业基础设施是指从事农业生产的全过程中所必需的物质条件和社会条件，是在农业生产的各个环节所使用的劳动材料、劳动对象等生产力要素的总和。或者是指在农业产前、产中、产后三个相互关联、相互制约的环节中所使用的农业生产公共要素，包括物质技术条件、社会条件和制度因素的总和。而且，随着农业向现代化、机械化的进一步发展，各种基础设施之间的相互联系越来越紧密，逐渐形成了一个统一的系统。

由于农业基础设施所涉及的范围广,种类多,因此形成了不同的分类标准:

(1)按其内容可划分为物质基础设施和社会基础设施两大类型。前者主要是指农产品生产过程中所必需的一些物质条件,主要目的是改善农业生产,如农用灌溉设施、公共水利设施、电网、通信、道路设施等。后者是指为保障农业生产过程正常有序进行而提供的一些非物质条件,侧重于提高农民素质和农业生产力的社会条件,如农业综合教育机构、农业科研和试验基地、农业技术推广机构、农业政策及法规的管理机构、农业信息咨询站,以及农村医疗卫生保健等。

(2)按照农业基础设施的公共产品属性可分为纯公共产品、准公共产品与私人产品。属于纯公共产品的农业基础设施主要有大江大河大湖的治理、国家级或省级大型水利与农田基础设施、农产品流通的基础设施、生态保护设施、农业与农村信息化基础设施、农村环境建设等。而属于准公共品的农业基础设施如市县级中小型水利与农田基础设施、乡村道路、农村电网、农业教育与培训、农业科研与试验、农业技术推广、病虫害防治、动植物检疫基础设施、农村通讯设施、农业生产资料生产和销售设施、大型农业机械等,这类准公共产品占很大比重,并可继续细分:接近纯公共品的准公共品、一般的农村准公共品和接近私人产品的准公共品。私人产品主要有中小型节水设备、中小型农业机械、小型运输设施、田间配套水利设施、田间道路等。这种划分方式更有利于其供给机制的建立,政府可根据公共产品属性实行分级供给。

(3)根据农业基础设施是否具备可经营性划分为非经营性农业基础设施、准经营性农业基础设施与经营性农业基础设施三类。非经营性基础设施本身不具备收费制度,可看作是"纯公共产品";准经营性农业基础设施虽然存在收费机制和资金流入,但其收益不足以平衡投入与产出,难以收回其全部成本,可看作"准公共产品";经营性农业基础设则视为"私人产品",可以向使用者收费,通过价格形式进行补偿。

(4)根据农业基础设施在农业生产全过程中所处阶段,可将其划分为产前基础设施、产中基础设施与产后基础设施;按照农业基础设施的规模可分为超大型、大型、中型、小型、微型基础设施;按照所属行业的不同,分为种植业基础设施、畜牧业基础设施、渔业基础设施等;按照其技术属性不同又可分为资本密集型、技术密集型、劳动密集型基础设施等。

第二节 我国农业基础设施建设的现状和问题分析

改革开放以来,我国农业基础设施建设得以快速发展,目前已初步建成了覆盖主要农业产区的农业基础设施网络,农业生产条件得到了较大改善,特别是在农田水利基础设施建设、农业技术推广方面进行了大量投资,有效提高了我国的粮食生产能力,为农业和农村的经济发展、农民收入的提高提供了至关重要的物质基础。由于农业基础设施的种类众多,本书在此选取具有代表性的农田水利基础设施进行分析。

一、我国农田水利设施建设情况

(一) 以节水改造为中心的大型灌区续建配套建设

大型灌区是我国农业规模化生产和重要的商品粮、棉、油基地,是农民增收致富的重要保障,也是农业、农村乃至经济社会发展的重要基础设施。党中央、国务院高度重视以节水为中心的大型灌区续建配套与技术改造。2005年中央一号文件明确提出:"加快实施以节水改造为中心的大型灌区续建配套。新增固定资产投资要把大型灌区续建配套作为重点,并不断加大投入力度"。2006年和2007年中央一号文件都进一步强调:"加快发展节水灌溉,继续把大型灌区续建配套和节水改造作为农业固定资产投资的重点"。

近十年来,国家加大投资对大型灌区续建配套与节水改造工程建设,仅2009年就下达投资计划47.6亿元,用于241处灌区续建配套与节水改造项目。1998~2009年,国家累计安排国债资金392.7亿元用于大型灌区骨干工程续建配套与节水改造项目建设,其中中央安排投资213.4亿元,地方配套179.3亿元,改造范围涉及全国415个大型灌区。全国大型灌区续建配套与节水改造投资情况见表5-1所示。

表5-1　　全国大型灌区续建配套与节水改造投资情况　　单位:万元

分区	2008年		2009年		1998~2009年		
	中央投资	地方配套	中央投资	地方配套	中央投资	地方配套	合计
全国其中:	590 000	511 228	293 800	182 509	2 134 250	1 793 039	3 927 289
东部	103 700	207 400	35 380	70 801	300 080	530 526	830 606
中部	290 700	227 628	121 120	77 872	889 470	809 952	1 699 422
西部	195 600	76 200	137 300	33 836	944 700	452 561	1 397 261

资料来源:根据2008年和2009年中国灌溉排水发展研究报告整理所得。

2009年,全国农田有效灌溉面积达到59 261千公顷,如表5-2所示。有效灌溉面积万亩以上的灌区共5 844处,其中,大型灌区有效灌溉面积超过2 000万亩以上的省份有新疆、山东、河南、湖北四个省（自治区）；1 000万～2 000万亩的省份有四川、内蒙古、安徽、江苏、河北、陕西6个省（自治区）。大型灌区有效灌溉面积占所在省（自治区）灌溉面积比例在70%及以上的有宁夏、甘肃、新疆；比例在1/3～2/3之间的有内蒙古、山东、湖北、海南、四川、陕西、青海。

表 5-2　　　　　　全国灌区建设成就指标变化情况表

类目	指标名称	单位	2007年	2008年	2009年
灌溉面积	灌溉面积	千公顷	63 413	64 120	65 165
	农田有效灌溉面积	千公顷	57 782	58 472	59 261
	有效灌溉面积占耕地面积比例	%	44.4	48.0	49.4
灌区构成	30万亩以上灌区数	处	434	447	335
	其中：30万～50万亩灌区数	处	286	298	210
	50万亩以上灌区数	处	148	149	125
	30万亩以上灌区有效灌溉面积	万亩	24 749	25 086	23 363
	万亩以上灌区有效灌溉面积	万亩	42 512	44 160	44 343

资料来源：《2007年全国水利发展统计公报》、《2008年全国水利发展统计公报》、《2009年全国水利发展统计公报》整理所得。

按有效灌溉面积达到万亩划分，万亩以上灌区数量从2000年的5 683处增加到2009年的5 844处，有效灌溉面积也从3.67亿亩增长到了4.43亿亩，年均增长2.3%。其中，30万亩以上灌区的数量和有效灌溉面积也呈稳步上升态势，如图5-1所示。

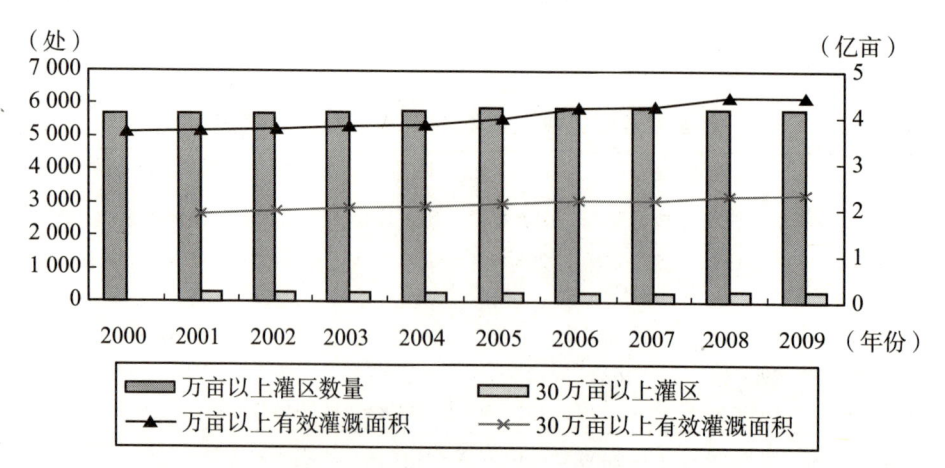

图 5-1　2000～2009年全国大型灌区数量及灌区有效灌溉面积情况

资料来源：2000～2004年的数据来源于中华人民共和国水利部编，《2000～2004年水利统计公报》。2005～2009年数据来源于《2009年水利发展公报》。

(二)小型农田水利工程建设

小型农田水利设施是指灌溉面积 1 万亩、除涝面积 3 万亩、渠道流量 1 立方米每秒以下的工程,主要包括水库、机井、提灌站、排涝站、水塘水窖、水渠等几种不同类型。小型农田水利设施多分布于田间地头,对于农业生产条件的改善具有大中型水利设施所不可替代的直接作用。此外,大中型农田水利设施效益的发挥,也依赖于小型农田水利设施的配套,因此,小型农田水利设施在国民经济中的地位显得特别重要。[①] 如图 5-2 所示,除农村饮水安全外,小型农田水利工程建设占中央投资的第二大比重,达到 15%。

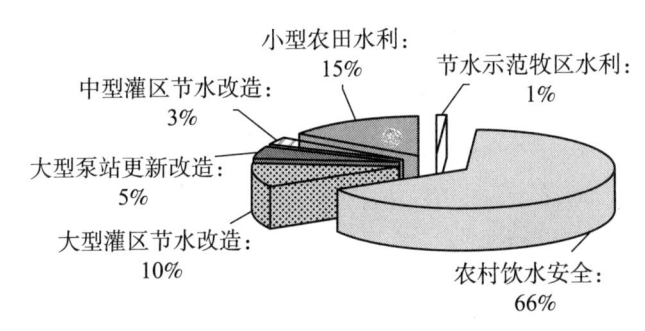

图 5-2　2009 年各类水利重点建设项目中央投资构成比例图

资料来源:《2009 年中国灌溉排水发展研究报告》。

近年来,国家充分认识到小型农田水利设施不仅是农业基础设施的重要组成部分,而且是提高农业综合生产能力的重要前提条件,是全面建设小康社会的重要基础保障。2005 年,为了解决我国小型农田水利设施普遍老化失修、效益衰减的问题,中央财政设立了小型农田水利工程建设补助专项资金,以"民办公助"方式支持各地开展小型农田水利建设,取得了一定成效。到 2008 年年底,我国现有独立运行的小型农田水利设施 2 000 多万处。其中:塘坝 600 万处,引水堰(闸)110 万处,小型排灌泵站 47 万处,灌溉机井 430 万眼,水池、水窖(柜)等小型集雨工程 600 万处,以及无坝引水工程和排涝涵闸等;大中型灌区末级渠道、小型灌区固定渠道和小型排水沟道近 300 万公里,固定灌溉管道约 180 万公里,相应的配套建筑物近 700 万座。

然而由于诸多原因,我国小型农田水利设施建设标准低、工程不配套、老化破损严重,以及管理体制与运行机制改革滞后等问题仍然十分突出。因此,从

---

① 刘铁军等:《小型农田水利设施投资主体缺位原因分析》,载《东北水利水电》2004 年第 8 期,第 57~58 页。

2009年起,财政部、水利部在全国范围内选择400个县实行重点扶持政策,通过集中资金投入,以县为单位整体推进,开展小型农田水利重点县建设。2009年新建和维修小型水源2.49万处,新建及维修机电泵站2.07万座,渠道衬砌4.4万千米,这些工程有效地解决了部分地区小型灌排工程"卡脖子"问题和灌区"最后一公里"的灌溉问题,解决了部分农民"口粮田"的水源问题,解决了农民最关心、最直接但又无力解决的农业灌溉问题。由此可新增和恢复灌溉面积2 485万亩,改善灌溉面积1 592万亩,新增节水能力23亿立方米,新增粮食生产能力38.5亿公斤。如图5-3和图5-4所示。

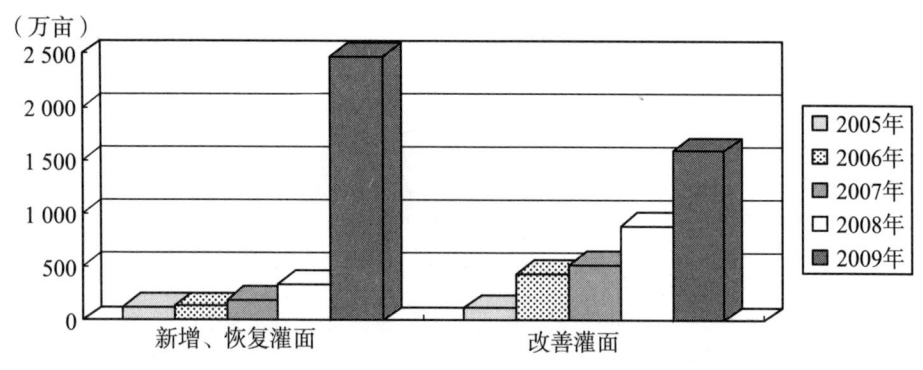

图5-3 新增、恢复灌溉面积及改善灌溉面积情况

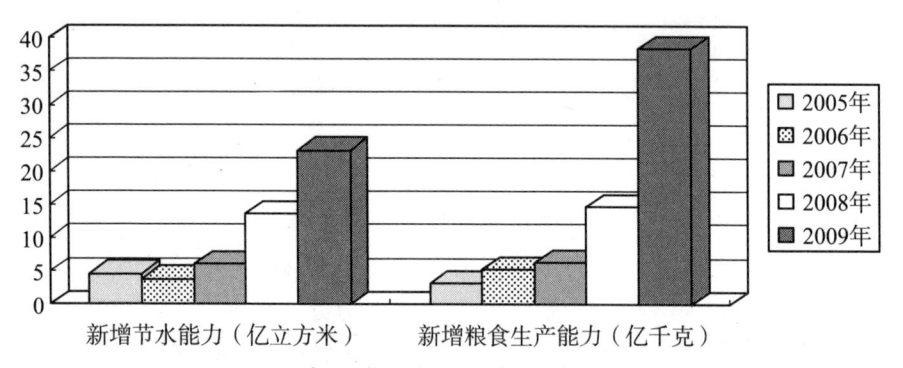

图5-4 新增节水能力及新增粮食能力情况

资料来源:《2009年中国灌溉排水发展研究报告》。

虽然目前国家从战略和全局的高度,已充分认识到农田水利基本建设的重要性和紧迫性,也已经找到了重点县建设的新模式,但由于我国农田水利建设欠账较多,农田水利设施薄弱的状况还没有根本改变,农业主要"靠天吃饭"的局面还没有得到根本扭转。基于此,为了保证粮食安全,中央及地方政府既要加大建设新项目,更要狠抓纳入规划的重点县的小型水利工程整治工作,全面恢复和提升小型农田水利设施的功能。

（三）农田节水灌溉

农田灌溉条件的改善不仅能提高水资源的利用效率，而且能提升农田生态系统的生产力，并且是提高我国粮食综合生产能力的有效措施之一。近年来，我国加大了农业节水灌溉工程的投入和建设力度，使农田灌溉条件有了明显改善。据统计，我国节水灌溉面积逐年递增，已从2000年的2.5亿亩上升到2009年的3.86亿亩，年均增长6.04%，见图5－5所示。

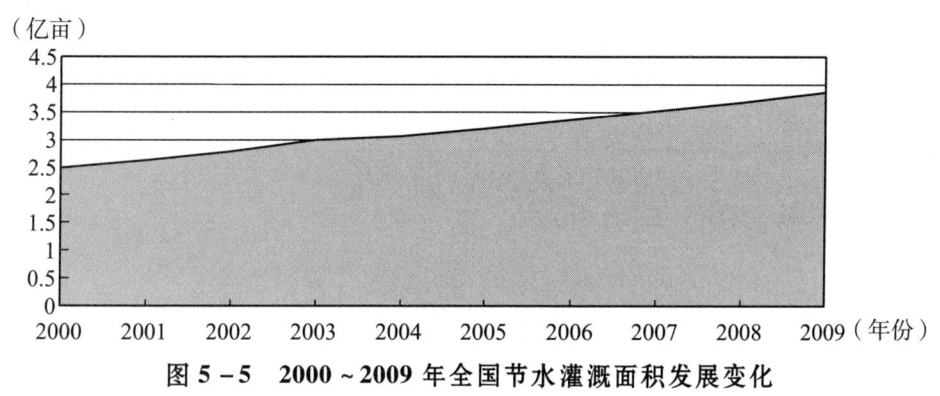

图5－5 2000～2009年全国节水灌溉面积发展变化

资料来源：2000～2004年的数据来源于中华人民共和国水利部编：《2000～2004年水利统计公报》。2005～2009年数据来源于《2009年水利发展公报》。

2009年，节水灌溉工程面积达到3.86亿亩，占全国农田有效灌溉面积的43.5%，相比2007年提高了2.8%。在全部节水灌溉工程面积中，渠道防渗控制灌溉面积16 749万亩，占43.3%；低压管道输水灌溉面积9 374万亩，占24.3%；喷微灌面积6 894万亩，占17.8%；其他节水灌溉工程面积5 616万亩，占14.5%。万亩以上灌区固定渠道防渗长度所占比例从2007年的14.4%增加到2009年的24.7%，年均增长5.2%，如表5－3所示。

资金投入方面，2009年全年中央安排节水灌溉示范项目财政投资1.42亿元（国债），相比2007年增加了0.42亿元，带动地方配套和群众自筹1.2528亿元，总计投资2.6728亿元，建设了123个节水灌溉示范项目。2009年中央继续对各地12亿元节水灌溉贷款进行了贴息，共落实5 000万元的贴息资金，扶持和引导各地节水灌溉工程建设，有力地推动了节水灌溉事业的发展。项目建成后，可新增节水灌溉工程面积28.8万亩，项目区年增节水能力约1 800万立方米（2007年为1 200立方米），增加粮食及其他农作物生产能力约2 100万公斤（2007年为1 300万公斤）。

表 5-3　　　　　　　　　我国节水灌溉变化情况

类目	指标名称	单位	2007 年	2008 年	2009 年
节水灌溉	节水灌溉面积	万亩	35 234	36 654	38 633
	节水灌溉面积占有效灌溉面积比例	%	40.7	41.8	43.5
	其中：渠道防渗节水灌溉面积	万亩	15 087	15 672	16 749
	低压管道输水灌溉面积	万亩	8 361	8 810	9 374
	喷微灌面积	万亩	5 780	6 107	6 894
	其他工程节水灌溉面积	万亩	6 006	6 066	5 616
	万亩以上灌区固定渠道防渗长度所占比例	%	14.4	18.6	24.7
	其中：干支渠防渗长度所占比例	%	35.0	35.1	35.2

资料来源：《2007 年全国水利发展统计公报》、《2008 年全国水利发展统计公报》、《2009 年全国水利发展统计公报》整理所得。

二、农业基础设施建设存在的问题

近年来，我国对农业基础设施投入与建设的力度逐步加大，但由于基础差、底子薄，严重制约了我国农业和农村经济的可持续发展。目前我国农业基础设施建设主要存在以下问题。

（一）农业基础设施资金投入短缺，地方配套能力不足

虽然国家和地方政府每年投入大量资金进行农业基础设施建设，但与需求量相比，仍存在巨大的资金缺口，未能满足农业基础设施建设的需求。据不完全统计，目前大型灌区续建配套与节水改造项目全国平均配套资金到位率约 50%，中部平均不到 30%，西部落实配套资金的比例更低，影响了灌区续建配套与节水改造项目的顺利实施[①]。按照中央十七届三中全会要求，到 2020 年要基本完成大型灌区续建配套与节水改造，任务十分艰巨。小型农田水利工程建设也不例外，随着中央补助资金投入的增加，市、县两级特别是县级财政资金落实困难。中西部地区个别省份省级投入较少，将地方配套投入压力转移到市、县两级，但市、县往往是以群众投劳折资代替。因此，目前的小型农田水利建设任务与规划需求的差距较大。

---

① 中国灌溉排水发展中心、水利部农村饮水安全中心：《2008 年中国灌溉排水发展报告研究》，2009 年 11 月。

（二）农业基础设施的存量和增量都无法适应快速的经济发展

由于对农业基础设施的性质和作用认识不清，在农业基础设施建设中就导致缺乏统一科学的规划及强有力的措施保证，没有在经济发展的同时保持农业基础设施建设的同步发展，远远落后于经济发展水平[①]。由于农业基础设施长期带病运行，突出表现在农田水利设施、乡村道路以及农村电网上，使得农业基础设施在存量上与现代农业的发展不相适应，无法满足农业生产者的需要。同时，在增量上也存在发展不足的问题。长期以来，由于农业的比较利益低以及国家经济发展的重点集中在工业和城市经济上，致使对农业的投资力度逐年相对下降，建设速度明显放缓，农业基础设施的增量自然无法上升。

（三）农业基础设施建设布局不尽合理，地区间发展不平衡

农业基础设施是一个复杂的系统，如何合理地布局和规划其内部的子系统，充分发挥各自的功能，直接关系到资源的配置效率。我国目前的农业基础设施布局沿袭了传统的布局模式，浪费了有限的资源，具体表现为：由于条块分割的行政管理体制，导致农业基础设施重复建设，既浪费了资源又降低了使用效率；各种不同的设施之间的关联性差，互不配套、互不协调；各个农业基础设施之间比例关系没有达到最优状态，提供者总是有"偏向"爱好。此外，我国东、中、西部地区发展的目标并不相同，所需的农业基础设施体系也互不相同，虽然有此差异，但相对于东部，西部地区的农业基础设施发展严重落后，三大区域的发展不平衡，差异很大。

（四）农业基础设施"重建轻管"现象严重，管理体制不完善

对农业基础设施的管理主要是实物管理和设备管理，农村税费改革和乡镇政府职能部门转型之后，农业基础设施管理呈现出失控和无政府状态，加之管理体制的不完善，更加速了农业基础设施的破坏程度。以农田水利基础设施为例，由于现存的设施产权不明晰等问题，致使国家、集体管不了，农民无权管，一大批水利工程老化失修甚至遭到人为破坏而无人问津。虽然仍然在不断改制，但是都没有真正提高设施的管护水平和效率。

[①] 郎永健、张尚民、李长春：《农业基础设施建设的现状及对策》，载《农村经济》2004 年第 2 期，第 81~84 页。

第三节　农业基础设施薄弱的原因分析

一、农业基础设施建设投入主体不清

我国农业基础设施建设发展缓慢的根本原因在于投入不足，而投入不足很大程度上是因为投入主体不明确，具体体现在：

（一）理论上的缺陷

1. 对农业基础设施的界定模糊

农业基础设施涉及的范围广，种类多，不可能完全由市场或政府提供。而且，不同性质和类型的农业基础设施在运营规律上也大不相同。不同层次、不同类型的农业基础设施投资应根据其公共产品属性由不同的主体介入，尤其对于占绝大多数的具有准公共物品属性的农业基础设施，其投入主体的理论界定十分困难。因此，在现实中经常出现投入主体缺位、错位的现象，由此造成一些农业基础设施重复建设，而另一些农业基础设施却无人问津的局面。

2. 没有理清投入资本进入农业基础设施领域的原则

在农业基础设施领域，不同资本在投资范围上都必须坚持产权明晰、受益范围、政府责任等原则。所谓产权明晰原则是指产权关系清晰的农业基础设施应由私人投资建设，而无法明确界定产权或界定成本很高的应由政府投资。受益范围原则是指按照受益范围或受益主体确定投资权限。这样一来就不能排除一些小型基础设施应由农民自行建设的情况，毕竟小型设施的受益人90%是可确定的农户，不弄清楚这一原则，思想上就会进入建设基础设施全权由政府负责的误区。所谓政府责任原则是指对于那些具有非竞争性和非排他性的农业基础设施应根据其不同属性由各级政府承担投资责任。在投入主体多元化格局下，农业基础设施投入仍然要坚持政府责任原则，并不能因市场化而弱化政府责任。违背政府责任原则的后果是潜在爆发式的，当市场运作良好的时候，政府少作为的后果并不凸显。一旦出现"市场失灵"，政府再作为就已无法补救。因此，完全应由政府投资的公共品，政府要责无旁贷，而一些应由政府参与的项目，政府更要发挥引导作用。

（二）制度上的缺陷

1. 二元经济结构严重制约着农业基础设施的建设

新中国成立以来，由二元经济社会结构而产生的"重工轻农"、"重城轻乡"的制度设计是导致农业基础设施建设薄弱的根本原因。在具体的建设方式上，城市的基础设施，诸如公路、通讯、电力、桥梁等几乎都是由政府提供的，资金来自于财政预算，城市居民支付很少的费用就可以享受这种服务；而对于农业所需的基础设施，许多是由农村基层负责提供，所需资金主要通过向农民收取公积金、公益金和管理费的方式筹措，成本支出主要由农户或由属于村民共同所有的集体企业承担，[①] 无形中，加重了农民的负担。尽管自2004年后，国家大力提倡发展农业，加大了"工业反哺农业"、"城市支持农村"的力度，财政转移支付和财政支农资金有所增加，但仍然不能弥补农业基础设施供给资金缺口。

2. 税费改革的遗留问题逐渐显现

为了减轻农民负担，取缔各种乱收费、乱摊派的制度，国家于2006年在全国各省（市、区）全部取消了农业税，农民负担也大大减轻。然而，税费改革前，"两工"（义务工、积累工）是建设农业基础设施的主要手段，可以说是以农民作为投入主体的另一种表现形式，很多农业基础设施都是依靠农民投工投劳兴建的。而税费改革后，"两工"制度也随之取消，虽然实现了减轻农民负担的目的，但给很多农业基础设施建设项目带来了困难。同时，曾经由"两工"渠道修建的农业基础设施毁损后也无力修复与管理，因此导致农民作为投资主体的缺位。

3. 农村"一事一议"制度存在缺陷

农村税费改革之后，国家为了防止基层政府通过"两工"增加农民负担而提出"一事一议"制度。它是指在村内兴办如农田水利基本建设、修建村级道路、植树造林等集体公益事业时，所需要的资金和劳务要通过村民大会或者村民代表大会集体讨论、研究，实行专事专议的办法筹集部分资金。但从全国各地的实践来看，"一事一议"在具体实施中由于操作程序复杂、召开村民大会议事的成本太高，以及实行筹资筹劳上限控制等等原因，在解决农村社区公共品供给方面很难真正发挥应有的作用。

4. "分税制"致使乡镇财政困难

1983年全国推行乡镇政府、建立乡镇财政。乡镇政府以收取乡统筹、乡镇

---

① 杨林、韩彦平、孙志敏：《公共财政框架下农村基础设施的有效供给》，载《宏观经济研究》2005年第10期，第56~60页。

道路建设费、集资等方式筹集资金,并利用两工进行农田水利基本建设、修建道路、购置生产性固定资产等农业基础设施建设。在一定程度上这种非财政筹资方式改善了农业生产条件,兴建了很多农业基础设施,促进了农业的生产发展。1994年实行"分税制"后,财权逐步向上级政府集中,财权与事权的不统一成为乡镇政府财政困难的体制性诱因,乡镇基层政府财政拮据,使其失去了供给农业基础设施的能力。2006年农村税费改革使乡镇基层政府的财政状况更加恶化,农村基础设施建设再度"雪上加霜"。

二、财政引导作用逐年弱化

政府财政的农业基础设施投资规模反映了政府对农业基础设施建设的干预程度和重视程度,可用绝对指标和相对指标衡量。但国家权威的统计资料中并没有专门的农业基础设施项目投资规模的统计数据,然而农业财政支出、农业基本建设支出等指标可以从侧面反映我国的农业基础设施建设投入状况。

从绝对值上看,1978~2008年,我国财政用于农业的支出金额从1978年的150.7亿元增加到2008年的4 502.8亿元,年平均增长速度为12.89%。如图5-6所示,国家财政支农的总量大幅度增加。但从相对值来看,国家财政用于农业的支出占全国财政总支出的比重波动幅度较大,支农比重最多的1979年为13.6%,支农比重最小的2003年为7.1%,相差6.5个百分点,支出的平均比重仅为9.0%,年平均增长速度为负。如图5-7所示,随着支农总量的逐年增加,财政用于农业的支出占全国财政总支出的比重却呈现明显的下降趋势,这也说明国家对农业基础设施建设的投入并不充分。

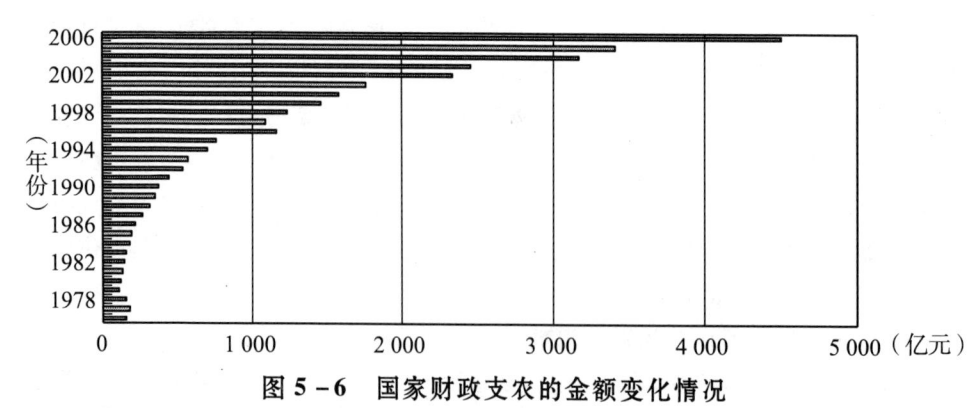

图5-6 国家财政支农的金额变化情况

资料来源:中华人民共和国农业部编:《新中国农业60年统计资料》,中国农业出版社2009年版;《中国财政年鉴2009》。

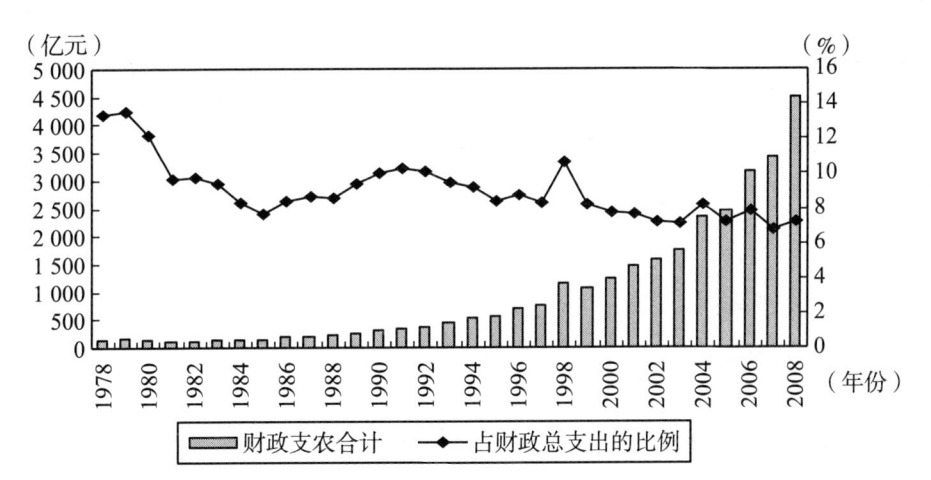

图 5-7 国家财政用于农业的支出占全国财政总支出的占比变化

资料来源：中华人民共和国农业部编：《新中国农业 60 年统计资料》，中国农业出版社 2009 年版；《中国财政年鉴 2009》。

农业基本建设支出占财政用于农业支出的占比也可反映政府对农业基础设施建设的重视程度，分析这一指标也可得出相同结论，见表 5-4 所示。

表 5-4　　　　　　　　国家对农业基本建设投入情况

年份	财政支农合计 （亿元）①	农业基本建设支出 （亿元）②	农业基本建设支出占财政 支农支出（%）②/①
1978	150.7	51.1	33.9
1979	174.3	62.4	35.8
1980	150.0	48.6	32.4
1981	110.2	24.2	22.0
1982	120.5	28.8	23.9
1983	132.9	34.3	25.8
1984	141.3	33.6	23.8
1985	153.6	37.7	24.5
1986	184.2	43.9	23.8
1987	195.7	46.8	23.9
1988	214.1	39.7	18.5
1989	265.9	50.6	19.0
1990	307.8	66.7	21.7
1991	347.6	75.5	21.7

续表

年份	财政支农合计（亿元）①	农业基本建设支出（亿元）②	农业基本建设支出占财政支农支出（%）②/①
1992	376.0	85.0	22.6
1993	440.5	95.0	21.6
1994	533.0	107.0	20.1
1995	574.9	110.0	19.1
1996	700.4	141.5	20.2
1997	766.4	159.8	20.9
1998	1 154.8	460.7	39.9
1999	1 085.8	357.0	32.9
2000	1 231.5	414.5	33.7
2001	1 456.7	480.8	33.0
2002	1 580.8	423.8	26.8
2003	1 754.5	527.4	30.1
2004	2 337.6	542.4	23.2
2005	2 450.3	512.6	20.9
2006	3 173.0	504.3	15.9

资料来源：中华人民共和国农业部编：《新中国农业60年统计资料》，中国农业出版社2009年版。

三、各级政府权责不清

农业基础设施绝大多数属于公共产品的范畴，需要政府的公共支出加以解决。但是，由于公共品的种类繁多，分类复杂，针对不同属性的公共品应由不同层级的政府承担相应的事权。事权是划分财权的基础，然而，我国拥有世界上层级最多的政府体系，包括中央、省（自治区、直辖市）、地区（地级市、自治州）、县和乡（镇）五级，给事权的分配带来了很大困难。加之虽然宪法原则上对中央和地方政府职责范围做出了规定，但都没有通过立法对各级政府的事权作出明确划分，造成中央政府与地方政府对农业基础设施的投资责任划分不合理。由于各级政府的责权没有得到明确划分，本来应该由政府提供的公共基础设施或者由政府和农户共同承担的公共基础设施，却完全由农户承担了其供给成本；本来应该由上级政府提供的，却通过政府转移事权交由下级政府提供，最终还是落到了乡镇政府和农民头上。

第四节 加强农业基础设施建设、提高粮食产量的对策建议

一、界定农业基础设施投入主体，创新农业基础设施投入机制

鉴于农业基础设施的公共产品属性，政府应当成为农业基础设施的重要供给主体。过去，不少学者（孙开，1999；方福前，2000；卢现祥，2003）等坚持应该由政府完全供给农业基础设施的观点。但是，随着公共产品供给机制研究的不断深入与探究，更多学者提出了基础设施供给主体多元化的主张，如郎永健等（2004）强调加强农业基础设施建设关键要解决投入问题，创新机制，发挥政策引导和市场机制"两只手"的作用，以优惠的政策吸引个人、集体、外资等投资基础设施建设，形成多元化投入主体模式。韩秀兰、阚先学（2007）指出要从根本上改变现有公共品投入体制，必须使投入主体多元化。他们认为，如果个人、社会组织和其他民间机构能比政府更有效地提供公共品，那么农业基础设施投入就可以引入个人、社会组织和其他民间机构进行投资。赵予新（2009）基于在农田水利基础设施应走多元化供给道路的观点之上，还针对中小型农田水利设施的耗资规模设定了不同的投入主体，即耗资较少的中小型农田水利设施应当以政府、村集体和农户投入为主，地方企业投入为辅；对于耗资较大的中小型农田水利设施应当以政府、村集体和地方企业投入为主，农户投入为辅。柴盈（2009）认为农业基础设施供给是一项集体行动，参与者应以组织为单位，主要有中央政府和地方政府、企业和农民组织。

总之，当前讨论农村公共产品供给问题的文献相对较多，国内学者在投入主体多元化方面的意见都很一致，即认为农业基础设施应同时采用多种机制共同供给，投入主体"多元"指的是政府供给主体、市场供给主体和自愿供给主体的有效整合，互相补充，共同发挥各自的作用。本书认同农业基础设施投入主体多元化的观点，并通过投入主体多元化创新农业基础设施投入机制。

从经济学的角度分析，公共产品若通过市场方式提供，很容易出现"搭便车"和投资不足的问题，并且在规模经济上缺乏效率。如果由具有强制力的政府来提供，则可以克服市场供给的缺陷，政府理应是其天然提供者。但是，由于

政府失灵的存在,也会引起农业基础设施的有效供给不足。因此,仅有政府,或仅有市场,或仅有非营利组织都是不够的,应根据不同层次、不同属性的农业基础设施介入不同的投入主体,分层次逐步建立以政府供给为主、市场供给和社区供给为辅、自愿供给为补充,尤其是政府供给应该充分发挥其主导作用,并与市场供给、社区供给和自愿供给有机地结合起来的"四位一体"、协调发展的供给系统,见表 5-5 所示。

表 5-5　　　　　　　　农业基础设施体系协调供给系统

类型	内容	投入主体
纯公共产品	大江大河的治理,国家级、省级大型水利与农田基础设施,农产品流通的基础设施和市场网络,农业与农村信息化基础设施,农业气象服务设施,农村环境建设,生态保护设施等	政府供给(中央政府和地方政府,以中央政府为主)
准公共产品 接近纯公共品的准公共品	市县级中小型水利与农田基础设施,乡村道路,农村电网,渔业基础设施,农业科研与试验,农业技术推广,病虫害防治,动植物检疫基础设施,农产品质量管理设施等	政府供给(地方政府)、市场供给(企业和私人合作)、社区供给,以地方政府为主
中间性的准公共品	动植物良种繁育基地设施,动植物防疫基础设施等	政府供给(地方政府)、市场供给(企业)、社区供给,以企业和社区为主
接近私人物品的准公共品	农村通讯设施,农业生产资料生产和销售设施,大型农产品加工、贮藏、销售基础设施,大型农业机械等	政府供给(地方政府)、市场供给(企业)、社区供给、自愿供给(农户和农户组织),以后三者为主
私人产品	中小型节水设备,中小型农业机械,小型贮藏与运输设施,田间配套水利设施,田间道路等	自愿供给(农户和农户组织)

二、加强法制化建设,保障农业基础设施的资金供给

为了突破农业基础设施建设的瓶颈,应当建立相关法律,使之制度化、法制化。针对我国农业基础设施建设资金投入不足的现状,建议出台《农业基础设施投入法》,通过法律法规的形式,规范和保障各级政府对农业和农村基础设施建设的投入,即以法律条文的形式明确各级政府在农业基础设施供给方面的财权

和事权，严格按照职责划分保证足额投入，确保农业基础设施建设资金有稳定的来源。例如可制定法律条文确保农业基本建设支出占财政用于农业支出的比重达到40%以上，财政用于农业的支出占全国财政总支出的比重达到20%以上，农业固定资产投资占全社会固定资产投资比重达到15%，并根据当年的GDP增减幅度进行相应的调整。

另外，可对市场融资模式予以保护和支持。从西方国家经验以及我国各级政府的财力来看，农业基础设施长效筹资机制应由财政投资和市场融资两方面构成。农业基础设施的财政依赖性并不意味着所有的都由政府提供，也不意味着供给只能采取一种模式。正如萨缪尔森所言："一种公共产品并不一定要由公共部门来提供，也可以由私人部门来提供。"从我国的实际情况来看，个人或者企业已经成为农业基础设施投入的一个重要来源。例如，对农田水利基础设施，政府可以通过特许经营的方法鼓励由市场力量来提供。对于那些参与农村基础设施供给的企业、个人等投入主体，政府要出台一些专门的优惠政策、措施，提供技术服务和指导，灵活机制等。例如对水利设施经营者实行减免税收、银行专项优惠贷款；对农户免费进行技术、知识培训，从而使其更加了解政策，提高其搞好农田水利设施建设的积极性。[1] 同时，政府也可出台相关法律条文适当引导金融机构增减农业信贷的资金总量。首先，给予支农贷款税收政策优惠，对支农贷款给予合理的补偿，如建立贷款利息补贴制度，通过补贴贷款利率，降低贷款利率水平；其次，建立农业贷款的保障机制，如通过建立农业贷款担保基金、中小企业贷款担保基金，以及向农业倾斜的信贷激励机制，对积极支持农业发展而使经济效益受到影响的农业金融部门给予必要的奖励，从利益上鼓励金融部门增加农业信贷投入的有效供给。[2]

三、大力建设小型农田水利

小型农田水利设施是农业基础设施的重要组成部分，是提高粮食综合生产能力的重要前提条件，更是农业基础设施乃至整个农业的根基。长期以来，中央财政对农业基础设施的投入主要体现在对大江大河治理及大型水利枢纽设施建设上，而对小型农田水利建设投入并不多。近几年才慢慢认识到小型农田水利设施在提高农业抵御自然灾害能力、改善粮食生产条件等方面的重要作用，粮食稳产

---

[1] 赵予新：《粮食核心生产区中小型农田水利设施建设融资问题研究》，载《农村经济与科技》2009年第10期，第67~68页。

[2] 刘蕾、崔永超：《农村公共品供给资金的财政保障机制研究》，载《改革与战略》2007年第6期，第77~79页。

离不开小型水利设施的作用发挥。因此，国家为了彻底改变小型农田水利设施建设严重滞后的现状，开展了小型农田水利重点县建设。但因开展时间及覆盖范围等问题，小型农田水利设施主要还是依靠地方政府、农村集体经济组织以及农户个体承担建设责任，这些承担建设的主体出于自身的利益而作为甚少或根本不作为，致使农村小型农田水利设施依然标准低、配套差、发展滞后，粮食生产条件得不到应有的改善，粮食稳产目标自然受到威胁。由此得出，要从提高粮食生产能力，巩固国家粮食安全和维护农村稳定的高度，把中小型农田水利建设纳入公共财政支出范围，加大对小型农田水利建设的扶持力度。

四、完善地方税体系，增强基层政府财力

分税制的实施以及农业税的取消加重了地方政府的财政负担，如果不采取有效措施，很大程度上会影响我国农村基础设施的建设。为此，必须加强地方税体系建设。首先，要清楚界定地方税的主体税种，建立地方流转税（包括营业税）和地方所得税及个人所得税为主体的双重主体税种的地方税体系。具体做法首先是改革城市维护建设税，变为专门的地方流转税。其次，完善辅助税种。财产税具有税基稳定、税收收入保障性好的特点，可在规范地方税管理体制的基础上将其作为地方税收的辅助税种，增加地方财税收入，为提供基础设施扩大资金来源。最后，在全国统一税收政策的前提下，中央下放部分税收的管理权限，地方可根据自身情况确定税种，决定具体税收制度，确定开征或停征，即地方对一部分税种具有相对完全的税收管理权限。

第六章

我国粮食生产保障体系研究(之四)

——粮食生产技术推广与制度保障

在农业与粮食生产发展的历程中,科技始终发挥着重要的作用。每一轮农业科技革命都有力地促进了粮食生产水平的提高。从世界范围看,现代农业是伴随着科技进步而发展的,并随着科技的不断创新与突破而产生新的飞跃。农业新技术的应用大大拓宽了现代农业科技的领域,开辟了提高粮食生产能力的新前景。

第一节 技术进步对粮食生产的贡献

一、技术进步是我国粮食增长的关键因素

我国农业发展的实践表明,在构成粮食综合生产能力的主要生产要素中,科技发挥了基础性和关键性的作用。新中国成立以来,我国粮食产量有两次大的突破:一是矮化育种,如矮秆水稻、矮秆小麦等品种的育成;二是杂交育种,如杂交玉米、杂交水稻的培育和推广应用。据统计,1984~2007年间生产技术进步对单产增长的贡献份额,早稻和中籼稻分别为70.6%和71.8%,玉米和晚稻约

为60%，小麦和粳稻分别为42.1%和44%。① 遗传理论和育种技术的突破使我国粮食作物新品种、新组合不断涌现。目前我国育成的主要作物新品种有6 000多个，粮食作物良种覆盖率已达95%，水稻、小麦、玉米、大豆等主要粮食作物品种在全国范围内更新了5次至6次，每次更换都增产10%以上，抗性和品质不断得到改进。同时，测土配方施肥、地膜覆盖、栽培技术、节水灌溉技术等综合配套技术的推广应用使粮食增产增效显著。仅就合理使用化肥来说，一般可使粮食作物增产8%～15%，同时还比传统施肥方法节约费用约15%。近年来，通过耐旱品种与耕作实用技术集成，初步形成了粮食抗旱丰产栽培技术体系；植物病虫害预防手段和控制技术不断加强，有效控制了重大病虫害的发生和危害程度，降低了农产品的损失；微生物农药的研制成功，杜绝了长期使用化学农药带来的污染环境、破坏生态系统平衡以及害虫抗药性提高等后果，该技术的运用每年可减少粮食损失5%以上。

一系列研究都表明，农业技术进步不但在中国过去农业生产增长方面起到了极其重要的作用，而且在未来中国农业的可持续发展上将起更大的作用（黄季焜、罗泽尔，1998）。随着资源环境约束的日益加剧，耕地面积的逐年减少，依靠增加农业生产要素的投入来扩大农业生产的潜力已愈来愈受到限制，只有依靠农业科学技术进步来提高要素生产率，才能保证农业生产的持续稳定增长。发达国家的大量事实和我国部分地区的成功经验已经充分证明了科学技术进步是打破资源瓶颈制约、提高要素生产率的重要手段，是农业持续发展的主要动力，是粮食增产的有力保障。

二、粮食生产技术推广的作用

（一）粮食生产技术推广是潜在生产力转化为现实生产力的桥梁

任何一项科研成果都只是以知识形态存在的潜在生产力，科研成果由知识态到现实态的转移过程是一个十分复杂的系统工程。它对农业经济发展的作用体现在新技术的采用带给农业生产的巨大经济效益和社会效益上。一项农业新技术是否有价值或价值大小，只有通过农业技术推广环节将农业新技术与生产要素相结合，获得增产增收，体现了经济效益，才会得到社会的承认。如果没有农业技术推广环节，技术没有转化为生产力，再好的技术也不可能带来农业增长和发展。因此，农业科技成果只有通过农业技术推广才能实现向现实生产力的转化。农业

---

① 《粮价上涨引出科技增产新命题》，载《中华工商时报》，2010年9月9日。

科技的研究和推广，深深影响着农业科技转化为现实生产力的速度、规模和效果。

（二）粮食生产技术推广是科研成果的延伸和再创新

农业科研成果是在实验条件下取得，存在大幅度增产的可能性，同时也存在受自然条件和生产条件影响的不确定性。要将农业科研成果成功应用生产，首先需要农业技术推广部门结合当地的具体生产条件进行多点、多次的试验，并根据其应用的可能性、经济的合理性作综合评价后，再经过一系列的配套改进才能将这些科研成果转化为实用的成品，农户对新技术才能有一个认识、评估、试用和采用的过程，如果要让这些成果为农户所采用，还需要农技推广人员的耐心示范、培训和指导。可见，粮食生产技术的采用并在农户中广泛扩散需要借助技术推广力量。

（三）粮食生产技术推广是联结科研、教育和生产的纽带

粮食生产技术推广处于农业科技创新、教育和生产的中间地带，相对独立而又必不可少，充当着科研、教育和生产三者联结的纽带作用。一方面，农业科学研究有赖于农业科技推广的发展和促进。农业技术推广部门在推广实践中发现和收集农业生产中出现的问题和农户的技术需求意向，汇总加工后反馈给科研和教育部门，为科研和教学活动提供新鲜素材，可以提高教学和科研活动的针对性和有效性。另一方面，农业科技推广是科技创新成果的传播者、科技创新的咨询者和科技服务者。农业科技推广有赖于农业科学研究和农户对新科技的普及和应用。农户对新科技的采用有赖于农业科技推广人员的指导与辅助。

（四）粮食生产技术推广是提高农民素质的重要途径

在现代农业生产中，农业劳动者的科技素质直接影响到他们对生产要素的合理配置和有效利用，最终也关系到科学技术对农业生产的促进作用。多年来我国各级农业科技推广机构充分利用自身网络优势、人才优势和技术优势，通过广播电视讲座、现场讲授示范、科技宣传栏、技术咨询点、"电波入户"、"绿色证书工程"等活动，有组织、有计划地向农民宣传和普及科学技术，积极组织开展多种形式的农业科技培训，有效地提高了农村劳动者的科技素质与能力，改善了农村劳动力的技术结构，为实施"科教兴农"战略打下了良好的基础。

第二节 粮食生产技术推广的现状研究

一、农业科技推广体制探析

中国农业科技推广体系建设，经历了20世纪50年代试办农业科技推广站——60年代末至70年代初部分地方创办"四级农业科学实验网"——70年代末到80年代初中央、省、地、县、乡五级农业科技推广体系等发展阶段。我国现有的农业科技推广体系是在计划经济条件下形成的以政府为主导，农业科研单位、农业教育单位、农村技术专业协会以及农业企业为补充的系统。随着市场经济的深入发展，农业科技推广体系进行了多次改革，得到了不断地发展和完善。但从改革的过程来看，农业科技推广体制改革是在原有的体制框架内进行的一场自上而下的以强制性制度变迁为主的渐进式改革，改革在诸多方面都显示出对行政体制改革需要的服从，政府农业科技推广组织一直是我国农业科技推广事业的核心力量。农业科技推广体系虽然经历了一系列演变，但该体系在制度安排上并没有本质的改变，造成这种状况的原因值得我们思索和探究。

（一）管理体制分析

从组织结构上看，我国现有政府主导型农业科技推广体系实行由上而下、条块结合、按学科业务类型分类的机构设置。纵向上，我国农业科技推广机构分为国家、省、市、县、乡五级层级机构，如图6-1所示。横向上，我国农业科技推广机构在专业设置和管理体制上实行行业系统归口管理。按专业领域分为五大系统：畜牧兽医、水产、种植业、农机化技术推广系统和农业经营管理。

从推广机构的职能上看，我国现有的农业科技推广服务机构除了承担着公益性技术推广（如动植物病虫害监测、预报、对农民的培训等）和带有中介性服务（农产品的质量检测，为农民提供产销信息）职能外，还承担了包括部分执法监督管理（如种子管理、植物检疫、动物检疫等行政执法工作）和经营性服务（如种子、农药、化肥、农机等农业生产资料和兽医兽药销售等商业性经营创收工作）等多种职能。同一农业科技推广机构同时承担不同类型的职能，多项职能交叉，必然造成农业科技推广机构的政、企、事不分，导致农业科技推广力量分散，农技人员没有足够的精力和时间从事农技推广工作，直接影响其技术推广职能的发挥。

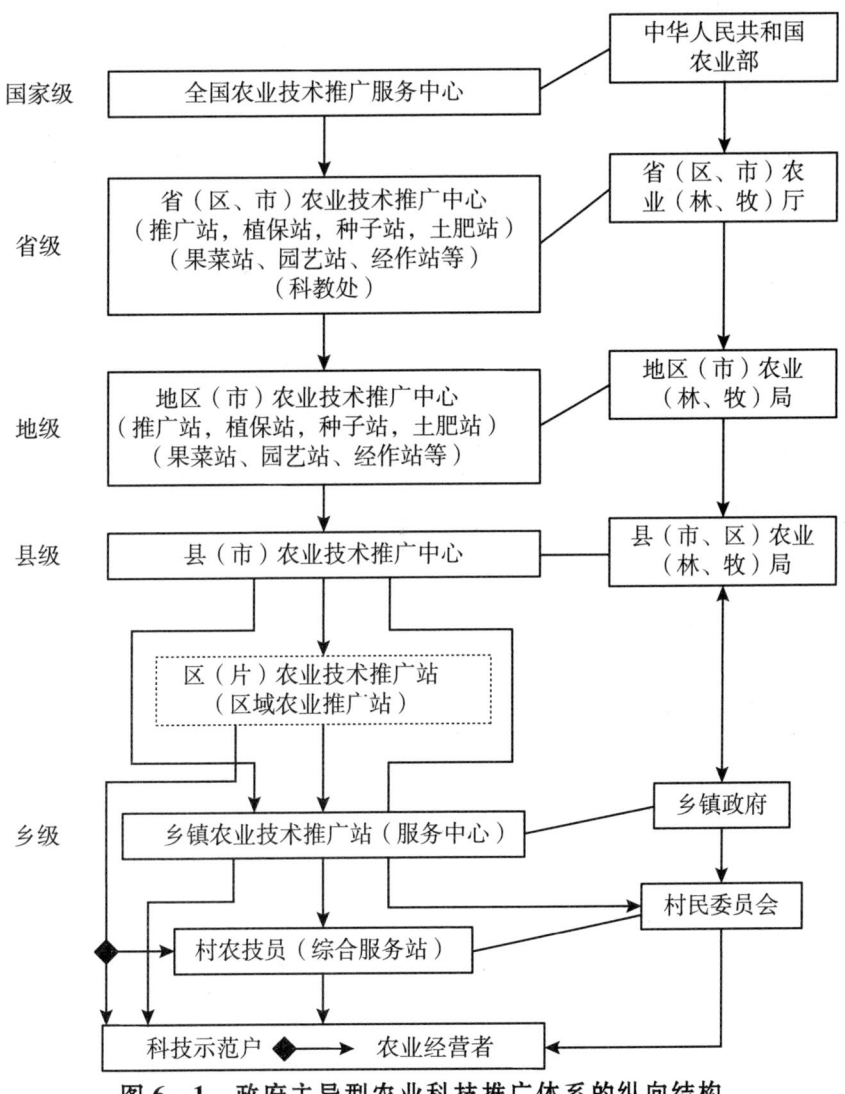

图 6-1 政府主导型农业科技推广体系的纵向结构

从推广机构设置上看，推广机构设置不合理。首先，我国现行的推广工作按专业分化，分属于农业、林业、畜牧和水产部门，从中央到地方形成了各自独立的体系，条块分割，机构重复，缺乏有效的协调和沟通。其次，基层农业科技推广机构的管理归属不统一，存在统一管理和分属管理并存的情况，管理层级混乱。最后，组织管理上具有双重性。由于各级推广机构按行政层级对口设置，从中央到省、地（市）、县、乡镇，每一级都存在严重的行政依附。各级农业推广机构除了接受上级推广机构的业务指导外，还受本级农业行政部门的直接领导，而且本级政府行政部门的直接领导权远大于上级推广机构的业务指导权。

从管理体制看,目前我国各级政府农业部门、农业科研单位、农业高校三大体系条块分割、没有统一的管理部门,缺乏内在联系和协调,导致农业科技创新、成果转化、技术推广、人才培训存在脱节现象,造成我国农业科技成果的转化率低,推广效益低、重复研究和经费浪费的现状,限制了农业科技推广服务变革与发展的动力和潜力。

(二) 运行机制分析

首先,政府主导型农业科技推广主要采取"自上而下"的运行机制,具体形式主要以项目申请、批准与考核的机制进行。模式的运行主要是依靠行政力量,即农业科技成果由农业大学和农业科研部门进行研发,推广部门负责试验、示范、推广,国家通过行政命令,自上而下,强制性地发动和组织农业基层单位实施,农民被动接受。简称为"技术示范+行政干预",或"政技物"结合。"政技物"之间的关系是以"政"为前提,在行政力量的推动下,"技物结合"才能发挥作用。行政推动在推广工作中的一般表现形式是层层召开会议,具体落实推广面积、产量和主要技术措施,并提供一定的推广资金、物质支持和奖惩措施。其次,推广服务的行政干预很强。推广方式主要有立项推广、技术培训、示范指导和技物结合四种。最后,长期以来农业科技推广机构实行的是计划经济时期的用人分配制度,推广人员的工资分配、职务晋升通常与农业科技推广的效果相分离,农业科技推广人员"干多干少一个样、干好干坏一个样",激励与约束机制缺失。

(三) 投资机制分析

一方面,我国农业科技推广投资总量不足。发达国家农技推广经费一般占农业总产值的 0.6%~1%,发展中国家的数值也在 0.5% 左右,而我国还不足 0.2%,人均经费更少[①]。农业技术推广财政投入不足,直接制约了推广基础条件的改善和手段的更新,影响到我国正常的农业技术推广活动,使农技推广机构处于"有钱养兵(甚至无钱养兵),无钱打仗"的尴尬境地。2007 年财政全额拨款的县以下推广机构中,人员经费和工作经费由财政保障的仅占 36.8%,只保人员经费的占 50%,推广机构开展试验、示范等日常工作经费主要靠经营创收解决[②];另

---

① 赵锦域:《我国农技推广体系建设存在的问题及对策建议》,载《农业科技管理》2004 年第 5 期,第 83~85 页。

② 农业部农村经济研究中心课题组:《我国农业技术推广体系调查与改革思路》,载《中国农村观察》2005 年第 2 期,第 46~54 页。

一方面，我国农业科技推广经费来源渠道单一。长期以来，我国农业科技推广经费来源主要依赖财政拨款。据有关资料表明，我国农技推广投资的91%来自地方政府，远高于美国的67%、日本的64%。一些有能力有实力的农业企业不愿把资金投入技术推广的环节，而社会其他资金更是不愿涉及农业科技推广的活动。

（四）推广人员分析

当前农业科技推广人才队伍面临推广人员素质偏低、推广队伍不稳定、推广人员工作积极性不高等现实问题。

首先，我国农业科技推广专业技术人员总体素质偏低，与国家要求标准差距较大。据农业部的统计和报告，2008年农业部门种植业、畜牧兽医、渔业、农机化等基层农技推广人员具有大专以上学历的共34.83万人，占51.8%；具有专业技术职称的45.32万人，占67.4%，其中高级职称为2.47万人，占3.7%，中级职称为16.16万人，占24.0%[①]。这与国发〔2006〕30号文件"专业农业技术人员占总编制的比例不低于80%"的要求有较大差距。实际上，在乡、镇基层推广机构中，具有大专以上学历的推广人员相当少，还有很大比例的中专以下文化程度的人员在从事农业推广工作。同时，由于专业学习和技能培训的机会很少，在职农技人员知识断层、老化，知识更新速度缓慢，这在一定程度上影响了农业新技术的推广应用和效益发挥。

其次，由于农村基础条件差、推广人员工作艰苦、待遇差等原因，农业科技人员人心涣散，跳槽或改行现象时有发生，农业科技人员大量流失。根据中国水稻研究所2010年调查结果显示，大多数的基层农技站在过去的三年没有新进毕业生和调入推广人员。另外，由于农业科技推广人员在人员待遇与工作条件配备方面没有相应保障，缺乏有效的激励机制和灵活的用人机制，推广人员的技术考核结果往往与其自身利益并不挂钩，使得推广部门及推广人员不注重推广效果，只关心能否完成任务，缺乏工作热情，难以开展有实质意义的技术推广工作。

二、粮食生产技术推广的成效

（一）推广农业科技重大技术

在农业科技重大技术推广上，我国主要采取依托重大技术推广项目并结合专

---

① 农业部农村经济研究中心课题组：《我国农业技术推广体系调查与改革思路》，载《中国农村观察》2005年第2期，第46~54页。

项技术推广项目的方式来组织和实施。在我国粮食生产中,技术推广的内容是广泛的。新品种和新技术的推广,提高了各种农产品的产量和品质,增加了农产品的有效供给;优质肥料的应用和施肥方法的改进,提高了肥料的利用效率;灌水技术的改进,提高了灌溉水的利用效率;除草剂的应用和机械化程度的提高,节省了用工,提高了劳动生产率,等等。据统计,50多年来,我国培育并推广的农作物新品种、新组合有6 000多个,粮、棉等主要作物品种在全国范围内更换了5次至6次,每次更换都增产10%以上。在种植业领域,超级稻、杂交玉米、矮秆小麦等一大批突破性科技成果的成功开发和推广应用,使主要农作物良种覆盖率达到95%以上,有效提高了粮棉油等大宗农作物的生产能力[1]。在粮食作物栽培方面,先后推广了水稻抛秧、旱育稀植、免耕栽培等10多项重大技术。据初步统计,自2007年以来这些技术累计推广应用面积62.4亿亩,平均亩增产47公斤,亩节本增效90元,总增产粮食2 923亿公斤,总节本增效5 600多亿元。在国家的大力支持下,我国农业生物技术研究及推广应用取得重大进展。2007年我国转基因抗虫棉种植面积已突破380万公顷,占棉花种植总面积的69%[2]。地膜覆盖栽培、超级稻强化栽培、育秧技术、水稻抛秧、小麦收获机械化等先进农业技术和新机具的试验、示范和推广,有效提高了我国粮食综合生产能力,为我国农业发展做出了历史性贡献,使我国农业由传统农业逐步向现代农业过渡。

(二) 推介作用发挥明显

从农业科技推广服务对象——农民的反馈意见来看,我国农业科技推广机构对农民采用农业科技成果发挥着重要作用。其中各级农业科技推广机构仍是农业科技传播与普及的主渠道,农业高等院校、农业科研院所、农业企业和农民合作组织的推介作用正日益加强。根据课题组对农户技术来源渠道的问卷调查,从总体上来看,农民获取农业科技信息的渠道是多样的,排在首位的是政府推广部门,通过政府农技推广部门获取信息的农户占50%,农用物资销售者的推荐和推销位居第二位,有25%的农户通过此渠道获取信息;大众传播媒介(报纸、杂志、电视、广播等媒体)以及村里的示范户也是农民获取信息的重要渠道,分别占15%和10%。在对农民可信赖的科技推广服务组织的调查中,政府农业科技推广部门享有很高的信誉,达45%,其次是大学或科研院所、龙头企业和

---

[1] 李力、杜青林:《以农业科技创新推动新农村建设》,载《经济日报》,2006年8月2日。
[2] 柏振忠、王红玲:《基因利用限制技术的潜在影响及其在中国的适用性分析》,载《中国科技论坛》2011年第4期,第135~139页。

农业专业技术协会。

(三) 有效提升农民科技素质

开展农技培训、提高农民科技文化素质是农业科技推广体系建设的主要职能。多年来，我国各级农业科技推广机构充分利用自身网络优势、人才优势和技术优势，结合新品种和重大技术推广，通过广播电视讲座、现场讲授示范、科技宣传栏、技术咨询点、"电波入户"、"绿色证书工程"等活动，有组织、有计划地向农民宣传和普及科学技术，积极组织开展多种形式的农业科技培训，有力地提高了农民学科学和用科学的综合素质。"十五"期间，全国开展农民实用技术培训 3.2 亿人次①，有效地提高了农村劳动者的科技素质与能力，改善了农村劳动力的技术结构，为实施"科教兴农"战略打下了良好基础。

(四) 促进农业增效、农民增收

农业技术采纳过程中，随着文化技能水平的提高，农业新技术将被更多的农户利用，新技能和新产品形成的"经济租"逐渐消失，农户之间的收入差距逐渐缩小。农业增加值由 1978 年的 1 018.4 亿元增加到 2007 年的 28 910 亿元，农民人均纯收入由 1978 年的 134 元增加到 2007 年的 4 140 元②。可见，农业技术推广对于促进农民增收，减小农户内部收入差距具有重大作用。

(五) 参与执法监督，促进农业安全

农技推广机构积极开展行之有效的行业执法及监督工作，包括动植物检疫、种子质量检验、动物防疫及其监督、农资质量监督、农业机械监理，等等，为维护农民合法权益和保持农村稳定发挥了重要作用，极大地促进了农业的健康发展。据统计，我国农技推广体系每年在全国范围内测报病虫害 28.6 万余次，指导农民防治粮棉油病虫害面积约 30 亿亩，免疫防疫家畜 20.7 亿头，家禽 155 亿只，监测、防治约 200 种主要水产病。有效地预防了动植物病虫害传播和假种子坑农害农等事件的发生，保护了农民的切身利益；农机化系统积极协助搞好农机质量及安全生产的执法监督工作，较好地维护了农民的人身财产安全。

---

① 中国农业年鉴编辑委员会：《中国农业年鉴2006》，中国农业出版社2007年版。
② 数据来源：中国农技推广网。

三、实证分析——基于四川省超级稻推广现状的调查

（一）调查方案设计

课题组从农业部"超级稻示范项目实施区域情况"中列出的四川省 10 个县中选取峨眉山市、阆中市、郫县做了实地调查。调查内容分为四部分：第一部分为农户基本情况；第二部分为耕地面积、种植模式和补贴情况；第三部分为超级稻种植收入和支出情况，包括典型地块物质与服务费用、人工费用、总产量以及纯收益；第四部分为农户对超级稻技术的需求情况及农户对农业科技推广人员推广工作的评价。调查方法包括问卷调查、入户访谈、代表座谈等多种形式。

（二）调研点基本情况

第一，由于农村外出打工现象十分普遍，尤以 20~45 岁之间年龄段居多，因而多数家庭留在农村从事农业生产的人数在 1~2 人，且年龄普遍在 45 岁以上，这占调查农户数的 90% 以上。农户的文化程度总体偏低，初中文化水平农户所占比例最多。第二，农业生产以传统的种植业和养殖业为主，农业收入不高。扣除农业生产成本，家庭年农业纯收入在 5 000 元以下的占被调查农户的 65%，在 5 000~10 000 元之间的占被调查农户的 20%。农民兼业化现象普遍，农户家庭收入来源呈多元化趋势。从调查情况来看，农民收入来源中有非农业收入的家庭占 65% 以上。第三，以小规模经营为主，每户家庭平均有 4 块地，平均每块地面积为 1.5 亩，农户家庭地块分散且细碎化。

（三）超级稻推广现状

1. 超级稻概念

"超级水稻"的概念最初由国际水稻研究所（IRRI）在 1989 年提出，并正式启动了新株型（New Plant Type）超级稻育种计划，目标是培育比现有高产品种增产 20%，或绝对生产潜力达到每公顷 13~15 吨的优良稻种。此后，世界上一些主要的水稻生产国也都竞相提出并实施了自己的"超级稻计划"。我国"超级稻"是通过理想株型塑造与杂种优势利用相结合，选育出单产大幅度提高、

品质优良和抗性较强的新型水稻品种①。过去对超级稻界定大多以产量为指标，提出产量潜力比现有高产品种提高15%～20%，绝对产量每公顷12～15吨，折合亩产量800～1 000公斤，就算达到了超级稻标准。1996年我国农业部立项支持"中国超级稻育种及栽培体系"项目，提出了中稻或一季稻小面积最高单产2000年达到700公斤（一期）、2005年达到800公斤（二期）、2010年达到900公斤（三期）的目标。1998年袁隆平等育种专家提出以日产量作为"超级杂交稻"的育种指标，每公顷日产量100公斤，折合日均亩产量约6.67公斤②。但迄今为止并没有形成关于超级稻统一标准的共识，各家各派提出的产量指标都存在差异。

我国超级稻是在超高产水稻品种及栽培技术研究的基础上提出的一个概念，不仅强调要改进水稻品种品质，同时也要注重配套栽培技术的集成创新，更好地发挥增产优势。良种与栽培技术相配套是我国研发超级稻的关键措施。据对一些超级稻示范点的实地调查，一般情况下，良种与良法在超级稻增产中的贡献率各占50%左右。一方面，如果超级稻能够实现30%的增产，则仅使用良种而不采用配套栽培管理技术，增产效果约为15%；另一方面，如果使用的是一般稻种而不是超级稻种，只要采用了高产栽培管理技术，也能够增产15%左右。因此，单一采用超级稻种或者高产栽培管理技术都达不到增产目标。只有实现了良种良法配套，良种的产量潜力才会得到有效发挥，成为名副其实的超级稻。对于我国水稻生产来说，超级稻无疑将给我国水稻单产带来新的突破。大力发展超级稻是解决人增地减矛盾，提高农民种粮经济效益的需要，也是提高我国水稻产量、保障粮食供给安全的一项重要措施。

2. 超级稻推广主体和推广方式

目前我国政府在超级稻推广中发挥主导作用，超级稻的推广主要以"行政单位（县、镇、村配合）+推广单位+核心示范户"为主要推广模式，采取"技术示范+行政推动"的办法。即政府有计划、有组织地以项目的形式推广超级稻，推广项目由政府决定，然后逐级下达，推广活动是带任务、带指标进行的，以试验、示范、推广的自上而下的直线型推广为主要方式。直接的技术推广方式是开展技术培训，如组织有关专家编写超级稻良种栽培技术实用技术手册免费发放到各示范点，举办各种培训班等。间接的技术推广方式主要是利用报纸、网络和其他传媒发布新品种、新技术、新农资（肥料、农药、农膜等）以及粮食政

---

① 程式华：《中国超级稻育种研究的创新与发展》，载《沈阳农业大学学报》2007年第38期，第647～651页。

② 吴兴华：《袁隆平主持在湖南、江苏大面积示范"中国超级稻"平均亩产超过700公斤》，载《人民日报》，2000年12月7日，第4版。

策、市场供求等信息。据统计，2008 年四川省超级稻万亩示范片建立重点联系农户 10 482 余户，举办各类培训 627 期、培训农民 17.5 万人次，印发技术资料 35.2 万份[①]。其中，峨眉山市开展各种培训会 89 次，现场会、观摩会 16 次，培训人数达 5 800 人，发放技术资料 2 万余份。阆中市对水稻超高产水稻强化栽培核心农户培训 83 次，培训 5 000 人次，资料技术要点 50 000 份，召开农业生产现场会，对旱育秧、病虫防治技术进行培训[②]。通过培训提高了示范户和广大农民对超级稻的认识和种植技术要领，提高了技术入户率和到位率。

3. 超级稻良种推广效果

在我国从计划管理体制向社会主义市场经济转轨的过程中，良种推广率先完成了从计划管理向市场化经营的转型。经过多年的实践，我国已形成了一套有效的良种推广机制。水稻良种的推广主要有三个步骤：优良品种选定、农业科技服务站推广、农民购买使用。首先是公共部门的育种机构或种子公司培育出新的品种，新品种通过国家级或省级种子管理部门的审定之后进行推广；种子公司通过购买或合作的形式获得品种的繁育权，在适合育种的地点进行种子的生产，然后通过种子公司的销售部门，或直接在种子市场设立门市部，或通过二级或三级销售商或代理商进行销售。按照市场化经营原则建立起来的这一运行机制使种子公司和农民都获得了直接的经济利益，调动了各方的积极性。同时，目前我国种子行业利润率高于传统行业，水稻、棉花等作物杂交种子的毛利率高达 50% 以上。种子经销环节（种子批发商、零售商）的毛利率更是可观，有的甚至达到 40% 左右。我国种子经销环节的高利润使得种子公司自然而然分享了良种价格所带来的高利润。

良种推广的对象——农民，也从中得到了真正的实惠。一种新种子的诞生虽然需要经过一系列技术研发和复杂的改良过程，但农民采用改良的种子不需要增加额外的劳动量，就可获得较高的收益，因而改良后的种子很容易被使用和推广。以四川省郫县超级稻示范点为例，每亩超级稻需要良种 1 公斤。由于国家的良种补贴，超级稻种子成本与普通稻接近，但是超级稻比普通稻增产 150 公斤，增产约 30%。按良种在其中的贡献率为 50% 计算，超级稻良种能带来增产 75 公斤，按照 2010 年每公斤稻谷的国家收购价 2.4 元计算，农民增收约 180 元。与普通稻种相比，超级稻良种成本几乎没有增加却能带来明显的增收。此外，良种的采用不需要增加用工量。目前农村劳动力严重短缺，农村务农人员中老人和妇女占很大比重，呈现老龄化、女性化现象。由于农村劳动力短缺，农忙时节雇工

---

① 资料来源于《2008 年全国超级稻示范推广项目总结》，2008 年 12 月。
② 资料来源于调研点农技推广站。

难，雇工工资高。劳动力成为目前限制稻谷生产的重要因素，而采用超级稻良种不需要增加劳动力投入，所以农民非常愿意采用超级稻良种。通过对样本县调查的结果来看，农民在超级稻生产中采用的主要技术排在第一位的是超级稻新品种，有95%的农户采用；其次是化肥，有70%的农户采用，按照采用率高低，依次是农药（50%）、农机（40%）、种植新技术（20%）。这表明目前我国多数农户对农业科技推广做出了积极响应，愿意采用农业新品种。目前经农业部确认的超级稻新品种、新组合已达83个，推广应用覆盖了全国各水稻主产区，在我国良种的推广基本上已无障碍。

4. 配套栽培技术的推广是超级稻大面积推广应用的难点

长期以来一些地方在推广超级稻时，只是把它作为一个水稻品种来推广，将工作重点放在超级稻品种的筛选和推广上，而对配套栽培技术示范推广重视不够，使得专家种植与转化成为千家万户农民的实用技术发生了脱节，可以说是有良种而无栽培技术，而后者恰恰是超级稻推广过程中一个关键而薄弱的环节。超级稻推广难的问题成为2009年全国超级稻工作会议讨论的焦点。调研发现，超级稻推广中最难的问题就是栽培技术的推广。以四川省阆中市为例，2008年阆中市新技术推广61万亩，其中旱育秧8.2亩，旱育抛秧64万亩，测土配方施肥20.6万亩，而强化栽培示范推广覆盖面小，只有5.3万亩。在对阆中市河溪村的调研中发现，作为水稻超高产强化栽培百亩公关片的茶房楼村，水田总面积为400亩，采用强化栽培技术种植面积约100亩，仅占水稻种植面积的25%。该村农技推广负责人表示，目前推广强化栽培技术难度较大，思想动员、技术指导、物质补贴等工作都很难开展。与农民接受政府推介的良种相比，栽培技术的推广与农民正确使用的历程要艰难得多。因为栽培技术配套不仅是农民对关键栽培技术的执行与规范操作的过程，其效果还受到不同操作者、不同土壤地块、不同自然气候条件的制约和影响。同时，不同的农户对技术的需求也存在着较大差别。

（四）影响超级稻栽培技术推广的因素分析

1. 农户成本收益分析

课题组通过对调研点超级稻与普通稻生产成本与收益的分析发现：大多数示范农户采用强化栽培技术的积极性不高，原因在于采用新技术虽然可以增产，但增收效果却不明显。虽然调研点超级稻增产效果显著，平均亩产比普通稻（平均亩产458公斤）增产27.3%，但同时超级稻生产成本远远高于普通稻。超级稻生产平均成本为807元/亩，比普通稻平均成本（651元/亩）高出24%，如表

6-1 所示。超级稻与普通稻生产的物质资料与服务总费用①相差不大（超级稻每亩比普通稻多 14~20 元左右）。超级稻与普通稻在生产成本上的巨大差距，主要归结于劳动力成本上的差异。超级稻平均用工为 9 个/亩，普通稻平均用工为 7 个/亩，超级稻每亩比普通稻多用 2 个工，高 38.1%，如表 6-2 所示。调研点每亩平均增产 150 公斤，按照每公斤稻谷的国家收购价 2.4 元计算，每亩增收约 360 元，但扣除增加的人工成本②150 元和新增物质费用投入 15 元，农民每亩纯收入增加仅约 195 元，如表 6-3 所示。因此，增加的劳动力成本抵销了增产带来的全部收益，增产却得不到增收实惠，这是农民种植超级稻积极性不高的最主要原因。

表 6-1　　　超级稻示范点超级稻与普通稻生产成本比较　　　单位：元

	项目	超级稻	普通稻	超级稻	普通稻	超级稻	普通稻
每亩物质与服务费用	种子费	30	22	28	24	25	20
	化肥费	125	110	120	115	100	90
	农药费	50	48	45	40	40	35
	机械作业费及燃料动力费	135	130	110	110	110	105
	其他费用	30	25	10	10	15	20
	合计	370	335	313	299	290	270
每亩人工成本	家庭用工天数	8	5	11	8	10	8
	劳动日工价	50	50	50	50	50	50
	合计	400	250	550	400	500	400
	总成本	770	585	863	699	790	670

表 6-2　　　超级稻示范点超级稻与普通稻用工个数比较　　　单位：个

项目	郫县古城镇花牌村		阆中市河溪镇茶房村		峨眉山市桂花桥镇	
	超级稻	普通稻	超级稻	普通稻	超级稻	普通稻
育秧管理	1	0.5	1	0.5	1	0.5
人工移栽	2	1	2	1	2	1

---

① 物质资料与服务费用包括种子费、化肥费、农药费和机械作业费及燃料动力费以及其他费用。其中，农户使用薄膜、塑料、竹片、秧盘等费用计入其他费用。农家肥使用量较少，且无市场价值，没有计入成本。机械作业及燃料动力费是指土地整理、收割、脱粒、排水中使用的机械折旧、租赁费以及产生的燃油费、电费。

② 人工成本按水稻生产上的用工数与当地平均用工工资之积计算，当地平均用工工资为每个工 50 元。

续表

项目	郫县古城镇花牌村		阆中市河溪镇茶房村		峨眉山市桂花桥镇	
	超级稻	普通稻	超级稻	普通稻	超级稻	普通稻
人工收割	2.5	2	3.5	3.5	2.5	2.5
脱粒	0.5	0.5	1	0.5	1	1
管水、施肥、治虫	1.5	0.5	2.5	1.5	2.5	1.5
晒藏	0.5	0.5	1	1	1	1
总用工个数	8	5	11	8	10	8

表6-3　　　超级稻示范点超级稻与普通稻经济效益比较

项目	郫县古城镇花牌村		阆中市河溪镇茶房村		峨眉山市桂花桥镇	
	超级稻	常规稻	超级稻	常规稻	超级稻	常规稻
亩产量	650	500	550	438	550	435
销售价格	1.8	1.8	1.7	1.7	1.8	1.8
总产值	1 170	901.8	935	746.3	990	784.8
总成本	770	585	863	699	790	670
纯利润	400	316.8	72	47.3	200	114.8

2. 农技人员角度的分析

当前我国基层农技人员的工作条件艰苦，任务重而待遇低。目前即使把政府对基层农业技术推广部门的投入全部用于工资的发放，也远不能将农技推广人员的工资维持在全国职工平均工资水平，这样的投入水平难以保证推广活动需要的最起码的物质条件，也很难使现有的农技人员安心从事技术推广活动[①]。调研点的基层农技人员普遍反映工资待遇低，缺乏必要的交通通讯工具，推广起来难度很大。阆中市推广超级稻栽培技术，农技人员技术指导费为每人每年2 000～3 000元，这笔指导费对基层农技推广人员毫无激励作用，因为扣除交通、通信、宣传等成本，费用所剩无几。示范点必须单列一笔技术推广补贴费用，用于聘请当地素质较高的农民作为兼职的农技员来推广技术，才能把推广工作进行下去。同时，超级稻配套栽培技术的推广通常是作为一项行政任务下达给农技人员，只是增加了他们的工作任务而得不到相应的报酬，使得推广部门及推广人员只求形

---

① 胡瑞法、孙项强等：《农技推广人员的下乡推广行为以及影响因素分析》，载《中国农村经济》，2004年第11期，第29～35页。

式上完成任务，不注重推广效果。缺乏有效的利益激励是农技人员推广积极性不高的主要原因。

3. 经费与补贴角度的分析

目前超级稻推广经费主要来源于地方财政。虽然近年来政府对基层农技推广部门的投入明显提高，但投入总量不足、项目资金费用紧张仍然是基层农技推广体系面临的重大问题。一方面，推广经费投入不足已经成为制约我国超级稻示范推广的"瓶颈"。以四川省超级稻示范推广项目资金投入为例，2008年四川省超级稻示范推广项目示范县建立了10个万亩示范片，资金投入265.4万元，推广项目资金投入在农业支出中所占比例不到0.05%。经费不足造成我国超级稻示范推广面积有较大的虚报成分。另一方面，经费投入不足导致对农户的补贴太少，难以调动农民参与超级稻生产推广的积极性。调查发现，各示范市、县普遍存在补贴金额过小的问题，补贴对农民的激励作用很小。而农民之所以还能坚持种植超级稻，主要是靠政府补贴的支持。如果没有这些补贴，大多数农户表示不会种植超级稻。峨眉山市桂花桥镇超级稻示范区对超级稻种植农民的资金补贴标准为每亩每年20元。阆中市河溪镇百亩示范区对超级稻种植农户补贴标准为每亩15元[①]。郫县古城镇花牌村超级稻攻关田项目每亩补贴标准为137元[②]。在三个调研点中，阆中市超级稻示范点补贴标准和总收益最低，因而种植超级稻的积极性最低；郫县超级稻示范点补贴额度最大，超级稻产量最高，农民收益也最高，示范户种植超级稻的积极性最高，在三个调研点中推广效果最好，如表6-4所示。实践证明，补贴对示范农户采用新技术积极性的调动，农技人员推广积极性的发挥起着重要的作用，补贴资金量的大小和补贴资金的到位率与推广效果呈正相关关系。

表6-4　　　　　超级稻示范点农民补贴收益情况表

示范点	郫县古城镇花牌村	阆中市河溪镇茶房村	峨眉山市桂花桥镇
亩产（公斤）	650	559	550
每亩纯收益（元）	425	76	258
每亩补贴收入（元）	137	15	20
每亩总收益	562	91	278

---

① 阆中市河溪镇对超级稻种植农户补贴标准不一致：有的农户反映没有获得补贴；有的农户获得每亩每年15元的资金补贴；还有农户获得部分种子、化肥、农药物化补贴。为便于与其他调研点比较，此处将物化补贴折款，补贴标准定为每亩15元。

② 种子补贴7元，追肥补贴40元，基肥补贴40元，农药补贴50元，补贴资金每亩共计137元。

从以上分析可知，种植效益、农技人员推广效果以及政府经费和补贴政策是影响农户种植超级稻的主要因素。要加大财政投入力度，在可能的条件下要不断增加中央财政投入的比重，特别是要加大对贫困地区的投入；鼓励发展种粮合作社，大力扶持农业专业大户，引导社会化服务组织积极参与超级稻推广项目，在有偿服务与无偿服务、技术开发推广与经营相结合等方面走出一条新路；更为紧迫的是探索和构建一个高效、灵活、多元化的新型农业科技推广体制。

第三节　农业科技推广的国际经验及启示

一、美国"三位一体"的农业推广体系考察

美国实行的是以州立大学农学院为主体，农业科研、教育和推广"三位一体"的农业科技推广体系。这种"三位一体"的推广模式，有利于科技成果及时转化为生产力，有利于培养高素质的科研和推广人才。

（一）农业推广立法

美国的农业教育、科研和推广政策是在 1862 年到 1914 年期间逐步形成和完善起来的。《莫里尔法》的颁布和完善促进了美国农业教育、科研和推广体系中农学院系统的建立和发展；《哈奇法》的颁布和完善促进了美国农业教育、科研和推广体系中实验站系统的建立和发展；《史密斯—利弗法》的颁布和完善明确了联邦和州政府的服务方向及责任、资金的划拨与分配，为美国农业科技推广体系提供了法律保障。在长期的农业发展过程中，美国建立了完善的农业科技推广的法律保障体系。此外，美国是世界上最早建立专利制度的国家之一，为了激励农业科技创新活动，美国制订了全面的专利保护法，创造了一个鼓励创新的制度环境，为科学研究提供了良好的制度保证。

（二）组织机构与职能

美国农业科技推广工作由联邦、州和地方政府共同合作办理。美国农业推广的组织机构主要由美国食品与农业研究院（NIFA）、州农业推广站和县农业推广站组成，其中州农业技术推广站处于该体系的核心地位。在合作推广体系中，

NIFA 是农业推广管理机构。NIFA 并不参与实际的科研教育和推广工作，而是向州推广站提供信息和帮助，负责全国农业推广工作的宏观管理和协调。NIFA 的主要职能是为合作推广体系提供联邦资金支持；推动赠地大学农学院与其他农业推广机构合作实施农业研究、教育和推广项目等。州农业推广站归属于各州赠地大学农学院，它既是各州农业推广工作的组织者、管理者，又是各州农业科技推广计划的具体实施者。它上对赠地大学农学院和 NIFA 负责，下对本州农场及公众负责，是美国合作推广体系的真正核心。州农业推广站主要负责制定、组织和实施农业推广项目；帮助县农业推广站开展工作；培训县农业推广人员等。州推广站和联邦农业部之间是平等的伙伴关系，这是美国农业技术合作推广服务体系的重要特点。县级农业技术推广机构是州推广站的派出机构，由赠地大学管理，是农业技术推广合作体系的最基层组织，也是该体系与农场主直接相联系的点。其主要职责包括：制订并负责实施农业推广计划；向农民提供信息、咨询和培训服务；帮助农民解决生产经营中存在的问题；引导农民组织行业协会，保护农民利益。

（三）推广内容与方式

美国农业科技推广体系中建立赠地学院的目的就是要"把大学带给人民"，向农民提供社会教育和服务。随着美国农业技术推广体系的不断完善，其推广内容不断丰富，目前美国农业合作推广的内容主要包括农业科技服务、自然资源的利用和保护、家庭与消费科学、四健（4－H）青年服务[①]、农村社区经济发展五个方面。

美国农业推广方法基本上是以引导启发为主，采取了自下而上的咨询推广。推广的方法除了采用传统的宣传培训、示范项目、印发资料和访问农民等方式外，还在各级推广机构配备较先进的仪器和宣教设备，运用远程信息服务系统，采取演示、讲座、大众媒体等不同方式的推广手段，最大限度地满足农民需求。

（四）推广资金

美国农业技术推广的资金来源呈现多渠道特点。从推广经费来源看，联邦、州、县政府三级财政是农业科技推广经费的主要来源。农业部的推广教育工作基金、学院的销售和服务收入、私人机构及个人捐赠也为农业科技推广提供部分资金。从推广经费构成看，政府资金占大部分，整个农业研究、教育和推广体系建

---

① 4－H 是指促进青少年思维观念（Head）、心理素质（Heart）、动手能力（Hand）的良性发展以及保持健康的体魄（Health）。

立的启动资金来源于政府赠地的收入；在后期的运作中，政府经费投入的比例也相当大。有学者研究发现，来自联邦的经费约占20%～25%，州政府经费占50%，县政府经费占20%～25%左右，私人捐赠占小部分。

（五）农业科技推广队伍

首先，美国有一支庞大的推广队伍。美国农业推广工作主要由两部分人承担：一是专职推广人员，主要由联邦、州、县合作推广机构中的有关专家组成；二是辅助人员和志愿推广人员，包括家政推广助手、4-H项目负责人、社区开发负责人等。其次，美国建立了严格的农业科技推广人员录用制度，对不同职务的推广人员的素质和资历都有严格要求，同时实行定期培训制度。美国的农业推广人员每年定期或不定期地到州立大学推广站进行在职培训，采取短期培训、学术报告等方式，保证知识更新和业务技能提高。完善的任用、考试、培训制度保障了高素质的推广队伍。最后是建立考核机制，美国各州农学院将推广工作作为对教授加薪、提职考核的重要内容和重要依据，保证了教学、科研和推广三者的协调统一。

二、日本的协同农业普及事业考察

（一）农业推广立法

为了保证农业推广事业的健康、持续发展，日本于1948年制定了《农业改良助长法》，该法是日本农业及其推广事业的根本法律，并在长期实践中逐步完善，从而为农业推广提供了法律保障。1961年通过的《农业基本法》和1999年的《新农业基本法》对该体系不断加以完善，形成了具有日本特色的政府与农协双轨推广体制。2005年针对新时期现代农业发展需求，日本颁布了新的《农业改良助长法》，为农业推广的制度化、长期化提供了基础。

（二）组织机构与职能

目前日本的协同农业普及事业组织机构包括政府的农业改良普及系统、农协营农指导体系及支持组织机构。农业改良普及系统分为农林水产省，地方农政局，都、道、府、县推广机构，地域农业改良普及所四级。其中，农林水产省农蚕园艺局普及部是国家农业普及事业的主管机构，负责全国农业技术推广的规划、经费预算、专门技术员的资格考试、普及员培训等；地域农业改良普及所是日本农业科技推广的最基层组织，也是日本农业技术推广的主体和实施机构。农协是日本农技推广事业的重要辅助力量。农协由国家级全国农协联合会、县级农协联合会、自治体制农业协同组合三级组织构成。除了政府与农协的农业推广系统外，日本还建立了一些农业科技推广的支持组织机构，包括农业试验场、农业大学、农业情报中心和其他组织。此外，一些私人公司也参与到农业技术推广中。

（三）推广的内容

日本的农业推广不是简单的技术推广，而是政府管理、开发农村，教育、培养新型农民的行政手段，除了"促进农业新技术、新品种的引进，提高农业效率和农民收入"等物质方面的推广外，更重要的在于对农民的教育和农业、农村的可持续发展。因此，第二次世界大战后日本的农业推广也被人称为"教育推广事业"。

（四）推广经费

日本农业科技推广经费主要来自中央、都道府县等各级财政。农协组织资助、课题基金等成为农业服务经费来源的重要补充。农协的推广经费来源多样化，分别来自农协农户缴纳会费，农业产、供、销中的收入提成，社会和企业的投资捐赠以及国家给予的补贴，呈现"政府＋社会＋企业＋农户"的经费支持格局。

（五）农业科技推广队伍

首先，从推广人员的构成上看，在政府推广系统内，普及指导员是日本协同普及事业的中坚。普及指导员的主要职责包括负责联络所属改良普及员、普及农业新技术、指导推广农业技术等。日本农协的基层农业推广组织是市町村一级综合农协的营农指导部，配备有营农指导员。营农指导员的职责是与农业改良普及所合作，分片深入到农户，进行农业技术、农业教育管理、生活改善的指导。其次，从推广人员的素质上看，在政府推广体系内，对农业推广人员实行严格的考试录用制、定期的培训和量化考核制度。因此，日本农业推广人员的业务水平与整体素质较高。最后，从推广人员的待遇上看，日本农业推广人员属国家公务员，待遇有保障。政府为其提供较高的社会地位、优厚的社会待遇及良好的进修升职机会。

三、经验及启示

从以上美国、日本两个国家农业科技推广体系的介绍中可以看出，尽管它们在农业科技推广上各具特色，但总体来说各国农业科技推广体系在发展演变过程中都在努力适应本国国情，目的是通过农业科技推广促进农业的发展。我国新型农业科技推广体系的构建正在探索中，目前还没有形成统一的思路。一个高效、灵活的农业科技推广体系的构建，除了依据国情，科学地总结本国的实践外，还需要借鉴国外的经验。

（一）建立健全法律法规体系

美国、日本农业的迅速发展，得益于农业推广法律法规对农业科技推广组织和推广资金的支持和保护。与发达国家相比，我国农业科技推广的政策保障和法律制度较为薄弱，必须建立健全法律法规体系，为农业科技成果转化应用创造良好的政策环境和法律保障。同时加大执法监督力度，真正作到有法必依、执法必严和违法必究，保障推广工作的顺利实施。

（二）加大投资强度，建立多元化融资渠道

综观世界各国农业科技推广投资体制，政府都充当着农业科技推广投资的主要力量，同时鼓励企业组织参与农业推广投资，形成了农业科技推广资金来源的多渠道。与发达国家相比，我国农业科技推广的投资总量、投资力度以及经费保障程度都远远不足，亟须完善现有的投资结构，拓展投资渠道，建立多元化融资渠道。

（三）加强农业科研、教育、推广之间的协作

发达国家在加速农业科技进步、推进现代化建设中都十分注重农科教结合。将农业教育、研究与推广更加紧密地结合，建立产学研推一体化的科技创新体系，使中国的农业高等教育和科研成果能更快转化为生产力，使之更好地服务于中国农业应当是一种改革的方向。

（四）充分发挥市场组织的作用

发达国家的推广经验表明，农民协会、农业企业等社会推广组织是农业新技术成果转化应用的强大推进器，展现出广阔的发展前景。我国在充分发挥公益性农技推广体系主渠道作用的同时，要大力扶持、引导农民专业合作组织和企业等市场组织，将其纳入农业科技推广体系中来，充分发挥农业科研、教育单位和涉农企业、中介机构等在农业科技推广中的作用。

(五) 提高推广队伍素质

科技成果的迅速转化需要一批高素质推广人员。借鉴发达国家的经验，我们应努力提高推广队伍的专业素质。一是通过严格的考核制度选拔优秀推广人员；二是强化农技人员的培训，组织发动各级农业部门（推广、科研、教学单位），根据不同需求对农技人员分层分类开展培训；三是建立竞争机制和绩效评价制度，建立一整套科技推广考核指标体系，对农业科技推广工作进行客观评价，保证农技推广机构的工作效能。

总之，农业科技推广创新是中国解决"三农"问题，实现农业和农村可持续发展战略的一个重要组成部分。分析国外农业科技推广的成功经验，对于加快我国农业科技推广体制改革，提高农业科技成果转化率，探索建立新型农业科技推广体制具有启发和借鉴意义。然而由于政治制度、经济发展水平、社会文化以及教育状况等的差异，不同国家的农业科技推广呈现各自的特性。对国外农业科技推广研究成果和方法的借鉴，只有在充分考虑中国国情的基础上才会具有特定的现实意义。

第四节　构建我国粮食生产技术推广服务体系及保障机制

为适应市场经济和现代农业发展要求，我国粮食生产技术推广服务体系逐步进入探索建设阶段。新型农业技术推广体制构建既是一个利益调整的过程，也是一个制度创新的过程。本书提出的农业科技推广创新体系是一个在政府的指导和推动下，以市场为导向，以相关高校及科研机构为依托，整合农业大学、农技推广部门和科研院所的科技、人才资源，吸收农村经济合作组织、涉农企业等社会各方参与的新型多元化政产学研结合的农业技术推广体系。

一、我国粮食生产技术推广服务体系的构建

（一）加强政府对推广体系的领导和支持

农业的弱质性，农业科技成果的公共产品属性以及农业科技推广的重要性和

特殊性决定了农业科技推广需要政府强有力的扶持和引导。国家政府对农业推广工作的领导和支持是政府的重要职责。中国是发展中的农业大国，农户经营规模小，农业效益低，主要靠盈利性机构进行农业研究和推广是不现实的。新型农业技术推广体系应充分发挥政府组织协调、统筹部署职责，强化政府对农业推广的领导和支持作用；加大对大学、涉农企业、农民专业合作组织等社会力量开展技术服务活动的支持；调动各方面的积极性，实现资源优化配置，提升农业生产技术水平。

（二）以农业高校为推广体系的主体

农业推广与科技、教育同步发展是现代农业推广的必然趋势，也是拓宽农业科技推广部门职能的有效途径。我国农业大学是农业教学和科学研究的中心，是成果的产生源，人才的培养源，信息的传播源，这就决定了农业大学在我国农业技术推广中具有不可替代的位置。新型农业科技推广体系制度设计必须凸显农业大学的重要作用，将其作为农业科技推广体系的主体，突出大学主导模式产、学、研三位一体的融合特征。建立以农业大学为依托的农业科技推广体系，可以有效地促进农业科技、教育与生产的有机结合，发挥市场机制的作用，调动科教人员、企业家和农民的积极性，推动产学研的紧密结合。

（三）组织结构设计与功能定位

新型农业科技推广体系组织框架由农业大学、政府、基层推广组织、科研院所、农村经济合作组织和农业龙头企业组成，大学在该系统中处于核心位置。该系统以大学建立的农业试验示范站、农业科技示范基地、科技咨询服务网络和农业教育培训体系为支撑，为科技示范户和广大农民提供技术、信息和培训服务。第一，政府主要在政策法律、项目支持、条件保障、宏观指导、组织协调等方面发挥重要作用；第二，大学充分利用自身的科教资源优势，整合农业院校、农业科研院所、农业部门科技推广资源，建立农业试验示范站、农业科技示范基地、农业信息咨询服务网络，对基层农业技术人员、科技示范户、龙头企业、经济合作组织和广大农民进行培训和教育，为现代农业的快速发展提供强有力的人才支撑；第三，基层农业科技推广组织和科研院所是当前农业科技推广的基本力量。我国政府原有的基层推广组织机构健全，拥有一支经验丰富、数量庞大的科技推广队伍，科研院所拥有自身的科研成果和一定的推广队伍，联合它们参与大学农业科技推广，可以发挥其熟悉当地农业发展情况的优势，弥补大学自身推广力量不足的问题。

（四）管理体制

新型农业科研技术推广体系以项目为纽带，吸纳科研单位和基层科技推广组织参加，建立合作利益关系。根据当地的具体情况，推广资源和人员的整合、优化配置可采取三种不同的方式：一是"松散型"结合，即各推广主体的行政隶属关系不变、经费渠道不变，业务上建立指导与被指导的关系；二是"紧密型"结合，即行政隶属关系不变，办公经费不变，事业费统一由农业大学统一掌管，业务活动统一进行；三是"一体化"结合，将推广机构、科研院所及其人员划入农业大学，从体制上确保形成农业科技推广的合力，以便发挥整体功能和综合效益。本书研究的结合主要以"松散型"结合为主，即参加项目的科研人员、基层农技推广人员隶属关系不变，只是在业务上开展合作，合作经费由项目经费开支，项目结束后，合作关系也就终止。随着大学农业科技推广模式的不断发展和完善，结合的主要方式应逐渐向"紧密型"和"一体化"方向发展。

（五）运行机制创新

科研、教学、推广相结合，产学研之间的互动是现代农业推广的必然趋势，是一条适合中国特色农业科技成果转化的运行机制与模式。在农业科技推广实践中，采用农户参与推广和以农户为中心的推广运行机制。应坚持运用自下而上和上下结合的参与式方法制定农业科技推广发展规划、确定推广项目，最大限度地动员和组织当地农民参与推广活动的全过程。

在管理机制方面，实行分类推广管理机制，即按科技成果的技术特征分类，由不同的技术推广组织来进行推广，以最大限度地发挥各类推广组织的作用。对于带有较强公益性，且难以物化的公益性农业科技成果推广项目，如新型作物栽培技术、水产养殖技术、植保环保技术等，应依托政府推广服务体系，联合农业大学、农民专业经济合作组织进行推广。活动经费以政府财政支持为主，原则上由项目专项资金予以全面支持。对于经营性农业科技成果推广项目，如良种、肥料、农药等的推广，则按照市场化原则，采取以企业为主，大学、科研院所和基层科技推广组织配合，无偿与有偿相结合服务。项目资金配套投入的办法，由企业自筹资金开展技术商品的生产和推广销售，吸引和聚集社会资本为主，由专项资金支持大学、科研院所和基层科技推广人员开展配套技术的指导培训、示范点的建设等，引导科技型企业做大做强。对于准公共技术应采取政府调节与市场机制相结合的方式。例如，对农户举办农业技术培训时，可采取补贴和收费相结合的办法，向参加培训的农户收取部分费用，其余费用由政府给予补贴。在协调机制方面，在新型农业技术推广体系中，建议设立农业科技推广工作协调领导小组,统一领导和协调全国的农业科技事业。

(六) 推广模式的基本类型

大学农业科技推广模式是一种以教育和培养农民能力为目标、以农民需求为导向的"自下而上、上下结合"的推广模式。在实践中,大学推广模式的基本类型主要有"政府+大学"、"大学+企业"、"大学+协会"、"专家+市场"。

1. 政府+大学

该类型以项目为支撑,由政府建立农业试验示范基地,为区域农业发展提供信息服务和技术培训。推广的主体由各级政府领导的农业科技推广组织和大学共同参与。大学主要提供技术成果和技术推广方案;各级推广机构协助大学实施推广计划;政府提供政策、法律和资金保障。经费来源的主渠道是国家财政的事业拨款。这种类型适宜于公益性强、社会效益明显、短时间难以产业化的重大科技推广项目,主要有"政府+大学+试验站+农民"、"政府+大学+基地+农民"、"大学+基地+示范户+农民"等形式。这一类型是我国现阶段农业科技推广的主要类型,将在我国长期居于主导地位。

2. 大学+企业

该类型由大学专家、教授提供科技成果和技术指导,企业提供资金和负责营销,农户负责生产,实行产、加、销一条龙的经营体制。该类型主要适宜于经济效益明显、产业化程度较高的示范推广项目,资金来源以企业为主,同时包括一部分政府投资。主要有"大学+公司+农户"、"科技专家+公司"等多种形式。优点是与市场结合紧密,形成了以公司为龙头,上连专家、下连农户的市场化运作、企业化管理的灵活机制。这种类型是国家目前倡导的适宜于市场经济发展规律的一种新类型。

3. 大学+协会

该类型主要有"大学+协会+农户"、"大学+基地+示范户+协会+农民"等形式,是以农民自发组成的专业协会、研究会、合作社等农村经济合作组织为载体,通过大学专家技术指导培训农民技术员和示范户,再通过他们将科技传输到千家万户。该类型主要适宜于优势突出、规模化程度较高的产业,资金来源以会员集资或者通过活劳动的义务奉献来解决,优点是自愿组建、自我服务、降低了市场风险和交易成本。这种类型在发展初期还需要国家给予相应的政策扶持和项目支持。

4. 专家+市场

该类型以大学科技工作人员为主体。大学专家将研制出来的科技成果直接导入到生产过程,促使由潜在生产力向现实生产力的转化。经费来源有政府科技贷款、政府拨款和专家自筹资金三种渠道。一般采取技术有偿转让、技术咨询与培训的推广方式。该类型因从事推广的主体素质较高，中间环节少而时效性高，所以成功率大。

二、农业科技推广保障机制创新

（一）完备的法律保障体系

加强立法和完善技术推广法制建设是稳定农业推广体系的重要保证。一方面，我们要不断修改和完善现行法律制度，使之适应社会主义市场经济发展的要求；另一方面，要继续出台新的法规，保障非政府农业技术推广组织发挥技术推广作用，促进技术推广队伍的多元化发展。同时我们应加强农业科技推广的法制监督，由国家执法监督部门对有关农业推广法律的实施情况进行监督。通过法制监督，规范农业科技推广项目规划和资金的管理，促进农业科技推广向规范化、科学化、法制化方向发展。

（二）投入保障机制创新

农业科技推广经费投入是科技进步的必要条件和基本保证，建立完备而稳定的农业科技推广投入制度，是保障农业技术推广体系持续发展的基本前提。首先我国应加大政府对农业科技的投入，特别是加强对农业高校的经费投入。其次建立农业科技推广项目新型资助制度，对项目的申请、评审、立项、进展、完成、资金使用等，制定出相应的制度措施；对推广项目经费实行基金化管理，通过竞争申请或公开招标，确保农业技术推广项目经费的专款专用。再次，鼓励和支持企业、个人等社会力量投入农业科技，从根本上改变农业科技投入严重不足的状况，使农业技术推广的投入机制向多元化发展。最后，加强资金投入管理制度，建立高效的资金使用监管机制。

（三）激励约束机制创新

现代农业发展对科技推广服务人员的素质提出了更高要求，稳定农业科技推广人才队伍是国家支持和保护农业的重要方面，也是农业农村经济持续协调发展的现实需要。首先，我国应逐步推行农技人员职业资格准入制度，制定严格有效的人员考试考核录用聘用制度，明确农技推广人员的准入资格。建议在农业高校实行以聘任制为重点的多种用人制度，建立公开、公平、公正的竞争机制，实行按岗定酬、按任务定酬、按业绩定酬的分配制度。其次，建立科学合理的绩效考核制度。明确考核的主体、考核内容及方式，建立一套完整的奖惩措施，对农技人员的业绩进行评估考核。通过改革分配制度，将考评结果与工资报酬、职称职务、职称评聘、解聘续聘、继续教育等挂钩；将农民的增收状况及农民对农技人员的评价纳入到工作考核体系中，实行动态监督管理。最后，建立科学的激励制度。在保证基本工资额度的条件下，增加奖金的数额，保障农技人员的社会福利，农技人员下乡指导工作的交通、燃油费补贴等尽量到位；农技人员在完成农业技术推广任务的前提下，允许其从事经营开发创收，等等。

（四）完善推广队伍管理机制

一方面，我国应加大农业科技推广人才的培养力度，提升农业科技推广人员素质，培养造就一支学历层次高、科技水平强、业务素质硬的农业科技推广人才队伍；另一方面，加大农业科技推广人员培训力度。深入研究基层农技人员知识更新的内容、方式、保障等实际问题，强化培训工作的计划性和有效性，探索建立经常性的农技人员知识更新的制度。

（五）加强农业信息化建设

在美国、日本等农业发达国家，利用国际互联网传递技术信息，与农民进行双向沟通，取得了巨大成功。网络信息技术在我国农业科技推广领域也显现出巨大的发展潜力。但目前我国农村大部分地区基础设施条件差，农业信息化建设水平较低，这在很大程度上影响了推广效率，限制了大学农业科技推广能力的发挥。因此，我国政府应加快信息基础工程建设发展步伐，逐步实现电信网、广播电视网、计算机网三位一体，加快乡村网络信息平台建设，实施网络进村入户工程；整合政府、大学、企业和社会各方的科技成果推广资源，建立农业科技成果推广服务信息共享数据库，最大范围内实现信息资源共享；建立开放式、网络化的农业科技服务平台，提高农技推广针对性、时效性，加快技术创新的步伐。

第七章

我国粮食生产保障体系研究（之五）

——粮食生产经营形式创新

粮食生产组织形式是指粮食生产过程中的分工、协作，以及土地等生产资料与劳动者的物质技术结合方式，或者说是粮食生产要素实现有效配置的具体形式。以家庭为单位的分散经营是目前我国粮食生产的主要组织形式。与此同时，我国粮食生产组织还出现了多种形式，不仅有直接从事粮食生产的农户、国营农场、农业企业，还出现了粮食生产者之间不同的联合与合作行为所形成的组织形式，如各种专业协会、技术协会、社区合作经济组织和农业产业化组织等。粮食生产组织形式创新的主要内容是在坚持家庭联产承包责任制的基础上，实行粮食生产的规模经营。

第一节　小规模分户经营方式对粮食生产的约束

改革开放以来，我国农村通过采取家庭联产承包责任制，确立了在土地集体所有制基础上以户为单位的家庭承包经营的新型农业耕作模式。家庭联产承包责任制既发挥了集体统一经营的优越性，又调动了农业生产者的积极性，赋予了农民独立主体地位，农民拥有土地使用权、经营权和农产品处置权，提高了生产力，促进了农业发展，增加了农民收入，极大地改变了我国农业生产和农民生活，被邓小平誉为中国农村改革与发展的"第一次飞跃"。从1979年到1984年，农业连续 6 年大丰收,1984 年粮食总产 8 146 亿斤,比 1978 年净增 2 051 亿斤,年均递增 5%,每年净增 342 亿斤。据测算,1978~1984 年我国农业总产出增长中,有 46.89% 直接来自于家庭联产承包责任制改革[①]。

然而,随着农业现代化的发展,以家庭为单位的小农生产组织方式,造成土地分散、细碎化,无法实现规模经济效益,不利于农业机械化和粮食生产现代化和专业化的实现。同时,由于种粮利益低,大量农村劳动力外出务工,从事农业的劳动力已呈现短缺现象,并造成土地粗放经营,部分地区出现抛荒、半抛荒现象,在一定程度上制约了我国粮食生产的发展。同时,在我国的体制正处在转型时期,由于土地流转制度不健全,造成土地集中困难,使今后我国粮食安全保障面临体制性约束。

一、农户兼业化经营,粮食生产不稳定

实行家庭承包制后,由于土地经营规模的限制,出现了许多兼业农户。据江苏省统计局 1991 年对全省 3 400 个农户抽样调查资料,以农业为唯一收入来源的纯农户只有 609 户,占 17.9%,以农业收入为主的兼业户占 55.7%,以非农业收入为主的兼业户占 26.4%[②]。河南省有 1 837.7 万农户,农户兼业化程度达到 80%[③]。随着非农产业的发展,大量农民外出务工,非农业收入占农民总收入的 70% 以上,农业收入比重下降。许多农民的土地由亲戚邻居代为耕种或由家中老人负责管理,土地的经营十分粗放,一般只有播种和收割两道工序,基本没有田间管理,在一定程度上造成了土地资源的浪费和资源配置效率低下。在一些地方土地抛荒、半抛荒现象比较普遍,宝贵的土地资源得不到充分利用。

二、农业基础设施建设落后

实行家庭承包制后,农民更加关心的是自家的承包地,对于修建及维护公共水渠和抗旱水坝等水利设施积极性不高,不利于农业基础设施的保护和改良,导致农业基础设施建设荒废。国家对农田基础设施建设投入的力度不够,分户经营难以形成统一的力量进行农田基础建设,农田建设的外部环境不断恶化,全国水

---

① 林毅夫:《制度、技术与中国农业发展》,上海人民出版社 1995 年版,第 93 页。
② 陈吉元、韩俊:《邓小平的农业"两个飞跃"思想与中国农村改革》,载《中国农村经济》1994 年第 10 期,第 3~13 页。
③ 句芳、张正河、高明华:《创新培育理念、培育新型农民的几点思考——基于河南省 326 个农户劳动时间利用情况的调查》,载《技术经济》2007 年第 11 期,第 110~114 页。

利化程度低，有些地方干旱季节人畜饮水都难以解决，更谈不上提供农业用水。

三、小农户分散经营与大市场的矛盾

一是一家一户分散经营，经营规模过小，竞争力不强，难以形成竞争优势，无力抵御市场风险，在市场竞争中处于极为不利的地位；二是农民组织化程度低，缺乏联合，没有代表自己利益的组织，在市场交易中处于弱势，不能获得平等的谈判地位，在购买农资、销售粮食时常受到层层盘剥，交易方式分散、陈旧、流通费用高，利益流失多；三是农村市场中介组织发育滞后，社会化服务薄弱，农民信息闭塞，难以对市场行情进行及时、全面、准确的预测，生产的盲目性、投机性较大，造成经营上的大起大落，因而蒙受了较大损失。

四、土地细碎化难以形成规模效益

实行家庭承包制后，大多数地方根据集体土地的数量和质量，将土地按人口或按劳动力平均分配，由于我国人多地少，致使户均经营的土地规模细小。2008年年底全国平均户均耕地面积7.11亩，农业从业人员人均耕地面积6.44亩。[①]土地的超小规模经营不利于引进资金和技术，难以形成规模效益。同时在农村，好、坏、远、近地平均搭配，导致土地细碎化。土地细碎化不利于农户对土地的整体安排和统一使用，增加了耕作难度。

五、不利于农业机械化的实施

农业机械化是农业现代化的主要标志，实行农业机械化能推动粮食生产标准化、规模化、产业化，降低粮食生产成本，提高粮食的综合竞争力。但现阶段家庭承包分散经营的模式不利于农业机械化的实施。现代农业机械购置成本高，使用成本也较高，单个农户难以承受。此外，由于地块分割过于零碎，种植规模较小，各家种植的粮食品种不同，成熟期也有差异，机械操作十分不便。同时，大型农业机械的使用率较低，许多时候处于闲置状态，农户只能独立购置小型农业机械，导致农业机械重复投资非常严重，给农民造成了比较严重的经济负担，粮食生产成本较高。

---

① 根据2009年农业部编：《新中国农业60年统计资料》整理而得。

第二节 粮食生产经营形式创新的实现途径——规模经营

小农经营形式已不适应目前生产力的发展，在稳固家庭承包制的基础上，急需创新粮食生产组织形式，稳定粮食生产发展。实行规模经营是创新粮食生产组织形式的一个重要途径。本书认为，我国粮食生产经济效益不高的根本原因是经营规模过小，要提高农民种粮的积极性，根本途径还是在于逐步扩大粮食的规模经济效益，促成土地的相对集中，使粮食生产逐步达到适当的经营规模。

一、规模经营的含义

规模经营是指粮食生产过程中各种生产要素（土地、资金、劳动力和技术等）的合理规模化使用，特别是生产资料的规模化（土地、资金和劳动力）。由于土地是粮食生产中最基本的投入要素和生产资料，因而土地适度规模化使用是粮食规模经营的基本特征，其核心是土地适度规模化基础上的规模生产。

粮食生产经营规模可以分为投入规模和产出规模两个层面：其中投入规模又可以分为土地规模、资本规模和劳动力规模等投入规模；产出规模又可以指产量规模、收入规模或者是利润规模等。

对粮食生产的资本投入可以分为两大类，一类是机械性的资本投入，如各种农业机械，用以替代农民的体力劳动并适度提高劳动和土地的使用效率。这种机械性的资本品或多或少都存在着某种不可分性。另一类是生化类，如化肥、农药、种子、农膜，等等，这些投入品直观并没有不可分性的问题，因为土地的规模大小对它们的使用并没有太大影响，但如果考虑到使用成本等一些因素后，过于零碎化的土地就会在一定程度上制约这类资本投入品的使用并影响其使用效率。

二、规模经营——粮食生产经营形式创新的积极意义

（一）可以培育专业粮食生产者，有利于构建稳健的粮食供给机制

在粮食生产小规模经营的条件下，农户对于粮食生产的投入一般属于可分解

的要素的投入，包括种子、农膜、农药、化肥、粮食生产专用的耕作工具等。尽管农业机械等不可分解的生产要素的使用可以有效提高粮食生产效率，降低生产成本，但小型农户不会贸然选择购买使用大型农机具来替代劳动力。这使得我国粮食生产行业进出门槛很低，农民可以根据粮食价格的波动，甚至只是自身食用需要随时改变是否种植粮食作物的决定，调整粮食生产规模。从宏观角度上讲，这大大降低了粮食生产的稳定性，也不利于我国对于粮食生产状况的整体把握和宏观调控。当粮食生产形成了一定规模后，为了提高粮食产量，降低生产成本，农户必然会考虑购买和使用农业机械代替劳动力。也只有当粮食生产达到某种规模，使得粮食种植收入达到某种规模，农户才会投入资本改善农业基础设施。当这些固定生产成本投入之后立即形成了沉没成本，这在一定程度上牵制了粮食生产者退出粮食生产队伍。从这个角度讲，规模经营一定程度上有助于防治生产的随意性，形成一支稳定的粮食生产队伍，才能构建稳定的粮食供给机制。

（二）有利于实现农业机械化，提高粮食种植效益

农业的根本出路在于机械化。土地集中和规模经营可以克服耕地规模小、地块分散、品种布局不一致等制约农业机械化发展的问题。在同一片土地种植同一种作物，不会出现成熟期早晚的问题。由于地块面积扩大，农机可以不需要转场，从而实现连续作业。且经过改良的土地（如原先的各家田地之间的田埂和阡陌被消除）更有利于机械化耕种，能克服大型农机在小亩田地使用时所造成的机械浪费，最大限度地发挥农机的作业效率，提高粮食种植的经营效益，实现农民增收。但是，在当前分散经营的条件下，农业机械的使用时间很短、效率很低。一般农户不会主动购置大型农业机械，这是当前农业机械化程度低的主要原因。根据对河南省和四川省一些地方的调研，河南省大多农户是雇佣机械进行耕种收割，四川省当地耕种的机械化率还不足30%，收割一般都是人工。如果实行规模经营，可以促使从业者购买相应的农业机械，并通过品种布局和合理安排茬口来有效延长使用时间，提高使用效率，从而降低生产成本，提高种粮的经济效益，同时有利于提高农业生产的机械化水平。

（三）可以提高粮食生产效率，包括提高劳动生产率和土地生产率

规模经营能降低由于生产要素的不可分割性带来的单位生产成本，推动农业技术进步。在粮食生产要素中，种子和化肥的投入量总是与土地规模呈正相关关系，成为粮食生产单位中固定不变的那一部分。然而，劳动力要素却不能根据土地规模自由调整投入规模。农业生产具有经济再生产和自然再生产相互

交织的根本特性，且农业生产具有劳动力时间与生产实践不一致的特征，劳动力必须根据自然环境的变化而适时投入。无论粮食生产者规模经营如何，都需要在固定时间开始投入，只是劳动延续时间不同而已，这造成了小规模经营在劳动力投入上的严重浪费。以水稻生产为例，每亩水稻的用工量为 11.1 个，然而这 11.1 个工却是散落在约 100 天的水稻生产周期当中的，每个劳动力在一季水稻中的闲暇时间至少为 88 天，这无形中增加了粮食生产的机会成本。而土地的规模经营则能充分利用劳动力，降低粮食生产中实际劳动成本。只有在土地面积达到足够规模的时候，才能实现合理的劳动分工，实现合理的专业化。土地的规模越大，劳动分工越细，专业化程度越高，越有利于提高劳动生产率。农业发展的实践表明，劳动力平均占有耕地面积与农业劳动生产率有显著的正相关关系。目前我国劳动力生产率低下，很大程度上是与劳均耕地面积狭小有关。经营规模的扩大，有助于农民采用新的农业生产技术和农业机械，从而提高粮食产量。经营规模过小导致粮食收入较低，精耕细作和粗放管理的生产收入差别不大，会导致粮食生产者对土地进行粗放式管理。所以在我国现阶段，通过扩大土地经营规模，消除推动细碎化的负面影响，将有利于提高粮食产量。

第三节 推进规模经营的难点——土地集中

推行规模经营最重要的条件是劳动力转移和农业机械化水平。目前我国大部分地区，尤其是粮食主产区，这两个条件都已具备，但粮食生产的经营规模仍然较小，其难点是土地集中困难，关键是农村土地流转比例不高。土地集中与规模经营相辅相成，要实现规模经营必须先实行土地集中。搞好土地的规模经营，又能促进土地的进一步集中。而目前农村土地使用权的分散却在很大程度上阻碍着规模经营的实现，没有农村土地流转，就无法做到土地集中，进而很难实现规模经营。

目前，农村土地流转面积占耕地总面积的比例一般在 20% 以下，有的地方甚至更少。2010 年 9~12 月，课题组对河南省新蔡县、固始县及四川省资阳市雁江区、安岳县和遂宁市射洪县进行了调研①，结果显示，截止到 2010 年 11 月，

---

① 调研方法是访谈法，调研对象是普通农户和粮食种植规模比较大的农户，9 月份到河南省新蔡县、固始县等地，12 月份到四川省资阳市雁江区、安岳县，遂宁市射洪县等地进行调研，主要调研他们集中土地或流转土地的情况。

四川省资阳市农村土地流转面积占耕地总面积的17.8%，雁江区全区农村承包土地流转面积占总耕地面积的11.87%；安岳县截止到2010年11月，通过转包、租赁、转让、互换、入股等土地流转模式流转的农村土地33.72万亩，占耕地总面积的23.28%。河南省新蔡县耕地总面积148万亩，据调查，全县农村土地流转面积19.2万亩，占承包耕地面积的12.9%。流转的土地大都集中在投资收益较高的高效农业种植如蔬菜、果林等和养殖业。安岳县流转的土地主要用于发展柠檬、贤柚、蔬菜、蚕桑，等等，这些产业占用的流转土地面积为21.21万亩，占总流转面积的62.90%；资阳市雁江区祥符镇流转耕地1.2万亩，其中1万亩种蔬菜，其余种植果树；射洪县沱牌镇流转土地6 000多亩几乎都是种蔬菜。流转集中的土地很少用于粮食生产，尤其大规模流转的土地更是很少用于粮食生产，即使流转土地用于粮食生产的，多以很低的价格进行口头转包或是无偿地让农民拣地耕种。

一、土地集中困难的原因

非农收入不稳定，土地流转机制软弱且不规范造成土地难以集中。[①] 存在着土地流转制度不完善、操作不规范以及社会服务和保障体系不健全等不利因素，阻碍了农地规模经营的发展。[②] 全国第二次农业普查资料表明，大量农村青壮年劳动力转移到城市从事第二、第三产业，从事农业生产的劳动力已经缺乏，但是缘何土地集中的程度依然很低？农村土地集中程度滞后于农村劳动力转移速度的主要原因是农民进入城市不仅要有稳定的工作和收入，还要有自己固定的住房，这样高的要求对普通进城打工农民来说很难实现。实践中，农民进入城市打工还要受到诸多限制。农民进城工作，生活缺乏保障必然保留农村土地。[③] 不少学者指出，农民增收是土地自由流转和集中的前提和基础。只有当农地流转和集中能增加农民收入的时候，农民才愿意转出或转入土地。下面从几个方面详细分析土地集中困难的原因。

（一）农民流转土地的意愿不强

由于农村社保体系不健全，农民对土地有很大的依赖性，不愿意把土地流转

---

① 陈东强：《论中国农村的土地集中机制》，载《中国农村经济》1996年第3期，第23~26页。
② 王磊、翟书斌：《农村土地流转与规模化经营——基于河南省西万村农地"整村流转"模式的思考》，载《中国集体经济》2009年第10期（下），第5~6页。
③ 孙自铎：《浅析农村土地集中程度滞后于农村劳动力转移速度的原因及对策》，载《安徽农学通报》2008年第14期，第22页。

出去，主要原因是务农收入在农民家庭收入中还占有重要的地位，农民担心流转土地后没有可靠的非农收入。经营土地不仅是一种生产方式，而且是一种生活保障方式，农民的各项权利与拥有的土地有关，失去土地也就失去了获得诸多权利的机会。

很多农民对土地流转政策不了解，弄不清土地所有权、承包权和经营权之间的关系，害怕土地承包经营权流转后会失去自己的承包地。部分农民认为土地一旦流转给合作社、企业、大户，土地收益无法得到保障，因而不敢参与流转。河南省固始县大觉寺村，有大约10%的农民不愿意进行土地流转，主要是怕丢失土地承包权。

农村土地能否进行流转，在很大程度上取决于农民能否有稳定、可靠的非农收入。一般农村劳动力转移以外出务工为主，转移的往往只是有一定文化知识和劳动技能的青壮年劳动力，其他家庭成员仍居住在农村，从事农业生产，他们依靠承包地维持基本生活，如果没有良好的、稳定的经济收益保障，农民对土地的依赖性仍然较强。并且由于农民的非农收入不够稳固，农民视承包的土地为其生活保障的最后一道防线，"不敢"流转土地。

有些农民要留守家里照顾孩子和老人，不能外出打工，在照顾孩子老人的同时耕种土地，所以不愿放弃土地。有些农民由于自身知识技能储备不足，进城就业门路窄，就业渠道不多，就业岗位也不稳定，能外出打工但是找不到合适的工作，所以就留守家里从事耕种。他们不愿流转土地的主要原因是认为把土地转包出去不如自己种划算。

（二）土地流转机制不健全

主要表现在：第一，地方政府或村集体强行干预土地流转的现象时有发生。第二，由于缺乏相应的法律依据、价格评估和补偿机制，被流转出去的土地得不到应有的价格补偿，从而极大地影响了农户流转土地的积极性。第三，由于农村土地的产权虚置，农民的土地权益缺乏有效的保障机制。第四，土地流转的市场化程度低，缺乏中介组织。现阶段虽有专门从事农村土地流转的乡土地流转服务中心，但职能发挥、中介作用、跟踪服务尚不到位，农村土地流转因缺乏土地市场信息而不能及时传递给供需双方，从而导致了土地流转成本较高，流转效益较差。第五，大多数地方还没有建立农村土地承包仲裁机构，一旦发生土地纠纷，解决起来难度很大。

（三）合理的土地流转价格机制缺失

作为一个理性经济人，农民是否愿意流转土地，取决于出租、承租双方对其收益的权衡。当土地流转价格能使收益最大化时，农民就会参与土地流转，进而在价格的引导下，土地资源可以得到最优配置，充分实现其价值。因此，在土地流转市场中，土地的价格起着信号导向作用，处于核心地位，土地出租方与承租方都将依据这个信号进行决策，合理规范的土地流转价格机制是农民参与土地流转的关键。

在土地流转市场，土地流转价格应根据土地常年产量、各种生产资料及农产品的市场价格等来确定。土地出租方和承租方作为经济人，以追求利益或效用的最大化为目的，会进行成本—收益分析。对于土地出租方——农户，是否愿意转出土地取决于其对土地收益的衡量，只有当流转的收益大于自己耕种的收益时，才有流转的意愿，才可能提供土地的供给。对于土地承租方，只有当土地的规模效益大于其支付的土地承包费时，才有土地需求的愿望。但仅仅有需求的愿望只是必要条件，承包土地的充分条件是：经营土地的收益大于其非农就业收入时，才有从事农业生产、扩大土地规模的动力；反之，会保持现有的土地经营规模，不愿意租赁更多的土地。

确定土地流转价格可以采取三种方法：第一，土地流转价格高于农户自己种植时的收益；第二，土地流转价格为承包户种植作物所获得利润的一半，北大荒（上市公司）向承包其公司土地的种植大户收取的承包费基本为大户利润的一半[1];[2] 第三，土地流转价格为单位面积产量（产值）的30%~40%，取均值为35%。高王凌（2005）计算出实际地租率只有单位面积产量的30%左右;[3] 近代赣闽边区的真实地租实为土地总产的36%左右;[4] 据著名重农主义经济学家魁奈的统计，18世纪中叶法国地租占农业生产总值的40%，而明清江南常年实物地租率在32%~48%之间，平均亦即40%左右，二五减租规定地租不得超过主要作物产量的37.5%。[5]

根据对河南省新蔡县和固始县的调查，三种方法计算的两个地区的土地流转价格如表7-1所示。

---

[1] 李玉亭：《粮价上涨农户收入增多——北大荒将提高土地承包费价格》，载《证券时报（公司新闻）》2007年12月18日。
[2] 以上两种计算方法中所说的收益与利润是同一概念即生产收益（产值扣除生产成本）。
[3] 高王凌：《租佃关系新论》，载《中国经济史研究》2005年第3期，第15~24页。
[4] 赖晨：《近代闽赣边区地租率的再探讨》，载《中国集体经济》2007年第9期，第193~194页。
[5] 潘永强：《深入探讨马克思绝对地租和量的规定理论》，载《福建论坛·经济社会版》2003年第8期，第34~37页。

表7-1　　不同方法计算的固始县和新蔡县的土地流转价格

	农户自己种植所获得的收益	大户种植利润的50%	产值的35%
固始县	一般农户种植水稻亩产1 200斤，价格1元/斤，生产成本约580元/亩，种植一季水稻一亩地的净利润为620元	大户种植水稻亩产1 000斤，生产成本300元/亩；秋季种植小麦，亩产为500~600斤，产值495元/亩（价格为0.9元/斤），生产成本250元/亩，利润为950元/亩，利润的50%为475元/亩	525元/亩
新蔡县	一般农户种植小麦亩产800~900斤，价格0.9元/斤，产值为765元/亩，生产成本460元/亩；玉米产量为800斤/亩，价格0.85元/斤，产值680元/亩，生产成本350元/亩，净利润合计为635元/亩	大户种植小麦产量950斤/亩，生产成本300元/亩，亩产值855元；玉米产量900斤/亩，产值765元/亩，生产成本350元/亩，利润合计为975元/亩，利润的50%为485元	567元/亩

另外根据对新蔡县105个农户土地流转情况的调查，如表7-2所示，结果显示，愿意流转土地的农户比例为79%，但愿意转出土地的农户只为47.62%，不愿流转和愿意转入土地的农户占52.38%。有20.95%的农户根本不愿参与土地流转，既不愿意转入也不愿意转出。愿意转入土地的农户给出的土地承包费的上限为500元/亩，愿意转出土地的农户期望的土地承包费在600~800元/亩之间（以当地规模种植经济作物支付的土地承包费为参照）；希望转出土地的大多是老人，他们没有能力进行耕种，一般粗放经营，只要土地承包费达到他们的期望值，他们就会把土地转包出去。如果土地承包费能达到农户的期望值，近50%的农户会转出自己的承包地。

表7-2　　河南省新蔡县土地流转调查情况

总农户数	愿意流转	愿意转出	愿意转入	不愿流转
农户数	83	50	33	22
所占比例	79%	47.62%	31.43%	20.95%

二、有效的土地集中经营方式

土地的有效集中经营方式除了确定合理的土地承包费，土地向种粮大户集中流转外，还可采取以下几种方式。

（一）统种分管、区域种植

统种分管、区域种植又叫统种分管、连片种植，是根据规模经营的原理，在保持家庭承包经营的形式下，根据大型机械耕种、作物轮作、管理等需要，对不相邻的地块作必要的调整，从而实现同一品种的连片耕作、区域化种植。此种经营方式的收益分配形式不变，仍以农户为单位，独立收益核算。由于自然地理环境和经济条件的差异，可以采取不同的形式：一是分组连片，对人口较多、村型较大的地方，划分若干个连片种植小组，由组里统一规划进行连片。不少地方承包地过于集中或过于零碎，不利于连片种植，经讨论协商，在农户自愿的前提下，对农户承包地做相应的调整，达到连片种植的要求；二是分节连片，这是根据作物轮作制的要求，为便于调茬轮作，将较大地块分为两块，分别种植不同作物；三是滚动连片，以若干个种田大户、农机户为核心，向相邻的农户逐步拓展，带动其他农户由小面积到大面积连片；四是串地连片，把少数坚决不愿意连片的农户耕地串到同一地块的两边或一边耕种，愿意连片的农户连片种植。

（二）建立种粮合作社，增强种粮合作社的带动功能

组建粮食专业合作社，统一种子、农药、化肥和其他物资供应，以确保种子、化肥和农药质量，统一病虫害和杂草的防治，统一施肥、耕作、播种、浇水等田间技术管理，提高科学种田水平，提高粮食产品质量和产量，降低生产经营成本，增加农民收入，提高农民种粮的积极性。

承包土地统一种植管理，能有效提高劳动生产效率和生产力水平，有利于应对当前农村劳动力短缺、人员老化、种粮技能严重下降的严峻形势，是解决耕地撂荒、耕作粗放、耕地产能下降、耕地资源被严重浪费的有效手段，是充分挖掘耕地潜力，增加粮食产量的重要途径，有利于促进粮食稳定发展和产量持续增长长效机制的建立，同时也推动了农业机械化。一方面，合作社通过购买农业机械，实现了农业机械的科学配置；另一方面，通过统一安排农机作业，有效地提高了农业机械作业率，增加了农机户的作业收入，缩短了投资的回收周期。

（三）代耕代种，统一服务

当前，一部分外出的农民既想种地，又面临土地经营的困难，代耕代种服务就在这种情况下应运而生。村里的代耕代种服务组织，对粮食生产的若干环

节，实行统一安排、统一操作、统一管理，承包户只要每亩地交一定的费用即可，种田就不用再操心，只在大忙季节回家收种几天，其余时间都可专心搞非农产业。

第四节 规模经营的模式及其利弊

一、规模经营的模式之一：种粮大户——基于对河南省许昌市种粮大户的调研

影响种粮收益的主要因素是亩均产量、亩均成本（包括生产成本和土地成本）、粮食价格、种粮规模等。本节基于对河南省许昌市种粮大户调研的基础上，重点分析种粮大户成本、产量差异的原因；种粮大户平均亩成本、亩产量与一般农户的亩成本、亩产量进行对比；种粮大户亩产量与种植规模的关系；在成本及产量既定的基础上讨论小麦价格变化对种粮大户收益的影响；小麦价格变化与种粮大户能承受的土地承包费的关系及对促进土地集中的作用。

许昌市耕地面积1 320万亩，占河南省耕地面积的11.97%，人口446万人，位于河南省中部，属北暖温带季风气候区，热量资源丰富，雨量充沛，光照充足，无霜期长，是农业科技示范基地，河南省粮食主产区之一，被誉为中原粮仓。2009年粮食产量达到272.9万吨，约占河南省粮食总产量的1/10。许昌地区种粮规模在200亩以上的种粮大户共有8位。课题组对其中的6位进行了调查，这6位大户的经营形式主要是家庭经营型，即以家庭为经营单位，租赁或承包土地，从事大面积粮食生产，农忙时劳动力不足再雇工。

（一）2009年许昌地区种粮大户小麦生产成本分析

种植小麦的总成本由生产成本和土地成本构成。生产成本主要包括物质费用、生产服务费用和人工成本，其中物质成本主要包括种子、化肥和农药这三项费用；生产服务费用包括机耕、机播、机收、秸秆还田、排灌和其他机械用费等；土地成本为土地承包费。许昌地区种粮大户与一般农户的小麦成本对比情况如表7-3所示。

表7-3　　　　许昌地区种粮大户与一般农户小麦成本对比

指　标	单位	种粮大户	一般农户	增减	增减幅度
总成本	元/亩	738.05	590.8	147.25	24.92%
一、生产成本	元/亩	467.38	461.1	6.28	1.36%
（一）物质费用	元/亩	250.53	177.6	72.93	41.06%
其中：种子费	元/亩	42.94	32.7	10.24	31.31%
化肥费	元/亩	160.24	130.4	29.84	22.88%
农药费	元/亩	47.35	12.9	34.45	267.85%
（二）生产服务费	元/亩	145.75	113.8	31.95	28.08%
其中：机耕费	元/亩	47.78	41.9	5.88	14.03%
机播费	元/亩	9.43	11.0	-1.57	-14.27%
机割费	元/亩	43.66	40.3	3.36	8.34%
秸秆还田费	元/亩	21.99	0	21.992	
排灌费	元/亩	22.89	18.6	4.29	23.04%
（三）人工成本	元	71.10	169.7	-98.6	-58.10%
标准用工天数	天	2.37	4.7	-2.33	-49.57%
劳动日工价	元/天	30.00	36.1	-6.1	-16.90%
二、土地成本	元/亩	270.67	129.7	140.97	108.69%

说明：①一般农户的数据来自河南省地方经济调查队对全省40个县（市、区）120个乡镇的360个农户的夏粮生产成本调查结果做出的《2009年河南省小麦生产成本收益调查分析》。
②种粮大户的各项数据是根据各个种粮大户的各项资料加权平均计算而得。

从表7-3可以看出，种粮大户的小麦总成本为738.05元/亩，比一般农户的小麦总成本高出147.25元/亩。主要原因是一般农户的亩均土地成本费用很低，为129.7元/亩，而种粮大户平均土地成本为270.67元/亩。而种粮大户与一般农户小麦的生产成本相差不大，这在一定程度上可以说明，规模种植的生产成本与小规模种植并无太大差异。

从生产成本的构成来看，种粮大户的平均物质费用为250.53元/亩，一般农户为177.6元/亩。种粮大户的物质费用投入较高，其中，种子费用是一般农户的1.31倍，化肥费用高于一般农户22.88%，农药费用是一般农户的3.67倍。而种粮大户的人工成本比一般农户大幅度降低，主要原因是规模经营，大规模使用农业机械，降低了人工费用；另一原因是规模经营提高了经营的效率，人工效用能得以充分发挥，而一般农户的经营效率较低，人工成本费用较高。

(二) 2009 年许昌地区种粮大户小麦收益分析

许昌地区 6 位被调研的种粮大户小麦产量及收益情况如表 7-4 所示。

表 7-4   许昌地区种粮大户小麦亩产量及亩收益

指标	单位	赵某	史某	张某	毛某	司某	杨某	平均	一般农户
亩产量	斤	1 150	1 200	1 100	1 000	850	800	1 063.54	774
价格	元/斤	1.1	0.96	1.1	1.05	1.03	0.85	1.09	0.85
亩产值	元	1 265	1 152	1 210	1 050	875.5	680	1 157.78	657.9
亩生产收益	元	726.77	688	820.04	638.75	563.5	319.8	690.4	231.8
亩净收益	元	491.77	438	420.04	338.75	263.5	19.8	419.73	102.1

说明：(1) 各个种粮大户销售小麦价格是不同的，只有杨某不是进行小麦育种，别的都是进行小麦育种，收麦后直接把小麦卖给种子公司，育种小麦价格高于小麦市场价格 10% ~ 15%，地区不同育种小麦价格有稍许波动。

(2) 亩生产收益 = 亩产值 - 亩生产成本。

(3) 亩净收益 = 亩产值 - 亩总成本。

小麦的亩产量与种植规模大致呈正相关关系，即种植规模越大，亩产量越高；种植规模越小，亩产量越低。表 7-4 显示，一般农户的亩产量为 774 斤，种粮大户平均亩产量为 1 063.54 斤，比一般农户高出 37.41%。可以看出，在规模经营方式下，小麦产量有较大幅度提高，而生产成本与一般农户相差不大，规模种植能促进小麦的稳产高产。许昌市耕地面积是 1 320 万亩，种植小麦的面积为 500 万亩，如果都能实行规模种植，理论上能增产 14 亿斤。

种粮大户的小麦亩产值、亩生产收益和亩净收益均大致与种植规模呈正相关关系。种粮大户平均亩生产收益为 690.4 元/亩，是一般农户的 2.98 倍。种粮大户的亩均净收益为 419.73 元/亩，是一般农户的 4.11 倍。

由于各个种粮大户的小麦出售价格不同，无法进行横向比较，所以有必要统一小麦价格再进行各种粮大户之间收益的比较。在此选取两个价格即 $P = 0.85$ 元/斤和 $P = 1.1$ 元/斤时对种粮大户的亩产值、亩生产收益及亩净收益进行分析。

按市场价格 0.85 元/斤计算种粮大户的小麦亩均产值、亩均生产收益和亩均净收益与亩产值的走势大致一致，均与种植规模成正相关关系。亩产值、亩生产收益和亩净收益均高于一般农户。种植大户的平均亩收益比一般农户高 204.83 元。各个种粮大户的亩净收益也因种植规模和亩产量不同有一定差异，如表 7-5 所示。

表7-5　　许昌地区种粮大户小麦亩收益情况——价格 P = 0.85 元/斤

指标	单位	赵某	史某	张某	毛某	司某	杨某	平均*	一般农户
亩产量	斤	1 150	1 200	1 100	1 000	850	800	1 063.54	774
价格	元	0.85	0.85	0.85	0.85	0.85	0.85	0.85	0.85
亩产值	元	977.5	1 020	935	850	722.5	680	904.01	657.9
亩生产收益	元	439.27	556	545.04	438.75	410.5	319.8	436.63	231.8
亩净收益	元	204.27	306	145.04	138.75	110.5	19.8	166.08	102.1

若按价格 P = 1.1 元/斤计算的种粮大户小麦亩均产值、亩均生产收益和亩均净收益与亩产值的走势大致一致，均与种植规模成正相关关系。平均亩产值、亩生产收益和亩净收益也均高于一般农户。

与价格为 0.85 元/斤相比，种粮大户的亩产值、亩生产收益和亩净收益均有所增加，且增幅大致为 29.41%，说明价格的变化对种粮收益的影响较大，如表7-6所示。

表7-6　　许昌地区种粮大户小麦亩收益情况——价格 P = 1.1 元/斤

指标	单位	赵某	史某	张某	毛某	司某	杨某	平均*	一般农户
亩产量	斤	1 150	1 200	1 100	1 000	850	800	1 063.54	774
价格	元	1.1	1.1	1.1	1.1	1.1	1.1	1.1	1.1
亩产值	元	1 265	1 320	1 210	1 100	935	880	1 169.89	851.4
亩生产收益	元	726.77	856	820.04	661.25	623	519.8	702.51	390.3
亩净收益	元	491.77	606	420.04	388.75	323	219.8	431.84	260.6

通过以上分析，可以看出在不同或是相同价格下，种粮大户亩收益情况均高于一般农户，种粮大户的亩产量和亩收益情况与种植规模呈正相关关系，同时价格变化对种粮大户收益的影响较大。

二、规模经营的模式之二：农民种粮专业合作社——基于对河南省和四川省种粮专业合作社的调查

农民专业合作社是在农村家庭承包经营基础上，同类农产品的生产经营者或者同类农业生产经营服务的提供者、利用者，自愿联合、民主管理的互助性经济组织。农民专业合作社以其成员为主要服务对象，提供农业生产资料的购买、农

产品的销售、加工、运输、贮藏以及与农业生产经营有关的技术、信息等服务。《农民专业合作社法》于 2006 年 10 月 31 日颁布，2007 年 7 月 1 日实行，短短的几年间，全国农民专业合作社发展迅猛，2009 年 9 月底，全国已登记农民专业合作社 21.16 万家，实有入社户约 1 800 万户，与 2007 年年底相比，分别增长约 7 倍和 5 倍，有效地提高了农业组织化程度。据测算，农民专业合作社带动成员增收幅度比一般农户普遍高出 20% ~ 30%，在农业技术推广、农产品营销中发挥着越来越重要的作用。①

根据推动力量在合作社发展中所起的作用不同，可以把农民专业合作社分为以下五种：龙头企业带动型、农民自发型、供销合作社转轨型、外力推动型、政府推动型。按牵头主体分，主要有四类模式：一是企业（公司）依托型，以"公司+合作社+基地"为运作模式；二是农民自发合作创办型，以"合作社+农户"为运行模式；三是政府牵线、科研单位参与、农村能人依托型；四是村集体组织牵头型，以"村集体组织+合作社+农户"为运行模式。②

近年来，各级政府出台了一系列扶持农民专业合作社发展的政策与措施，各地相继出现了一批发展壮大的农民专业合作社。但是，就农民专业合作社的整体发展质量而言，并不尽如人意。"小、散、弱"问题突出。③ 即便是在农民专业合作社发展较好的江苏省，仍然有 25% 的农民专业合作社名不副实。④ 东部沿海地区农民专业合作社发展的比较早，相对来说比较成熟，而中西部地区起步比较晚，发展比较缓慢。

河南省和四川省均为粮食生产大省，课题组于 2010 年 9 ~ 10 月在河南省新蔡县和固始县、11 月在四川省安岳县实地调查了 4 家当地比较典型的种粮专业合作社。具体情况如表 7 - 7 所示。

表 7 - 7　　　　　　四家种粮专业合作社比较

名称	河南省某旱稻种植专业合作社	河南省某种植专业合作社	河南省某农科种粮专业合作社	四川省某粮食专业合作社
类型	龙头企业带动型和能人推动型	龙头企业带动型和能人推动型	龙头企业带动型和能人推动型	龙头企业带动型和政府推动型

① 刘明国：《我国农业发展进入新阶段》，载《宏观经济研究》2010 年第 3 期，第 38 ~ 41 页。
② 才吉安：《对兰州市农民专业合作社发展情况的调查与分析》，载《调研世界》2009 年第 12 期，第 47 ~ 48 页。
③ 全国人大农委法案室：《我国当前农民合作经济组织的基本状况》，《中国人大》2006 年第 21 期，第 16 ~ 17 页。
④ 姜长云：《我国农民专业合作组织发展的态势》，载《经济研究参考》2005 年第 74 期，第 10 ~ 16 页。

续表

名称	河南省某旱稻种植专业合作社	河南省某种植专业合作社	河南省某农科种粮专业合作社	四川省某粮食专业合作社
模式	公司（种子公司）+合作社+农户，后向一体化	公司（粳米有限公司）+合作社+农户，前向一体化	公司（大米加工厂、有机肥厂）+合作社+农户，产业链既向前延伸也向后延伸	公司（某粮食加工企业）+合作社+农户，前向一体化
概况	2007年由合作社社长（高级农艺师）也是种业公司的总经理发起设立，组织入社农户单季种植旱稻	组织入社农户单季种植水稻，成立于2009年5月，由社长（理事长）发起设立，该社长也是某粳米有限公司的法人代表	2007年12月注册，2008年1月运行，在理事长（龙头企业某大米加工厂、某有机肥有限公司董事长）推动下成立	建于2007年，在龙头企业某粮食加工企业带动和县农机局扶持下组建。合作社在粮食加工公司的支持下成立了粮食银行
社员和规模	成立时10个社员，包括一个企业社员——某种业有限公司（经营种子、化肥、农药等农资产品），现有社员18 670户。成立初入社耕地500多亩，现入社土地近20万亩	入社社员427户，两个企事业社员——某粳米有限公司（现资产规模达到800多万元）和某县农学总会科技服务部。合作社带动2 000多农户。优质水稻水晶3号种植基地10 000亩，其中标准化生产基地3 000亩	拥有社员7 000多人，其中企业社员4个，分别是龙头企业某大米加工厂（资产规模达到2亿多元）、某有机肥有限公司（注册资金782万元）、一个小肥料厂、一个小型大米加工厂。入社社员耕地面积近3万亩	现有社员111人，一个企业社员——某粮食加工企业，种植规模在10亩以上（最多的为20多亩）的种粮大户共有30多户
注册资金	合作社实行股份制，注册资金12万元，种业有限公司出资10万元，9个农户社员共出资2万元，每户每股在1 000~6 000元不等；后加入合作社的社员根据自身经济情况，提供不同的股金，低则10元为一股，高则1 000元为一股	注册资金102.86万元，公司出资5 000元，农户出资额不限，少则100元为一股，多则5 000元为一股（大约有20户）	注册资金18 600元，理事会成员每人入股1 000元，普通社员每户100元	注册资金155万多元，公司出资50万元，理事长出资1.3万元，社员出资1万元（1 000元现金+价值9 000元实物（稻谷））

续表

名称	河南省某早稻种植专业合作社	河南省某种植专业合作社	河南省某农科种粮专业合作社	四川省某粮食专业合作社
组织结构	总社下设置17个分社,机构设置为理事会、监事会、社员大会;三个管理部门:市场管理部、财务管理部、技术服务部。合作社有职工17人。理事会成员:社长和8个理事,其中4个由总社的人员担任,另外4个是由分社的社长担任,监事会由5位监事组成,其中两个监事是社长的亲戚,一个是他儿子	设有理事会、监事会、社员大会,理事会由27个理事组成,监事会成员3人(同时也是理事),理事会成员都是发起人	设有社员大会、理事会、监事会。理事会由理事长和5个理事组成,其中三个理事是村支部书记同时也是种粮大户(共承包土地约12 000亩种粮食),另外两个理事分别是一个小肥料厂的老板和一个小型大米加工厂的厂长。监事会由5个监事组成,都是由群众社员中产生对合作社进行监督	设有社员大会、理事会、监事会。理事会成员9人,理事长为一个村的村支书,副理事长为龙头企业某粮食加工企业的总经理。监事会有5位监事,都是从农户中选举产生
运行机制	合作社的日常事务及重大事项都是由理事会讨论决定。每年年终召开社员大会,原则上所有的社员都参加,社员可以提出在实际经营中遇到的问题以及对合作社的期望等	从成立至今才召开过一次社员大会,即刚成立时召开的成立大会。社中的事都是由理事会决定,实质由社长说了算	每半年召开一次社员大会,紧急情况可以召开临时社员大会,或召开社员代表大会,每个代表代表10~15户社员,社员大会主要作用是提出对合作社的意见建议。社中大事都是由理事会负责解决	合作社主要工作都是由理事会决定,每年年终召开一次社员大会
生产管理方式	合作社以为社员提供服务为主,统一供种(社长培育)、供药、供肥、技术服务(病虫害防治)、机收机播,积极为社员联系产品销路	为社员提供服务为主,统一供种(河南省农科院水稻研究室提供)、统一供肥(在郑州购买的生物肥或是复混肥,种植无公害水稻只能用生物肥)、统一供水、供药、技术指导(县农学总会科技服务部)。公司以高于市场价格50%收购社员水稻	以不高于或低于市场价格统一为社员提供种子、化肥(有机肥厂提供的有机肥和小肥料厂提供的肥料)、农药等农资产品,统一进行技术指导,农户自己耕种经营。大米加工厂和小型米厂高于市场价格统一收购社员种植的水稻	为社员免费提供种子(县农业局提供),统一育秧、机耕、栽培技术、植保、收割、收购社员余粮(高于市场价格2~4分/斤)。农户购买农药(合作社推荐品牌),合作社统一组织人员免费为社员喷打农药。按"粮权不变,时间不限,落价保底,涨价顺价"免费为农户储存粮食

续表

名称	河南省某旱稻种植专业合作社	河南省某种植专业合作社	河南省某农科种粮专业合作社	四川省某粮食专业合作社
利益分配方式	社员共同出资入股，共同承担风险、分享利润。利益分配原则按入股股金多少进行分配	按社员入股股金的多少分配（公司不参与利益分配）	按社员入社的土地面积分配利润，四个企业社员不参与利润分配	高于市场价格部分的60%按销量返利给农户，40%归合作社，合作社的利润首先分别提出10%的公积金和公益金后按入股资金多少分红，现在积累的资金为10多万元
绩效	第一：社员平均亩产420多公斤，部分亩产超过550公斤，平均亩产高于一般农户的20%~30%。第二：为农户提供有保证的农资产品，同时解决了农户的销路难问题	社员亩产量增加15%~25%，而生产成本并没有增加，农户种一亩水稻增加600多元收入	实行产供销一条龙服务，为社员解决农资问题，也为社员解决销路问题，同时鼓励社员施用有机肥，积极发展绿色食品。以种粮大户为主，大户联合起来有利于规避风险	提高了社员的产量，调动了社员种田的积极性，解决了撂荒田62亩。成立的粮食银行解决了社员因担心季节粮价太低而惜售的问题
存在的问题	龙头公司——种业有限公司出资额为83.33%，合作社经营利润大部分归公司；社长负责合作社一切事务，本质上，该合作社就是种业公司代言人；没有设立社员（代表）大会，监事会不能发挥作用；没有提取公益金和公积金	组织结构不健全，社员入会没有发挥作用，理事会是全能机构，社长决定理事会，合作社弱化为家庭企业。监事同时也是理事，违反了《农民专业合作社法》。2009年年底没有进行利润分配。没有提取公益金和公积金	社员大会不能发挥应有的作用，利益分配机制不合理，按入社土地面积分享利润，而出资额和入社土地面积又不挂钩，利润大都归几个种粮大户，普通农户的利益得不到保障。没有提取公益金和公积金	社员大会不能发挥应有的作用。合作社实质由龙头企业——某粮食加工企业控制。利益分配机制不合理，合作社利润的近1/3为公司所占有
拥有的农机设备	拥有95东方红大型拖拉机一部，大型旋耕机两部，大型收割机一部，精选机一部等	无农机设备	拥有大型联合收割机20台，旋耕机5台，插秧机10台	单位价值5 000多元的小型旋耕机15部，大约50台迷雾机（均由县农业局免费提供）

三、两种规模经营模式的利弊

(一) 两种规模经营模式的作用

1. 规模种粮大户的优点

由种粮大户与一般农户的生产成本和效益的对比分析,可得出如下结论。

第一,种粮大户的亩生产成本与一般农户无太大差异,但其亩产量与一般农户相比却大幅增加。说明在规模经营方式下,成本不一定增加,而产量却大幅度增加。这是由于规模优势的发挥能降低生产成本,增加产量,从而可以获得规模效益。

第二,种粮大户的规模越大,亩产量越高,收益越大。种植规模越大,机械化和专业化程度越高,粮食规模经营越稳定。种植的规模越大,种粮大户将会投入大量的资金购买农业机械,而农业机械的价值较高,种粮大户一旦投入就会变为沉没成本,一般不会轻易退出粮食生产规模经营。同时这些种粮大户在长期实践中积累了丰富的种粮经验,在经营过程中掌握了一定的科技知识,成为粮食专业生产者,他们是未来粮食生产的主力军。

第三,规模种植的比较利益较高,利润较大。

第四,提高价格对种粮大户收益的影响巨大,价格的微小变化,种粮大户的收益会有很大变化。提高价格,种粮大户能承受的土地承包费也在增加,能达到一般农户的亩生产收益。提高土地承包费,农户出租土地的可能性就增加,土地集中的概率也就增大。

2. 种粮专业合作社的作用

农民专业合作社是适应农村市场经济发展进程的一项制度安排,是一种以市场为导向的农业生产组织形式创新。农民专业合作社提高了社会效益,农民市场竞争力明显增强。发展农民专业合作社,使农民单家独户的经营组织起来,切实保证农民进入市场,防范风险,它能使处在劣势中的农民联合起来,产生聚合力,应对市场化进程,保证农民获得利益。农民专业合作社通过为社员提供产前、产中、产后一体化以及产、供、销一条龙服务,增加了合作社的组织化程度,增强了合作社内部以及周边农民的凝聚力,完善了社会化服务体系。

第一,发展种粮合作社,将农户有效组织起来,增强了抵御风险的能力,同时也有利于农业新技术、新品种的推广。对于普通农户而言,由于规模小资金有限,不愿意也不敢冒险使用农业新技术、种植粮食新品种,而种粮合作社由于技术力量雄厚,信息灵通,便于推广农业新技术和粮食新品种。

第二，种粮专业合作社为社员提供产前、产中、产后统一服务，形成了产前信息传递、产中技术指导和农资配送、产后品牌营销的一体化服务机制。组建粮食专业合作社，统一供应种子、农药、化肥和其他物资供应，能确保种子、化肥和农药质量，统一病虫害和杂草的防治，统一施肥、耕作、播种、浇水等田间技术管理，提高科学种田水平，提高粮食产品质量和产量，降低生产经营成本，增加农民收入，提高种粮的积极性。合作社统一进行销售，可以提高效率，降低交易成本。

第三，种粮合作社通过统一技术服务和培训，提高了社员的整体素质，增强了合作社的市场意识、合作意识、风险防范意识和法律意识。

第四，种粮专业合作社也有利于农业机械化使用：合作社通过购买农业机械，统一安排农机作业，可以实行跨区域作业，有效地提高了农业机械作业率，增加了农机户的作业收入，缩短了投资的回收周期，实现了农业机械的科学配置。

总之，种粮合作社有利于实现资金、技术、劳动等生产要素的优化配置，从而形成专业生产区域化。

鉴于此，以上两种模式都是规模经营的有效模式，应该加以推广，当然在推广过程中应注意这两种模式存在的一些问题。

（二）存在的问题

1. 种粮大户种粮过程中存在的问题

第一，资金短缺，贷款困难，贷款利率高。种粮大户普遍反映从银行贷款比较困难，或者根本贷不出款，即使能够贷出款，利率也很高，而且贷款手续繁琐。由于贷款困难，无力购买农业机械设备。

第二，土地承包费过高，土地集中困难。与种植经济作物和花卉的承包费相比，种粮土地的承包费较低。所以，农户要求提高种粮土地承包费，否则就会将土地转包给工业用地或种植经济作物的大户，造成种粮土地集中困难。

第三，农田基础设施较差。灌溉用井的数量不够，不能及时进行灌溉；交通不便，路桥年久失修，道路不通，粮食不能及时运出，影响下一季的播种。

第四，农资价格高而粮食价格偏低。化肥、种子、农药等农资费用一直居高不下，并且每年涨幅较大。而小麦的市场价格相对较低，扣除成本后几乎无利可赚，在很大程度上影响种粮大户的生产积极性。

第五，补贴过少，国家扶持政策不足。购买大型农机具投资巨大，国家补贴比例为30%，种粮大户认为补贴比例太低，所以一般都不愿意购买大型农机具。

2. 种粮专业合作社存在的问题

第一，有些不是真正意义上的合作社。目前合作社立法中有存在错位的地方，非合作社的企业也能堂而皇之地挂起合作社的牌子，结果使真正的农民自我服务的合作社难以发展。一位英国的合作社研究者考察了沿海某地的农民合作社后得出结论，"合作经济的改革有利于更具有企业家特性和境遇较好的农民来寻求新的市场机会，但创造一种机制来保护甚至增进贫苦农民的利益已被证明是越发困难了"（Jenny Clegg，2006）。[①] 不能理解《农民专业合作社法》的具体内容，对建立合作社的意义缺乏正确认识，突出表现为一些地方官员将本地合作社的数量作为政绩工程。调查还发现，一些人成立专业合作社是为了圈地圈钱，得到国家的扶持和补助。

第二，资金短缺，融资渠道不畅，利息过高。种粮合作社大都成立时间短，经济基础薄弱，公共积累少，多数合作社日常周转资金主要来自成员入社的股金，而合作社成员大多数是低收入人群，获得的资金有限。四家合作社均表示缺少资金，不能以合作社名义贷款，大多依靠个人关系，以合作社理事长名义贷款，或者靠朋友或单位、企业担保，方能贷到少量资金。个别社员发展生产主要依靠个人积蓄和向亲朋借贷或利用信用社小额贷款项目解决。贷款难，融资难，严重影响着合作社的发展。据调查，对合作社的信贷支持仅限于三个层面：一是给加入合作社的农户提供小额信用贷款；二是给有一定经济实力和足够财产抵押的合作社的龙头企业贷款；三是农户联保贷款。贷款利率过高，两家合作社的贷款利率均为12%。

第三，人才匮乏，尤其缺少农业技术人才。合作社社员大多文化水平不高，管理人员基本上由合作社内部人员担任，其知识结构、经营管理水平相对较低，难以适应市场经济的需要。由于合作社自身条件难以吸引到高素质的专业人才，致使合作社缺少掌握农业技术、营销、财会、管理和加工等实用技能与本领的高水平员工。大部分合作社只是向农民提供有限的技术、信息、生产资料供应等方面服务。技术问题仍然是合作社发展的一大瓶颈难。人才匮乏，难以保证合作社可持续健康发展。

第四，运行机制不健全，管理不规范。合作社内部管理制度不健全，有些合作社虽然制定了章程，设立了理事会、监事会、社员（代表）大会等必要机构，但流于形式，很少组织活动，没有严格执行"一人一票"等合作社的基本原则，民主管理、民主决策意识差。社员大会或代表大会，形同虚设，无法发挥应有的

---

① Jenny Clegg, *Rural Cooperatives in China：Policy and Practice*, Journal of Small Business and Enterprise Development, Volume：13, Issue：2, 2006, pp. 219 – 234.

作用，凡事凭主管人员决断。分配机制不健全，利润分配完全由合作组织领导决定，而且大多数合作社几乎都没有提取公积金，而是将盈余的大部分用于股金分红，以合作社之名，行家族企业或股份公司之实。

第五，发展环境不够宽松。尽管《农民专业合作社法》要求通过财政支持、税收优惠、金融、科技、人才的扶持以及产业政策引导等措施，促进农民专业合作社的发展。但扶持合作社发展的相关配套政策措施依然滞后，真正享受到国家的优惠政策非常少。调研了解到某个实际上不是真正意义的合作社享受到国家扶持政策5万元，而被调研的四家没有得到任何优惠。

第六，龙头企业带动型合作社存在的问题。公司追求利润最大化，希望出售的农资产品价格越高越好，收购的农产品价格越低越好；而农户希望自己购买的农资产品成本较低，自己种的粮食能卖个好价钱，二者显然有矛盾，公司掌握着技术、信息、资金、市场销售渠道、网络、产品品牌，往往占据主动和支配性的地位，在交易中公司处于强势地位，农户往往处于弱势地位。

第五节 政策保障

粮食生产经营形式创新需要政策保障，应采取措施促进土地流转，实现土地集中；同时对种粮大户和种粮专业合作社应提供政策支持。

一、促进土地流转，实现土地集中

推进土地流转实现土地集中，必须坚持"依法、自愿、有偿"原则，不得改变土地集体所有性质，不得改变土地用途，不得损害农民土地承包权益。同时还应采取措施降低农户对土地的依赖程度，放心进行土地流转。

（一）制定合理的土地流转费，促进土地流转

合理的土地流转费是制约土地集中的最主要因素，也是土地能否顺利流转的首要前提。合理的土地流转费，一方面可保证土地出租方获得稳定的收入；另一方面，能促进承租方承包土地进行规模种植的积极性，保证承租方的收入接近或超过务工经商的平均收入。土地流转费的多少，应根据土地常年产量（土地等级）、各种生产资料及农产品的市场价格等来确定。

建立土地流转评估机制。应建立土地流转评估机构，给流转土地合理定价，

以减少价格确定的随意性和不合理性，避免市场主体利益受到侵犯。创新土地流转价格的合理形成机制，农村土地承包经营权流转价格由出租方与承租方协商确定，可以现金或实物计价。为防止因农产品涨价而损害农民利益，坚持以实物为计价、货币兑现的方式，根据市场变化，土地流转价格应每3~5年由双方重新协商调整或在签订土地流转合同约定每年按一定比例递增。

(二) 拓宽农民就业渠道，稳定农民非农收入

加快户籍制度改革，打破城乡二元结构，积极引导农民外出务工，使进城务工农民真正融入城市。同时，加快农村城镇化进程，促进农村第二、第三产业的发展，拓宽农村劳动力就地就近转移就业、务工经商的渠道，提高及稳定农民非农收入，降低农民对土地的依赖程度，从而为土地流转创造条件，为土地规模经营创造空间。

(三) 完善农村社会保障体系

健全农村社会保障机制，加大对农村社会保障的财政投入力度，探索建立农村人口养老保险制度，促进最低生活保障体系向农村延伸，特别要加快解决丧失劳动能力人员的社会保障问题，解除农民后顾之忧，减少农民对土地的直接依赖，加快土地流转步伐，最大限度地发挥土地的经济功能。

(四) 健全土地流转机制

完善农村土地流转程序，建立农村土地流转平台，防范土地流转风险，加强农村土地流转工作领导。要加强对土地转入方的农业生产经营能力、资金实力、信誉等资质情况的审查。保证转入方具有农业生产经营能力，维护农民的合法权益。搞好农村土地承包经营权的确权颁证工作，建立农村土地承包和农村土地流转台账。

建立土地流转中介服务组织，实行土地流转委托管理。及时登记汇总可流转土地的数量、区位、价格等信息资料，定期公开对外发布可开发土地资源的信息，引导土地供求双方进行土地合理有序流转，搭建土地合理有序流转的平台。完善农村土地承包纠纷调处机制。同时建立农村土地承包纠纷仲裁机构，完善仲裁程序。

(五) 采取有力措施，降低土地流转风险

一是探索建立土地流转风险保证金制度。由接包业主每年缴纳一定的风险保

证金，降低业主经营不善或毁损耕地而给农民造成的风险；在农民收取的土地使用权流转收益中，每年提取一定金额作为信用保证金，防止业主投资回收期和整个接包经营期中农户单方面毁约的风险。二是建立农业风险保障机制，制定土地流转风险扶持政策，积极支持建立风险补偿基金、农作物病虫害保险组织基金等，最大限度地降低土地流转带来的风险。

（六）加大政策扶持力度，促进土地流转

一是加大财政扶持力度。各级政府应在财政预算中每年安排一定额度的土地承包经营权流转和规模经营专项扶持资金，用于鼓励农村土地承包经营权流转、培育规模经营主体。二是整合财政支农专项、农业综合开发和土地整理等项目资金，与农村土地流转紧密结合，重点扶持粮食种植规模经营。三是加大投入力度，改善和优化道路、水利灌溉等农业基础设施，为土地流转创造条件。四是金融机构应加强对规模经营主体的支持，研究制定对土地规模经营的种植（养殖）大户、农民专业合作社、农业企业进行金融支持的具体办法。五是政府应配套采取一些扶持性的财政、信贷与税收政策，如：土地出租补贴。对土地出租者给予一定的补贴，鼓励农户出租小块土地的经营权；租用土地补贴或低息信贷。由于我国农业尚不发达，资金缺乏，能够承担起规模经营投资的农民、农场主很少，所以，国家可以对租用耕地的种粮大农户给予长期低息贷款、无息贷款政策。

二、大力培育多种形式的粮食生产组织

（一）着力培植种粮大户和发展粮食专业合作组织

种粮大户和粮食专业合作社是粮食规模经营的重要组织形式，是未来我国粮食生产发展的方向。政府应在继续加大对粮食生产的政策支持力度，在对种粮农民补贴不断增加的基础上，继续提高粮食最低保护收购价格，千方百计调动种粮农民积极性，鼓励农民多种粮、种好粮。同时，积极扶持种粮大户，提高粮食生产规模化水平。通过创新金融服务，增加融资渠道，解决种粮大户的贷款难问题，尤其是从农信社贷款的渠道。专业银行应加大对种粮大户的扶持力度，简化种粮大户贷款手续，降低其贷款利率，解决种粮大户资金短缺问题。加快培育发展粮食专业合作组织，积极探索粮食生产服务的各类专业组织，提高粮食生产组织化程度。加大政府服务职能，为合作社创造一个良好的发展环境，给予政策引导扶持，加快种粮专业合作社的发展速度。金融、工商、税务等相关部门要按照

《农民专业合作社法》的有关规定，尽最大可能给予扶持，以促其健康发展。同时，政府及其相关部门应尽快出台农民专业合作社在用地、用电、用水等方面的优惠政策。建议各级财政部门进一步扩大对农民专业合作社专项资金的规模，增加支持项目和培训经费。鼓励扶持有条件的地方成立更多的粮食生产专业合作社。

（二）发展粮食产业化

粮食生产环节相对于产前和产后的服务环节来说利润微薄，因此，要通过发展粮食产业化，拓宽产业链条，拓展利润空间。鼓励种粮合作社自我开展农产品的初加工，并培育产品品牌，将产品直接推向终端客户，以增加利润的获取空间。要着重鼓励和支持龙头企业逐步增强社会责任感，与农民之间建立较为平等的伙伴关系，通过公司的企业行为，在获取经济效益的同时，保护和增进农民的利益，形成双赢的局面。

（三）建立农村社会化服务体系

规模化经营依赖于完善的农业社会化服务体系建设。完善的农业社会化服务体系可以直接改善农业的经营条件，优质的产前服务可保证农户扩大生产规模的需要，高科技的产中服务可节约大量的劳动时间，良好的产后服务可把农产品生产、销售等环节连结起来，为农业发展开辟广阔前景，为农业规模化经营创造条件。

第八章

我国粮食生产保障体系研究（之六）

——粮食价格形成机制与生产者利益保护

  如何调动农民的种粮积极性是生产保障体系中的一个关键。如果前面论述的基础设施建设、中低产田改造、农业技术推广体系的建设等都属于生产保障的硬件，那么调动农民积极性就是生产保障的"软件"，它的核心就是如何制定合理的政策以激励粮食生产者。其中，起决定作用的是粮食价格政策。本章的研究就是要回答，如果用价格来激励农民种粮，我们的粮食价格将会达到何种水平。

  本章所说的粮食价格，是指我国政府制定的收购农民粮食的价格。它在不同的时期用过不同的名称，如：统购（派购）价、合同定购价、最低收购价（即保护价）等。2002年后，根据国家统计局的口径，将它称为粮食生产价格。通常说到粮食价格时，不少人会理解为市场上的粮食销售价格。市场粮价是在粮食生产价格的基础上加上流通成本和流通利润。受运输距离、运输条件、销售条件的影响，流通成本在不同的地区有较大的差异，同一品种的粮食在不同市场上销售价格也不同，而在流通领域产生的这些费用与生产者没有任何关系。所以，本书不讨论市场粮价，而研究重点是农民在什么样的生产价格条件下愿意生产粮食，与农民种粮积极性直接相关的是粮食生产价格，而不是市场销售价格。

  此外，还需要说明的是，本章测算粮食价格采用的数据是稻谷、玉米、小麦这三种粮食的平均价格。大豆也是我国一个主要的粮食品种，但由于近几年我国进口大豆的数量太大，其价格由国际市场主导，非我国的宏观调控能够左右。因此，把大豆的价格测算排除在外。本书认为，即使排除大豆，以上三种粮食价格及产量的变动仍然能代表我国粮食生产的基本形势。

第一节 我国粮食价格形成机制的演变历程

在市场自由竞争的条件下，不同部门之间的利润平均化趋势导致生产的成本利润、生产价格和流通的成本利润、市场价格之间相互影响，具有简单清晰的价格形成和传导机制。但是，中国粮食市场的制度环境与上述条件有很大区别。在粮食市场上，计划调控的存在使得粮食价格不能由市场机制自发地形成。粮食市场至少涉及了农民、流通部门、消费者和政府四方的利益，在某种意义上，粮食价格成为了利益调节的均衡点，并且与经济制度的演进密切相关。

自新中国成立以来，粮食价格形成机制随着国家经济形态的变化而不断演进。第一阶段是1949~1952年，粮食价格主要由市场调节形成。第二阶段是1953~1978年，在这段时期内，国家完成了农业、资本主义工商业和手工业的社会主义改造。在计划经济形态下，粮食价格主要由国家计划制订形成，并且实行粮食统派购政策。第三阶段是1978~1984年，在维持统购统销政策不变的背景下，国家大幅提高了粮食收购价格，对长期以来过低的计划价格进行了调整。但是，粮食价格仍然是计划制订，统购统销政策也没有明显变化；第四阶段是1985~1990年，在保留粮食统销政策的同时，将粮食统派购政策改革为合同定购，并在一定程度上逐步放开了粮食市场。于是，粮食价格形成机制主要由国家计划制订、部分由市场调节形成，开始进入两种价格并行的"双轨制"时期。第五阶段是1991~2000年，在这个阶段的初期，国家继续推进市场化改革，并在1992年通过购销同价和"保量放价"的政策安排，废除了粮食统销制度，试图让粮食价格完全由市场调节形成。但是，随着1994年后全国范围内的通货膨胀，国家再次干预粮食市场，控制粮食价格的形成和运行机制。与此同时，建立初具规模的宏观调控体系和粮食中央储备体系，为进一步有效调控粮食价格打下基础。第六阶段是2000年至今，国家在粮食供求格局得到根本改善的背景下，试图通过对粮食购销体制的全面改革，建立一个适应市场经济要求、适合基本国情的粮食流通体制。2000年，中国储备粮管理总公司成立，标志着粮食收购领域的"政企分家"。此后，国家多次出台文件，指出粮食生产价格要由市场供求形成，政府在充分发挥市场机制的基础上，实施粮食价格的宏观调控。

本节将主要采用制度分析的方法，研究和归纳我国粮食价格的形成机制，并重点突出中国粮食价格形成机制的历史性和演进性。

一、新中国成立初期的粮食价格形成机制（1949～1952年）

（一）粮食问题的历史背景与粮食价格形成机制

新中国成立之初，粮食供求局势十分紧张。供给方面，当年粮食产量大幅减产；需求方面，消费总量却持续增加，一是由于国家军队规模庞大，二是由于连年战争导致国内灾民难民人数众多。据当时的统计资料显示，1949年中国的难民人数超过4 000万，急需政府救助的超过700万。

国际市场方面，在旧中国部分沿海城市可以依靠进口粮食平衡供给，但在新中国成立初期，由于资本主义敌对势力的经济封锁，这些城市的粮食供给只能来源于内陆地区，进一步加重了全国性的粮食供求紧张局势。同时，国内的粮食流通体系十分落后，粮食运输困难重重。在解放战争时期，各个地区之间的行政管理和经济工作相对独立，没有协调统一的物流体系。这种情形在新中国成立之初难以迅速发生改变，导致部分省份的余粮不能及时输送至缺粮省份。在一些人口众多的大城市缺粮情况尤为严重，比如，上海在新中国成立之初的粮食储备只能维持2周的口粮。

当时粮食价格在整个物价体系中居于基础地位，对物价波动的影响十分明显。一些资本家经常对粮食囤积居奇、扰乱市场粮食价格运行，以从中牟取暴利。这导致了新中国成立初期多次的粮食价格大幅波动，对民众的心理造成较大的冲击，对社会稳定带来了很大的负面影响。从1949年4月到1950年2月，不到一年的时间里，掀起了4次大的物价波动，都是从粮食价格上涨开始的。根据统计，北京市1950年3月粮食批发价格总指数比1949年2月上涨了70多倍，上海市大米市场成交价由1949年5月30日到1950年2月27日，上涨了60多倍。[①] 如果粮食价格不能稳定，势必造成社会发展的不稳定，致使解放战争取得的成果大打折扣，降低政府在民众心中的威望。

（二）粮食政策与粮食价格形成机制的关系

1. 政府的粮食价格干预政策

针对当时严峻的粮食供求形势，政府主要从两个方面制定了粮食政策。一是着眼于粮食供给的长期稳定，出台土地改革、水利建设等政策措施，确保粮食的

---

① 《当代中国》丛书编辑部：《当代中国的粮食工作》，中国社会科学出版社1988年版，第35页。

稳定增产；二是逐步加强对粮食市场的控制力度，通过稳定粮食价格来稳定整体物价水平。在这个过程中，一方面政府继续允许自由购销，发挥私营粮商在市场供求中的调节作用，并打击投机倒把、囤积居奇，增强对市场的控制能力，以稳定民心；另一方面，开始建立国营粮商机构和政府控制的粮食流通体系，为以后进一步干预粮食价格形成机制打下基础。

2. 过渡时期总路线与粮食价格形成机制的关系

新中国成立后不久，政府就确立了把社会主义工业化作为国民经济发展的首要目标。正如刘少奇1950年6月在《关于土地改革问题的报告》中所指出的："土地改革的基本目的，不是单纯地为了解救穷苦农民，而是为了要使农村生产力从地主阶级封建土地所有制的束缚之下获得解放，以便发展农业生产，为新中国的工业化开辟道路。"此后，1952年年底，政府正式提出"一化三改、一体两翼"的过渡时期总路线，将农业、手工业、工商业的所有制形式由私有制改为全民所有制或集体所有制。这些政策的实施，使政府有能力对粮食生产和流通领域进行计划安排，进而控制粮食价格形成，最终重新划分工农城乡之间的利益格局，实现重工业优先发展的赶超战略。

但是，这个时期农业改造的推进速度并不合理。在土地改革第一阶段刚刚实现"耕者有其田"，这种私有制的制度效率尚未发挥作用，便进入了土地改革的第二阶段（扩大经营规模，降低生产成本）。而台湾实现这一转变足足用了20年的时间。1951年开始了农业合作化运动，其后逐步演变为初级社、高级社和人民公社。人民公社表面上是一个生产组织，实际上是一个基层政权机构，其政治目标远大于生产目标。农民入社也由自愿加入，变成强制进入。从长期来看，人民公社制度和长期低水平的计划粮食价格，明显阻碍了粮食生产的发展。

二、改革初期的粮食价格形成机制（1978~1984年）

受迫于粮食生产的经济无效率状态，学界和政界普遍认识到粮食由国家计划来定价的制度缺陷，并接受了社会主义条件下仍然存在利润平均化趋势的论断（孙冶方，1978），认为商品价格形成机制应该遵守价值规律，商品按生产价格理论定价是社会化大生产和商品经济发展的客观要求。

1978年年底，中共十一届三中全会通过《中共中央关于完善社会主义市场经济体制若干问题的决定》，中国的粮食政策发生了很大变化。当时，粮食政策选择的重点和难点主要集中在流通领域，其核心是购销方式和价格政策。于是，中国粮食价格形成机制进入了改革的新阶段。

（一）粮食价格提高的政策效果

当时，中国政府的领导人一致认为农民的收入水平太低，与之相对应的是粮食产量不够、供不应求，甚至不能满足居民基本的生活需要，粮食等农产品的价格需要大幅提高（林毅夫，1996）。随后，1979~1984年间，中国转变了以往的"廉价粮食政策"（Reardon, T. and C. P. Timmer, 2007），开始恢复议价收购，并且明显缩小了统派购的范围。粮价总体约上涨了98%，与家庭承包责任制共同造就了连年丰收的好局面。

提高粮食收购价格和推行家庭联产承包责任制，是改革开放初期农村工作领域最重要的政策。粮食价格的提高，调整了原先重城市和工业、轻农村和农业的利益格局，从经济利益上刺激了农民的生产积极性。1979年3月开始，国家开始提高不同品种的粮食收购价格。自1966年调价后的首次提高，结束了粮食统购价格13年未动的局面，极大地调动了广大农民的生产积极性。同时，国家还逐步实施粮、棉、油等农产品的议价收购政策，允许国有粮食部门以一个浮动的价格在市场上议购议销。并且，对于超过统购计划出售给国家的粮食，按加价50%的超购价进行收购。推行家庭联产承包责任制，本质上是将生产资料全民所有制和集体所有制变为私有制的一个举措（在土地产权方面，农民拥有长期使用权、经营权和收益权，但是所有权仍为集体所有或全民所有）。明晰产权的制度变革所带来的能量释放效果是巨大的，它解放了农业生产力，在当时的历史条件下实现了生产资源的优化配置。因此，提高粮食收购价格和推行家庭联产承包责任制，使粮食生产重新恢复了具有经济效率的状态。1979~1984年6年间，中国粮食产量增长超过1亿吨。而在人民公社制度期间，实现粮食总产量增产1亿吨则足足用了20年。

1979年的粮食价格提升，在中国粮食价格形成机制的历史演变中具有特殊意义，它是中国粮食价格形成机制的一个重要转折点。这次提价，标志着农业为工业发展提供大量外生性经济资源的历史阶段结束。1953~1978年间，粮食价格被计划制定在低水平上，其首要的政策目标就是汲取农业剩余，支持以重工业为核心的赶超战略。1979~1984年间的粮食大幅提价，表明农业支持工业发展的历史时期告一段落，中国的产业结构进入一个新的调整阶段。与此相对应，工农城乡的利益格局也将发生转变。此前，农民的种粮经营收益极低，甚至为负，这也导致整个粮食产业的发展缓慢。这次提价后，农民种粮收益明显提升，也显著推动了粮食产业的发展。另一方面，城镇居民的生活成本并未明显提高，这是因为国家在1979~1990年间仍然实行统销政策，粮食在城市的销售价格并未大幅上涨。出于社会稳定考虑，在粮食收购价格提高的背景下，政府财政为城市居民的部分生活成本埋了单。

（二）粮食价格形成机制改革滞后的原因

如果站在今天的时点回顾历史，我们发现，中国粮食价格形成机制的演变是一个从计划形成为主、逐步到市场形成为主的过程。但是，这个演变过程并非顺风顺水，有些时候停滞不前，有些时候是开历史的倒车。时至今日，粮食产业仍然是国家调控最为严格、计划色彩最为浓郁的领域之一。1979~1984年间，粮价上涨的主要原因是政府迫于严峻的粮食供求形势，但是粮食价格计划形成机制并没有改变，价格形成仍然没有规范化的理论基础和标准化的参照体系，一直脱离于全社会商品逐步按生产价格理论定价的体系之外。粮食部门也就不能参与全社会的利润平均化过程，粮食收购价格的实际构成仍然是计划控制下部门内的平均成本与平均利润之和。对这个问题的理解，单纯从经济理论视角分析所得出的结果，必然有失偏颇——认为这样不利于粮食生产长期发展和农民利益的进一步提升，是计划经济的"尾巴"。但是，如果从政治、社会、经济等多方面的国家整体利益考虑，就会得出不同的结论。

首先，我们需要将粮食价格形成机制放在经济体制改革的总体目标中进行研究。此处，必须深刻理解粮价机制改革与经济体制改革的内在关联。改革开放后，中国经济体制改革的核心是以市场化为方向的价格形成机制改革。理论上，由于工业持续发展仍然处于宏观经济目标的首位，工业发展需要由市场定价所带来的制度效率释放。另一方面，粮食生产价格涉及工业与农业、全民所有制和集体所有制、工人和农民的关系，虽然取消工农产品价格"剪刀差"、坚持等价交换是价值规律的客观要求，但国家财力有限，还需要通过价格从农民那里提取一部分积累（何建章等，1979；纪正治，1979）。因此，价格形成机制改革必然是工业品优先，农产品次之。

其次，粮食产品具有一定的特殊性，主要体现在它的价格是整个物价体系的基础，它的价格会影响到城乡每一个人的生活成本，对居民生活水平的影响最为直接。这是粮食与其他工业产品和手工产品最大的不同之处。粮食价格形成机制改革，不仅关系到经济利益在工农城乡之间的重新分配，而且还涉及社会稳定、政权巩固等社会目标和政治目标。如果粮食价格随行就市、大幅波动，那么整个经济体制改革所承担的经济成本、社会成本，甚至是政治成本都会大幅增加。一旦粮食供求和价格出现问题，整个社会都有可能出现恐慌或者混乱。如果社会稳定的基本目标遭到破坏，经济领域的制度改革自然难以顺利进行，甚至会毁于"摇篮"之中。因此，粮食自身的属性也决定了粮食价格形成机制改革的缓慢性、滞后性。

最后，粮食价格形成机制改革的条件并不成熟。当时中国的粮食无法以市场调节的方式、按生产价格理论定价，一个主要原因是农业发展尚处于低水平阶段，并未完全脱离自给自足的经济形态。粮食净商品率只有14%左右，全部农产品的商品率也不到40%，不具备社会化大生产和市场自由竞争的理论条件（谷书堂等，1982；路南，1982）。

综上，粮食价格形成机制改革要服从于和服务于社会稳定、国民经济发展的总体目标。从这个意义上讲，粮价机制改革需要为其他领域的经济体制改革提供稳定的社会条件，做出一定的牺牲。在中央政府的目标函数中，显然总体经济体制改革的推进是最重要的。如果在粮食生产和流通领域牺牲一定的经济效率，却能够换回第二、第三产业改革的顺利进行，这个改革成本政府是愿意承担的。

三、"双轨制"初期的粮食价格形成机制（1985～1990年）

1985～1990年间，国家全面取消了粮食统派购制度，改为合同定购，并实行粮食价格"双轨制"。所谓合同定购，是指国家对粮食收购下达一定的指标，并且以预先签订合同的方式向农民进行收购。国家通常在播种季节之前与农民协商签订合同，定购合同的内容包括收购的价格、数量、质量、收购的时间和地点等主要内容。合同限定之外的粮食，可以自由在市场销售。因此，粮食生产者价格的形成机制就有两种形式：合同定购范围内的粮食，其价格由国家计划制定；自由上市的粮食，由市场供求机制形成。同时，在销售方面，国家供应农村的各种用粮的销售价格调整到购销同价；对城镇人口供应的口粮仍按原统销价不变，保留统销制度，即粮食消费者价格依然是计划形成。于是，粮食价格就进入了计划与市场并存的"双轨制"时期。这一时期内，粮食价格继续保持了较快的上涨势头，与1984年相比，1990年全国农副产品收购价格上涨了78%，其中粮食价格上涨了近65%。

（一）粮食价格形成机制"双轨制"改革的原因

1. 粮食连年丰产

1979～1984年间，随着粮价的提升和家庭联产承包责任制的推行，中国粮食生产连年丰收，全国粮食供求紧张的状况得到了有效缓解，粮食流通方式也开始发生变化。至1984年，全国粮食产量超过4亿吨，比1978年增长近34%。与此同时，粮食净进口数量从1983年开始明显降低，1985年的出口量甚至超过了进口量。这段时期的粮食增产，缓解了供求矛盾，为维持社会稳定作出了重要贡献，也为粮食价格形成机制的改革奠定了基础。

2. 仓储设施不足

粮食连年丰产，暴露了政府在粮食储备工作中的准备不足。1984 年前后，吉林、河南、安徽等粮食主产区的仓储设施数量明显不足，受流通体系制约又难以外运，出现了"卖粮难"的情况。"卖粮难"的发生，是中国粮食流通体制和粮价形成机制改革的直接诱因。1985 年 1 月，政府颁布了《关于进一步活跃农村经济的十项政策》，将粮食统派购制度改为合同定购。至此，我国粮食进入了政府直接控制的市场与自由交换的市场并存的购销"双轨制"时期。由于粮食连年丰产、国家因仓储不足无力全部收购，因此在 1985 年出台的合同定购中，相应地降低了粮食收购价格。

3. 粮食市场流通体系初具规模

自 1979 年开始，中国长期封闭式、法定单一的粮食流通体系发生了明显改变，多渠道、开放式的粮食流通体系开始迅速建立。1979 年，国家允许农村农产品集市贸易运营，并将其作为社会主义市场经济的一个重要补充形式。农产品集贸市场的开放，改变了当时单一、封闭的粮食流通体制，一定程度上满足了粮食生产快速发展对流通体制的改革要求。1983 年国家明确指出了粮食流通体制改革的方向——坚持以计划经济为主、市场经济为辅的基本路线。同时，建立以国有粮食企业为主导、多种商业形式并存的流通体系，并且提出要打破城乡分割和地区封锁，广辟流通渠道。在国家相关政策的指引下，全国各地的农村集市贸易迅速恢复并不断发展，在粮食流通中发挥的作用越来越明显。由此可见，国有粮食企业主导、多种商业形式并存的流通体系的建立，为粮食价格形成"双轨制"提供了有利的客观条件。

（二）粮食价格"双轨制"的"单轨"运行

1. 粮食价格形成"双轨制"的运行与第一次反复

粮食市场逐步放开、合同定购取代统派购，是中国粮食价格形成由计划形成向"双轨制"转变的重要拐点。然而，粮食流通体制改革并没有顺利地开展下去，合同定购政策刚刚实行不到 1 年便被叫停。其中主要原因是粮食收购价格降低造成粮食减产，进而导致国家"买粮难"。此后，国家在粮食收购时期通常封锁市场。因此，在粮食价格形成的"双轨制"中，绝大多数时间都是"计划"一轨在运行，"市场"一轨则难以有效地持续运行。于是，粮食价格形成机制改革出现了第一次反复（第二次改革反复在 1994 年后出现，后文将详细论述）。

2. "单轨"运行的原因

根据国家 1985 年出台的合同定购政策，政府在收购粮食时，统一按"倒三七"比例计价的合同定购价收购，即 30% 按原统购价，70% 按原超购价，相当于比原来的超购价低10%；同时取消了原来的超购加价政策，对于定购以外的粮食只以原定购价进行收购。这个新方案的出台，意味着新增产的粮食卖给国家不仅价格低于原来的超购价，而且还低于新出台的合同定购价（宋洪远，2009）。因此，农民生产粮食的积极性出现了一定程度的降低，粮食产量在1985年也出现了大幅下降，只有37 911万吨；1986年粮食产量有所提高，达到了39 151万吨，但是仍低于1984年的40 731万吨。

粮食减产很快引起了价格的上涨。至1985年年底，集贸市场上销售的粮食价格就比同期上涨了10%以上，1986年市场粮食价格更是出现了大幅上升。市场粮价的快速攀升，使之与国家合同定购中的价格差距不断拉大，粮农也就不愿意与国家签订新的粮食收购合同。这些情况给国家粮食收购工作带来了很大困难，粮食收购的计划任务也就无法完成。于是，在粮食供求紧张的情况下，为了稳定市场波动，确保政府收购目标的实现，国有粮食部门和地方政府通常在粮食收购时期封锁粮食市场，采用强制性的行政措施来执行收购。与此同时，政府逐步淡化合同定购的"协商"属性，赋予合同定购以"国家任务"的性质。事实上，合同定购性质的改变，标志着国家开始放弃实行不到1年的合同定购制度。因此，粮食价格形成"双轨制"只有"计划"一轨在有效运行。

3. "单轨"运行的维持

为使国家粮食收购任务能够顺利进行，从1986年开始，政府每年都会分地区、分品种的小幅度提升粮食定购价格。但是，这种粮食价格提升是在计划范围内的，粮食价格的市场形成机制仍然处于无效状态。同时，这一时期由于基础投资过高，宏观经济层面出现了一定的通货膨胀，农资价格的上涨也较为迅速。国家出台了一系列的经济治理政策，粮食流通体制的改革步伐和市场化进程也就相应地减缓，甚至停滞。此外，粮食价格受到计划制约，上涨势头缓慢，导致了粮食产量的不断徘徊，供求紧张的局面也没有根本扭转。这些现实经济中存在的问题，都使得政府没有对"双轨制"的"单轨"运行及时调整。直至20世纪90年代初期，国家正式实行市场经济体制后，粮食价格形成机制又发生了新的变化。

四、"双轨制"后期的粮食价格形成机制（1991~2000年）

（一）经济运行与粮食问题的历史背景

1991~2000年间，中国的经济形态和粮食价格形成机制均出现了较大的变革。经济形态方面，国家于1992年开始正式实行市场经济体制，但在1994年出现全国范围内的恶性通货膨胀后，又重新回归以计划调控为主的经济形态。与此相对应，自1991年政府开始进行粮食统销制度改革，至1992年废除统销制度、实行"保量放价"政策，粮食价格"双轨制"实现了由"计划"到"市场"的转轨。但是，随着自1993年年底的粮价暴涨、市场波动开始，政府又收回了对粮食价格的控制权。"计划"为主、"市场"为辅的粮食价格"双轨制"，一直维持到2000年以后。当中国的粮食供求形势再次发生较大的变化时，粮食价格形成机制才出现一些新的变化。

这一时期，中国的粮食价格是1953年以来波动最大的历史时期。从粮食价格的运行轨迹来看，自1992年粮食价格开始上涨，至1995年达到峰值，随后逐步下降至2000年最低值，是一个非常明显的"过山车"走势。由于价格对产量存在明显的牵引作用，这一时期的粮食产量也相应地出现了"过山车"走势。

粮食市场体系方面，在20世纪90年代后期，国家进一步加大以批发市场为中心的粮食市场体系建设，制定了相关的优惠政策与鼓励方案。截至1998年年底，农产品批发市场已经超过了4 000家，初步形成了覆盖全国的粮食批发市场网络，为此后的深化粮食流通体制改革打下了坚实的基础。

（二）粮食价格形成机制改革与第二次反复

1. 粮食价格形成机制的市场化改革

（1）粮食统销制度改革。1990年下半年，中国粮食生产形势好转，为缓解市场供求紧张局势和促进社会稳定作出了重要贡献，也为粮食流通体制改革创造了一个宽松的环境。与此同时，宏观经济环境也出现了好转，通货膨胀得到了有效控制，人民生活不断改善。在此背景下，政府在充分借鉴和吸收各改革实验区的经验教训的基础上，开始逐步调整粮食统销政策。这次改革的主要内容有：一是适当提高粮食的统销价格；二是对城镇居民给予适当的提价补偿。1991年5月，国家正式颁布了对粮食统销价格进行调整的具体方案，提高了向城镇居民统一出售的口粮价格，综合提价幅度达到了67%。这是自20世纪60年代中期以来国家第一次对定量供应城镇居民的粮食统购价格做出调整。

1992年4月，政府在1991年改革的基础上，对粮食统销价格又进行了新的调整，出台了粮食购销同价的政策措施。这次改革的主要内容：一是提高粮食定购价格，希望借此激励农民的粮食生产积极性，并消除农民的惜售心理，最终达到促进粮食产业发展、完成国家定购任务的目的。二是在提高粮食定购价格的同时，对应提高粮食统销价格，基本实现购销同价。这次平均提价幅度达到了43%，为进一步粮食流通体制改革创造了条件。三是继续对城镇居民发放粮食提价补贴，补贴标准与上一年保持一致。

（2）粮食价格形成的市场调节机制的建立。1992年，中国正式实行了市场经济。经济体制改革的步伐加快，推动了粮食价格形成机制的明显变化。1993年年初，政府明确指出了在确保国家定购粮食数量的条件下，让粮食价格由市场供求形成的改革目标。随后，各个地方也都放开了粮食价格管制。至1993年年底，全国98%的地区都取消了对粮食价格和市场流通的管制，粮食价格均由市场自由形成。此即当时的"保量放价"政策。至此，自20世纪50年代开始运行的粮食统销制度彻底被取消，粮食价格也进入了短暂的、完全由市场调节形成的时期。

2. 粮食价格形成机制改革的第二次反复

这次粮食价格政策的大幅调整，是为了顺应宏观层面的市场经济体制建立。同时，改变粮食价格"双轨制"中"单轨"运行的局面，对计划彻底改革，让市场发挥效力。但是，由于改革的客观条件尚不成熟、政府对市场经济运行规律的把握不够，这次粮价政策改革再次出现了反复（上次是1986年年底）。

其实，在1992年正式实行市场经济时，中国就存在基础投资过热、容易引发物价大幅上涨的隐患。但是，由于政府对市场经济运行风险的准备不足，尚未建立起有效的调控体系。政府于1992年推行的"购销同价"、"保量放价"政策，在宏观经济过热的背景下，导致1993年下半年全国的市场粮食价格暴涨。政府为了稳定市场波动，紧急实施挂牌限价政策，并抛售储备粮以压低市场价格。然而，这轮强制性的粮食压价调控过后，1994年粮食出现了较大规模的减产、对粮食生产领域又造成了负面影响。1994年，为了促进粮食生产、确保国家收购任务，同时"顺应"通货膨胀的宏观经济背景，政府大幅提高了粮食计划收购价格。1994年6月，国家将小麦、稻谷、玉米、大豆4种粮食的定购价格平均每50千克提高到52元，定购粮综合收购价提高了40%。

至此，如果我们以1992年为分界点，对中国的粮食价格政策进行对比考察就会发现：政府在1993～1994年出台的"新一轮"调控政策，实际上又恢复了1991年以前的粮食价格"双轨制"运行。并且，"双轨制"中同样是"计划"一轨独大，粮食价格形成机制改革就此转了一个圈。

3. 粮食价格计划形成机制的"失灵"

在1994～1995年，粮食定购价格均在政府参照市场变动后计划形成。但是，1996年预先制定的粮食定购价格则出现了"失灵"，即计划形成的粮食定购价格在收购市场上无法执行。这次粮价政策的落实效果很差，并且造成了当年"卖粮难"。

1996年，我国粮食再次丰收，与1994年相比三种粮食的增产幅度达到了15.6%，粮食滞销苗头已经出现，市场价格已经出现下跌趋势。而由于近年的通货膨胀因素，决策层继续提高粮食定购价格，中等质量标准的小麦、稻谷、玉米、大豆 4 种粮食的定购价格在 1995 年的基础上每 50 千克提高 15 元，并允许地方以此为基准价，在上浮不超过 10% 的范围内确定收购价格。与 1994 年相比，1996 年的粮食定购价格要提高 42% 之多。由于粮食定购价格制定偏高，导致当年市场粮价下滑至定购粮的销售价格之下。面对巨额亏损风险，中央和地方均无力托市，各级粮食风险基金的漏洞也暴露出来（叶兴庆，1997）。由于定购合同不能履行，农民的粮食出现了较大规模的"卖粮难"，经营收益受到了较大程度的亏损。

（三）相关粮食政策与粮食价格形成机制的关系

1990~1991 年，宏观经济基本面出现好转，20 世纪 80 年代后期的通货膨胀也得到了有效控制。于是，国家于 1992 年正式实行了市场经济体制。在此期间，粮食价格政策方面，废除了粮食的统销制度，实行购销同价和"保量放价"的政策，充分发挥供求机制在调节生产和流通中的作用。粮食仓储方面，建立了中央专项粮食储备制度、粮食风险基金和储备粮垂直管理体系。此后，逐步实行了粮食地区平衡和"米袋子"省长负责制，并在 1998 年对粮食流通体制进行了"四分开、一完善"（即实行政企分开、储备与经营分开、中央与地方责任分开、新老财务账目分开，完善粮食价格机制）和"三项政策、一项改革"（即坚决贯彻按保护价敞开收购农民余粮、粮食收储企业实行顺价销售、农业发展银行收购资金封闭运行三项政策，加快国有粮食企业自身改革）为主要内容的一系列改革。这些政策的实行，有些对粮食价格形成机制产生了重要的影响。

1. "米袋子"省长负责制

（1）"米袋子"省长负责制的出台。在 1992 年开放粮食市场以后，由于粮食市场不完善、政府调控体系不健全、全国性通货膨胀等因素的合力，中国粮食价格从 1993 年底到 1995 年出现了大幅上扬，给政府经济管理工作造成了很大的困难。此后，政府在粮食的生产和流通领域都加大了控制力度，在生产领域出台相应的支持政策，在流通领域强化市场管理。1995 年，国家开始推行粮食区域平衡和"米袋子"省长负责制。同时，取消粮食省际间的政府划拨计划，省际间粮食流通全部通过市场进行调节。"米袋子"省长负责制，就是由各个省份的省长直接负责本地区粮食安全工作。具体工作包括：保持粮食播种面积、促进粮食生产、增加粮食储备、平衡粮食供求和稳定市场粮食价格等方面。

（2）实行"米袋子"省长负责制的原因。实行"米袋子"省长负责制的目的是促进粮食生产、保障粮食安全，主要原因包括：其一，当时中国的省级财政相对充裕，尤其是供不应求的粮食主销区，基本上是东南沿海经济相对发达的省份，他们有足够的经济能力解决自身的粮食供求平衡问题。其二，有助于控制部分省份的耕地占用。改革开放后，东南沿海的粮食主销区大多出现耕地过度占用的情况。他们因工业化、城镇化或者产业结构升级等理由，对耕地挤占过多，导致粮食产量出现较为明显的下滑趋势。其三，省长负责制可以降低各省份对中央的依赖性，改变他们的粮食安全思维，分散了国家粮食安全的风险。其四，在当时粮食市场剧烈波动的背景下，一定程度上，省长负责制的出台也受到了布朗"谁来养活中国人"的影响。

（3）"米袋子"省长负责制对粮食价格形成机制的影响。事实证明，"米袋子"省长负责制的实行，对各地区的粮食安全、粮价稳定均起到了一定的作用。从该政策对粮食价格形成机制的影响来讲，它是一个重"计划"、轻"市场"的措施，进一步增强了政府对粮食价格的控制水平。这个政策的出台也说明，政府仍将粮食价格形成机制限定在"计划"这一轨上。因此，由市场形成粮食价格的空间被进一步压缩。

2. 中央专项粮食储备制度和粮食风险基金

1990年，当年的粮食丰收，导致国家粮食周转库和储备库的存粮大幅度增加。为了进一步解决粮食储备问题，增强粮食供求平衡的调控能力，国家开始着手建立专项储备制度；1991年，正式建立了中央专项粮食储备和地方储备的多级粮食储备制度。粮食风险基金是中央和地方政府用于平抑粮食市场价格，补贴因粮食价格提高而增加的开支，是促进粮食生产稳定增长、维护粮食流通秩序、实施经济调控的专项资金。1993年，国家筹划逐步建立中央和省级的粮食风险基金，并在1994年的《粮食风险基金实施意见》文件中，第一次明确建立粮食风险基金制度。1992年粮食价格随行就市、正式放开管理以后，中央和地方财政节省下来的粮食加价、补贴资金要全部划拨到粮食风险基金之中。同时规定，当粮食在收购和储备过程中发生亏损时，中央和各省级的风险基金要相应解决。

这两个政策的出台，有两个直接的目标：一是确保粮食储备数量，并以此来维持粮食的供求总量平衡；二是调控市场粮食价格。由此可以看出，这两个政策也是重"计划"、轻"市场"的措施，有助于将粮食市场价格限定在一定的、政府期望的空间运行。比如，当粮食市场价格上涨过快时，政府一方面可以抛售储备粮来缓解供需矛盾、压低粮价；另一方面，可以直接动用粮食风险基金来平抑粮价。

（四）对粮食价格"双轨制"的简要评析

在计划经济时期，粮食价格完全由计划安排，很难对经济资源进行优化配置，甚至会造成要素配置的失效，使粮食产业处于生产无效率状态。但是，这种价格形成机制的优点在于它的可控性和稳定性，在一定程度上适应了当时经济社会发展的需要。粮食价格形成的"双轨制"转变，虽然大幅提高了农民生产的积极性，同时也带来了粮食价格自身的不可控性和不稳定性，甚至在某些时期会带来经济因素之外的问题，比如社会心理的恐慌等。面对"双轨制"不可控性和不稳定性背后的隐患，政府时常要加以管制，这又会折返到计划经济时期的轨道上。另一方面，"双轨制"中粮食计划价格的确定，一直缺乏理论上的、一个合理的参照体系。有些年份（比如1996年），甚至会造成收购价格高于市场销售价格的倒挂现象，或是大幅增加财政成本，或是导致收购价格无法执行。因此，粮食价格"双轨制"在其存在近20年的时间里，一直处于一个"双重困境"：计划价格不能有效配置资源，与流通体制改革前的状况差不多；市场价格由于自身的不稳定性，时常受到政策管制。

至于粮食价格"双轨制"处于"双重困境"的原因，归根到底是社会主义市场经济初级阶段的基本国情所决定的。具体来讲：宏观层面，政府的宏观调控手段不健全；微观层面，粮食流通的市场体系不完善；中观层面，整个粮食产业仍然是传统农业的运行模式，粮食供求长期处于紧平衡状态，又会偶尔出现短暂的、结构性的、局部的过剩状态。

仅从微观市场来看，粮食价格的有效形成，需要完善的基础设施、通畅的信息传导和相关的价格发现机制。而这些条件在粮改初期并不具备。在粮食的流通环节中，需要从偏远闭塞的农村，经过大量的流通环节，最后在城市销售。在管制相对严格的粮食产业，价格信号很难有效地在不同地区、不同市场中传导。同时，粮食市场价格的有效形成，需要大量的自由交易作为基础，并且，这些交易的结果可以相互影响。但是，当时中国的区域分割明显，不同地区的粮食市场价格不能相互影响，形成一个相对统一的市场价格。在小生产和大市场的交易格局中，中小农户也无法具有和流通企业对等的谈判地位和市场信息。因此，微观市场的不健全，明显制约着粮食价格市场形成的有效性。对于微观市场发展和粮食价格形成机制的关系，许多国外学者也认为：物流、仓储等基础设施投资和完善，是促进粮食流通体制市场化改革的重要前提（Sicular, 1995；Park et al., 2002）。

粮食价格形成的"双轨制"，是中国在"由计划向市场"转轨过程中的一个制度产物。同时，由微观市场基础决定了上层制度建筑。1992年，在正式实行市场经济体制的背景下，中国试图跳出粮食价格"双轨制"的约束，充分发挥市场在价格形成和资源配置中的作用。但正如前文所述，这次尝试不到1年，就出现了粮改的"第二次反复"。其根本原因就在于，制度改革脱离了微观组织基础。当时的市场基础设施和价格传导机制，不足以形成有效的、稳定的市场价格，这使得粮价机制重归"双轨"，甚至政府对市场实施了更加严格的管制。

"双轨制"作为过渡时期的过渡政策,在粮食价格形成机制中难免出现各种问题。但是,它作为中国粮食流通体制改革的逻辑起点,推动了粮食价格形成机制逐步由计划向市场的转变。同时,1985年开始实行的粮食价格"双轨制",从根本上改变了农村地区的交易环境(Sicular, 1995)。

五、深入市场化改革时期的粮食价格形成机制(2001年至今)

(一)宏观经济背景和粮食供求形势

2001年至今,是中国粮食价格形成机制的一个新阶段。在这段时期内,宏观经济背景和粮食供求形势都发生了较大的变化。宏观经济方面,市场经济条件下的宏观调控体系基本建立,物价水平也一直被控制在一个较低的合理水平,中国加入WTO进一步促进了国内市场经济体制的完善。粮食供求方面,在1996~2003年间,中国粮食一直处于供大于求的状态,粮食产量和粮食价格持续走低。其中原因主要是20世纪90年代中后期,国家储备的粮食过多,储备率连续多年保持在50%~60%之间,远远超过联合国粮农组织17%~18%的安全储备标准。这些超额的粮食储备给财政系统带来了极大的负担,于是国家在1999~2003年间大幅释放储备,并于2000年实行粮食储备部门的"政企分家",成立中国储备粮管理总公司,实行自主经营、自负盈亏。2004年后,国家又通过粮食提价、取消农业税、加大财政补贴力度等措施刺激前期低迷的粮食生产,至2012年,实现了粮食产量的9年连增。但是,由于国民经济发展引致居民消费结构升级,在粮食连年增产的背景下,中国的粮食供求一直处于总量平衡而结构紧平衡的状态。

(二)粮食价格形成机制

2001年国务院颁布《关于进一步深化粮食流通体制改革的意见》,决定完全放开主销区粮食购销,指出粮食价格要由市场供求形成。其中原因:一是因为主销区多为东南沿海省份,经济相对发达,粮食市场体系较为健全;二是因为开放主销区可以发挥市场供求机制,转变自1996年以来的粮价下滑趋势,进而稳定主产区的粮食生产。2004年,国务院再次发布《关于进一步深化粮食流通体制改革的意见》,明确指出要在全国范围内开放粮食收购市场,粮食收购价格由市场供求形成,政府在充分发挥市场供求机制的基础上实施宏观调控。

1. 粮食价格形成机制的变化

在这些经济背景下,中国的粮食政策和价格形成机制也发生了新的变化。简而言之，形成了一种在国家宏观调控下的粮食价格市场调节形成机制。在这种粮食价格形成机制中，粮食价格主要由市场供求形成，并且运行在政府认为合理的、一定的空间范围内。当粮食价格的市场运行超过了这个空间的上限，国家会动用储备调节、粮食风险基金和粮食进口等措施来抑制粮价，使之回归到原有的空间范围内；反之，当粮食价格的市场运行跌过了这个空间的下限，国家会启动粮食最低保护价格政策，对粮食市场价格形成支撑。

由此可见，在政府预期的空间范围内，粮食价格的形成机制是以市场调节为主。在确保调控措施能够切实执行，并有效发挥其政策效力的条件下，政府干预的主要是粮食价格的运行机制。并且，随着各项调控政策的完善，调控的效果也越来越明显。比如，2006年下半年到2008年，国际市场粮价大幅上扬。受此影响，国内粮价也出现了较为明显的上涨势头。但是，政府综合运用多种政策组合，确保国内粮价并未出现大幅的波动。

但是，需要注意的是，即使是在政府预期的空间范围内，我们也不能说粮食价格完全是由市场调节形成。这是因为，政府的粮食最低保护价制度不仅可以限制粮食价格的运行，同时也影响着粮食价格的形成。对于这一点，我们将在下文中详细分析。

2. 政府粮价政策目标的变动

自从20世纪90年代后期，中国粮食供求形势发生转变之后，政府粮价政策的目标也发生了转变。主要表现在：粮价政策的出发点，已经由刺激生产，开始向稳定宏观物价水平转变。特别是经历了1994~1996年间的恶性通胀之后，更加快了这个转变的进程。在2000年后的粮食政策中，政府也在进一步弱化粮食生产对价格的依赖性，比如2004年正式实行的取消农业税、加大粮食直补等措施。也就是说，原本由价格承担的刺激生产的作用，现在一定程度上"转让"给财政支农。如此一来，粮食价格政策的职能就可以向稳定物价的方向靠拢。

（三）相关粮食政策对粮食价格形成机制的影响

1. 最低保护价格制度的完善

中国的粮食保护价制度设立于1990年。当年7月的《关于加强粮食购销工作的决定》中规定，在完成国家定购任务后，不能拒绝农民出售余粮的意愿，要按照一个保护价格来收购余粮。保护价格制度正式建立是在1993年，当年2月国家颁布了《关于建立粮食收购保护价格制度的通知》。但在2004年以前，由于粮食流通体制改革的不断变动，粮食保护价格制度的运行效果并不理想。在2004年以后，粮食保护价格制度的构建趋于完善，它的政策效果也开始发挥出来。

最低保护价格制度不仅影响着粮食价格的运行机制，而且影响它的形成机制。根据惯例，国家通常在每年的新粮上市之前公布最低保护价，这对当年市场上的粮食价格形成具有较强的"指导性"。很多粮食生产者、加工销售企业，都会将其视为粮价变动的风向标，并依据这个预期来安排自己的生产经营行为，最终影响市场供求和价格形成。由于最低保护价的出台是一种计划安排，因此，国家仍然对粮食价格形成机制具有间接的调控作用。

2. 粮食直补的价格替代效应

在分批放开粮食购销的同时，国家逐步建立和完善了粮食直接补贴制度。对种粮农民实行直接补贴，最早是在2000年提出的政策构想，2002年在安徽省首先试点。2004年，国家决定全面实行对种粮农民的直接补贴。

出台粮食直接补贴制度，最直接的目标是增加粮农收入、调动他们的种粮积极性，以此稳定粮食生产。与此同时，这个政策也有间接地降低粮食价格的作用。在没有粮食直补的情况下，农民种粮收益主要来自粮食价格和生产成本之差。当价格偏低、收益降低时，农民就会减少供给，等待价格回升后再增加供给。从农民的视角来看，这是十分正常的生产经营行为。但是，粮食供给减少、粮食价格波动所带来的经济成本和社会成本是政府不愿看到的。理论上，出台粮食直补政策后，农民种粮收益变成了价格与成本之差再加上补贴。这样，农民对粮食价格的依赖性就会降低，他们的生产和销售行为对价格变动的敏感性也会降低。因此，粮食直接补贴制度弱化了市场供求对粮食价格形成的作用，具有间接调控粮食价格的作用。

第二节　粮价调控目标与生产价格形成

由于粮食的特殊重要性，无论在计划经济时期还是在转轨时期，我国农民的粮食大部分由国有粮食部门或企业所收购，生产价格主要由政府相关部门通过计划制订形成。这使得粮食收购市场近似成为一个买者少而卖者众多的买方垄断市场[①]。但与普通垄断厂商通过控制价格来追求利益最大化不同，政府在粮食收购市场上制定的价格目标一直具有多重性。改革开放前，除粮食安全之外，产业政

---

① 虽然各地均有粮商在农村设点收购粮食，但最后通常统一运输并出售给乡镇上的国有收购部门或企业。

策、利益分配等目标也影响着我国粮食生产价格的形成。

新中国成立初期,在严酷的国际政治军事环境中,通过计划安排和价格扭曲来实现资金密集型产业的跨越式发展是当时的制度背景,农业则成为实施这种赶超战略的资本积累的来源。粮食的收购和消费价格被制定得很低,明显倾向于发展重工业、降低城镇居民生活成本等政策目标,1953～1978年间只进行过2次调整(1961年、1966年)。这些政策目标没有考虑到生产成本因素和利润平均化趋势的经济规律,导致种粮收益长期低于社会平均水平,严重制约了粮食生产的发展和农民种粮的意愿,造成粮食"越少越统、越统越少"的恶性循环(宋洪远,2009)。针对计划体制下的粮价扭曲,孙冶方(1959)、杨坚白(1963)、何建章等(1964)提出工农产品的非等价交换无益于农业生产和国民经济的发展,社会主义制度下的产品价格形成应该以生产价格为基础[①],并为此后的物价改革提供了重要的理论依据。改革后,孙冶方(1978)再次论证了生产价格在社会主义商品价格形成机制中的基础性作用,提出长期存在的工农产品价格剪刀差是对价值规律的违背。学界和政界也普遍接受了社会主义条件下仍然存在利润平均化的观点,认为商品按生产价格理论定价是社会化大生产和商品经济的客观要求。随后1979～1984年间,我国转变了以往的"廉价粮食政策"(Reardon, T. and C. P. Timmer, 2007),粮价总体约上涨了98.1%,与家庭承包责任制共同造就了连年丰收的好局面。但是,这个时期的粮价上涨主要是政府迫于严峻的粮食供求形势,粮食生产价格的计划形成仍然没有规范化的理论基础和标准化的参照体系,并且脱离于全社会商品生产价格的市场化形成体系之外。自1985年的粮价体制改革开始,社会主义市场经济理论逐步成为粮食生产价格形成的理论基础。随着市场结构、储备制度,以及赋税减免、生产补贴等机制和政策的完善,国家粮价调控目标发生了显著的变化,供求关系、价值规律等因素逐渐成为粮食生产价格计划形成的参照标准。

一、粮食总供给、总产量与粮食生产价格

(一) 双重因果关系

刺激粮食生产、保障供求的总体平衡,是粮食生产价格计划形成的重要目标。粮食总消费量与人口总数相关,其变动趋势较为平稳,影响供求均衡的主要

[①] 此观点曾引起学界对"社会主义是否存在利润和生产价格"、"价值和生产价格谁是价格形成的基础"等问题进行激烈的争论,但是这场学术争论因"文革"而被迫中止。

因素来自于总供给方面。限于对粮食国际贸易的管制，国内稻谷、小麦、玉米等主要粮食品种的总供给主要由当年产量和储备吞吐量二者组成（2008年之后才出现一定规模的进口量）。

从逻辑上讲，粮食生产价格与粮食供给之间有着双重因果关系。

第一，供给引起价格变动。当粮食供给量过大、超过消费需求和储备规模时，必然会导致政府将粮食生产价格调控在较低水平；反之，粮食供给量小于消费需求时，政府则会将其调控在较高水平。

第二，价格引起供给变动。当粮食生产价格提高时，农民有利可图，自然会增加粮食生产的投入，进而增加产量和供给。反之，当粮食生产价格降低时，生产经营收益下降，就会导致减产和惜售。

粮食生产价格与粮食供给之间的双重因果关系，是同时存在的，是一种相互制衡的市场机制。其中，供给引起价格变动的机制，是二者间的反向调节机制，也是粮食供给对粮食生产价格形成机制影响的表现；价格引起供给变动，是价格"牵引"产量的正向促进机制，也是政府价格调控政策效果的表现。

为了更好地展现这两种机制，下文将分别详细说明。

（二）反向调节机制

1985年粮改以来，每当国内粮食总供给不足、供求局势紧张时，政府就会制定较高的生产价格政策来刺激粮食生产；当供给充裕、丰年有余时，则会降低价格以节减收购、运输、储备等项目的财政支出。因此，粮食生产价格与总供给形成了反向周期变动的调节机制。如图8-1所示，1988~1990年间，国内三大主粮供给总量[①]由3.28亿吨迅速增加至3.61亿吨，真实生产价格[②]则在1989~1991年间由每公斤0.36元降至0.31元。此后，由于1994年的粮食大幅减产造成了1994年、1995年两年间总供给的相对紧缺，政府相关部门便通过高价收购粮食来刺激生产、增加储备，并最终导致1996~2002年间总供给的相对过剩和粮食生产价格的不断调低。

为了能够更好地反映出二者之间的反向调节机制，我们采用HP滤波的方法，剔除变量自身的长期趋势，只保留波动幅度。可以发现，经HP滤波剔除变量自身的长期趋势后，粮食生产价格与总供给的反向调节机制表现得更加明显。如图8-1所示，至少在四个时间段内，粮食生产价格和粮食总供给表现出了明显的反向变动。一是1989~1993年，二是1994~1996年，三是1997~2002年，

---

① 数据来源于美国农业部数据库，库存量包括官方和民间的储备。
② 以1985年为基期（=100）平减全国CPI指数后所得。

四是 1998~2006 年。如果我们把这些时间段连成一个整体，就是在 1989~2006 年间，粮食生产价格与粮食总供给一直处于反向变动的状态。

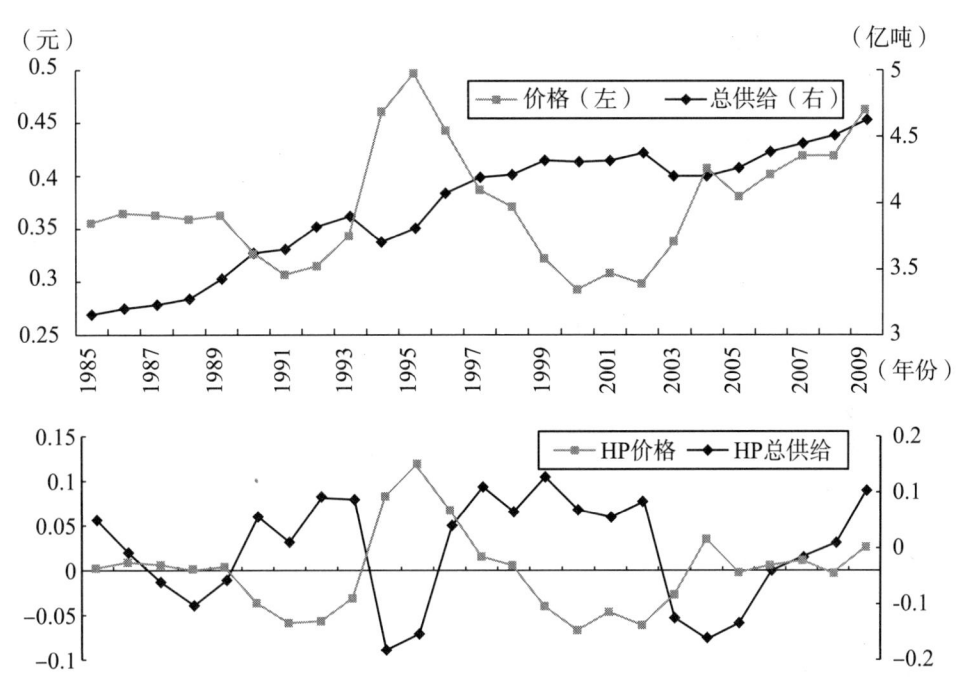

图 8-1 1985~2009 年三种粮食国内总供给及真实每公斤生产价格

资料来源：《中国统计年鉴》、美国农业部，作者整理后所得。

（三）价格牵引机制

在分析价格牵引机制时，我们主要分析价格对产量的牵引。一是因为粮食产量是粮食总供给的主体；二是因为生产价格对粮食产量的刺激作用最为直接。

需要说明的是，1978~1984 年间粮食产量的快速增长主要得益于家庭承包责任制对农村劳动力的释放，粮食流通体制还未进行相应的改革，以价格调控产量的市场机制作用有限。直至 1985 年全面取消统派购制度后，市场机制的作用才开始显现。因此，此处选取 1985 年后的数据来分析我国粮食价格与产量的变动关系。从图 8-2 可以看出，1985~2011 年间我国粮食价格[①]对粮食产量的"牵引"作用十分明显：1985~1996 年粮食价格走势呈"N"型变

---

① 如无特殊说明，下文中的粮食价格均指稻谷、小麦、玉米三种粮食按产量加权平均后的收购价格。

动,粮食产量随之经历了"增长→下降→增长"的过程;1996~2011年价格走势呈"U"型倒转,粮食产量也随之经历了先降后升的过程。进一步分析可以发现,大多数年份的粮食产量与粮食生产价格的同向变动关系存在明显的滞后1期。

但某些年份的粮食产量与上期的粮食生产价格也出现过反向变动(如1988年、1994年等共5年,在图8-2中圈出),这些个案是否能够证明依靠粮食价格来调整下期产量的机制失灵?对于此,学界的关注度不够,也无相关文献系统研究。分析这些个案产生的原因后我们发现,粮食生产价格虽然是影响我国粮食产量最显著的因素,但除此之外还有机会成本、收益预期和一些市场外因素(如储备政策、财政补贴政策等)。在某些年份,当经营收益或其他政策因素对粮食产量的影响超过了粮食生产价格,就会出现产量与价格的反向变动。下面我们将对这几次反向变动的原因给出解释。这个问题解释清楚了,就通过反证法、更好地解释了粮食价格对产量的牵引机制。

第一次是1988年。1985~1989年间,我国三种粮食收购价格在5年内持续稳定地上涨了173.63%,三种粮食产量由3.18亿吨增加至3.5亿吨,但在1988年出现了减产,与上期粮食收购价格上涨出现了反向变动。主要原因是1985年后由于农资价格迅速上涨抵销了粮食收购价上涨的积极作用,导致粮食生产成本增加和成本利润率降低,影响了农民的生产积极性。1986~1987年三种粮食每公斤收购价格上涨了约8.7%,每公斤成本则增加了约22.2%,明显高于价格涨幅,如图8-3所示;同时每亩成本利润率降低了近21个百分点,降幅约为30%。因此,虽然1987年收购价格上涨,但生产成本上升更快和成本利润率下降导致了1988年的粮食减产。

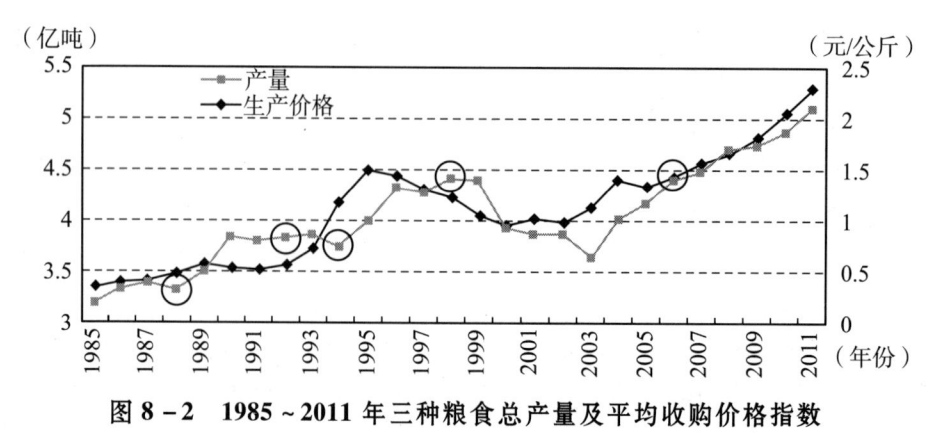

图8-2 1985~2011年三种粮食总产量及平均收购价格指数

资料来源:根据历年《中国统计年鉴》与《全国农产品成本收益资料汇编》处理后得出。

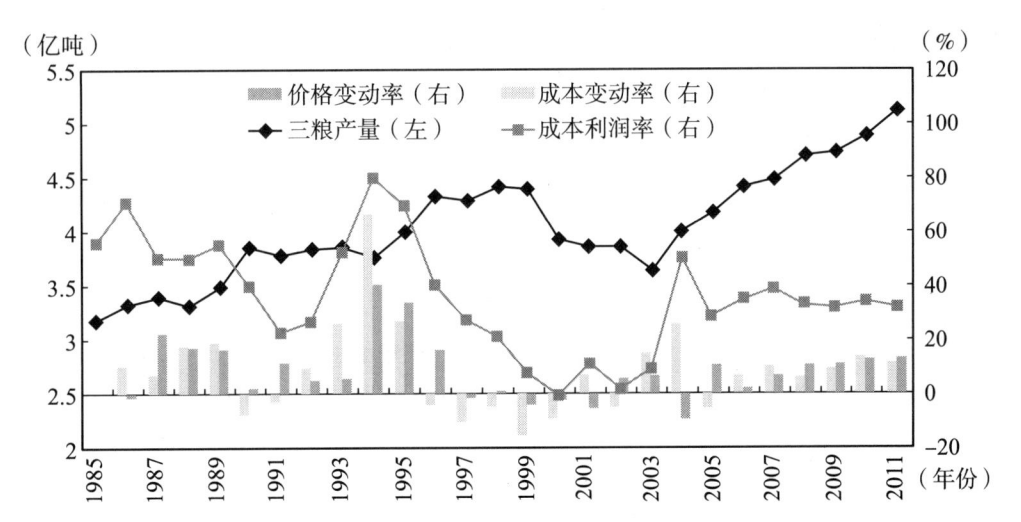

图 8-3　1985~2011 年三粮总产量、成本利润率、价格变动率与成本变动率

资料来源：根据历年《中国统计年鉴》和《全国农产品成本收益资料汇编》处理后得出。

第二次是 1992 年。由于 1989 年、1990 年的粮食丰产，政府在 1990 年、1991 年两年内降低了粮食收购价格。但 1992 年的粮食产量不降反升，主要得益于国家应对 1991 年的粮食减产，在 1992 年 2 月发布提高粮食定购价格政策。只是限于发布时间在年初，从统计口径上看，无法在图 8-2 中 1991 年的时点上体现。因此，实际上 1992 年的粮食产量与收购价格是同向运行的。

第三次是 1994 年。1994 年粮食减产，与 1993 年收购价格上涨反向变动，其原因是 1993 年年底出台的平抑市场粮价政策。1993 年全国多数地方放开粮食销售价格导致年底市价暴涨，政府紧急实施了挂牌限价政策，并抛售储备粮以压低市场价格，对 1994 年的粮食生产带来消极影响。这段时期粮食价格的相关政策变动较为频繁，虽然图 8-3 中的收购价格和成本利润率均无法显示这种变动，但实际上仍是价格和利润水平及其预期在"牵引"产量的变动。

第四次是 1997 年。当年的粮价和种粮利润同时下滑，但是 1998 年却实现了粮食增产，主要原因有两点：一是价格政策因素。1996~1997 年粮食价格经过迅速上涨后开始下跌，针对 1996 年粮食定购价格设定过高、偏离市场价格，甚至由于制度缺陷无法按保护价收购的情况（叶兴庆，1997），1997 年粮食部门小幅调低了定购价格，但同时全国统一规定以定购基准价为保护价敞开收购农民余粮，并对粮食仓储部门的贷款利息、相关费用据实补贴[①]。此举稳定了粮食市场，与 1996 年无法托市的情形相比，1997 年粮食收购的实际价格有所提高，也

---

① 详见：国务院《关于按保护价敞开收购议价粮的通知》（国发[1997]27号），国家粮食储备局、国家计委、财政部《关于下达粮食部门合理粮食周转库存和正常销售指标的通知》。

保护了农民的粮食生产积极性。二是自然条件因素。1998年全国农业耕地成灾面积比1997年大幅减少了5 228千公顷,其中59.16%为谷物面积;按当年单产4 953吨/千公顷计算,可收获谷物约1 532万吨,其中三大主粮约占96.74%[①],折算后约为1 482万吨,而1998年的实际增产只有1 306万吨。可见,如果与1997年的客观条件相同,在粮价和利润同时下滑的背景下,1998年粮食很难保持增产。

第五次是2006年。当年出现了粮食增产与上年价格下跌的反向变动。在2005年,我国粮食收购价格出现了高位盘整、稳中略降,降幅约为8.4‰;农资价格的相对快速上涨也导致2005年的三种粮食成本利润率由上年的49.69%下降至28.84%。但这些因素并未对2006年的粮食生产造成明显的影响,主要是因为2004年后国务院相继出台的"两减免、三补贴"等惠农支农政策发挥了作用。2006年实现了在全国范围内全面取消农业税,财政支农总额达3 172.97亿元,比2005年增加722.66亿元,增幅为29.5%,同时2006年的三种粮食播种面积相比2005年增加了300万公顷以上,增幅达到了3.87%。因此,各种政策合力后,虽然2005年的粮食收购价格和成本利润水平有所下降,但2006年粮食产量仍然保持了增产。

综上,在粮食产量与前期收购价格反向变动的年份中,1998年、2006年是缘于政策干预等非市场因素;1992年、1994年是由年底或年初的非收购期价格政策变动引起的,终归还是前期价格引起后期产量的同向变动;而1988年的反向变动,则是价格变动幅度不够、没能引起种粮利润的同向变动。因此,若将非市场因素影响较大的年份去除,在粮食产量和上期价格反向变动的年份里,粮食价格仍是影响产量的核心因素。

二、市场价格与粮食生产价格

(一)变动趋势分析

1985年后,我国粮价进入了生产价格与市场价格并存的"双轨制"时期[②]。随着市场流通体系的建设和完善,市场粮价的波动开始愈加准确地反映出国内粮食供求的基本状况,并成为粮食生产价格形成机制中重要的参照标准。2004年,

---

① 相关数据来源于《中国统计年鉴1999》。
② 1985年中央一号文件《关于进一步活跃农村经济的十项政策》粮食取消统购,改为合同定购,定购以外的粮食可以自由上市。

《国务院关于进一步深化粮食流通体制改革的意见》更是明确提出转换粮价形成机制：粮食生产价格由市场供求形成。1985~2009 年的 25 年内，除 1991 年、2001 年、2005 年三年外，其余年份的两种价格均保持了同向变动趋势，并且变动的幅度十分接近，如图 8-4 所示。下面将探讨这三年特殊情况的原因。

1990 年的粮食丰产导致 1990 年、1991 年两年间的粮食生产价格持续降低。但在 1991 年 5 月，国家大幅提高了城镇居民定量内口粮的销售价格，各品种平均提价幅度达 67%，此举引起了市场粮价的大幅上升。

1996~2003 年间，我国粮食生产价格和市场价格均处于总体下降趋势之中。2001 年，粮食供给总量仍然处于高位，市场价格持续下降。但 2000 年三种粮食约减产了 4 700 万吨，总产量与总消费量差额由 1999 年的 2 209 万吨减至 -2 883 万吨。受迫于减产压力，政府试图逆市小幅调高粮食生产价格以刺激生产。然而由于幅度过小，提价的政策效果并不理想，2001 年的产销差额扩大到了 -4 130 万吨。

2005 年，粮食总供给仍然处于低位，市场价格持续上涨。而 2004 年粮食生产价格大幅上涨了 25%，粮食约增产 11%，价格刺激效果显著。同时，由于政府实施了全面取消农业税、设立粮食生产专项补贴等价格替代政策，于是 2005 年的粮食生产价格出现了高位盘整、略微回调的情况。

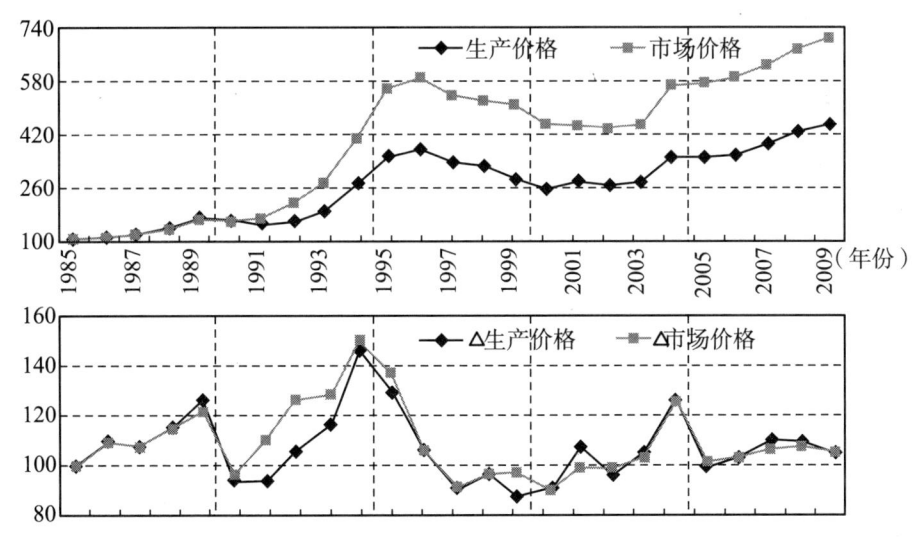

图 8-4　1985~2009 年粮食生产价格指数、粮食市场价格指数（1985 年 = 100）及其变动率

资料来源：历年《全国农产品成本收益资料汇编》、《中国统计年鉴》，笔者整理后得出。

通过上述分析，在 1985 年后的 25 年间有 22 年保持了同向变动；反向变动的3年内,有2年是由于政府的特殊价格政策引起,1年是迫于严峻的生产形势。可见粮食市场价格与生产价格之间的作用机制十分紧密。若从2002年后国家统计部门公布的季度数据进行观察,粮食市场价格与生产价格之间的同向趋势和拟合程度依然十分明显,并且市场价格的变动略微领先于生产价格,如图8-5所示。

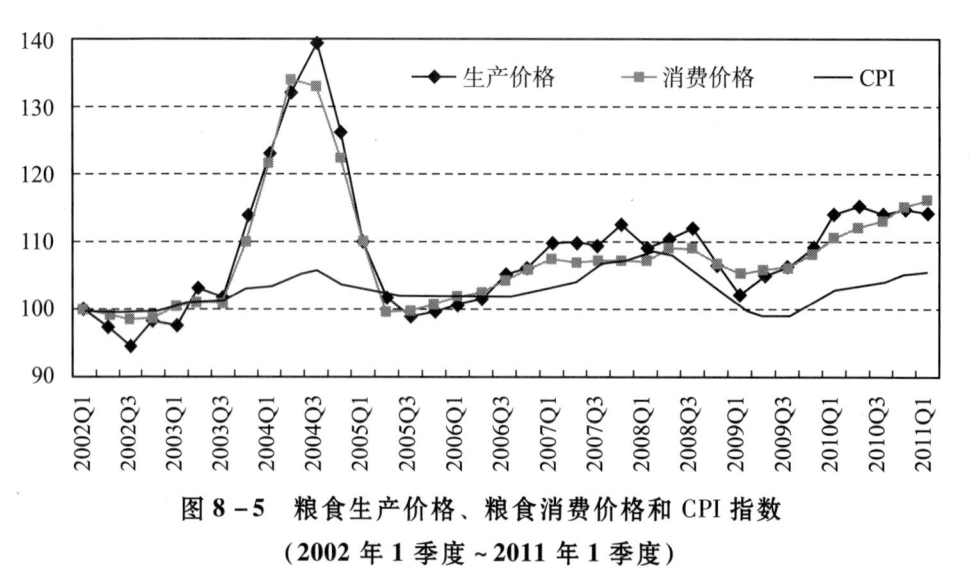

图8-5 粮食生产价格、粮食消费价格和CPI指数
(2002年1季度~2011年1季度)

资料来源:历年《中国农产品价格调查年鉴》、中经网数据库,笔者整理后得出。

(二)作用机制分析

1985年粮食流通体制改革以后,市场粮价逐步形成,并与粮食生产价格之间产生了互动影响。但是两种价格的相互作用在不同的制度环境下存在差异:在市场经济比较完善时,市场粮价由供求关系决定,可以发挥对粮食生产价格的引导作用。而在体制转轨阶段,宏观决策层面和微观执行层面都存在高昂的交易成本(Coase,1937;Arrow,1969;Williamson 1975;North,1981;程漱兰,1997),市场粮价会明显受到计划价格、购销政策和市场结构等因素的影响(严敏等,1996)。

20世纪80年代末,中国宏观经济出现了基础投资过多、物价上涨过快等问题,引起了粮改的市场化方向几经反复,市场粮价的形成和运行较为紊乱。如1988~1989年国家因整顿经济秩序而收回粮价管理权限,致使粮改中止;1990~1993年则加大粮改力度,取消统销制度,由供求关系决定市场粮价;1993年年底,全国粮食市场开放引起了市场价格暴涨,国家紧急实施挂牌限价政策,并抛售储备粮以压低市场价格;1994年又因粮食减产而放开价格,并在1994~1996年间受全国性通胀的推动大幅上扬。可见,当时由市场决定粮食价格的机制并不成熟。市场粮价经常大幅涨跌,计划价格又难以及时反映消费领域的供求关系,中央在粮价政策上也处于两难的境地(李炳坤,1994)。在粮食收购工作中,为了保证粮食定购数量的充足,各地方部门通常在完成收购任务之前对粮食市场进行封锁或限制(唐仁健等,1996);或是在粮食丰产、牌价高于市价时开放粮食市场,而在粮食减产、牌价低于市价时则实施低价强制收购,实际上以市场供求形成粮食价格的机制并不存在。这个阶段,双轨制中计划形成的粮食生产价格对市场粮价的作用是决定性的。

此后,粮食生产价格形成的政策目标在逐步发生变化。随着第二、第三产业的快速发展和经济实力的不断增强,国家不再需要农业来提供外生的资本积累,而是在保障粮食安全的基础上,更多地出于对稳定市场粮价的考虑(柯炳生,1998)。政府多次调整购销政策,逐步引导粮食生产价格向市场价格接近,促进了市场化改革的深入和广义上农业产业化的发展(Sahn et al.,1997;Reardon and Barrett,2000)。但在2000年之前,粮食流通体制改革尚未成熟,通过调控粮食生产价格来稳定市场粮价的政策效果并不理想。如1996年,粮食丰收后的滞销苗头已经出现,市场粮价迅速回落并下滑至计划价格之下。政府的决策成本较高,难以灵活地对市场作出反应,供给的过剩问题不能及时地得到解决。由于当时的保护价格制度和粮食收购风险基金制度并不完善,面对巨额的财政亏损风险,中央和地方均无力托市(叶兴庆,1997)。进入21世纪后,市场体系逐步完善,粮食流通体制改革进入了相对成熟的阶段。市场粮价运行的独立性逐步增强,波动幅度也在可控范围之内,粮食生产价格和市场粮价的相互关系也发生了变化。特别是2004年后,政府强调供求机制在粮食生产价格形成中的作用,市场粮价对粮食生产价格的引导愈加明显。

三、生产成本利润与粮食生产价格

根据马克思的生产价格理论和平均利润学说,粮食生产价格的构成是粮食部门平均生产成本与全社会平均资本利润率之和,即种粮的成本和应得的利润水平是粮食生产价格的决定因素。理论上,在社会化大生产和市场自由竞争的条件下,不同部门之间的利润平均化导致了生产成本、生产价格和市场价格三者之间相互影响,具有良好的联动效应。如生产成本增加导致了种粮的利润下降,会造成生产部门的资本撤离和粮食减产。供小于求将引起市场价格上涨和流通利润增加,这会吸引更多的资本进入流通部门,并竞争性地提高粮食生产价格进行收购,最终形成生产部门和流通部门利润水平相同的初始状态。反之,若需求等因素引起了市场粮价的变动,也必将迅速传导至生产价格和生产成本上。但是,当前我国的粮食市场具有特殊性：面向居民销售粮食的商业企业或农贸市场近似于自由竞争，收购市场则因行政性的收储和调控而近似于买方垄断，这与生产价格定义的理论基础存在较大区别。

改革开放前，整个商品价格体系均由计划形成，种粮利润只是由粮食生产价格和成本价格之差被动生成，毫无反向作用。改革开放后，随着劳动力要素在城乡之间流动的自由度增加，种粮成本利润开始对粮食生产价格产生了反向作用。当种粮成本较高或利润较低时，农民可以通过放弃种粮、进城务工来保持自身收入的增长，而供给减少就会反向"激励"国家制定更高的价格。如图8-6所示，1990~1992年间，稻谷、小麦和玉米三种粮食的生产成本明显高于生产价格，1991年和1992年的真实每公斤净利润分别比1989年下降了55%和47%，导致了农民生产积极性的衰退和1994年的粮食减产，最终迫使政府在1994年、1995年两年大幅提高价格。1997~2003年也是种粮利润下滑、粮食减产，最终引起了2004年后的价格高位运行。

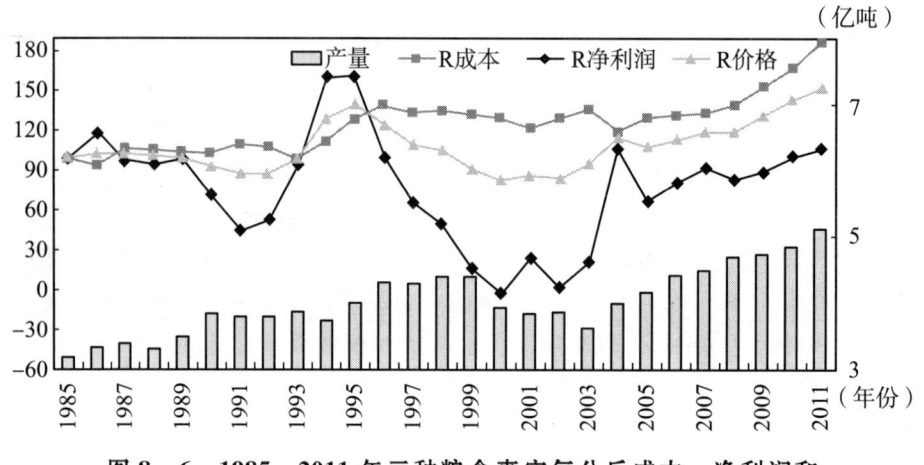

图8-6 1985~2011年三种粮食真实每公斤成本、净利润和生产价格的指数变动（1985年=100）

但比较分析会发现，这两个相似的变化过程又有着不同之处：由于1997~2003年间国有粮库积压并抛售了大量储备粮①，种粮利润下滑、粮食减产对国内粮食总供给的冲击有限。因此，1997~2003年间的利润和产量同时大幅下滑，但反作用于价格的"滞后效应"却较长。1990~1992年的制度环境有所不同，一是在1992年中国全面实行了市场经济，价格管制大幅放开，利润下降→总供给减少→价格上涨的传导机制十分迅速；二是国家专项粮食储备制度刚刚建立，

---

① 1997~2002年间，我国粮食储备率分别达到了51.1%、56.9%、62%、56.5%、54.1%、55.5%（丁声俊，2007），远超过了联合国粮农组织（FAO）设定的17%~18%的安全储备标准。

对市场运行尚无明显影响。可见，种粮成本利润对价格形成的反作用要依靠粮食总供给这个中间环节。从政府对粮价的调控目标来看，粮食安全或总量供求平衡是直接目标，种粮成本利润只是影响产量的间接目标。随着中国粮食储备保障体系的建立和健全，政府有能力在减产的年份通过投放储备来填补市场的供需缺口，而不再单纯地依靠提高粮价来刺激增产。在一定程度上，储备粮的吞吐"烫平"了因产量变动所引起的价格波动，或者说"缓冲"了种粮成本利润对粮食生产价格的反向作用。

中国加入 WTO 后，国内外两个市场的联动效应逐步增强。2006~2008 年上半年国际粮价出现了大幅上涨，政府为了维持市场稳定，通过出口限制、价格调控等措施抑制了国内粮价，但粮农也"错过"了一次增收的历史机遇（黄季焜等，2009），真实的种粮利润水平几乎没有变化。从利益集团理论分析（Bentley，1908；Truman，1951；Stigler，1971；Becker，1983；McChesney，1987；Ellig，1991；Laffont and Tirole，2002），通过牺牲农民收益来维持经济发展的制度安排仍然存在。种粮成本利润和粮食生产价格之间的作用机制，也并没有随着粮食流通体制的市场化改革而产生明显效果。

四、粮食储备与粮食生产价格

新中国于 1955 年正式划定储备粮仓①，1990 年建立国家专项粮食储备制度，其政策目标主要就是平衡市场供求和稳定粮食价格。在粮食生产价格的形成机制中，储备的存量水平或增量变动发挥着一定的作用。但是，中国一直处于快速的经济转轨过程中，粮食储备制度也随之不断变化。那么，在不同的历史时期，储备调节对粮食生产价格形成机制的作用就各不相同。如果要做一个定性的判断，应该是粮食储备制度相对健全的时候，储备对粮价的作用更加明显、更加稳定。鉴于中国在 2000 年成立了中国储备粮管理总公司，实现了"政企分离"，强调市场机制在储备调节中的作用，应该说 2000 年之后的储备调节对粮食生产价格的作用机制要更加成熟。

粮食储备量数据在国内一直是粮食部门的涉密数据，无法获取，本书主要参考美国农业部的数据。需要指出的是，这里的粮食储备，并不是中国政府的国有粮食储备，而是国有储备和民间储备的总和。由于普通居民的粮食储备通常用于自留消费，也没有储备设施，他们储备的数量较小。因此，本书的粮食储备数

---

① 1954 年 10 月，中央在《关于粮食征购工作的指示》中，提出了"为了应付灾荒和各种意外，国家必须储备一定数量的粮食"。

据，其主体是国有粮食储备。

图 8-7 反映了粮食储备调节与粮食生产价格的变动关系。直观来看，从 1985~1999 年间，中国粮食储备数量一直处于上升状态（只有 1993 年的储备量出现小幅减少，可能是因为 1993 年下半年全国粮价暴涨，政府为了平抑粮价而进行了储备粮抛售）。这段时期的真实粮食生产价格时高时低，似乎储备量持续增加的态势对价格没有较大的影响。2000~2005 年间，连续 6 年中国的粮食储备水平下调。其中原因主要是 2000 年开始的"政企分离"，刚刚成立的中储粮公司要自负盈亏，为了摆脱沉重的超额储备负担，而进行了连年的储备抛售。这段时期的储备抛售，是粮食生产价格一直处于低水平的主要原因。而粮价连年处于低水平运行，损伤了农民种粮收益和生产积极性，也严重破坏了当时的农业生产。因此，政府不得不在 2004 年"重拳出击"，出台大幅提高粮价、取消农业税、实施粮食直补等一系列政策组合。2006 年后，中国的粮食储备量又重新处于增长态势，同时期的真实粮食生产价格也逐步向高位运行。

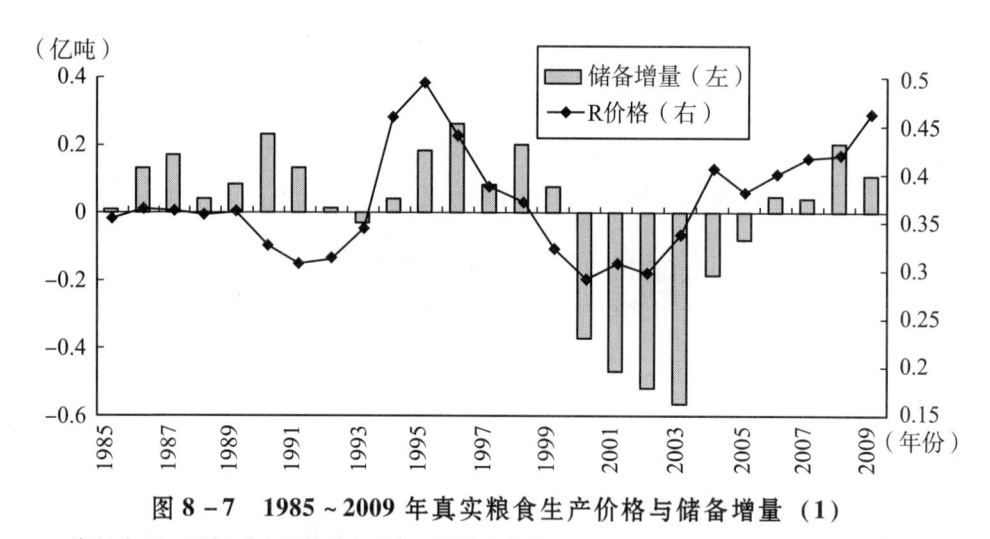

图 8-7　1985~2009 年真实粮食生产价格与储备增量（1）

资料来源：历年《中国统计年鉴》、美国农业部。

图 8-8 是经过 HP 滤波、去除趋势项而保留波动项的关系图和同期变动的散点图。在这个图中，我们"似乎"可以得出一个结论：粮食生产价格的变动要领先于粮食储备吞吐量。说"似乎"的原因，是因为这个结论出于直观观察，准确与否，尚需计量检验的进一步确认。假定这个结论是成立的，那么，储备吞吐量就明显受到粮食生产价格影响，表明中国的储备调节被动地"跟随"粮价的变动而变动。

在规范分析中，正确的储备调节政策应该是在供小于求、粮价上升的年份投放储备，在供大于求、粮价下跌的年份增加储备。或者说在粮价高位运行的年份投放储备，在粮价低位运行的年份增加储备，即形成储备与价格的反向调节机制。这样既能稳定粮食价格，又能通过"高抛低吸"实现粮食储备部门或企业的盈利。但是 1986～2009 年的 24 年间，我国粮食储备与生产价格发生同向变动的年份为 12 年，如图 8-8 的散点图所示；从不同阶段来看，1994～1998 年间粮价处于高位，储备部门连年增加储备量，并直接导致中国的粮食储备水平远远超过了联合国粮农组织（FAO）设定的 17%～18% 的安全储备标准（1997～2002 年间我国粮食储备率分别达到了 51.1%、56.9%、62%、56.5%、54.1%、55.5%[①]。丁声俊，2007）。2000～2003 年间粮价持续低迷，储备部门由于处于改革时期，大量抛售粮食。上述紊乱的储备调节机制很难实现供求平衡和粮价稳定，甚至加大了市场波动、造成粮食部门或种粮农民的亏损。

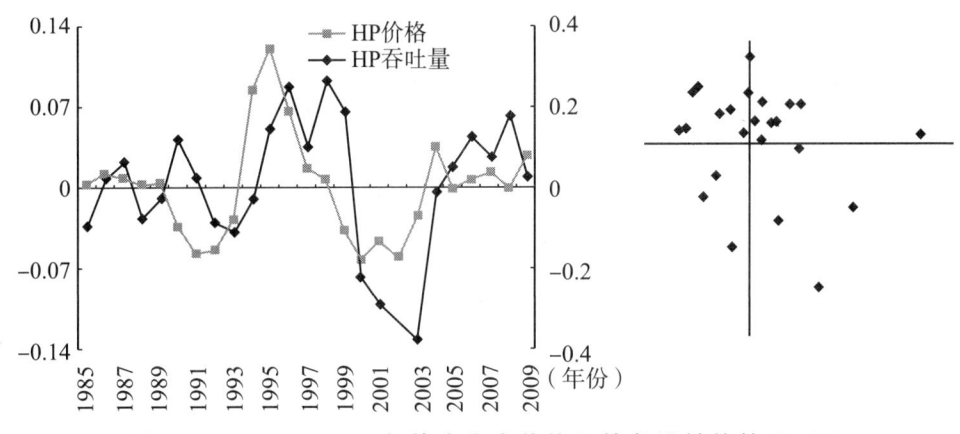

图 8-8　1985～2009 年粮食生产价格与储备增量的关系（2）

值得提出的是，2000 年后，我国粮食收储部门开始政企分开，粮食企业成为自主经营、自负盈亏的经济实体[②]，经营目标由原先的"平衡供求、稳定粮价"逐步转变为"追求利润"。但从储备调节与粮价变动的结果看，二者间的作用机制并没有因为粮食部门的市场化改革而变得明朗。

第三节　粮食生产价格决定机制的改革思路

从我国粮食价格形成机制的演变过程来看，我国粮食价格形成机制在市场化

---

① FAO 安全储备标准为本国粮食储备数量占全年消费量的比重。
② 详见《国务院关于进一步深化粮食流通体制改革的意见》。

道路上取得了显著的成绩，但是，粮食生产价格的形成机制过于倚重市场因素、偏离了生产因素，储备调节的作用机制也没有得到有效发挥。对此，我们认为以后的粮食价格改革进程中应该更加注重生产成本利润的因素。

市场粮价由粮食的生产成本和生产利润、流通成本和流通利润构成（前两者即粮食生产价格），市场粮价的波动反映了市场供求关系的改变，也体现了生产或流通的成本利润的变动。但是，我国粮食收购近似于买方垄断市场，粮食销售则表现出了自由竞争的市场特征，这导致流通领域的成本和利润对市场粮价的反应要比生产领域敏感很多，与市场粮价之间的相互作用机制也是直接有效的。另一方面，现代市场经济围绕着粮食生产领域延伸出生产资料供应、产品储存运输、精深加工、批发零售等诸多相关产业，导致初级粮食产品的生产利润所占市场价格的份额越来越小，加工增值部分所占份额越来越大。据联合国粮农组织（FAO）数据统计，1950~1980年间，世界范围内的加工、运输、销售等环节所占农产品最终价格的份额已从35%上升到60%，产前服务占最终价格的份额从10%上升到20%，而农业生产领域所占份额则从55%下降到20%。由此可见，在市场特征和所占的比重份额等方面，市场粮价的波动更多地体现了自身与粮食流通领域的成本和利润的制约机制，与生产领域的紧密程度则要低很多。粮食生产价格应该反映粮食生产的成本和利润变动及相互之间的制约机制，若其形成严格以市场价格的波动为导向，不注重生产成本的变动或农民种粮应得的利润水平，这仍然是对价值规律的违背。

在社会化、专业化的市场经济中，粮食生产价格的形成可以使粮食部门自发地参与全社会的利润平均化过程。我国政府出于保障粮食安全的根本目的对粮食生产价格进行调控，导致这个过程不能由市场机制自发地实现，甚至造成了种粮利润长期处于较低的水平。因此，在社会主义市场经济条件下对粮食生产价格进行定价，与完全自由竞争的市场经济情况不同，利润平均化的机制不是自发地实现的，需要依照社会主义的基本经济规律、和谐发展的规律和价值规律，自觉地计划形成（李德华，1979；石景云，1991）。当前，我国二元经济发展已经逐步转轨至以城带乡、工农反哺的新时期，如何有效形成生产成本、利润与粮食生产价格之间的制衡机制，或者以生产成本和利润的变动作为粮食生产价格形成的主要参照体系，将是未来时期粮价改革的重要方向之一。实现这个目标的核心环节，就是确定种粮利润与社会平均利润的真实差距，并通过对粮食生产价格的调控使二者相同或者近似于同一水平。

目前，国内对种粮的利润率水平并没有形成共识。我们首先利用历年《全国农产品成本收益资料汇编》的数据计算出粮食生产经营的利润水平，然后采用不同的方法对其调整，使之更接近于真实情况，以供参考和比较。

一、基于《全国农产品成本收益资料汇编》的测算

根据《汇编》数据，可以得到或测算出三种粮食平均每亩的成本利润率（Rc）和经营利润率（Ry）。由测算结果可知，1985~2009 年间，每亩的成本利润率和经营利润率的均值分别为 36.1% 和 24.7%。这个数值要明显高于真实的水平，原因是《汇编》中低估了农村家庭种粮的机会成本，家庭劳动工价只有雇工工价的一半左右。不妨假定社会资本进入农业，以家庭农场的形式进行粮食生产经营，其人工成本只能按照雇工工价计算，而家庭劳动工价的参考意义要小很多。另外，当前多数工业行业的利润水平不到 10%，如果每亩经营利润率高达 24.7%，社会资本早已涌入粮食生产领域，而不是改革开放至今大量的资本和劳动要素由农业向工业、由农村向城镇转移的情况了。如图 8-9 所示，自 20 世纪 90 年代中期我国开始了以企业化、商业化、股份化、市场化为特征的金融机构改革后，农业贷款占金融机构贷款总额的比重就由 10% 以上迅速下降到 5% 左右的水平，这也反映了投资农业的资本回报率明显低于第二、第三产业的客观事实。

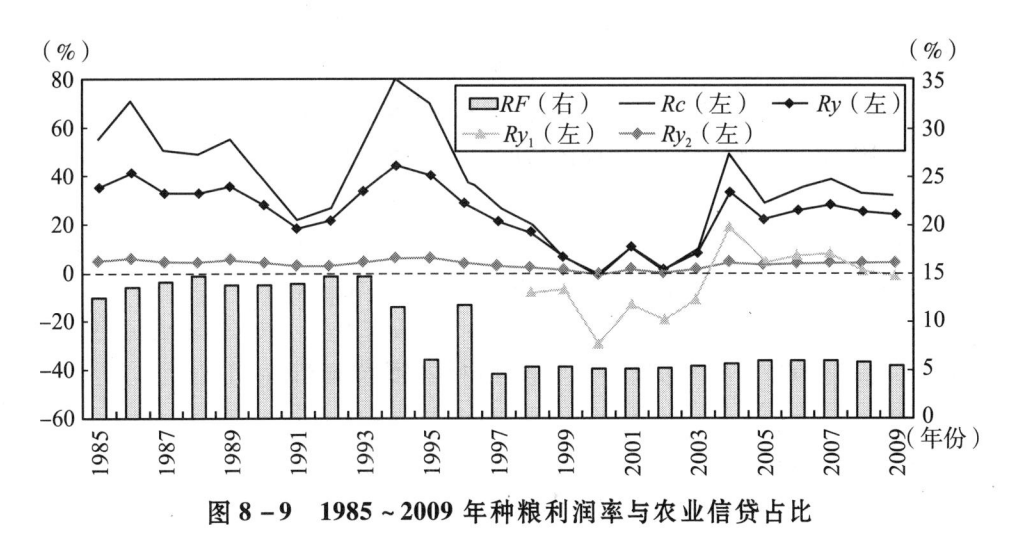

图 8-9 1985~2009 年种粮利润率与农业信贷占比

二、以雇工工价替代家庭劳动工价的测算

这种方法充分考虑了家庭种粮的机会成本，将原人工成本 $CR = P_{gg} \times T_{gg} + P_{jt} \times T_{jt}$ 调整为 $CR_1 = P_{gg} \times (T_{gg} + T_{jt})$，在物质成本、土地成本和服务成本不变的情况

下重新计算的经营利润率为 Ry_1，结果如图 8-9 所示。式中 P_{jt}、P_{gg}、T_{jt} 和 T_{gg} 分别代表家庭劳动工价、雇工工价、家庭劳动时间和雇工劳动时间。Ry_1 的变动趋势、波动幅度与调整前的 Ry 相近，但明显低于 Ry 的水平。限于雇工工价是从 1998 年才开始统计，我们无法测算 Ry_1 在 1985~2009 年间的均值。从 1998 年后的数据看，Ry_1 的均值约比 Ry 低 20.8 个百分点，据此推算，在 1985~2009 年间 Ry_1 均值应该在 4% 左右。在城乡劳动力流动性日益增加、劳动力机会成本愈加重要的背景下，Ry_1 具有较高的参考价值。

三、用收入法 GDP 核算确定营业盈余的测算

收入法 GDP 核算在农业的经营收入或净利润中分离出了劳动收入分配份额（对人工成本的补偿）和资本收入分配份额，从而可以根据分离后的经营盈余来近似测算出粮食生产经营的利润水平。但是，在 2004 年的经济普查中，国家统计局国民经济核算司提出"由于国有和集体农场的财务资料难以收集，应将营业盈余与劳动者报酬合并，统一作为劳动报酬"（国家统计局国民经济核算司，2007；国家统计局国民经济核算司，2008），其原因一是资料难以收集，二是在农业经营中劳动收入占有很高权重。故此处借鉴白重恩等（2009）按产业分省际收入法 GDP 核算所得到的 2003 年劳动收入份额占农业中 0.861 的比值，对粮食经营的利润率进行近似估算，结果如图 8-9 所示。Ry_2 的波动幅度比 Ry 和 Ry_1 平稳很多，在 1985~2009 年间的均值约为 3.4%。需要指出，我国的国民收入在核算体系中被分为劳动者报酬、资本收入（营业盈余+固定资产折旧）、生产税净额三项。书中测算使用的是减税后的净利润，同时粮食生产经营的固定资产折旧的份额非常小，因此这两个因素并不影响 Ry_2 的测算结果。

通过对三种粮食经营利润率进行比较，我们认为 Ry_1 和 Ry_2 的数值更接近于真实水平，即 1985 年以来我国三种粮食生产经营的年均利润率应该在 3%~4% 左右。

对于全社会或者各行业的平均利润率估算，此处主要参考国家税务总局和袁志刚等（2011）的测算结果。根据国家税务总局对 2007 年前的省际各行业利润率的测算数据①，可以计算出平均利润率约为 12%，若将农业（包括种粮）的利润率按 4% 计入，则平均利润率约为 11%。袁志刚等则是利用涵盖全国 42 个

---

① 选择山西、山东、广东、黑龙江、重庆、甘肃 6 个不同经济发展程度的省市，对各行业平均利润率进行测算。测算结果如下：工业：5%~13%；交通运输业：9%~14%；商业（批发）：4%~7%；商业（零售）：4%~9%；建筑业：6%~15%；餐饮业：8%~15%；服务业：9%~15%；娱乐业：15%~25%。数据来源：中央人民政府网站：http://www.gov.cn/jrzg/2007-09/22/content_758864.htm。

行业的 2007 年投入产出表，测算出各行业的税前经营利润率的平均值约为 12%。由此推断，全社会平均利润水平大致在 11% 左右，要比种粮的利润水平高出 7 个百分点左右，二者之间的差距十分明显。

基于上述分析，我们认为在未来时期内，政府相关部门应该逐步转变以"盯住"市场价格为目标的粮食生产价格形成机制，积极关注种粮的成本变动情况，并以缩小种粮利润和全社会平均利润的差距为目标对粮价政策进行改革。

第四节 生产价格与粮食产量变动的定量检验

下面将选取稻谷、玉米、小麦这三种粮食的相关指标（下文所说的粮食产量和粮价均指这三种粮食）进行价格与产量的定量检验。主要数据来源于 1985~2010 年历年《中国统计年鉴》、《全国农产品成本收益资料汇编》、《中国农村统计年鉴》，并经过相关计算和整理后获得。在研究方法上，考虑到变量平稳性和模型动态性要求，在此采用适合分析中小规模时序数据的向量误差修正 VECM 方法。

一、粮食产量对价格的弹性

由于所选变量均为 I（1）平稳过程①，此处首先采用 E - G 两步协整法分别估算粮食产量对名义粮价和真实粮价的弹性②。为了避免模型残差自相关带来的偏差，在考察残差的自相关函数（ACF）和偏自相关函数（PACF）特征的基础上，运用迭代法加入一阶移动平均项 MA（1），估计结果如表 8 - 1 所示。两个方程的 Adj. R^2 分别为 0.86 和 0.74，由于名义粮价中包含通胀因素的影响，方程 1 的拟合优度略高；LM 检验显示方程不存在自相关（5% 的置信水平），平稳性检验显示残差均为 I（0）平稳过程；同时，方程中各变量系数均通过显著性检验（1% 的置信水平），估计结果确切可信。

根据估计结果，1985~2011 年间粮食产量与名义粮价、真实粮价之间均呈现显著的正向相关。二者的弹性系数表明：在不考虑其他影响因素的情况下，名义粮价每变动 1%，粮食产量约变动 0.2%；真实粮价每变动 1%，粮食产量约变动 0.41%。

---

① 限于篇幅，平稳性检验结果省略。
② 本书提到的真实价格，均指平减 CPI 指数后的价格（1985 年为基期 =100）。

表 8 – 1　　　　　　　　　　弹性系数估计结果

被解释变量	方程 1（名义）				方程 2（真实）			
LnY	C	LnP	MA(1)	Adj. R^2	C	LnRP	MA(1)	Adj. R^2
系数	9.82	0.2	0.76	0.86	9.4	0.41	1	0.74
t 值	87.39	7.03	5.54		26.23	3.38	14.81	
残差检验								
LM 检验 (p=2)	F 值（P 值）	T*R^2（P 值）			F 值（P 值）	T*R^2（P 值）		
	0.17 (0.84)	0.42 (0.81)			2.18 (0.14)	4.47 (0.11)		
平稳性检验	(C, T, K)	ADF 值	1%	5%	(C, T, K)	ADF 值	1%	5%
	(0, 0, 0)	-4.56	-2.66	-1.95	(0, 0, 0)	-4.01	-2.66	-1.95

注：检验类型（c, t, k）分别表示截距项、时间趋势项和滞后期数。

二、粮食产量对价格、净利润二者间的敏感性检验

此处运用基于向量误差修正模型 VECM 的长、短期因果关系分析，来分别研究粮食产量对真实价格、真实净利润的长期调整作用和短期变动敏感性。模型采用半对数形式，并使用价格平减 CPI 指数后的真实值；根据各种判定准则确定 VECM 最优滞后期为 4，并包含截距项和线性趋势项①。分别建立 LnY 与 RP、RR 的两组 VECM（04）模型，长短期因果检验结果如表 8 – 2 和表 8 – 3 所示。

$$D(LnY_t) = \alpha_0 + \alpha_1 ecm_{t-1} + \sum_{i=1}^{n-1} \alpha_{2i} D(LnY_{t-i}) + \sum_{i=1}^{n-1} \alpha_{3i} D(RP_{t-i}) + u_{1t} \quad (8-1)$$

$$D(LnY_t) = \beta_0 + \beta_1 ecm_{t-1} + \sum_{i=1}^{n-1} \beta_{2i} D(LnY_{t-i}) + \sum_{i=1}^{n-1} \beta_{3i} D(R_{t-i}) + u_{2t} \quad (8-2)$$

表 8 – 2　　　　　基于 VECM 的短期因果关系检验

被解释变量	排除变量	Chi-sq	Prob.	是否为 Granger 原因
D(LnY)	D(RP)	17.4212	0.0016	是***
	D(R)	24.7713	0.0001	是***
D(RP)	D(LnY)	4.1187	0.3902	否
D(R)	D(LnY)	5.6269	0.2288	否

注：***和**分别代表 1% 和 5% 的显著水平上拒绝零假设。

---

① 限于篇幅，模型构建过程省略。

从表 8-3 可知，短期内在 1% 的显著水平上，D(RP) 和 D(R) 均与 D(LnY) 构成单向因果关系。即粮价或成本利润率的变动均能显著引起粮食产量的变动，或者说产量对价格或成本利润率的反应都十分敏感，但产量的变动并不能显著引起价格或成本利润率的变动。从统计指标来看，排除变量为 D(R) 时，模型的 Chi-sq 统计量及其相伴概率要略微显著一些，即产量对成本利润率的反应更敏感些。

表 8-3　　　　　　　　基于 VECM 的长期因果关系检验

被解释变量	解释变量	误差修正系数	误差修正项 t 统计	α 水平的 t 分布值			是否拒绝零假设
				α = 10%	α = 5%	α = 1%	
D(LnY)	D(RP)	-1.3926	-6.1355	1.725	2.086	2.845	是***
	D(R)	-0.7172	-3.4714				是***
D(RP)	D(LNY)	12.2602	0.5311				否
D(R)	D(LNY)	-16.4188	-0.1017				否

注：t 检验为双边检验；*** 和 ** 分别代表 1% 和 5% 的水平上拒绝零假设。

在长期内，当被解释变量为 D(LnY) 时，模型误差修正项的 t 统计量均在 1% 的水平上是显著的，表明粮价或成本利润率对粮食产量具有长期的显著的约束和调整作用。但是，这种长期因果关系仍然是单向的。从统计上看，解释变量为 D(RP) 时，模型的误差修正系数绝对值更大、t 统计量更显著，即粮价对产量的长期影响略强一些。

之所以产量受粮价的长期约束更明显、对成本利润率的短期反应更敏感，是因为我国粮食收购价格政策长期牵引或主导着农民的生产行为，而利润水平才是粮农短期内最关心的指标。

当变量之间同时具有短期和长期因果关系时，称之为强因果关系。由上述结果可知，粮食价格、成本利润率分别与产量构成强单向因果关系，方向是价格引起产量变动或成本利润率引起产量变动。同时，粮食产量对价格和成本利润率的反应都很敏感，仅从统计上看，对成本利润率的反应更敏感些。

图 8-10 给出了变量间的方差分解结果，它可以通过分析每一个结构冲击对内生变量变化的贡献度，进一步评价不同结构冲击的重要性。结果显示，净利润变动 D(RR) 对粮食产量变动 D(LnY) 的贡献度由第 1 期的 0 迅速上升至第 3 期的 70.35%，并逐步稳定在 78% 左右的水平；粮价变动 D(RP) 对粮食产量变动 D(LnY) 的贡献度由第 1 期的 0 迅速上升至第 3 期的 68.26%，并逐步稳定在 72% 左右的水平。可见，净利润对粮食产量的贡献度比价格更高。

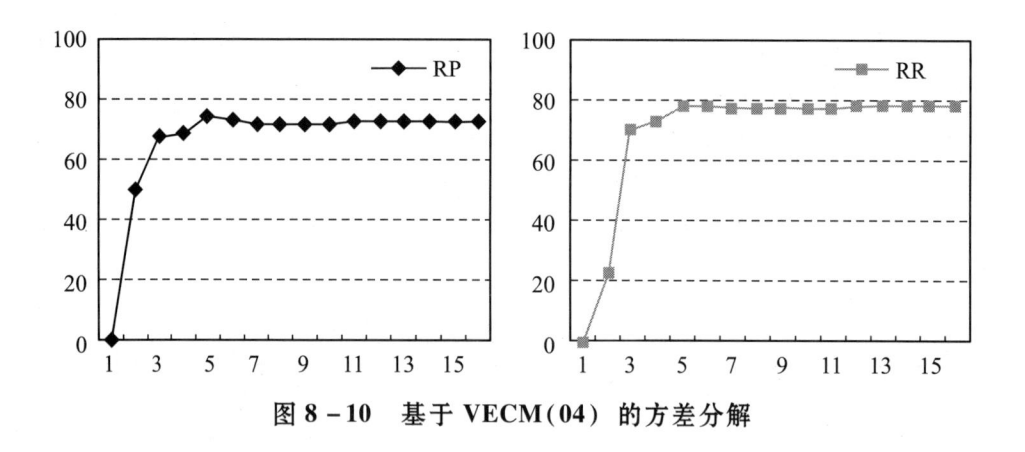

图 8-10　基于 VECM(04) 的方差分解

第五节　粮食生产价格的合理运行

为了保证中国粮食增产目标的实现，中国的粮食价格将保持不断上涨趋势。但是，粮价究竟需要多大的涨幅才能保持农民的种粮积极性呢？具体地说，如果以 2020 年为一个时间节点，到时候中国的粮价会达到什么水平？大家都心中无数，目前也未见有相关研究成果。本书拟对我国粮价的涨幅提出一种预测方法，试图为有关部门制定粮食价格时提供参考。

在定量检验了粮食产量与价格、净利润的关系后，下面以产量和利润水平为核心变量，在综合考虑预期收益、种粮成本、通货膨胀等因素的基础上，测算未来一定时期内粮食生产价格的上涨幅度。这个涨幅必须使种粮农民保持合理的收益，从而产生有效的激励，保证粮食生产目标的实现。

一、关于假设条件的说明

影响粮食价格的因素很多，为了便于分析粮价与产量之间的数量关系，我们先把其他的重要因素假设为常量。在设定的标准上，主要参考了两个方面：一是粮食总产量目标。这是最基本的目标，价格上涨是服务于这个目标的；二是 1985~2011 年间相关经济指标的变动情况。主要假设条件如下。

（一）粮食生产目标

国家粮食安全规划提出，要在 2009~2020 年实现粮食产量在现有基础上

(2008年)再增产1 000亿斤,届时总产量将达到11 574.2亿斤。据此推算,2009~2020年12年间我国粮食总产量的年均增产率约为0.76%左右[①]。

(二) 生产成本年均增幅为6%

剔除通胀因素后,1985~2011年间我国真实粮食生产成本年均增长率为3.57%,而2004~2011年间则达到了7.08%。考虑到2008年以来国际市场石油价格已经失去快速上涨势头,相应地,国内能源价格也会保持相对稳定。因此,设定2009~2020年的成本增长率为6%。

(三) 预期种粮收入及利润水平

预期收益是影响农民种粮行为的关键变量,它是指农民根据已知信息所期望得到的收益。成本利润率是影响种粮收益的主要指标。根据韩俊等(2010)的论述(低于30%时要及时启动保护价,达到40%时是一个较为理想的水平),同时参考1985年以来的平均值35.9%,此处我们将2009~2020年间种粮成本利润率的平均值分别设定在30%、35%和40%三个水平(一个较低、一个正常、一个较高),并针对不同情况进行测算。在给定生产成本和成本利润率的前提下,预期每亩净利润或预期种粮收益可以对应计算得出。

(四) CPI涨幅设定为4%

1985~2011年间我国CPI指数年均增幅为5.8%,2004~2011年间则为3.1%。此处我们将预测期内的CPI年均涨幅设在两者之间,并且接近于近期变化,设为4%。

(五) 粮食播种面积保持稳定

改革开放以来,随着我国工业化、城市化进程的加快,全国耕地面积不断减少。为了确保粮食安全目标,我们假定《全国土地利用总体规划纲要》中的"耕地红线"目标能够实现,即到2020年耕地面积和粮食播种面积能够稳定在18亿亩和16亿亩左右(维持2008年的水平不变)。

---

① 书中提及的年均增长率数值均按公式:$n = (\sqrt[j-i]{(A_i - A_j)} - 1) \times 100\%$ 计算,式中 i、j 代表起止年份,A_i、A_j 代表该指标的起止年数值。

（六）农户经营规模不变

经营规模的大幅提高会带来规模效应、降低生产成本。同时，农户经营规模的改变会影响种粮收入在家庭总收入中的比重，进而影响农户的种粮行为。由于土地经营权流转存在诸多问题，估计在预测期内，我国粮食生产的基本形式仍然会以分户小规模经营为主体。为了简明处理，在此假定农户经营规模不发生变化。

（七）假定现有财政支农力度不变

此处的财政支农力度（有两种不同的指标设定方法），是指财政支农资金占财政总支出的比重，或者说占农业 GDP 的比重。种粮直补、税负减免、价格补贴等财政支农政策可以改变粮食生产经营的成本和收益，是提高粮价的一种替代手段，也是激励农民生产积极性的一个重要措施。但这种政府行为在未来时期无法准确预知，因此假定财政支农政策对粮食生产的影响稳定于一个固定水平上不变。

二、测算结果

（一）基本测算原理

根据粮食生产的净利润方程：

$$NP_t = P_t \cdot y_t - C_t \qquad (8-3)$$

和成本利润率方程：

$$R_t = \frac{NP_t}{C_t} \qquad (8-4)$$

可计算出在确保种粮收入或成本利润率满足某种增长率的前提下，未来时期粮食生产价格的合理运行区间。式中，NP_t：每亩净利润，P_t：粮食生产价格或收购价格，y_t：亩产量；C_t：每亩总成本，R_t：成本利润率。由式（8-5）两边同除以预期通货膨胀率，变换后可得：

$$P_t/\pi_t^e = (NP_t/\pi_t^e + C_t/\pi_t^e)/y_t \qquad (8-5)$$

根据式（8-3），可计算在给定产量、净利润和生产成本时相应的生产价格，并可进一步依据预期通胀水平，测算出不同情况的名义收购价格。其中 π_t^e 为 t 时期的预期通货膨胀率。计算真实值时采用全国居民消费价格指数 CPI 进行平减。

(二) 主要结果分析

主要的测算结果如表 8-4 所示：经过测算，在满足上述设定条件的情况下，若要同时实现到 2020 年粮食增产 1 000 亿斤、平均成本利润率保持在 30% 左右这两个目标，那么到 2020 年粮食价格应该上涨到 4.8 元/公斤左右。相应的，每亩净利润将为 500 元左右，其真实值的年均增长率约为 4.4%。

表 8-4　　　　　　　　测算结果（一）　　　　　　单位：元，%

假定条件	$\Delta \pi = 4\%$，$\Delta y = 0.76\%$，$\Delta C = 6\%$								
	平均利润率 = 30%			平均利润率 = 35%			平均利润率 = 40%		
指标	价格	利润	利润率	价格	利润	利润率	价格	利润	利润率
2009 年	1.87	202	32.64	1.88	207	33.42	1.89	211	34.08
2010 年	2.04	220	32.15	2.06	230	33.71	2.08	240	35.04
2011 年	2.22	239	31.66	2.26	256	33.99	2.29	272	36.03
2012 年	2.42	259	31.18	2.48	285	34.28	2.53	308	37.05
2013 年	2.64	281	30.71	2.72	317	34.57	2.79	349	38.10
2014 年	2.88	305	30.25	2.98	352	34.87	3.08	396	39.18
2015 年	3.14	332	29.79	3.27	391	35.16	3.39	448	40.29
2016 年	3.42	360	29.34	3.58	435	35.46	3.74	508	41.43
2017 年	3.73	391	28.90	3.93	484	35.76	4.13	576	42.60
2018 年	4.07	424	28.46	4.31	538	36.06	4.55	653	43.81
2019 年	4.43	461	28.04	4.72	598	36.37	5.02	740	45.05
2020 年	4.84	500	27.61	5.18	665	36.68	5.55	839	46.32
真实利润年均增幅	4.4%			6.9%			9%		

同理，若要同时实现到 2020 年粮食增产 1 000 亿斤、平均成本利润率保持在 35% 左右这两个目标，那么到 2020 年粮食价格应该上涨到 5.2 元/公斤左右。相应地，每亩净利润将为 665 元左右，其真实值的年均增长率约为 6.9%。

同理，若要同时实现到 2020 年粮食增产 1 000 亿斤、平均成本利润率保持在 40% 左右这两个目标，那么到 2020 年粮食价格应该上涨到 5.6 元/公斤左右。相应地，每亩净利润将为 839 元左右，其真实值的年均增长率约为 9%。

此处，之所以给出平均成本利润率的三种情况，是因为到底哪一个收益水平可以恰好刺激粮食增产 1 000 亿斤，还没有定论。但有一点可以确定的是，收益水平越高，对粮食增产的刺激作用就越大。

三、对测算结果的探讨

对上述测算结果检验后发现，2009～2011年间的测算价格与实际价格比较接近[①]。但是，我们发现测算中使用的粮食产量目标与实际情况出现了较大的差异，表现在：国家粮食安全规划的目标是在2020年增产1 000亿斤、实现粮食产量达到57 871万吨，而根据国家统计局数据，我国2012年粮食产量已经超过了这个目标、达到了58 957万吨。依据国家粮食安全规划，2009～2020年间粮食的年均增产率应为0.76%，而2009～2012年间的增长率却达到了2.76%，远远高于1985～2008年间实际增长率1.46%，已是规划目标的3.6倍。而且，在提前8年完成增产目标的同时，粮价并未较大幅度的上涨（没有达到测算结果中的5.5元/公斤）。这就偏离了20多年来粮食价格与产量之间7.8的弹性关系，似乎粮价不需要太大的涨幅、成本利润率仅保持30%左右的水平[②]也可以实现粮食的连年高速增产。这个结论显然是一个影响粮价决策的大问题。

综上，我们认为当前的粮食产量数据有偏高之嫌。2009～2012年间，我国粮食产量出现了超预期增长，能够直接引起产量猛增的因素有两个：一是单产提高；二是播种面积增加。这两个条件是否发生了重大变化呢？

首先，在单产方面，同样是国家统计局的数据，2009～2011年间[③]，占我国粮食比重90%的稻谷、小麦、玉米三大主粮单产年均增幅约为0.77%[④]，但是全部粮食作物的单产年均增幅却达到了1.43%，这两个数据相互矛盾。相对而言，单产增幅0.77%的可信度更高一些，如果按这个增幅计算，2009～2012年的粮食产量增长不会这么快。

其次，在播种面积方面，根据统计年鉴和统计公报数据，近年来我国粮食播种面积一直快速加大，2012年比2008年增加了6 700多万亩。其中，三大主粮的播种面积在2011年就达到了改革开放后的历史最高水平。但根据近年来大量的实地调查数据显示，在农民不断涌入城市、打工人数逐年增多的背景下，不同地区均存在一定程度的农田撂荒现象。另据国土资源部数据显示，我国每年耕

[①] 在平均利润率设定为40%时，2009～2011年间，实际生产价格为1.83、2.08、2.31，测算价格为1.89、2.08、2.29。单位：元/公斤。

[②] 2009～2011年成本利润率分别为：32.04%、33.77%、31.7%。

[③] 截至本书完稿，官方尚未公布2012年三大主粮的总量和单产数据。

[④] 此处参考《中国统计年鉴2012》，若依据《全国农产品成本收益资料汇编2012》，这个增幅约为0.41%。

地撂荒面积已达3 000多万亩，这还不包括粗放经营、两季改成一季、降低复种指数等隐性撂荒。因此，近年来我国的粮食播种面积大幅增长的数据也缺乏可信度。

再其次，近些年我国粮食净进口量不断扩大。海关总署数据显示，2012年我国包括谷物、薯类和大豆在内的粮食进口量达到了8 025万吨。假设我国粮食产量数据真实，将进口量和国内产量相加，我国人均粮食占有量已经超过了490公斤，远超380公斤左右的常规占有水平，甚至超过了部分发达国家的水平。对于我们这样一个粮食供求紧平衡的国家而言，这种人均占有量突然激增近25%的情况很难令人相信，在现实生活中也感受不到。

综上，我们认为2009~2012年间的粮食增产数据缺乏有力的支撑，在未来时期内也很难一直保持这个增速。因此，我们在测算中不以这几年的产量数据为参考指标。

四、调整产量目标后的再测算

与2008~2012年的情况相反，在某种意义上，国家粮食安全规划设定的增产目标相对较低，规划期内的粮食年均增幅只有1985~2008年间的1/2。在此，我们做出另外一种预期：在2009~2020年间保持此前1.46%的年均增幅。依此计算，到2020年我国粮食总产量将会达到62 915万吨，比2008年增产约2 000亿斤。

在调高产量目标的同时，通常需要设定更高的收益水平来刺激生产。因此，我们将2009~2020年间的平均成本利润率分别设定为35%、40%和45%三种情况。在确保其他假定条件不变的情况下重新测算，结果如表8-5所示。

在满足上述设定条件的情况下，若要同时实现到2020年粮食增产2 000亿斤、平均成本利润率保持在35%左右这两个目标，那么到2020年粮食价格应该上涨到4.8元/公斤左右。相应的，每亩净利润将为665元左右，其真实值的年均增长率约为6.9%。

表8-5　　　　　　　　　　测算结果（二）　　　　　　　　单位：元，%

假定条件	$\Delta\pi = 4\%$，$\Delta y = 1.46\%$，$\Delta C = 6\%$							
	平均利润率=35%			平均利润率=40%			平均利润率=45%		
指标	价格	利润	利润率	价格	利润	利润率	价格	利润	利润率
2009年	1.87	207	33.42	1.88	211	34.08	1.89	215	34.70
2010年	2.03	230	33.71	2.05	240	35.04	2.07	248	36.34

续表

假定条件	$\Delta \pi = 4\%$，$\Delta y = 1.46\%$，$\Delta C = 6\%$								
	平均利润率 = 35%			平均利润率 = 40%			平均利润率 = 45%		
指标	价格	利润	利润率	价格	利润	利润率	价格	利润	利润率
2011 年	2.21	256	33.99	2.25	272	36.03	2.28	287	38.06
2012 年	2.41	285	34.28	2.46	308	37.05	2.51	331	39.85
2013 年	2.63	317	34.57	2.69	349	38.10	2.76	382	41.73
2014 年	2.86	352	34.87	2.95	396	39.18	3.05	441	43.70
2015 年	3.11	391	35.16	3.23	448	40.29	3.36	509	45.76
2016 年	3.39	435	35.46	3.54	508	41.43	3.70	588	47.92
2017 年	3.69	484	35.76	3.88	576	42.60	4.08	679	50.18
2018 年	4.02	538	36.06	4.25	653	43.81	4.51	783	52.55
2019 年	4.38	598	36.37	4.66	740	45.05	4.98	904	55.02
2020 年	4.77	665	36.68	5.10	839	46.32	5.50	1 044	57.62
真实利润年均增幅	6.9%			9%			11%		

同理，若要同时实现到 2020 年粮食增产 2 000 亿斤、平均成本利润率保持在 40% 左右这两个目标，那么到 2020 年粮食价格应该上涨到 5.1 元/公斤左右。相应地，每亩净利润将为 839 元左右，其真实值的年均增长率约为 9%。

同理，若要同时实现到 2020 年粮食增产 2 000 亿斤、平均成本利润率保持在 45% 左右这两个目标，那么到 2020 年粮食价格应该上涨到 5.5 元/公斤左右。相应的，每亩净利润将为 1 044 元左右，其真实值的年均增长率约为 11%。

进一步，我们对前后两次测算结果进行了比较：在同样的成本利润率预期下，比如 30%，到 2020 年实现增产 1 000 亿斤需要价格达到 4.84 元/公斤，而实现 2 000 亿斤则只需要 4.45 元/公斤，这似乎不合常理。此处需要指出的是，理论上，要实现较高的产量预期，必须制定较高的粮食生产价格。若以本节测算来讲，假设 30% 的平均成本利润率水平可以实现 1 000 亿斤的增产；那么，要实现 2 000 亿斤的增产，可能需要平均成本利润率水平在 45%、50% 或者更高才行。

因此，我们的结论是：2020 年，我国的粮食价格可能达到的水平是每公斤 5.5 元左右。

五、不确定因素分析

在前文的假设条件中，一些难以预测趋势的变量我们做了简明处理。但在实际经济运行中，当它们的变动与假设条件偏离时，测算结果也要有相应的调整。

（1）CPI 增长率。由于本书最终测算的是名义价格，若 2009~2020 年 CPI 的年均增长率降低（如 3%），则前文测算的价格要相应降低；若 CPI 年均增长率升高（如 5%），则测算的价格要相应提高。

（2）播种面积。粮食播种面积变动的不确定性很大，因为地方政府很少考虑粮食安全问题，其乱占耕地的情况能否被有效遏制是一个难题。同时，农民进城务工带来的各种显性和隐性撂荒问题，也有待进一步得到治理。如果耕地面积减少引起粮食播种面积的少量下降，我们认为可以通过技术进步率的提高来弥补。

（3）粮食进口数量。自从我国加入 WTO 后，粮食进出口对调节国内供求平衡的作用愈加显著。三大主粮中，玉米进口量的增加最为明显，据农业部数据统计，2009~2011 年玉米进口分别为 8.3 万吨、157 万吨、175 万吨，2012 年则达到了 520.7 万吨左右，约同比增长 197.1%；同期稻谷和小麦也出现了明显的进口。可见，在国际粮源充足、价格相对较低的前提下，粮食进口将成为缓解国内供求紧平衡的重要手段，在一定程度上也会抑制国内价格的快速上涨。

需要说明的是，由于假设条件并非常量而是作为变量在不断变化，因而上述测算结果只是一个在严格条件下的近似值。

第九章

粮食储备保障体系研究

新中国成立以来,无论是三年困难时期的大范围粮食危机,还是2003年的SARS疫情、2008年的南方冰雪灾害和"5·12"大地震等突发事件造成的局部粮食危机,粮食储备都在应对自然灾害,稳定粮食市场中发挥了重要的作用。当前,在面对国际粮食市场波动时,充足的粮食储备更是为稳定国内粮食价格,防范国际粮食冲击发挥着重要作用。历史经验证明,粮食储备不仅关系到社会公平和公共利益,更关系到国家安全和社会稳定大局,是我国粮食安全保障体系的重要组成部分。

第一节 我国粮食储备体系基本情况

一、基本概念及研究范围

粮食储备是指在新的作物年度开始时,可以从上年度收获或储藏的作物中得到的粮食库存量。从国际情况来看,联合国粮农组织(FAO,1974)根据储备性质和作用,将粮食储备划分为周转储备(Working Stock)和后备储备(Reserve Stock)两个组成部分。周转储备属于市场储备的范畴,主要是粮食经营主体的商业性储备，目的在于克服粮食生产的季节性、地域性与消费的连续性之间的矛盾。后备储备则属于政府储备的责任，主要目的在于化解因粮食歉收造成的供给不足或平抑粮食市场价格波动造成的粮食公共危机。按照联合国粮农组织安全标准，一个国家或地区的粮食储备总量占消费总量的比值（库存消费比）应超过17%，其中，周转储备占粮食消费总量的比值超过12%，后备储备占粮食消费总量的比值超过5%，就视为达到安全储备标准。从国内情况来看，由于我国人口众多，加之工业化和城镇化进程中粮食供求矛盾较为突出，我国的粮食储备体系主要包括战略储备（安全储备）、后备储备和周转储备三个部分。与国际划分标准有所区别的是，我国的战略储备主要是指政府用于备战备荒的储备粮。

从粮食储备的动态规模变化来看，战略储备相对稳定，而后备储备和周转储备则随着国际粮食市场和国内粮食安全形势的变动而变化。在此，我们重点研究后备储备和周转储备。同时，在我国储备体系中，政府储备规模占有绝对的比例，是国家粮食储备宏观调控的主体，对其他市场主体（包括企业、家庭和农户）储备规模具有较大的影响。所以本书将政府储备作为主要的研究对象。从储备品种结构来看，本书重点分析稻谷、小麦和玉米三种主要粮食作物的储备问题。

二、粮食储备在粮食安全保障体系中的作用

一定规模的粮食储备是一个国家或地区粮食安全保障体系的重要组成部分。我国民间长久以来一直有"手中有粮、心中不慌"的谚语。由于粮食生产和消费在时间、空间上的不对称性，加之自然灾害、突发公共事件对粮食生产和流通的影响和制约，粮食储备作为连接生产与消费的"蓄水池"，在平抑市场价格波动，确保关键人群的粮食消费方面发挥着至关重要的作用。作为典型的农产品生产，粮食生产在自然风险和市场风险的双重影响下呈现明显的波动性，我国粮食生产一直就有"三丰一欠一平"的波动规律，而与此相对应的是，粮食消费受人口和饮食结构的影响，在短期内一般保持相对稳定。因此，不仅导致粮食价格容易呈现"蛛网波动"，极端情况下还会导致特定区域粮食供给的短缺。在这种情况下，对中国这样一个地域广阔的人口大国，粮食储备的重要性就凸显出来。特别是近年来，随着我国粮食市场开放程度的不断扩大，国际粮食市场的价格波动对国内市场的冲击也逐渐加大，拥有一定数量的粮食储备可以有效地防御国际粮食投机商对国内粮食市场的冲击。此外，现代市场经济中，市场主体预期对经济运行的作用愈发明显，政府拥有充足的粮食储备，可以在很大程度上平抑市场主体对粮食价格上涨的预期，从而减少市场投机行为对粮食市场的影响。

虽然粮食储备在粮食安全保障体系中发挥着重要的作用，但需要指出的是，也不能无限夸大粮食储备的保障作用。其原因不仅在于粮食储备需要占据大量的财政资源，还因为在市场供过于求时，增加粮食储备相当于将当期的供给转化为下一期（不同品种粮食都有一定的储备时间限制）的供给，而在市场供给不足时，粮食储备的有限性也只能短暂满足部分需求，而并没有从根本上改变粮食供求的基本态势。所以，从保障粮食安全的角度出发，应当更加辩证地看待粮食储备的作用。

三、我国粮食储备体系的演变

（一）粮食自由购销时期的粮食储备体系（1949~1953年）

1949年新中国成立后，粮食产需、供求形势十分严峻。加之1949~1952年实行粮食自由购销政策，粮食市场上多种经济主体并存，部分投机商借机哄抬粮价，在一些地方恶化了粮食供求局面[1]。而正是在这种粮食危机情况下，虽然没有建立正式的国家粮食储备制度，但中央政府已开始逐步利用国家储备粮在公开市场抛售以平抑市场价格[2]。当时的储备粮来源有两个：一是征收公粮；二是收购余粮。仅1950年至1952年间，政府就向市场抛售了占市场总交易量30%~40%的储备粮。这一时期，国家利用储备粮有效地抑制了几次大的粮食波动[3]，粮食库存量也逐年增加，如以1949年为100，则1950年为121.6，1951年增加到171.8，1952年又增加到197.0，增加了将近1倍[4]。可以说，这是新中国成立后我国最早运用储备粮进行市场调控的案例，这部分储备粮实际上属于周转储备的性质，其最主要目的就是维护市场粮价稳定。

（二）统购统销体制下的粮食储备体系（1953~1978年）

1953年，随着粮食统购统销政策的推行[5]，国家严格控制粮食市场，对城镇

---

[1] 根据统计，北京市1950年3月至1949年2月粮食批发价格总指数比上升70多倍；上海市从1949年5月30日至1950年3月底，粮价从4200元/石上涨到280000元/石，上涨了约66倍。资料来源：商务部当代中国粮食工作编辑部：《当代中国粮食工作史料》（上卷），1989年编，第2页。

[2] 现有对我国粮食储备的研究普遍以1955年建立"甲字粮"作为研究起点，往往忽视了新中国成立初中央政府利用储备粮平抑粮价，化解当时粮食危机的这段历史。

[3] 详细情况见《当代中国》丛书编辑部：《当代中国的粮食工作》，中国社会科学出版社1988年版，第34~65页。

[4] 转引自张培刚、廖丹清：《二十世纪中国粮食经济》，华中科技大学出版社2002年版，第487页。

[5] 中国共产党中央委员会：《关于实行粮食的计划收购与计划供应的决议》，1953年10月16日。

人口和农村缺粮人口实行计划供应，不再需要利用储备粮平抑价格。但是，由于中国粮食产量不均衡，再者每年有几千万遭受不同程度自然灾害的农户，国家开始考虑设立专门的国家粮食储备①。1955年，国家从粮食周转库存中划出部分作为国家备荒储备粮，命名为"甲字粮"，同时明确粮权属于国务院，计划由国家计委等有关部门下达，储备任务则由国营粮食企业承担。1962年，根据当时的政治和军事形势，国家又建立"506"战备粮，形成应对战争环境的战略储备。"506"粮的粮权实行军政共管，其具体储备任务仍由国营粮食企业承担。由此正式形成了以"无荒不动、无战不用"为目标的国家粮食储备体系，其性质属于战略储备。此外，1963年又建立了农村集体储备②，并在1965年制度化③，这部分储备的粮权属于农村集体，同时明确国家粮食部门可以代生产队保管储备粮，主要目的是应对自然灾害所引发的饥荒，保障农村居民口粮供给。有研究将这一时期的粮食储备体系描述为国家和农村集体分级的两级储备④。从总量来看（包括战略储备和周转储备），国家粮食储备随市场的粮食供应量增长而逐步增加，但期间也有波动。从1953年到1984年的31年中，有19年比上年增加库存，有12年比上年减少库存，库存减少主要发生在三年自然灾害和十年动乱期间⑤。

（三）流通体制转轨时期的粮食储备体系（1978~2000年）

党的十一届三中全会以后，家庭联产承包责任制的逐步推开不仅动摇了粮食"统购"体制的微观基础，也逐渐改变了我国粮食长期短缺的状况⑥。1983~1984年粮食大丰收更使农户"卖粮难"成为粮食市场的新现象。但由于国家缺乏粮食专项储备体系，没有及时吸纳农户增产的粮食，严重挫伤了农户种粮积极性⑦。1990年，粮食生产又获得大丰收，为避免再次出现"谷贱伤农"的局面，同时也为保障废除"统销"制度⑧后国家对粮食市场的宏观调控能力，国家开始着手构建用于调节粮食生产的季节性、波动性与粮食消费的长期性、稳定性之间

---

① 1952年，中央确定在国家的粮食库存中留存20亿公斤作为粮食储备。1954年10月18日中共中央在《关于粮食收购工作的指示》中提出"为了应付灾害和各种意外，国家必须储备一定数量的粮食"。
② 1963年，中共中央在《关于粮食工作的指示》中，把建立农村集体储备粮作为一项重要内容。
③ 根据相关资料统计，1965年，有90%以上的生产队都有粮食储备，由国家粮库代储的储备粮达45.7亿斤，1979年增加到193.2亿斤。
④ 周慧秋、李忠旭：《粮食经济学》，科学出版社2010年版，第60页。
⑤ 《当代中国粮食工作》，中国社会科学出版社1988年版，第288~290页。
⑥ 1978年~1984年，我国粮食产量连续六年大丰收，平均每年递增5.45%。
⑦ 1885年，我国粮食播种面积锐减6000多万亩，并由此引发粮食产量连续六年大徘徊。
⑧ 1992年春广东省率先做出放开粮食销售价格的决定，这一做法迅速在全国推行，到1993年年底，全国绝大多数县（市）都相继放开了对城镇居民的粮食销售，沿袭40多年的粮食配给制度被废除。

矛盾的后备储备体系。按照当时的政策设计①，粮食后备储备体系由中央政府储备和地方政府储备两个部分组成：中央储备方面，成立由商业部代管的国务院直属机构——国家粮食储备局，具体负责以调节市场供求和平抑粮价波动为主要目标的中央粮食后备储备。当年决定的专项粮食储备计划为175亿公斤，后来又追加到250亿公斤。这部分专项储备粮权属于国务院，但其具体储备任务仍然委托给地方粮食部门。地方储备方面，要求各省级人民政府根据实际情况，建立地方粮食储备，调剂省内市（地）、县之间丰歉余缺。1995年中央农村工作会议出台的"米袋子"省长负责制则进一步将地方粮食储备制度化。明确提出粮食主产区要建立3个月以上粮食销售量的储备，在粮食销区要建立6个月粮食销售量的储备。至此，随着国家专项储备粮制度的建立，我国国家粮食储备模式由之前的国有粮食企业"单轨制"模式向国家粮食储备局（中央政府）和国有粮食企业（省及以下政府）储备并行的"双轨制"模式逐渐转变，粮食储备的目标逐渐多元化。

但出乎政策设计者预料的是，由于在国家专项储备粮体系中，作为储备主体的中央政府和承担具体储备任务的地方粮食部门之间存在委托代理关系，再加之当时地方粮食部门并没有明确划分政策性粮食业务和经营性粮食业务，地方粮食部门具有道德风险行为的冲动，从而影响了国家粮食专项储备功能和作用的发挥。一方面，当国家要求地方粮食部门以保护价收购余粮并转作国家专储粮时，地方粮食部门并不直接从农民手中收购余粮，而是趁机将自己原来库存的议价粮间接转化为国家专储粮指标，从而无法发挥保护价收购政策稳定市场粮价、确保农民收入的作用。另一方面，当市场粮食价格波动时，地方粮食企业不仅不按国家粮食政策进行顺向调节，反而出于自身利益进行逆向调节。在粮价上涨时不入市抛售库存，反而与私商一起抬价收购粮食，并乘机提价销售存粮，引发粮价大幅上涨；在粮价下跌时拒不执行保护价敞开收购政策，反而以低价亏本销售粮食，造成粮价大幅下跌。上述两方面原因使得1990年至1998年间，国家储备粮在市场波动时出现"调不动、用不上"的不利局面。

（四）流通体制市场化时期的粮食储备体系（2000年至今）

为解决国家专项储备粮管理中的委托代理问题，2000年1月，国务院决定组建中国储备粮管理总公司（以下简称中储粮），对中央储备粮经营管理体系的人、财、物实行垂直管理。其政策含义显然是对"双轨制"储备模式中的"一轨"——国家专项储备体系进行强化。同年10月，中央储备粮的管理业务全部

---

① 国务院于1990年9月做出《关于建立国家专项粮食储备制度的决定》。

由各省（直辖市、自治区）粮食局移交中储粮分公司。中央储备粮的收购资金由农发行全额贷款，贷款利息和购销费用由中央财政包干负责。2003年8月国务院颁布的《中国储备粮管理条例》，对中央储备粮的计划、储存、监督检查和法律责任进行了法律意义上的制度明确。按照《条例》第三十八条规定，出现以下三种情况时，才能动用中央储备粮：一是全国或者部分地区粮食明显供不应求或者市场价格波动异常；二是发生重大自然灾害或者其他突发事件需要动用中央储备粮；三是国务院认为需要动用中央储备粮的其他情形。概括起来，按照中央的政策定位，中央储备粮的目标主要是抑制全国性的市场波动和重大突发事件引发的局部市场波动，主要还是属于战略储备的功能，兼顾部分调剂市场的后备储备功能。为什么是兼顾？主要是因为按照中央与省级人民政府在粮食储备事权中的划分①，局部的粮食供给短缺或农民"卖粮难"主要在地方粮食储备的功能框架下解决。

2005年，随着粮食最低收购价政策的启动②，我国国家粮食储备的功能框架进一步延伸，将保护粮食主产区粮农利益，解决粮食过剩时农民"卖粮难"和价格下跌纳入到国家粮食储备的政策目标中。按照政策实施安排③，国务院委托中储粮（2010年，执行最低价托市收购的主体增加了中粮集团和华粮集团）在粮食主产区对指定的品种实施限时收购，由此形成的临时粮食储备（又称"托市粮"）在收购资金和购销费用方面与中储粮储备的专项储备粮执行同样的政策，但在购销定价、轮换机制和购销盈余责任④等方面却存在着不同之处，具有商业周转储备的性质。至此，我国国家粮食储备形成了中央、省和地县三级储备主体，兼顾战略储备、后备储备和商业储备多元化目标的国家粮食储备体系。在这种"双轨制"储备模式中，中储粮承担了最主要的储备主体，负责中央专项储备粮和临时储备粮的储备管理，其目标函数的官方表述为"维护农民利益、维护粮食市场稳定、维护国家粮食安全"⑤，是国家对粮食市场进行储备吞吐调

---

① 详见《国务院关于进一步深化粮食流通体制改革的意见》（国发［2004］17号）第七条。
② 我国2004年制定了粮食最低收购价政策预案，但未启动实施。2005年我国正式启动了水稻的最低收购价实施预案，2006年最低收购价范围扩大到小麦，之后每年都启动水稻和小麦的最低价收购政策。2008年，玉米被纳入临时最低价收购范围。
③ 2004年5月19日，国务院第50次常务会议通过《粮食流通管理条例》，条例中第二十八条规定，"当粮食供求关系发生重大变化时，为保障市场供应、保护种粮农民利益，必要时可由国务院决定对短缺的重点粮食品种在粮食主产区实行最低收购价格。"这为粮食最低收购价政策的制定和完善提供了强有力的法律依据。
④ 执行最低价收购形成的临时储备粮的收购定价由国务院定价，国家发展和改革委发布；销售定价实施批发市场竞拍；购销盈亏由销售收益扣除收购、储存和监管三项费用和贷款利息后，盈亏全部上缴中央财政或由中央财政承担亏损。
⑤ 中国储备粮管理总公司官方网站：http://www.sinograin.com.cn/guanyu_sub2.jsp.

控的政策执行主体。

四、我国粮食储备体系现有格局的主要特点

（一）初步形成与市场经济体制相适应的多元化储备体系

计划经济体制下，我国粮食储备主体相对单一，国有粮食部门（各级粮食局）及其下属国有企业承担了我国主要的以备战备荒为目标的粮食储备任务。此外，在农村地区，集体经济组织（主要是人民公社）也承担集体粮食储备的任务。随着计划经济体制向市场经济体制的转轨，特别是三次粮食流通体制改革以来，我国逐渐形成了政府储备（中央专储、地方储备）、企业商业储备和农户家庭储备多元化的粮食储备格局。从储备数量上看，我国政府储备（包括中央专储和省、市、县级储备）占全国储备总规模的80%以上，政府所掌握的粮食储备数量约在1.5亿~2亿吨左右，库存消费比超过40%，远远超过FAO制定的17%粮食安全储备标准，是我国粮食安全的最重要保障。与此相对应，企业商业储备主要是保障企业加工用粮需求，基于成本考虑，储备数量一般不超过一个粮食生产周期的加工用粮数，可用于调节市场供求的数量比较有限。同时，我国农户在粮食生产和储备环节分别受土地规模和仓储设施的制约，粮食储备主要用以满足口粮和饲料用粮需求，可用于调剂市场余缺的总量并不大。

（二）政府储备在粮食储备调控中发挥着重要作用

除储备规模较大外，政府储备的粮权在各级政府手中，当发生粮食公共危机时，政府可通过计划手段直接无偿调拨粮食确保缺粮地区的粮食供给。而当市场供给失衡时，政府也可以通过市场手段适时调整库存，向市场吞吐储备粮以调节供需。此外，还可以运用储备粮的定价、定点收购及投放的方式，实现收入调节和产业扶持等特殊的政策目标。如果将全社会的粮食储备比做一个"蓄水池"，那么政府储备就是建有闸门的"水坝"。前者对整个市场的调控主要依靠市场价格机制来调节，而后者则可以通过计划与市场相结合的方式调节市场供求。因此，在我国的粮食储备体系中，政府储备在粮食储备调控中发挥着重要作用。

（三）政府储备体系实施中央专储和地方储备两种制度安排

我国政府储备体系的一个重要特点是中央储备和地方储备（省、市、县储备）实行两种不同的制度安排。从管理体制来看，中央专储由中储粮承担储备

任务。中储粮是国资委管理的大型国有企业，其员工身份是国有企业职工，内部实施"两级法人、三级架构"的治理结构。中储粮成立之初，受制于仓容设施的限制，曾委托地方粮库代存储备粮，近年来，一方面随着中央加大对中储粮粮库建设的投入力度，另一方面中储粮也大量收购原国有粮食部门和企业的仓库，中储粮的大部分储备粮都逐步实行直接管理。而地方粮食储备主体则呈现多元化的特点，有的直接委托本级政府管理的国有粮食企业进行储备，有的委托上级或下级政府管理的国有粮食企业进行储备。此外，还有的地方将粮食储备任务直接委托给私营粮食企业。从储备资金来看，中央专储的收购资金由农发行全额贷款，贷款利息和购销费用由中央财政包干负责。而地方储备的贷款由承担储备任务的企业以资产进行抵押获取贷款，贷款利息和购销、仓储管理费用都由地方财政按统一打包的方式支付给承担储备任务的企业。可见，中央专储和地方储备实行两种不同的储备制度安排。

五、构建合理的粮食储备体系

构建合理的粮食储备体系，关键在于解决"储多少？储在哪里？由谁储？"这三个核心问题。

粮食储备需要占用资金，造成资金沉淀在粮食上。储备得越多，资金沉淀量也就越大。合理的储备数量既可保障粮食安全，又能节省资金。改革开放后很长一段时间，我国粮食供给充足的形势，以及粮食价格的长期低迷使部分地方政府、粮食企业、农民和城镇居民的粮食安全观念淡漠，为减少资金沉淀而降低了粮食储备水平。少数地方政府甚至以资金储备代替粮食实物储备，导致粮食储备数量严重不足及"虚库"现象，对此现象，社会各界议论也比较多。而近几年，随着国际和国内粮食价格的不断上涨，市场对粮价上涨预期的形成，加之国家近年来加大了对国有粮食储备"清仓查库"的检查力度，中央专储、省级及地市级储备基本达到了账实相符。但是，粮食储备的增加所引发的"超储"现象却又引发了各级储备主体的价格战，抬高粮价，占用过多财政资金等新的问题。所以，构建合理的粮食储备体系首先在于明确合理的粮食储备规模。

事实证明，即使在粮食供给总体形势良好、储备总量充足的状态下，个别地区因储备不足，在遇到突发因素时（如自然灾害、大规模疫病等）也会出现粮食供给不足现象，处置不当则会引发局部粮食公共危机。例如，如果中央储备与地方储备的配置不合理，一旦因偶然因素造成粮食短期供应不足，便要求中央紧急调粮。由于调运数量大，往往还需铁路部门组织突击抢运，给铁路运输造成很大压力。不仅如此，如果产区粮食储备过多，销区粮食储备过少，还会给产区

（大都是经济相对落后省区）造成庞大的财政压力。因此，在中央和地方，产区和销区之间配置合理的储备比例，是新形势下构建粮食储备体系必须面对的问题。

市场经济体制下，粮食储备主体日益多元化，基于不同的储备目的，粮食企业及粮农在利益驱动下会自动调整粮食储备的规模，而这种个体的理性选择却会给国家粮食安全造成一定的影响。其表现就在于，如果企业和农户的储备规模不足，过多地依赖市场，那么当粮食供给出现紧缺的时候，则会出现企业和农户的储备行为与政府的储备调控"逆向操作"，从而降低政府储备粮对市场的稳定程度。因此，必须对市场粮食储备主体的粮食储备进行合理的、符合市场经济规律的事前调控。

第二节 我国粮食储备目标定位及合理规模

测算并保持合理的粮食储备规模，对于确保国民经济健康发展和社会稳定都有着重要意义。如果储备不足，有可能引发社会动荡；如果储备过多，将导致巨大的财政开支和消耗，造成不必要的浪费。因此，最优的粮食储备规模应当在确保国家粮食安全最大化的同时，实现储备规模最小化。

一、国家储备粮最优规模分析

由于国家储备粮规模一直对外保密，数值鲜有对外公布。新近可靠的数据是温家宝总理在 2008 年全国粮食储备规模普查后对外公开的信息"中国的粮食储备是充裕的。国家现有 1.5 亿～2 亿吨的储备粮，库存水平比世界平均水平多 1 倍。"此后，国家发改委副主任张强表示，目前我国粮食储备总量（包括政府、企业和农户储备）约在 2 500 亿公斤左右。但是，对于储备规模的构成，并没有官方的权威数据。结合全国粮食储备规模普查的情况（普查范围包括中央、省、市和县级储备），我们可以推测，这 1.5 亿～2 亿吨的储备粮应当是整个国家储备体系的储备总量，也就是包括中央储备和地方储备。

如何确定最优的粮食储备规模？FAO 的经验估算主要基于两种计算方法，一是通过考察 1955～1972 年世界范围每种谷物实际产量低于趋势值的单年最大缺额，以此作为维持过去要求达到的消费水平的后备储备量。二是着重考察 1961～1974 年间各国实际结转储备量与总消费量的比率，得出储备比率。按此标准，FAO（1974）确立17%~18%的储备—利用比率（Stocks-to-Utilization Ratio）为最低粮食安全储备水平，其中包括12%的周转储备（Working-Stock）和5%~6%的后备储备（Reserve）。

从国内情况来看，现有研究基于不同的测算方法，得出不同的最优储备规模。一是基于波动指数法的研究。其主要原理是根据粮食储备规模的界限及粮食储备的目标，在一定的粮食安全水平条件下，测算每年的粮食吞吐量，据此来进一步测算粮食储备规模（朱泽，1998；刘颖，2002；马九杰等，2002；朱晶，2004）。但其研究的出发点是粮食储备仅用于平抑实际产量与趋势产量的差额，并未考虑粮食需求情况的变化以及粮食进出口等因素。如马九杰等（2002）在研究中假定粮食社会消费趋势量与粮食生产趋势量是相同的。朱泽（1998）也认为趋势产量与实际需求之间的差额不是专项储备的任务。范建刚（2007）对此假设进行了修正，在考虑粮食需求变动和进出口调节的情况下对粮食储备的最优规模进行了测算，但其研究仍运用波动指数方法。同时，大多数研究对粮食波动安全界限的界定也比较主观。二是基于多目标规划的研究。主要运用多目标规划法求出基于粮食安全、稳定收入和价格以及经济效益等多个互制目标的最优储备规模（Eaton，1980；厉为民等，1988；徐世勋，1996）。但是，粮食储备的财务及统计指标体系目前还不太完善，取得指标值面临许多困难（袁永康，1988）。这直接导致许多关键的统计数据，如粮食储备成本数据，都无法直接取得。因此，粮食储备的多目标规划最优值只能够停留在理论上，对于我国粮食储备的实践指导意义比较有限。三是基于粮食生产周期性的研究，其方法是把一个周期内平均产量和歉年产量之间的差额作为储备的基础，并考虑粮食减产所持续的时间间隔，以确定粮食储备的规模。这种方法实际上是在基于波动指数研究的基础上，考虑粮食生产的周期波动性，从而更真实的模拟粮食储备的规模（曹宝明，1994，1995）。其欠缺之处在于忽视了粮食需求情况的变动和进出口因素对粮食供需均衡的影响。四是基于成本效率模型的研究。比格曼的模拟方法由以下三步组成：（1）应用蒙特卡罗模拟按预定的概率分布产生随机事件；（2）根据模型规定的决策规则和初始条件，对每个独立的随机事件计算状态交易；（3）对该过程进行大量重复并取其结果的平均值，计算目标函数的值（Bigman，1985；吴志华，2002）。该方法的一个特点以粮食价格变量作为粮食储备调控的目标，并将粮食储备中的仓库建设以及仓储、货运等成本考虑在内。但比格曼模拟的主要是谷类粮食，且不代表具体国家，只是抽象地解释了粮食储备中成本与效率之间的关系。除以上四种主要方法外，还有部分学者运用动态随机模拟（Reutlinger，1980），专家—原则—加权平均法（袁永康，1988）等方法对粮食储备规模进行了测算。

如表9-1所列举，可以发现，现有研究普遍认为，我国国家粮食储备，特别是中央专项储备量的规模基本上都低于1 000亿公斤，特别是新近的研究大都认为合理的国家储备应该在700亿公斤左右。这只占1.5亿~2.0亿吨现实储备规模的50%以下，由此也从另一个侧面佐证了前文对国家粮食储备规模过大的论断。

表9-1　　　　　　　　国家储备量最优规模测算

研究者	储备规模（亿公斤）	储备目标	研究方法	备注
袁永康（1998）①	300亿~350（中央储备）	城镇居民粮食需求	专家—原则—加权平均法	200亿公斤周转储备
马九杰等（2002）②	596.8	缓冲和平抑粮食供求波动，实现粮食安全	两目标规划	粮食安全水平98%
国家统计局统计科学研究所（2002）③	300亿~400	抑制产量波动引发的供求矛盾	估算产量波动范围基础上测算规模	产量波动范围为205.62亿公斤
朱晶等（2004）④	298.1	平抑年度供应波动	波动指数法	粮食安全水平为98%，运用储备和进口共同调节供需
娄源功（2003）⑤	528.8亿~779（2010年至2030年）	主导目标：粮食安全；衍生目标：收入、价格和效益	专项储备粮规模数学模型（自建）	粮食安全水平为97%
范建刚⑥	519.95亿~1 441.56	稳定市场	在FAO测算方法上考虑粮食消费量变化	不考虑市场调节和进出口

---

　①　袁永康：《对中国粮食储备制度几个关键问题的思考与建议》，载《财贸经济》1998年第4期，第55~58页。

　②　马九杰、张传宗：《中国粮食储备规模模拟优化与政策分析》，载《管理世界》2002年第9期，第95~113页。

　③　国家统计局统计科学研究所：《农业结构调整与实现粮食安全的关系》，载《研究资料参考》2002年第95期，第28页。

　④　朱晶、钟甫宁：《市场整合、储备规模与粮食安全》，载《南京农业大学学报（社会科学版）》2004年第9期，第19~23页。

　⑤　娄源功：《基于国家粮食安全的专项储备粮规模研究》，载《农业技术经济》2003年第4期，第6~12页。

　⑥　范建刚：《对消费量测算前提下的粮食储备规模分析》，载《软科学》2007年第1期，第29~32页。

续表

研究者	储备规模（亿公斤）	储备目标	研究方法	备注
	346.1亿~927.9			考虑市场调节
	588.9			同时考虑市场调节和进出口
	583			同时考虑生产调节、市场调节和进出口
刘颖等（2010）[①]	718.1	缓冲和平抑粮食供求波动，实现粮食安全	波动指数法	粮食安全水平97.5%

同时，可以看出，虽然现有研究采用不同的研究方法，但导致测算结果差异的最大原因是对粮食储备目标和功能的定位，粮食储备政策目标范围越广，功能越多，需要的储备规模则越大。因此，明确国家粮食储备的目标和功能，是测算合理的粮食储备规模的前提和基础。

二、粮食储备目标定位

（一）市场粮食储备主体的目标定位

我国现行粮食储备体系包括国家储备（包括中央和地方两层）、商业储备、农户储备，科学考量储备主体的储备行为对国家粮食安全的影响，对确定合理储备目标十分重要。

首先，商业储备以盈利为目的。其储备的主要目的是满足粮食间接消费（饲料粮、种子用粮、工业用粮），其经营活动所需要的周转储备完全属于企业行为，可以通过市场自行解决，不需要政府代为储备。在市场经济体制下，国有粮食企业所需要的周转储备也应当由企业自行承担，不应当纳入政府储备的考虑范围。但商业储备对国家粮食安全的潜在影响是：存在着"逆向操作"现象。即粮食市场供不应求，粮价上涨时，部分粮食企业预期粮食价格会在短期内上涨，不仅不会抛售粮食来调节供需，反而囤积粮食以求获得更多利润，从而造成粮食价格的进一步上扬，反之则反是。但是，影响我国粮食安全的主要是口粮，

---

① 刘颖、许为、樊刚：《中国粮食安全储备最优规模研究》，载《农业技术经济》，2010年第11期，第83~89页。

饲料粮、种子粮等转化用粮实际上并不影响国家和社会的稳定。在发生粮食公共危机时，商业储备投机行为完全可以通过行政手段进行规制，不需要政府储备通过市场吞吐的方式进行调控。

其次，农户储备的性质以零散储备为主，具有集中度小且储备成本高的特点。从趋势上看，我国农户储备的数量逐年减少，农村居民家庭粮食储备已从 1999 年的 605kg/人下降到 2008 年的 492kg/人①。有学者分析部分地区农户储备仅能维持 3 个月消费，农户粮食安全问题逐渐由自给自足转向依靠社会保障②。但是，农户（这里指从事农业生产的农户，不包括进城务工人员）拥有土地生产资料，完全取消农业税和加大农业补贴力度后，相当于国家给农户无偿配置了粮食保障资源。只要有合理的政策机制引导，比如政府投入改善储备条件、加大粮食储备的补贴，农户自主解决口粮需求应当是有保障的。

最后，农业部《全国粮食生产发展规划（2006～2020）》中强调我国应保持 95% 以上的粮食自给率。也就是说，我国进口粮食总量占粮食消费总量的比例会控制在 5% 以下。这意味着在当前粮食供需紧平衡的形势下，一方面，我们可以通过进口占消费量 5% 左右的粮食来调节国内市场供求关系，减轻粮食储备的市场调控压力；另一方面，国际粮食市场的波动对国内粮食市场的影响也比较有限，只要确保国家粮食储备占总消费比例超过 5%，就可以抵御国际粮食市场波动对我国粮食安全的影响。

（二）中央专储的目标功能定位

国家粮食储备的目标，最重要的功能在于发挥蓄水池作用，平抑粮食市场波动。这不仅是因为稳定的粮食市场是国家粮食安全的具体体现，还因为粮农利益的保护也必须以稳定的粮食市场为基础。粮食市场是否稳定？可以由粮食生产波动和价格波动两个指标来体现。因此，国家粮食储备调控的目标有基于生产波动的调控③和基于价格波动的调控④两个路径安排。需要指出的是，粮食市场的波动不仅是由生产引发的，需求的变动（如粮食深加工业的发展情况）也会引发粮食市场的变化，这在 2008 年由燃料乙醇产业发展引发的玉米市场波动就可见

---

① 中国统计局：《中国统计年鉴》（2000～2009），中国统计出版社 2001～2010 年历年版。
② 史清华、徐翠萍：《农家粮食储备：从自我防范到社会保障——来自长三角 15 村 20 年的实证》，载《农业技术经济》2009 年第 1 期，第 30～37 页。
③ 对基于生产波动的储备调控的研究，可参阅马九杰、张传宗：《中国粮食储备规模模拟优化与政策分析》，载《管理世界》2002 年第 9 期，第 95～113 页。
④ 对基于价格波动的储备调控的研究，可参阅胡小平：《粮食价格与粮食储备的宏观调控》，载《经济研究》1999 年第 2 期，第 49～55 页。

一般。同时，粮食生产①波动对市场的影响也存在着时滞。因此，许多市场经济国家都是以价格波动情况作为粮食储备调控政策介入的指标，我国现行的粮食储备调控政策也是按照这一思路进行设计的。

1. 调控目标

理想状态的基于价格的粮食储备调控实际上是反周期调控，可以由图 9-1 表示。在短期内，粮食市场的稳定表现为粮食价格处在一个社会可容忍的范围，如 $P_1 < P < P_2$。因此，粮食储备调控的目标就是在市场价格 P 低于 P_1 时购入粮食，增加市场需求，从而抬高粮价，而在市场价格 P 将要高于 P_2 时抛售储备粮，压低粮价。基于此，国家制定粮食调控价格控制预案为 $[P_1, P_2]$，以保障市场粮食价格在短期内保持稳定状态。而从长期来看，考虑到粮食价格必然存在上涨的空间，因此，粮食储备调控的目标是将粮食价格上涨的幅度控制在可接受的范围内，使市场粮食处于 $[P_1 + at, P_2 + at]$ 的范围之内，如图 9-2 所示。

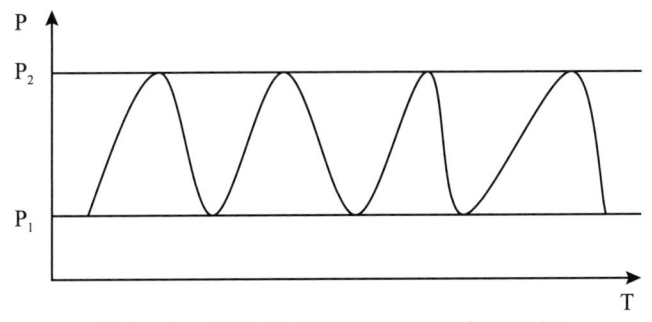

图 9-1　粮食储备调控的短期价格目标

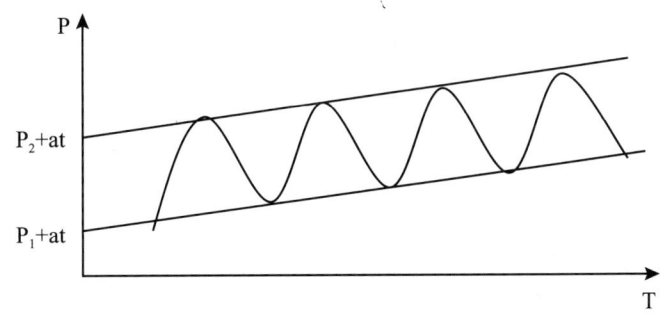

图 9-2　粮食储备调控的中长期价格目标

----

① 即国家每年确定粮食最低收购价格水平，当市场价格高于国家的托底价格时，执行预案不会启动，粮食收购价格由市场供求形成，各类收购主体按照市场粮价自行收购；当市场价格低于国家的托底价格时，托市预案便会启动，政策执行主体按照最低收购价收购粮食，其他粮食企业还是随行就市进行收购。对于粮食最低价收购的详细论述可以参考：贺伟：《我国粮食最低收购价政策的现状、问题及完善对策》，载《宏观经济研究》2010 年第 10 期，第 32~43 页；施勇杰：《新形势下我国粮食最低收购价政策探析》，载《农业经济问题》2007 年第 6 期，第 76~79 页。

2. 调控基础

要完成图9-1和图9-2所示的储备调控目标，必须有两个前提条件。

一是从中长期来看，国内的粮食产量加上可进口粮食数量与国内的粮食消费（包括直接消费和间接消费）要大致均衡，如图9-3所示。也就是说，粮食储备调控只是作为连接供给与需求的"蓄水池"，在短期内通过储备吞吐实现供给与需求的均衡。如果国家粮食生产与消费在较长时间内存在大幅差异，仅仅依靠储备调控显然是无法完成价格稳定目标的。从国家粮食调控体系来看，储备调控只是其中一个调控手段，更多是在短期和局部粮食供需失衡时运用。而从长远和全局来看，粮食供需调控和产能调控是国家稳定粮食市场的根本手段。因此，一方面不能够将保障国家粮食安全的责任都赋予粮食储备调控，忽视粮食供需调控和产能调控在国家粮食调控体系中的基础地位。另一方面，也不能将粮食市场价格的稳定都归功于储备调控的作用，夸大粮食储备调控的功能和作用。

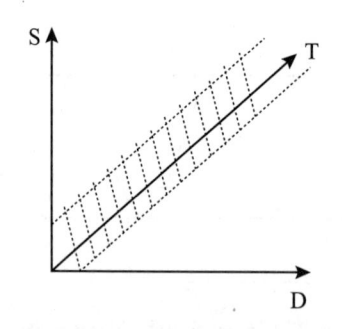

图9-3 粮食储备调控的基础：供给与需求在长期内均衡

二是国家要掌控合理的粮食储备规模。要实现储备调控在粮食市场供需失衡时的"削峰填谷"的作用，国家必须掌握一定数量的粮食储备。由于粮食储备需要消耗的财政成本，国家必须在确保粮食安全目标最大化的同时，实现储备成本的最小化。上文已经指出，不能够将保障国家粮食安全的责任都赋予粮食储备调控，因此粮食储备规模也不宜过大（后文将专门对合理粮食储备规模进行讨论）。

3. 调控过程

如图9-4所示，在国家没有介入市场调控时，供给曲线S与需求曲线D_0决定了市场价格为P_0，市场交易总额为Q_0。而此时的市场价格$P_0 < P_1$，也就是低于国家粮食波动的底限，于是，国家决定运用最低价收购政策抬高市场价格，其实质也就是通过以价格P_1收购储备粮增加市场需求，将需求曲线移到D_1位置。储备粮的收购取决于$(P_1 - P_2)$的价格差，国家新增储备数量为$(Q_1 - Q_0)$。最终在新的均衡状态下，市场粮价抬高到P_1，从而实现调控粮食价格，增加农民收益的政策目标。

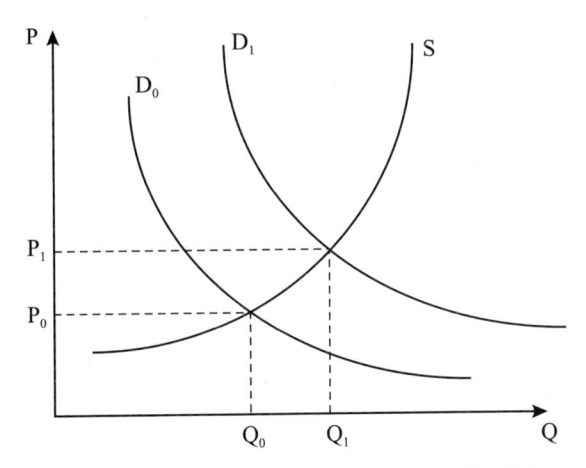

图 9-4 理想状态下的粮食储备调控过程

然而，上述粮食储备调控由于没有考虑粮食供给方——农户的供给预期，因此只是一种理想状态的调控模式。实际上，当国家启动最低价收购政策预案，以 P_1 价格收购粮食时，由于 P_1 高于市场价格水平 P_0，理性的农户会形成市场粮价上涨的预期，从而减少当期的粮食供给以保证未来更多的收入。如图 9-5 所示，当政府通过增加储备使需求曲线由 D_0 移动到 D_1 位置时，粮食供给曲线也将左移到 S_0 的位置。在新的均衡点，均衡的粮食市场价格为 P_2 且 $P_2 > P_1$，市场粮食交易数量为 Q_2 且 $Q_0 < Q_2 < Q_1$。由此也可以看出，一旦国家通过储备吞吐调控粮食市场，新的均衡价格显然会高于最低收购价格，如果粮食供给方对未来市场价格上涨的预期很强，甚至可能引发粮食市场价格的大幅逆市上涨。同时，我们可以看出，与没有考虑农户供给预期时的市场交易数量相比，国家储备吸纳的粮食数量少了（$Q_1 - Q_2$），其原因就在于农户价格投机所导致的惜售①。但是，图 9-5 所示的储备调控

---

① 现有研究对农户储粮动机存在两种对立的观点：一种观点认为，农户储粮的主要目的是确保粮食消费安全：如：J. C. Scott.: *The moral economy of the peasant*: *rebellion and subsistence in Southeast Asia*, 2001; 宋圭武:《农户行为研究若干问题述评》，载《农业技术经济》2002 年第 4 期，第 59~64 页；Crook, F. W.: *China Trip Report. United States Department of Agriculture*, *Foreign Agriculture Service*, ERS, Washington, DC, 1996; Ke, B.: *On-farm grain stock in china and its impact on market blance. Paper presented at International Symposium on Food and Agriculture in China: Perspectives and Policies*, 1996; Johnson, D. G. and Song, G. *Inflation and the real price of grain in China*, in Findlay, C. and Watson, A. (eds), *Food Security and Economic Reform*: *The Challenges Facing China's Grain Marketing System*. MacMillian, London, 1999.; Park, A.: *Household Grain Management Under Uncertainty in China's Poor Areas*, PhD thesis, Stanford University, 1996; Park, A.: *Risk and household grain management in developing countries*. The Economic Journal, 2006; 柯炳生:《中国农户粮食储备及其对市场的影响》，载《中国软科学》1997 年第 5 期，第 22~26 页；相对的观点是，部分研究认为农户储粮主要是价格动机，如：Williams, J. C. and Wright, B. D.: *Storage and Commodity Markets*, New York: Cambridge University Press, 1991; 胡小平：《粮食价格与粮食储备的宏观调控》，载《经济研究》1999 年第 2 期，第 49~55 页；全国农村固定观察点办公室：《中国农户存粮及影响》，载《中国农村观察》1998 年第 5 期，第 30~35 页。

过程建立在两个基本假设的基础上：一是执行国家调控政策的储备主体不存在盈利动机，在市场形成粮价上涨预期，多吸纳储备可在更高市场价格上出售的条件下，不继续收购（Q_1-Q_2）的储备量，而仅收购（Q_2-Q_1）的粮食。二是将国家的储备政策作为一个动态的过程，即根据市场价格上涨情况灵活的动态调节储备吸纳政策。如果以上两个基本假定不成立，储备调控过程将发生改变。

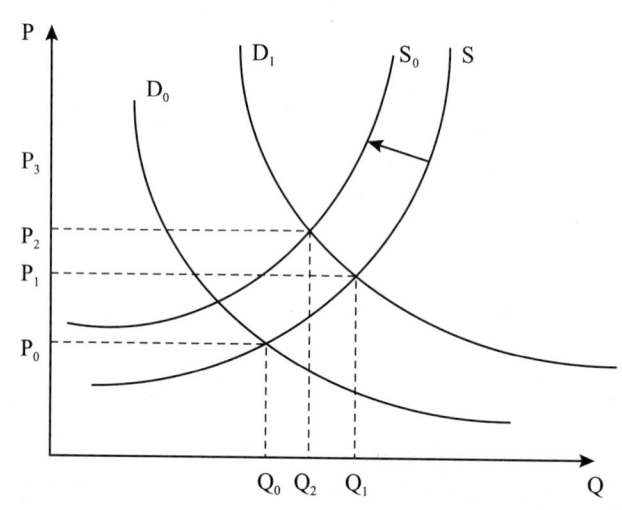

图 9-5　考虑农户价格预期后的粮食储备调控过程

图 9-6 反映了这种变化，如果国家的储备调控政策没有根据市场预期和市场价格上涨情况而灵活调整，而是以理想状态下的（Q_1-Q_0）作为储备吸纳量的政策规模。在这种情况下，由于多储备粮食显然可以在未来的市场上涨下获取更多收益，储备主体的盈利动机将导致市场需求曲线右移至 D_2 位置，从而完成（Q_1-Q_0）的储备规模，可以从图 9-6 中看出，在新的均衡点上，粮食市场的均衡价格将被推高到 P_3 位置。

4. 调控效果

第一，农户收益方面。当粮食价格低迷时，国家以最低价托市收购的方式增加粮食储备，抬高市场价格，以增加种粮农户的收益。但实证研究已证明[①]，收储政策托市作用的发挥存在着一定的滞后效应。以玉米临时收储为例，2008 年 10 月下旬，国家在东北地区下达首批玉米临时收储计划，而东北玉米市场价格的企稳走高则是在 2009 年 2 月，且东北地区农户的玉米大都在 11 月底到春节前就卖出了。这表示，农户从粮价上涨中获取的收益比较有限，粮价上涨的收益被

---

① 徐志刚、习银生、张世煌：《2008/2009 年度国家玉米临时收储政策实施状况分析》，载《农业经济问题》2010 年第 3 期，第 16~23 页。

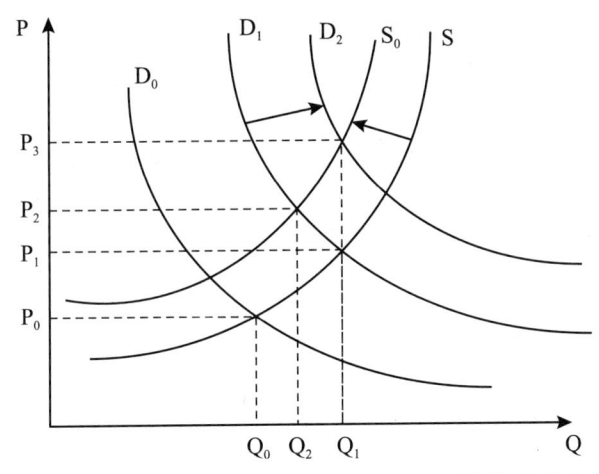

图 9-6 考虑农户价格预期和储备主体利益后的粮食储备调控过程

春节前大量收购玉米的粮食中间商所获取了。同时，这也说明了农户惜售必须具备两个条件：一是资金充足，可以应付日常的生活、生产开支。二是有良好的粮食储藏设施，能够较长时间的储备一定数量的粮食。如果不能同时具备这两个条件，则农户很难通过延期销售粮食以获得更多的收益。

除政策时滞影响外，临时储备的收储方式也限制了农户从国家收储政策中获益。由于中储粮直属库网点数量有限，收储计划大多是通过"市场拍卖"委托地方粮库，私人粮商和粮食加工企业代收的。同时，为节约交易成本，农户一般也愿意选择采用坐等粮商上门收购的方式出售粮食。由于在中储粮与农户之间增加了中间收购环节，农户收益也容易被中间收购主体所挤占。

第二，稳定粮价方面，从图 9-6 的分析中我们可以直观的得出一个命题是：粮价低迷时，虽然国家意图通过最低价收购抬高市场价格，但很可能"矫枉过正"，形成市场粮价快速上涨，突破政策调控的高限，形成粮价过高的局面，反之则反是。政策调控不但没有抑制粮价的波动，反而扩大了这种波动。还是以玉米市场为例，2003 年至 2008 年，我国玉米连续 5 年增产，市场需求却没有明显增长，市场价格应当处于历史低位水平。但由于 2008 年 10 月至 2009 年 2 月，国家先后在东北产区下达了四批共 4 000 万吨的玉米收储计划，市场短期内出现供不应求的局面。2009 年 9 月，东北产区的玉米批发价格高出历史最高水平 0.8%，带动南方销区和华北产区的价格分别走高，分别高于历史最高价格 1% 和 4.3%[①]。这显然有悖于我国玉米总体供大于求的市场总体态势[②]。同样的情况

---

① 数据来源：中国玉米市场网。
② 徐志刚、习银生、张世煌：《2008/2009 年度国家玉米临时收储政策实施状况分析》，载《农业经济问题》2010 年第 3 期，第 16~23 页。

也发生在小麦市场上，从国内情况看，2008年至2010年，我国小麦生产保持稳定并略有增长①。国际市场上，联合国粮食与农业组织也上调了2010年至2011年世界小麦产量数据，国际市场也比较宽松。2010年5月，小麦最低收购价执行方案在6个主产省份执行，执行价格为三等白小麦0.9元/斤，红小麦和混合麦0.86元/斤。政策执行仅一个月时间，山东、河北等地的小麦市场价已经达到1.06元/斤，相比上年同期涨幅达到10%，处于历史最高水平。在国内和国际市场供给充分且需求并没有急速增长的情况下，这种市场反常现象显然与国家粮食临时收储政策密切相关。

（三）国家粮食储备目标功能的理论反思

2000年，中央开始建立直接控制的中储粮系统。其政策设计的意图在于规避地方粮食部门代储中央储备粮所产生的委托—代理问题，以保证中央储备粮在粮食公共危机发生时"调得动、用得上"，由此形成中央和地方两套粮食储备系统。粮食储备的事权也在这两套系统中进行了初步划分，中央储备负责全局性的粮食供求失衡和突发事件引发的公共危机，而区域性的粮食供求失衡则在地方粮食储备的框架下解决。

遗憾的是，这种储备制度安排实际存在一个先天的逻辑矛盾：中央储备的事权范围实际上涵盖了地方储备的事权范围。经济学基本原理告诉我们，全局的均衡建立在局部均衡之上，如果一个区域发生粮食危机，那么中央储备和地方储备系统均有责任维持粮食市场的稳定。而责任划分不清晰和重叠实际会导致两种局面：一是都负责，两套储备体系完成同一个功能目标，造成储备成本的上升和公共财政的巨大浪费；二是相互推诿，责任主体虚化以及地方储备数量不足，甚至出现地方储备与中央储备的"反向调控"。从近年来发生的粮食公共危机来看，无论是2003年的SARS、2008年的"5·12"地震，还是2007年的南方冰雪灾害，实际上需要的粮食保障性供给量在省级储备"销区六个月、产区三个月"完全能够解决，而实际每次危机都是由中央储备承担保障任务。

从当前国际粮食市场波动和国内粮食供求情况来看，发生全国性粮食公共危机的可能性极低。同时，由于粮食危机的传导性，区域性的供求失衡容易引发市场的恐慌和过度反应。因此，无论是中央储备和地方储备，保障粮食安全的主要责任都在于处置局部的粮食公共危机。现行储备制度安排的逻辑矛盾就引发了一

---

① 2009年中国小麦播种面积为2 421万公顷，较上年的2 362万公顷增加59万公顷，增幅0.3%。根据统计局发布的数据，2009年小麦产量为11 512万吨，较上年的11 246万吨增加266万吨，增幅2.4%。2010年中国小麦播种面积为2 424万公顷，较上年增加3万公顷，增幅0.1%。2010年小麦产量为11 510万吨，与上年基本持平。

个悖论：如果中央储备的规模和布局可以应对局部性的公共危机，那为什么还要专门建立一套地方粮食储备体系呢？同样，如果地方粮食储备按照省长负责制的要求完成相应的储备规模，又为什么还要专门建立起如此大规模的中央储备呢？

现在反思中储粮系统建立以前我国粮食储备制度存在的问题，可以发现当时的地方粮食部门除了政策性储备业务外，实际上还履行着多项商业经营性业务。对这一现象，霍姆斯特姆和米尔格罗姆（Holmstrom and Milgrom）[①] 在连续模型框架下对代理人从事多项任务进行了分析，研究发现，如果代理人履行多项任务，利益的诉求会导致其在激励较高的领域内投入更多的努力，导致激励较低的任务不能达到委托人的要求。正由于地方粮食部门同时履行着政策性职能和经营性职能，必然导致其忽视利益回报较低的政策性粮食储备工作，加之中央政府由于信息不对称导致的监管难题，地方储备"账实不符"和"反向调节"自然会发生。此后，国家推行的粮食部门"两线运行"和流通体制"四分开、一并轨"改革，实际上正是逐渐剥离国有粮食部门经营性职能，2004年粮食购销市场化改革彻底剥离了国有粮食部门依托粮食收购开展的经营性业务。

但与此形成鲜明对比的是，改革前国有粮食部门集政策性经营与商业性经营于一体的模式却在中储粮系统重现端倪。目前，中储粮的经营范围却逐渐突破政策性领域，不断寻求向下游产业链的延伸，开始涉足经营性活动。旗下已经有东莞油脂、圣湘米业、黑龙江米联等从事粮食加工的下属企业。2009年7月25日，中储粮三河米业正式投产，标志着中储粮以"国家队"的姿态，开始介入米业市场，其得天独厚的原料优势是别的企业无法比拟的，"由中储粮总公司统一安排黑龙江分公司，每年专供30万吨黑龙江原产地优质水稻。"当时的宣传资料中这样写道：中储粮把握产业发展趋势，立足服务宏观调控，面向市场，先行一步，在抢占京津粮食市场制高点上迈出了重要步伐。对完善储备调控功能、保证国家"米袋子"安全、避免重蹈"油瓶子"覆辙具有战略意义。客观来看，承担着保障国家粮食安全战略性任务的中储粮毕竟是企业，遵循的仍然是"自主经营、自负盈亏"的原则，其逐利性冲动可以理解。但是，现阶段中储粮的加工企业所需要的粮源并不是以市场价购得的，而是以其管理的中央储备粮为原料直接加工，再按照市场价格出售。这样，中储粮一边以粮食安全和农民增收为名，在粮食收储环节享受农发行全额贷款和财政包干补贴，获取政策补贴；另一边则凭借原粮优势和垄断地位涉足产业化经营，谋取市场利润。在国家政策补贴和市场利润诉求的双重激励下，中储粮自然具备不断扩大粮食储备规模的动机，

[①] Holmstrom, Bengt and Milrom, Paul. *Multi-task Principal-Agent Analyses*：*Incentive Contracts*，*Asset Ownership and Job Design. Journal of Las*，*Economics and Organization*，1991，(7)，pp. 24 – 52。

粮食储备的目标功能范围不断扩张，不仅远远超出维护国家粮食安全的战略储备范围，以增加粮农收入和维护市场稳定为名增加大量的后备储备，还为满足产业化经营储备了大量的商业性储备粮。

理论分析已经证明，中储粮为维护粮价稳定和保障农民收入增加的后备储备，不仅财政成本巨大，政策调控存在着很多负面效应，存在明显的效率问题。而涉足商业储备更是利用其垄断地位谋取超额利润，对于其他市场主体而言尤其显得不公平。此外，多元化储备目标导致的巨大储备规模，也压缩了地方储备的空间，增加其储备成本，并可能由于事权划分的不清晰诱导其发生"不作为"的行为取向。因此，出于效率与公平的双重考量，国家粮食储备的目标功能亟待优化。

（四）国家粮食储备目标与功能优化

基于前述分析，本书对国家粮食储备目标与功能优化的基本原则、路径安排和制度保障做如下政策建议。

1. 基本原则

树立中国特色粮食储备安全观，在维持适度规模的国家储备以保障国家粮食战略安全的基础上，逐步实现"藏粮于库"向"藏粮于民"转变。精简国家储备层级，明晰各层级储备事权划分。建立国家储备与社会储备的协调运行机制，粮食储备宏观调控由市场价格调控向社会储备主体预期调控转变。

2. 优化路径

第一，精简国家储备层级，将目前中央、省（自治区、直辖市）、地市和县级多级储备主体精简为中央和省级（市辖市、副省级城市）两级储备主体。副省级以下政府不再承担粮食储备责任。

第二，明晰中央储备和省级储备事权划分，中央储备只承担战略储备任务，负责应对战争、重大自然灾害和事关全国粮食市场调控的粮食储备。省级储备承担后备储备，负责维护区域内粮食供求平衡的职责。

第三，剥离中储粮公司的非储备业务，强化粮食储备宏观调控职能。强化中储粮集团作为中央储备粮储备单位的宏观调控职能。剥离中储粮集团开展的非粮食储备业务，将其粮油加工业务整体划入专门从事粮食加工的央企，诸如中粮集团和华粮集团。健全完善储备粮吞吐机制，强化调控职能。充分利用大型综合市场及期货市场，构建储备粮正常轮换的公开市场竞拍机制和调控时期的定向拍卖机制。

三、合理的粮食储备规模测算

城镇居民（包括进城务工人员）口粮是国家粮食储备的保障主体，对口粮的分析与预测是核算合理粮食储备规模的基础。除此之外，对饲料用粮的调控也是保障粮食市场稳定的基础。本书在探讨居民口粮消费特征基础上，以官方数据为基础进行预测并提出修正，得出未来我国的城乡居民的口粮需求量。同时，结合本书第二章对饲料用粮需求的测算，得出国家粮食储备规模的总量。

（一）城乡居民口粮消费特征

中国城乡居民口粮消费呈现出两个特点：一是人均口粮消费量逐步下降，2008年城乡居民口粮消费分别为1981年的52%和77%；二是城乡间口粮消费差距略有增加，城乡人均口粮消费差距由1981年的111公斤增加到2008年的123公斤[①]。人均口粮消费缓慢递减首先是在于口粮的生活必需品性质，即达到温饱水平后需求弹性极小；其次是在于居民饮食习惯的相对稳定性。而城乡居民的直接口粮消费差距主要来自于饮食结构差异，城镇居民饮食倾向于"动物性食物 > 植物性食物 > 粮食"的结构，口粮需求偏小；而农村居民倾向于"粮食 > 植物性食物 > 动物性食物"的饮食结构，口粮需求比重较大。

（二）居民人均口粮消费预测及修正

本书以官方统计数据为基础，采用直接法对未来10年的口粮人均消费量做了简单预测。直接法是先求出口粮消费的环比增长率，剔除不规则波动后，算出环比增长率的均值并对未来进行预测。这一方法适用于时间序列长、趋势稳定的变量，上文描述的口粮消费稳定性说明这一方法适用。然而官方数据仅统计了在家就餐的口粮消费量，近年来城镇居民外出就餐支出逐年增加，从2000年的287.8元/人上升到2008年的877.9元/人；外出就餐支出占消费总支出的比重也有所上升，从2000年的4.2%上升到2008年的6.5%。因此，外出就餐统计的遗漏会导致官方口粮消费数据的失真，需要进行修正。对在外就餐中的口粮消费测算时，首先考虑城乡居民平均在外就餐次数。2004年城镇居民人均每年在外就餐数为109次，农村居民为38次[②]，排除季节性临时打工因素，扣除非家

---

① 中国统计局：《中国统计年鉴》，中国统计出版社2001～2010年历年版。
② 高启杰：《城乡居民粮食消费情况分析与预测》，载《中国农村经济》2004年第10期，第20～25页。

庭人员的在家用餐次数，扣除物价变动，结合饮食消费习惯的相对稳定性，对居民在外就餐次数进行预测。再考虑外餐中的口粮消费量。计算方法为：城乡居民直接口粮消费量除以900（官方口粮消费统计是以人均每年900次计算的），得出每餐的口粮消费；由于外餐中口粮消费略低于在家就餐水平，将每餐口粮消费乘以95%进行微调；将外餐的次均口粮消费量乘以年外餐次数得出外餐中的口粮消费；将初步预测加上外餐中的消费量得出直接口粮消费量；最后将上一步得出的商品粮总需求折算为原粮（以0.88作为原粮与商品粮的折算比例），其数据分析结果如表9-2所示。

表9-2　　　　城乡居民人均直接口粮消费量状况及初步预测

单位：公斤/人/年

居民	2010年	2015年	2020年
农村居民	186	158	135
城镇居民	75	73	71

（三）口粮消费总量预算

按照国务院颁布的《人口发展"十一五"和2020年规划》，到2015年和2020年我国人口总数分别预计达到14.0亿人和14.5亿人，之所以采取这一人口预测数据，一是考虑到权威性，二是考虑到我国计划生育政策实施的严肃性。另外，国内外若干学者、机构预测了2015年和2020年的城镇化率，其预测结果基本一致。本书以51%和54%进行计算，再将人口预测乘以人均口粮消费需求预测未来城镇、农村居民口粮消费总量及全国总量，得到未来10年全国口粮（原粮）消费需求量，如表9-3所示。

表9-3　　　未来10年全国口粮（原粮）消费需求总量　　单位：万吨

年份	全国	城镇
2015	17 457	5 955
2020	16 019	6 559

综合上述分析，未来十年，针对我国城镇居民口粮的保障储备规模应该大致保持在5 500万至6 500万吨左右。同时，根据本书的测算，2020年全国饲料用粮的需求量约为29 840万吨，如果按照20%左右的调控储备量计算，保障储备规模大致在6 000万吨左右，两项合计，国家粮食储备规模大致在1.2亿吨左右。

第三节 我国粮食储备布局研究

"十一五"时期，我国的粮食安全形势发生了重要变化，粮食供求的主要矛盾已经由总量矛盾转变为结构矛盾。近年来，在中央和各级政府"以工促农"的政策扶持框架下，粮食产量快速增长，相对于粮食需求，我国粮食供需在总体上已实现供求平衡、略有盈余。但是，粮食供求却出现了许多结构性的矛盾。首先，区域粮食产量不均衡的趋势进一步扩大。南方地区许多传统的粮食产区随着产量的减少已成为产需平衡区或销区，长期形成的南粮北运正在被北粮南运的变化所替代。这与我国水资源区域分布相背离，从长远来看，将进一步加大我国粮食增产的机会成本；其次，粮食品种结构间供需不均衡的形势进一步严峻。一方面，口粮需求为主的稻谷、小麦产需基本均衡，转化用粮需求为主的玉米、大豆产需缺口扩大，需要大量进口；另一方面，三大主要粮食作物稻谷、小麦、玉米的品质结构中，优质、高端品种产量占总产量比重均偏低，国内高端消费需求相当一部分依赖进口，低端品种则存在需求不足、产量过剩的问题。

粮食储备作为粮食安全保障机制的重要组成部分，在粮食供求矛盾的上述变化情况下，储备政策构建的焦点不仅需要关注储备规模的优化，还需要对粮食储备在中央—地方、产区—销区以及品种结构间的合理布局和配置进行深入探析，确保粮食储备的区域布局和品种结构与粮食生产结构和居民消费结构保持对称和契合，实现储备保障机制的针对性和有效性。

一、粮食储备性质的理论分析

公共经济学理论将产品或服务依照竞争性和排他性两个指标，分为以下几个类别：具有竞争性和排他性的是私人产品，既无竞争性又无排他性的是公共产品（萨缪尔森，1954），具有非排他性和竞争性的是公共资源（曼昆，1998），具有排他性与非竞争性是准公共产品（俱乐部产品）。如果严格按照这一标准，粮食储备并不完全具备公共产品或准公共产品的性质，其原因在于粮食储备的使用首先是具有排他性的，可以对其受益区域和对象进行限制。同时，储备粮食的规模也是有限的，只能满足部分消费需求，不可能实现联合消费。因此，笼统地将粮食储备定义为公共产品是不科学的。但是，如果从储备主体的角度进行划分，政府储备无疑具有公共产品或准公共产品的性质，其储备的受益面应当是全国的所有群众，具有非排他性。尤其需要指出的是，政府储备的作用不仅是在粮食短缺时保障市场供应，更为重要的是对市场粮食价格和供应起到信心和担保的作用，从而调控其他市场主体对粮食市场供需走势的预期，因此也具有联合消费的非竞争性质。所以，政府储备作为全国性的公共品理应由中央财政承担筹资职能。

政府粮食储备作为公共品，具有因偏好显示困难带来的高昂交易成本和外部强制成本这一特性。为解决这一问题，公共经济学理论提出了地方财政分权的供给模式。施蒂格勒认为，地方政府提供公共产品具有两方面合理性：一是相对于中央政府，地方政府更贴近民众和市场，对辖区民众需求和市场变化的信息更为了解；二是地方政府可以为辖区内民众提供更加差异化的产品和服务。但是，地方财政分权也会由于公共品供给的规模经济效应、外部性以及管理成本而导致无效的资源配置（费雪，2000）。鉴于上述两个方面的考虑，公共经济学理论认为，公共品合理的供给应当"按公共品层次和受益范围划分政府事权"原则，在各级政府间明确供给主体。我国幅员广阔，各区域、省之间粮食产量以及饮食习惯的巨大差异。这使得中央政府在配置粮食储备资源时，对不同区域生产和消费结构信息的了解以及粮食市场的实时变化情况的掌控具有高昂的信息成本。因此，根据粮食储备的公共品性质和筹资职能与供给职能分离的原则，将粮食储备的事权在中央政府和地方政府间合理划分，符合公共经济学的基本原理。

根据公共财政理论，公共品供给不仅需要考虑事权的合理配置，还需要考量事权完成所需要的财权和财力，实现财权、财力与事权的均衡配置。我国地区间由于经济、社会发展水平不均衡，财政实力相差也十分悬殊，要确保地方政府完成粮食储备责任，需要通过纵向转移支付制度的构建，匹配足够的财力以保障事权的履行。同时，我国许多属于粮食主产区的省份都是经济发展相对落后的"财政穷省"，而属于粮食的主销区的省份都是经济较发达的"经济强省"。因此，需要通过合理的横向利益联结机制一方面保护主产区利益，同时又确保主销区储备任务的完成。

根据公共经济学理论，要保证政府提供公共品的切实满足辖区居民的需求，公共品的供给决策不能采用"自上而下"的决策模式，而应当充分了解公共品供给的对象——辖区民众的具体需求。我国南方以稻谷为主要口粮，北方以小麦为主要口粮。同时，随着人民生活水平的提高，对高品质口粮的需求日益增长。这就要求粮食储备的品种结构也能够与口粮需求结构匹配，提高储备品种结构的针对性。

二、中央—地方粮食储备布局

从当前中央储备和地方储备的配置格局来看，具有以下几个特点：一是中央储备比较充裕，地方储备还不健全。随着粮食产量连续增长和粮食最低收购价政策的执行，中央储备的数量不断增长，目前许多中央直属储备库均是满负荷储备，粮食储备规模达到历史较高水平（秦中春，2009）。二是中央储备资金具有保障，地方储备资金受财力制约较大。由于储备粮收购的购销费用及产生的盈余由各级财政自行承担，而分税制改革后，地方财政可支配收入占财政总收入的比重逐渐下降，特别是一些经济欠发达地区受财政实力的制约和储备风险的担忧，没有财力也没有激励去保障储备粮购销和储藏的资金需求，许多地区至今都没有落实产区三个月，销区六个月的政策要求。三是中央储备管理机制比较健全，地方储备管理体系还不统一。目前，中储粮系统按照"三级架构、两级法人"体制实施的垂直管理体制已比较健全。但地方储备系统并没有统一的管理体制和运行机制，部分省份如广东、浙江等建立了垂直管理体系，但一些省份仍然实行省、市和县分级储备，管理体制也是五花八门。

根据政府粮食储备的公共品性质和受益范围，中央政府理应承担粮食储备资金的筹资责任。同时，按照筹资与供应职能分离的供给模式，地方储备可以根据市场变化快速反应，就近投放。根据上述思路，中央—地方储备布局可按如下路径安排进行优化：一是政府粮食储备体系精简为中央储备和省级储备两级，撤销市、县级储备，省级储备实施垂直管理。二是中央和省级储备的收购资金均由农发行全额贷款并监督使用，购销、储存和监管费用均有中央财政承担。同时加大对地方储备执行储备计划和资金使用的监管。三是中央储备主要承担战略储备和部分后备储备职能，以城镇居民全年口粮需求量为标准，减少过多的中央储备规模。省级储备承担后备储备任务，严格落实"产区三个月、销区六个月"的储备规模。四是不再新建和增加中央直属储备库，重点在粮食主销区兴建的储备库纳入省级储备的管理范围。

三、产区—销区粮食储备布局

根据各省、自治区、直辖市的粮食生产量、消费量和商品粮的比例关系，我国31个省、自治区、直辖市分类为粮食主产区、主销区、产销平衡区三类。从现有储备区域布局情况来看，存在着以下两方面问题：一是主产区储备规模过大，主销区储备规模不足。中央储备粮总量的70%左右集中在粮食主产区，尤其是东北三省和内蒙古自治区集中了大量的中央储备，而东南沿海粮食敏感的主销区，如浙江、广东、江苏和上海等地的储备规模过小。这种储备布局造成了一旦东南沿海或京津地区发生粮食公共危机，受东北入关铁路运输瓶颈的限制，无法保证储备粮的有效供给。二是现有粮食储备库的布局与流通物流体系间缺乏有效衔接。粮食流通体系的顺畅对于保障粮食储备在关键时刻"调得出、运得进"意义重大，而我国还有大量粮食储备库没有专门的铁路码头，沿长江流域、珠江流域的库点偏少，水路运输条件较差，不能满足向长江三角洲和珠江三角洲紧急调运粮食的需要。

优化粮食储备的区域布局，应当以两个目标为政策设计的着眼点：一是调整当前粮食储备主要集中于主产区的格局，大幅增加粮食主销区粮食储备的规模，适度增加产销平衡区的粮食储备，实现产区、销区和产销平衡区粮食储备的基本均衡。二是加大重大铁路沿线粮食储备库的布点，适当增加长江、珠江等主要水路运输通道沿岸大中型城市的粮食储备库点。同时，还要加大主要铁路、水路和公路运输枢纽型节点城市的粮食储备库布点和储备规模。为实现上述政策目标，一方面要构建粮食储备的产、销区利益协调机制。要建立产区和销区之间稳定的粮食购销机制，形成定向流通为主的稳定、长期的区域合作伙伴和流通体系。另一方面，交通运输体系的建设规划要与储备库点的布局规划充分对接，确保中大型粮食储备库点布局与主要铁路，水路及公路运输的无缝衔接。

四、粮食储备品种结构布局

目前，我国粮食储备的品种结构主要存在以下两个方面的问题：一是大米和小麦的储备相对不足，玉米储备规模偏高。我国北方地区主食食品主要是小麦，南方广大地区和全国大中型城市居民日常食用的主食食品60%以上为大米，玉米的主要用途是饲料加工等转化用粮，居民口粮占的比例较小。储备结构与消费结构的不匹配降低了粮食安全的保障力度。二是从储存形态看，现有储备粮都是以原粮（小麦、稻谷、玉米）和原油（毛油）的形态储存，没有一定数量的成品粮库存（面粉、大米等），在救灾或突发事件需要紧急动用时，首先要找加工厂进行加工，从而相对延误了投放时机。

因此，优化粮食储备品种结构，首先要加大大米的储备规模，逐渐减少玉米的储备量；其次要适当保证部分成品粮油的储备比例，以应对突发性的粮食危机事件。最后，还要适度加大绿色、有机等高品质粮食品种的储备规模，以满足居民的消费需求。

第四节 国家粮食储备的宏观调控

2004 年粮食流通体制改革①后,除国家储备(中央专储和地方政府储备)外,我国社会化粮食储备格局发生了变化:一方面,随着中储粮系统直属库点布局的增加②,各地国有粮食企业承担的政策性储备任务不断减少。同时,各地国有粮食企业产权制度改革的推进和粮食购销市场的放开,私营粮食企业(包括外资粮食加工企业)的商业性粮食储备大幅增加。另一方面,随着农业种植结构的调整和农民外出务工收入的增长,农户家庭储备的减少也比较明显。课题组在 2010 年的夏粮和秋粮收割前对川西部分种粮农户的实地调查表明,大部分农户的粮食储备都仅能保证半年的口粮需求,农户粮食储备已经逐步变为依靠市场保障。一些研究③也反映这样一种趋势。企业商业性储备和农户家庭储备格局的变化对国家粮食宏观调控提出了新的要求。如何构建有效的政策框架,确保企业、农户合理的储备水平,避免出现社会储备主体储备不足导致的市场短缺,以及"反向操作"对国家调控政策效果的扰乱等问题,对于市场经济条件下的国家粮食储备宏观调控,具有重大的意义。

一、粮食储备宏观调控的政策框架

(一)调控的目标

国家粮食储备宏观调控的主要目标是保持政府储备、企业储备和农户储备之间的合适配置比例。综合利用经济、法律和必要的行政手段,引导企业和农户根据自身加工用粮和消费粮的需要,保持合理的储备规模。当市场粮食供求出现波动,需要政府吞吐储备以平抑波动时,确保企业储备和农户储备不会出现与政府

---

① 见《国务院关于进一步深化粮食流通体制改革的意见》(国发 [2004] 17 号)。
② 1998 年至 2003 年间,国家先后斥资 180 亿元,布点和修建了 500 多亿公斤仓容的中央直属库。
③ 柯炳生:《中国农户粮食储备及其对市场的影响》,载《中国软科学》1997 年第 5 期,第 22~26 页;史清华、徐翠萍:《农家粮食储备:从自我防范到社会保障——来自长三角 15 村 20 年的实证》,载《农业技术经济》2009 年第 1 期,第 30~37 页;陈伟红、王炳焕:《粮食购销市场化下农户粮食储备及变化情况分析》,载《世界农业》2006 年第 3 期,第 4~6 页;张晓辉:《2004 年农户存粮调查分析》,载《农业展望》2006 年第 4 期,第 11~12 页。

储备的"反向操作"行为。

(二) 调控的原则

粮食储备宏观调控的原则有两点:一是在粮食供求形势保持基本稳定的常态条件下,主要依靠经济手段,通过财税、金融政策引导企业和农户的储粮行为;二是当粮食供求形势紧张的应急状态下,主要通过法律和必要的行政措施,规制企业基于投机预期的"反向操作"行为,确保农户保持一定的储备以保障口粮需求。

二、企业商业储备调控

合理的储备水平不仅能够在保障企业加工用粮的需求基础上有效降低粮食储藏的资金成本,从而降低企业的经营风险,而且能够减轻国家储备的市场调控压力,提高国家粮食安全的保障水平。国家对企业商业性粮食储备调控有三个重点:一是明确商业储备的重点和结构,对企业商业储备的主要功能和品种结构进行宣传和引导。二是保证企业合理规模的储备粮的收购和储藏,也就是对企业在粮食收购环节的融资和收储行为予以规范,解决资金来源和粮食供给的问题。三是在出现粮食价格波动时,如何协调企业商业储备与国家储备间的行为。

(一) 企业商业储备的重点和结构

企业商业储备的主要目的是加工业的原料供给,一般来说,粮食加工用粮主要包括口粮需求、饲料用粮、种子用粮和工业用粮四类,据测算[①],至2015年,种子用粮、工业用粮、饲料粮和口粮的需求总量分别为1 150万吨、8 400万吨、2.88亿吨和2.05亿吨。从需求结构变化趋势来看,由于膳食营养结构的变化,口粮、种子用粮和工业用粮总量都将维持稳定,饲料用粮需求将不断增长。同时,由于口粮需求主要可以通过国家储备保障,种子用粮和工业用粮需求总量不大,且可以通过农户留种或者陈化粮轮换加以解决。因此,确保商业储备的重点应当放在饲料用粮的储备上,按照一年产两季计算,储备规模(这里指粮食收购后的最大理论储备量)至少应当达到2.5亿吨左右。再从品种结构来看,2004~2008年,饲料用玉米约占玉米消费量的66%,工业用玉米约占23%。此外,饲料用粮约54%来自玉米,工业用粮54%也来自玉米,因此商业储备应当以玉米

---

① 胡小平、郭晓慧:《2020年中国粮食消费需求与预测》,载《中国农村经济》2010年第6期,第4~15页。

储备为主。

市场经济条件下，民营（外资）企业商业储备的规模和品种结构都属于企业根据市场和加工能力自主决策的内容，即使是国有粮食企业，也属于按法人治理结构建立的自主经营、自负盈亏的市场主体，政府不能依靠行政手段进行干预。但实践告诉我们，市场往往具有一定的盲目性，企业微观理性决策往往会引起宏观市场的无序和剧烈波动。政府应当不断完善对企业商业储备规模、品种的监管和监测，建立制度化的储备信息上报和抽查工作体制，一旦出现储备规模不足或品种结构的失衡，应当及时采取告诫、警示等宣传和引导措施。

（二）企业商业储备收储行为的规范

2004年粮改后，大量原有国有粮食企业随着企业改制、破产、兼并退出粮食购销市场，粮食收购市场的放开使大量的私人粮商、个体工商户开始直接介入粮食收购，粮食收储主体呈现多元化格局。多元化的粮食储备主体的利益诉求各不相同，承担有中央、省粮食代储任务的企业由于有各级财政的代储费用补贴，储备粮食就是赚取利润，收储的粮食中既有政策性储备，也有商业性储备。改制后的国有粮食企业虽然不再享受粮食收购的财政补贴和收购资金贷款的优惠，但生存和发展的压力迫使其必须保持一定规模的商业储备。私营加工企业收储粮食的动机除保障原料需求外，也有部分投机性的储备。而粮食收购季节大量活跃于田间地头的个体收购户，其收购动机就是为了赚取流通环节的利润。由于粮食收储由按照国家统一制定的保护价敞开收购变为按照市场供给决定的价格随行就市收购，粮食收储主体的多元化必然带来粮食收储环节的价格竞争，抬高市场粮食价格。

2010年我们曾对川西一个县级市的大春收购市场进行了考察，介入该地粮食收购的市场主体大体分三类：一是改制后的两家国有粮食企业，2006年，该地将原粮食局下属的七个粮站进行企业化改制，在原羊马粮站和城关粮站基础上组建崇州国有粮食储备库（以下简称"国储库"），在其余五个粮站基础上组建富浩粮油购销有限责任公司（以下简称"富浩"）。其中，崇州国有粮食储备库承担了2万吨中央专储和1万吨省级储备，以及3 000吨县级储备任务。二是以生产规模达到日产150吨的沙渠米厂为代表的私营大米加工厂。三是大量的个体收购户，当地又称为粮食经纪人。大春收购初期，市场的黄谷价格大约为1.12元/斤左右，由于需要完成部分储备粮轮换任务，国储库将收购价格抬高至1.18元/斤左右，这一行为直接导致沙渠米厂和富浩公司收购量大大减少，富浩公司大约2万吨的仓容大部分都空置。而实际上，价格提升的收益并没有完全被农户获得，其原因是走乡窜户的个体粮商大约以1.14元/斤的价格直接从农户手上收走粮食并转卖给国储库。收购后期，沙渠米厂也提高了收购价格，于是，这些个体粮商又将收购的粮食转卖给沙渠米厂，国储库的收购任务也没有完全从本地完成，不得不从湖北购入粮食。从这一收购过程的简单描述中可以看出，收储主体的多元化直接抬高了市场价格。据悉，2011年，国储库采取订单方式直接与当地许多粮食生产合作社签订协议，协议收购价格为1.22元/斤。但该公司负责人介绍到"实际上这种协议根本没有约束力，一旦个体粮商出价更高，我们还是收不到粮食"。

2008年以来，由于国际粮食价格的上涨和国内极端天气气候对粮食生产的影响，市场普遍形成了粮食上涨的预期。在这种预期的推动下，市场收储主体普遍形成了储粮待涨的动机，这又进一步加剧了粮食收购市场的价格竞争。诚然，粮食价格的合理上涨有利于保障农民的种粮积极性，但一旦企业正常商业储备的无法保障，企业正常的生产经营必然受到影响，进而影响市场的产品供给，最终给粮食安全带来影响。此外，企业超出正常原料需求的价格投机储备的增加却给粮食市场的稳定埋下了隐患。同时，粮价上涨的利润也并没有完全被农户获取，个体粮商在中间环节的利润截留和价格投机行为也值得研究和思考。

实际上，2004年粮改后，地方粮食局（特别是县级粮食局）转变为粮食行政管理部门，主要职能仅为市场流通监管和收购市场的准入资格审查。但实际上，由于无权对收储企业的收购资金进行控制，也无法对跨区域粮食收购主体进行有效管理（按规定跨区域收购市场主体只需要在当地粮食行政主管部门备案即可）。据我们对成都平原产粮区县粮食局的调查了解，机构改革后粮食局已成为事实上的边缘部门，一些地方的粮食局仅保留一个科室，对粮食收购市场的管理实质上仅停留在数量统计，遑论对企业和个体粮商收购行为的有效规范。因此，国家应当通过整体政策设计，规范企业商业储备的收储行为，在保障其商业性储备同时，有力地抑制投机性储备需求。

（三）企业商业储备与国家储备的协调

对企业收储行为的规范不仅涉及各级收储主体之间的有序竞争问题，还关系到国家储备与企业储备之间的协调。对此，一直存在两种观点：一种观点认为，企业储备存在"逆向操作"问题，主要表现在，粮价低迷时，国家为抬高粮价，增加储备量以增加市场需求，而此时企业储备基于粮价下行的预期抛售储备，反而增加了市场粮食供给，从而减轻了国家储备的宏观调控效果。而当价格高涨时，国家储备通过抛售储备增加供给，企业储备却通过乘势增加储备，从而造成国家储备降低粮价的政策效果被削弱。因此，要从政策层面对企业储备"逆向操作"问题进行规避；而另一种观点则认为，并不存在所谓企业储备"逆向操作"问题,其原因在于:市场经济体制下,特别是2004年粮改后,无论是地方国有粮食企业,还是私营粮商,均是自主经营、自负盈亏的市场化主体。面对市场粮价的波动,企业无论是采用低吸高抛的顺调控操作,还是采取低抛高储的逆调控操作,都是企业经营范围内的自主决策行为,政府无权进行批判和指责,更不应该进行干预。

对于企业储备与国家储备的协调问题,可以从以下三个层面进行分析:一是企业层面,作为独立的经营主体,利益诉求必然导致企业对其储备规模进行动态调整,这种调整是市场经济体制下"看不见的手"作用的结果。从这个意义上说,无论是企业正常的以原料保障为目标的储备规模调整,还是纯粹以市场投机为目标的储备调整,都是正常的,合法的商业行为。从企业角度来看,保障国家粮食安全和市场稳定属于国家战略,本不属于企业的责任。因此,市场经济体制下,政府不应当将政府责任强加给企业,对企业的储备操作进行"逆向"或"顺向"的指责。二是国家层面,由于保障粮食市场稳定是粮食宏观调控的重要目标,政府有义务也有责任对市场供给、价格进行调控,确保粮食生产和消费者的合法利益。粮食流通体制的市场化改革对政府对粮食市场宏观调控的方式、方法提出了更高的要求,过去那种简单依靠行政命令,指令式的直接调控措施已不适应新形势的要求,新的调控体制是依靠价格、金融等多种政策工具的间接调控,政策的制定不仅要充分考虑市场粮食供需的形势,还要综合考量各市场主体的反应和预期行为。如果国家选择的调控时机不准确或者对政策效果滞后效应的忽视,就可能出现所谓"反向调控"的现象。三是中储粮层面,作为国家储备调控政策的实施载体,一方面,粮食的特殊属性决定了储藏的时间期限和轮换要求,一般稻谷每三年就要轮换一次,因此,无论粮价是否在合理的区间运行,每年的轮换任务也必须完成。这在一定程度上决定了国家粮食储备的吞吐调控机制也存在局限性。此外,中储粮除执行国家政策性储备职能外,本身也是隶属于国资委管理的企业,国有资产保值增值和企业经济效益事关领导绩效考核和员工切身利益。这难免导致政策性职能与经营职能的冲突,这也使中储粮在执行国家粮食宏观调控政策时有相机决策的可能。

综合上述分析,本书认为,国家对企业粮食储备的调控首先应当坚持市场化导向,坚持以经济手段调控为主导,避免出现违背市场运行规律的行政干预。可以通过对企业收购资金贷款利率、贷款条件的动态调整等手段控制企业流动性。其次,研究储备调控的吞吐规模时,要充分考量企业对粮价运行和对国家储备调整的预期,避免政策强度不足或反应过度。最后,要加强对粮食收购许可证发放的审查和管理。建议实施粮食收购资格期限制,根据粮食供求形势动态管理粮食收购资格证数量和办证标准,当粮食出现短缺和价格上涨时,暂停发放新的收购许可证。同时，对年收购量在 50 吨以下的个体粮商进行收购资格管理。

三、农户粮食储备调控

作为社会粮食储备的重要组成部分，农户粮食储备在保障国家粮食安全方面发挥着重要作用。根据第六次全国人口普查的数据，截至 2010 年，我国农村人口为 6.74 亿人，如果以年人均口粮 260 斤计算，那么每年农户口粮需求的总量为 8 411 万吨，再加上农户家庭饲养牲畜所需的部分饲料用粮和种子用粮，这几部分的农户粮食需求量就超过 1 亿吨，约为我国粮食总产量的 20%。一直以来，我国农户就有储口粮、饲料粮的习惯，作为拥有土地生产资料的农户，依靠自身的储备来保障其粮食需求，可以极大地减少政府储备的财政负担，有效地增加我国粮食安全系数。

但是，随着国家粮食流通体制市场化改革的深入，农户粮食储备规模也逐渐发生变化。法尚普斯（Fafchamps，1992）通过投资组合决策模型说明了粮食市场的一体化使农户减少了粮食储备量，将粮食安全问题转向了市场[1]。但法尚普斯没有基于调查数据的实证研究，只是理论模型的分析。国内学者的研究大都基于区域调查数据对农户储粮进行分析。史清华、卓建伟（2004）以江浙地区为例，实证分析了农户储粮行为，发现农户种植结构呈现出一种"非农化"的趋势，导致农户粮食储备规模下降，粮食储备下降到警戒线以下[2]。史清华、徐翠萍（2009）还通过对长三角 15 村近 1 000 个农户 1995～2005 年的样本数据实证分析农户粮食储备的行为变化，发现随着家庭就业非农化进程的加快，农户储粮意识逐渐淡薄，对市场的依赖度越来越高，粮食储备量仅为 3 个月的消费量[3]。也有学者将研究视野扩大到了主产区，陈伟红、王炳焕（2006）以及武翔宇（2007）通过对主产销区农户抽样调查的方式分析了粮食购销市场化的深入对农户粮食储储备的影响及变化趋势，研究表明主销区农户储粮出现下降趋势，而主产区农户储备量变化不明显。

从上述研究可以看出，随着农户收入结构和种植结构的变化，农户家庭储备数量存在减少的趋势，这无疑对我国粮食安全造成了一定的影响。据我们 2010

---

[1] M. Fafchamps. : *Cash crop production, food price volatility, and rural market integration in the third world.* American Journal of Agricultural Economics, 1992.

[2] 史清华、卓建伟：《农户粮作经营及家庭粮食安全行为研究——以江浙沪 3 省市 26 村固定跟踪观察农户为例》，载《农业技术经济》2004 年第 5 期，第 23～32 页。

[3] 史清华、徐翠萍：《农家粮食储备：从自我防范到社会保障——来自长三角 15 村 20 年的实证》，载《农业技术经济》2009 年第 1 期，第 30～37 页。

年对川西平原传统的粮食产区实地调研发现，随着农户外出务工的增加和种植业结构的调整，大量农户家庭存粮大都仅能保障 3~6 个月的口粮需求，还有大量农户的粮食保障都依靠市场。在经济越发达的地方，农户储粮的数量往往越少。而且，这种现象往往并没有引起地方政府的重视，"市场幻觉"和对政府储备的依赖使地方政府和农户对此问题都存在麻痹和乐观的态度。试想，一旦发生粮食公共供给危机，广大农村地区受制于广阔的地域和相对落后的物流条件，即使政府储备是充足的，也很难保证农村区域性的粮食配送存在困难。更何况，我国目前的经济发展水平，政府财政也很难承担如此庞大规模的储备数量。

在市场经济条件下，政府对农户储备进行必要的调控，发挥政策和资金的引导作用，实现"四两拨千斤"，有效增加农户储备，意义十分重大。下面，从两个层次来剖析这一问题。

（一）种粮农户的粮食储备

农户"储粮难"的问题实际上是一个硬件设施投入问题。长期以来，我国农户的粮食仓储设施比较落后，粮食储备过程中的损耗十分严重。对于单个农户而言，由于储备的规模有限，相对于粮食仓储设施建设的投入，储粮损耗带来的经济损失相对较小。所以农户很难有动机去投入资金建设或者改造粮仓。我们在调研中看到，许多农户将粮食简单堆放在杂屋中和楼梯下，粮食易受到霉变、生虫、受鼠、雀等影响，储粮损耗十分严重。据相关部门统计，我国农户储粮的损耗率达到 7%~8%。对于国家而言，如果能够有效减少农户粮食储备过程中的损耗，相当于粮食产量的增加。况且，减少储备损耗所需要的资金投入远小于粮食增产所需要的资金量。从国家粮食安全角度来看，政府理应成为农户仓储设施建设和改造的投入主体。近年来，我国许多地方政府都在大力推进"小粮仓"项目，由政府公共财政出资为农户建设标准化、可分别存放多种粮食的粮仓设施。从实施情况来看，效果比较理想，农户储粮的损耗大大降低。

但是，我国农户数量众多，生产经营规模又普遍偏小，为每个农户修建小粮仓，无论是从财政成本考虑，还是从使用效率来看都不太现实。况且，对农户粮食储备的调控不仅需要发挥政府财政投入这只看得见的手的作用，更需要利用市场机制这只看不见的手的作用。

从实践情况来看，"粮食银行"是许多地区利用市场机制解决农户储粮问题的一项有益探索。虽然具体操作方式在各地有所不同，但粮食银行大体的操作模式是：以产粮农户为基础，以粮食企业为载体，借鉴现代银行的经营运行方式，按照"粮权不变、时间不限、落价保底、涨价顺价"的原则，把农民利益与企业利益，生产者与经营者利益联系在一起，主要开展"代农储粮、代农加工、品种兑换"等业务。粮食银行所推行的制度创新实际上是将粮食的所有权和经营权进行分离，对农户而言，可以减少仓储设施建设的投入，同时能够充分享受粮价上涨的收益。对粮食企业而言，也可以减少原料采购的资金压力，充分利用粮食企业的仓储设施。对国家而言，在有效减少农户仓储设施投入的同时，减少农户家庭储粮的损耗。

但是，粮食银行在实施过程中也存在着一些问题。一是如何保障农户利益。粮食企业出于利益动机，肯定会考虑一个合理的原料储备规模。然而，企业将原粮加工后，一旦存粮农户出现大规模的粮食兑取，这个时候企业将无粮可供。这与银行的挤兑现象十分相似。因此，必须通过政策设计确保粮食企业储备一部分类似于银行"存款保证金"的储备粮用于应对农户的兑换。二是如何保障粮食企业的利益。由于农户粮食产量较小，数量较多，因此粮食企业必须设立众多的存兑网点，同时还需要大量的物流成本，这在一定程度上加大了企业的成本。同时，还要求企业拥有一定规模的网点设置，以及足够的加工规模以保证原粮的需求。这两个条件不满足，一方面无法解决农户方便、就近存粮的需求，另一方面会加大企业原粮仓储的成本。所以在选择承担粮食银行业务的企业时，必须设立严格的网点布局和加工能力准入标准。三是基层政府和粮食行政主管部分的角色问题。从上述分析可以看出，粮食银行业务的开展需要多方面条件，其中最重要的两个条件：首先，农户粮食商品率要足够高，有充足的余粮需要销售和储藏。其次，粮食企业的网点布局、加工及物流管理都必须具有一定的规模。如果无法满足上述条件，粮食银行很难在一个地区长期运行下去。而从实地调研的情况来看，一些地区将粮食银行业务的推广当做行政任务，采用行政手段，向乡镇、村下达目标任务来完成储粮指标。这种工作方式反过来降低了农户对粮食银行业务的抵触，使得粮食银行的推广困难重重，流于形式。因此，基层政府或粮食行政主管部门在推广粮食银行业务时，一定要坚持市场化、自愿的原则，无论对农户还是粮食企业都要坚持自愿参与、自主推出的方式，不能采用行政手段强行干预。而在粮食银行业务开展过程中，要慎重选择承担业务的粮食企业，避免粮食企业因经营不善亏损而损害农户利益。同时，要加强对企业储粮规模的动态监控，确保企业有足够的粮食应对农户的兑换。

（二）没有种粮农户的粮食储备

由于种植业结构的调整，我国种粮农户数量逐渐减少。特别是经济发达地区和广大粮食销区，近几年来农户减少粮食播种面积，增加经济作物种植的趋势更加明显。这部分农户由于自身没有粮食产出，口粮需求主要通过市场采购解决，因此其粮食储备数量往往较少。而一旦发生粮食公共供给危机，这部分农户的粮食安全往往由于自身储备数量少，又加之聚居范围分散和物流运输距离而得不到保障。特别是近几年，我国广大地区频发极端地质灾害，一旦道路运输受泥石流等灾害影响而阻断，农村市场上的存粮往往很快销售一空。如果没有足够的家庭储备保障，很难维持正常的口粮需求。因此，通过政策引导这部分农户多储粮成为当前农户储备的一个重要问题。

从历史和现实情况来看，有两个主要途径可用于解决这一问题。一是加强农村集体储备。新中国成立以来，特别是人民公社时期，我国集体粮食储备一直是农村粮食安全的重要保障，实施家庭联产承包责任制后，随着农村集体经济组织的瓦解，农村集体储备数量大幅减少，很多地区目前完全没有集体粮食储备。实际上，随着农村专业合作组织的发展，以及近年来农村地区集中居住政策措施的推行，以新型集体经济组织为载体，以农村集中居住区非粮农户为对象，采用财政补贴、集体出资和个人集资等多元化投资途径，恢复农村集体储备成为可行的实施方案。其中，财政补贴主要用于仓储设施建设，集体出资主要用于储备吞吐运营和购买部分储备粮，个人集资主要用于购买粮食。从而确保广大农村地区的非粮农户都能够拥有超过半年的集体粮食储备量。二是通过设立粮食储备补贴。2004年粮食流通体制改革后，我国开始在农村实施粮食直补政策，对种粮农户以及使用良种农户进行补贴，而实际操作是按照土地面积进行补贴。如果可以通过设立粮食储备补贴，对农户粮食储备过程中的损耗和管理费用进行适当的财政直补，再加之近几年来粮价一直保持上升的态势，增加农户粮食储备显然是可行的。

第十章

粮食流通保障体系研究

粮食流通保障是指粮食的运输、销售网络及相配套的原粮加工能力,是粮食供给保障体系的终端环节。如果粮食流通体系不健全,运销效率低,即使粮食综合生产能力比较强,粮食安全保障水平也不够高。历史经验告诉我们,粮食安全的突发性风险往往发生在流通环节。在突发事件下,粮食如果不能及时从产区运往销区,有可能出现暂时的、局部的粮食供给紧张局面,甚至出现粮食公共危机。因此,建立完善高效的粮食流通保障体系对于保证粮食的有效供给,保障我国粮食安全具有重要的现实意义。

第一节 粮食流通保障体系在粮食安全中的功能和作用

一、关于粮食流通保障的相关概念

粮食流通是连接粮食生产、加工与消费的重要纽带。粮食生产主要解决粮食供给的数量、质量和结构问题,而粮食流通则主要解决粮食供给的效率问题,即保障粮食产品均衡、快速、高效、安全地进入加工和消费领域。粮食流通体系是一系列流通体制、流通组织、流通活动(购销和运输)和流通工具等要素组成的集合体。以粮食安全为目标的流通保障体系是指一个国家为使其国民能及时、方便并以平稳、合理价格得到数量充足、品种丰富的粮油食品而建立的保障系统。其功能应该是通过发现价格、衔接产销，正确引导粮食生产者和加工者，方便服务消费者，同时通过宏观调控平衡供需，维护粮食市场的稳定。该系统既要注重效率，即充分运用现代化的流通手段、流通技术和流通工具，并以市场机制为导向，让系统中的流通组织通过公平竞争进一步提升运营效率，同时又要兼顾与我国粮食生产水平的协调适应性，即在粮食生产压力长期存在的情况下，国家需要有足够的调控能力确保粮食市场平稳，避免粮食价格的大幅波动。因此，如何通过创新机制，优化流程，推广新型、现代化的交易方式，采用现代流通技术，构建科学的粮食流通保障体系就尤为重要。

二、政府、市场在粮食流通保障体系中的地位变化

粮食流通自古有之，但随着粮食产量和需求的增长、贮藏加工和运输能力的提高，粮食流通的规模与形式均已呈现鲜明的时代特征。就是说，对不同历史时期、不同资源禀赋、不同经济发展水平、不同政治和经济体制，粮食流通体系的组织模式和运行机制将表现出较大差异性。由于人口众多、耕地有限、农业生产水平低下及自然灾害频发等原因，中国历史上的粮食产量一直处于丰年大体平衡、灾年严重短缺的紧绷状态。因此，历代王朝都非常重视粮食生产和流通，并对粮食流通实行高度管制。每当粮食供应紧缺、粮食价格起伏波动较大时，政府即对粮食流通进行高度控制。比如西周的"官定粮价"，战国的"平籴齐物"，以及后来被各朝各代广泛使用的"常平仓"制度。即使是1953~1993年的"统购统销"制度，也清晰地保留了历史上政府控制甚至垄断粮食流通的印记。相反，每当粮食丰收、国泰民安、商品经济发育完善的时候，粮食流通的市场导向又会增强。比如汉文帝时期废除"过关用传"制度，乾隆时期强调"贸易之事，终不可全以官法行之"，以及实施"米粮过关，全免交税"的优惠政策，也包括20世纪90年代后我国粮食"统购统销"政策的废止。

三、粮食流通保障体系与模式创新的主要推动力量

技术进步是粮食流通体系完善与创新的重要推动力量，尤其是交通运输业的发展。伴随漕运、陆运、海运及航运能力的大幅度提高，粮食流通逐渐突破了近距离限制，开始向跨地区、远距离的大流通格局演变和发展，"千里不贩籴"的铁律终将成为历史，一种全球化、全天候、立体式、电子化、网络化的现代大流

通格局正在形成。这样的流通体系可以充分发挥各地的比较优势，促进粮食生产的区域化、专业化和粮食产品消费的选择多元化。

市场的深化，尤其是交易模式和手段的创新推动了粮食流通模式的创新和现代粮食流通体系的形成。传统的即期式、对手式现货批发市场开始向区域性、专业化的远期、远程、电子、拍卖等现代高层次交易批发市场趋势发展。尤其是具有风险规避、价格发现功能的期货市场的形成和快速发展，为引导粮食生产、加工和销售，调节粮食供给与需求发挥了积极作用。

第二节 新中国成立以来我国粮食流通体制的发展历程

如果以新中国成立为标志，我国粮食流通体制的发展大致经历了以下几个阶段。

一、以统购统销为特征的专控体系初步构建阶段（1949～1978年）

新中国成立之初，国家在财政部粮食处的基础上成立了国家粮食总局，随后又与贸易部粮食公司合并，正式组建粮食部，并建立了自上而下的国有粮食经营系统和管理组织体系，逐步加强对粮食的统一集中管理。

1951年年底，政府开始分别推进对农业、手工业和资本主义工商业的社会主义改造，使得我国的经济制度逐渐形成为单一的公有制。解放不久，百废待兴，粮食生产相对于全社会的消费需求仍然紧缺，再加上国家优先发展重工业需要大量的资源支撑，所以政府需要用计划配置的方式代替市场调节的职能，对稀缺资源实行统制。经济上和政治上的因素促使政府于1953年年底出台政策确立粮食市场的"统购统销"制度。随后，又分别将油料和棉花纳入该制度实行范畴。

中共中央《关于实行粮食的计划收购与计划供应的决议》（1953年10月）以及政务院《关于实行粮食的计划收购与计划供应的命令》（1953年11月）规定，在农村向余粮户实行粮食计划收购（即统购），统购价格和统购粮种由中央统一规定；对城市人民和农村缺粮人民实行粮食计划供应（即统销）；由国家严格控制粮食市场，对私营粮食工商业进行严格管制，并严禁私商自由经营粮食。

这期间粮食储备体系和制度开始逐步形成。为了保证城镇居民的口粮供应以及完成粮食计划调拨，粮食部门建立了周转储备。为了"应付灾荒和各种意外",国家又专设了"甲字粮",到 20 世纪 60 年代,又增设了以备战为目的的"506"军粮。加上农村集体和农户家庭掌握的社会粮食,形成了国家粮食储备和社会粮食储备的双层粮食储备体系和制度。

二、以"双轨制"为特征的市场化转轨阶段(1979~1993年)

1978 年以后,国家工作重点向经济建设转移,农村普遍实行家庭联产承包责任制,粮食购销制度也随之发生一些变化,国家开始逐步减少计划控制,并引入市场调节。

(一) 取消统购派购制度,实行合同定购与市场收购"双轨"制

政府一方面缩小农产品统购派购的品种范围、减少粮食统购数量,另一方面提高农副产品收购价格,并且恢复和发展粮食集市贸易。除国家粮食部门外,供销社、农工商联合企业、农村其他合作商业组织,以及农民个人,都可以通过集市贸易开展粮食议购议销,且经营活动可以扩大到城里、外县和外省。粮食管理体制也从中央统一调度和管理,转变为中央和省、自治区、直辖市两级管理。由于制度、政策的激励作用,农业生产力被释放出来,粮食产量几乎连续 7 年大幅度增加,年均增长幅度达到 7.5%,1984 年全国粮食产量突破 4 亿吨,达到 4 073 亿公斤,粮食供求形势明显好转。也正因如此,为减轻负担,政府有意减少收购量,并促成粮食流通体制向市场化方向的转变。1985 年年初,随着《中共中央、国务院关于进一步活跃农村经济的十项政策》的颁布,实行了 31 年的农产品统购派购制度正式取消,代之而行的是合同(国家)定购与市场收购并存的"双轨制":国家相关部门在播种季节前与农民协商,签订定购合同,定购以外的粮食可以自由上市。同时对定购粮食实行化肥、柴油和预购定金"三挂钩"政策(王双正,2008)。

(二) 成立国家粮食储备局

1990 年 9 月,为了解决农民"卖粮难"问题,保护种粮农民积极性,同时增强国家宏观调控能力,搞好丰歉调剂,保证粮食市场供应和粮价的基本稳定,国务院决定建立国家专项粮食储备制度,同时成立国家粮食储备局,负责国家粮食储备管理工作。

（三）建立粮食批发市场

为强化政府的宏观调控，并使政策性粮食走向市场，通过集中公开交易和平等竞争形成真实价格，1990年10月，我国第一家国家级、规范化的粮食批发市场——郑州粮食批发市场正式成立。

三、市场化与计划体制反复的发展阶段（1993~2000年）

（一）取消粮食统销制度，放开粮食销售价格

在保证完成国家定购任务的前提下，对粮食实行长年放开经营。截至1993年年底，全国98%以上的县（市）都基本放开了粮食价格和经营。至此，长达40年之久的粮食统销制度彻底废止，粮食价格随行就市。

（二）建立粮食保护价收购制度和粮食风险基金

1993年2月，国家决定对原国家定购和专项储备的粮食实行保护价收购制度，保护价按照补偿农业生产成本并有适当利润、有利于优化品种结构，以及考虑国家财政承受能力的原则确定，并于每年粮食秋播前公布。同时，从1994年起配套建立中央和地方的粮食风险基金，用以平抑粮食市场价格（在粮食市价低于保护价时按保护价收购，在粮食市价上涨过多时按较低价格出售）。

（三）回归"双轨制"

由于当时的市场化改革建立在尚不健全的市场基础上，粮食市场结构不合理、秩序混乱、地区贸易封锁等因素，再加上经济过热导致的通货膨胀，使粮食价格在粮食生产增长的情况下却出现了大幅度上涨，1993年和1994年全国粮食收购价格分别比上年上涨16.7%和46.6%。国家随后又恢复并加强了对粮食市场的控制和干预。在继续坚持政府定购5 000万吨的基础上增加了4 000万吨议购计划并落实到县级政府，强调必须加强国家对粮食市场的宏观调控，国有粮食部门必须掌握市场粮源的70%~80%，又恢复国有粮食部门统一经营粮食的收购到批发业务，并实行最高限价销售。为保证粮食收购资金及时足额到位，不给农民"打白条"，1994年4月，组建了中国农业发展银行，粮食收购资金实行封闭管理。

(四) 实行"米袋子"省长负责制

为改善粮食的有效市场供给和抑制粮食价格的非正常上涨，1994年5月，国务院决定实行领导负责制，由各省、区、市的领导负责本地区的粮食供求总量平衡。1995年2月，中央农村工作会议后开始实行"米袋子"省长负责制，主要内容：稳定粮食播种面积和规定库存，提高单产、增加总产，掌握粮源，建立地方粮食储备风险基金，提高主产区粮食商品率，提高主销区粮食自给率。1997年国家又决定建立地方粮食储备制度，并作为考核"米袋子"省长负责制的内容之一。

(五) 国有粮食部门实行"两条线运行"机制

由于粮食系统长期的政企合一、职能不分，已经不能适应社会主义市场经济的发展，也无法完成国家行使宏观调控的目标。1995年6月，国务院出文通知，在粮食行政管理部门统一领导下，粮食经营实行政策性业务和商业性经营"两条线运行"机制，业务、机构、人员彻底分开。

在一系列促进粮食生产政策的刺激下，我国粮食生产再次跃上新台阶，1996年粮食总产突破5亿吨大关，达到历史最高水平，随后两年的生产形势也同样喜人。

(六) 三项政策，一项改革

由于粮食丰收，进口增加，致使粮价下跌，农民种粮积极性严重受挫。国有粮食企业因为长期身兼两种职能，政策性亏损和经营性亏损纠缠不分，亏损挂账严重，1997年年末粮食企业在农业发展银行亏损挂账加上挤占挪用共计近2 000亿元（卜永祥，2005）。国家财政负担也因此日益沉重，中央财政仅1997年用于粮食方面直接支出达292亿元，一些粮食主产区如黑龙江、吉林、内蒙古等地方更是因为支出多收入少而成为财政穷省。此外，中央和地方粮食调控职责不明晰，在调控过程中行动不一。地方政府出于自身利益考虑，不能按照中央调控目标严格执行相关政策，往往在粮食丰收时尽量少收购，甚至还主动抛售，等待粮价进一步下跌再买进，以赚取利润。进出口管理上的问题是"政出多门、条块分割、行业垄断"，致使决策部门对粮食供求形势把握不准确，决策滞后，加之垄断企业受优惠政策（例如出口退税、进口免增值税）驱动，进出口贸易时常出现逆向调节的怪象。这些诸多问题驱使政府再次探索粮食流通体制的改革。

1998年5月，国务院下发《关于进一步深化粮食流通体制改革的决定》，提出"四分开,一完善"的原则,即政企分开,中央与地方责任分开,储备与经营分开,新老财务挂账分开,完善粮食价格机制。同年6月,国务院召开全国粮食购销工作电视电话会议,强调深化粮食流通体制改革的重点是实行"三项政策,一项改革",即国有粮食购销企业按保护价敞开收购农民余粮,粮食收储企业实行顺价销售,农业发展银行收购资金封闭运行,加快国有粮食企业自身改革。为保证改革的成功,国务院分别于1998年6月和8月发布《粮食收购条例》和《粮食购销违法行为处罚办法》,只允许国有粮食部门一家从事粮食收购活动,其他私商和主体无权向生产者购买粮食,使得粮食收购重新回到统购派购体制时代。2000年,中央决定组建中国储备粮管理总公司,对中央储备粮实行垂直管理,以增强政府对粮食市场宏观调控能力。然而,在粮食生产过剩、国家经济体制改革正向市场化推进的背景下,"三项政策"并没有完全达到预期目标。某种程度上说,这期间的改革是向计划经济体制的复归,是市场化体制进程中的倒退(李成贵,2005)。

四、粮食购销市场化改革的发展阶段(2000年至今)

粮改中出现的问题促使政府对原有方案进行调整和改革。首先,放松了对粮食收购准入的限制,并逐步缩小保护价收购范围(北方春小麦、南方早籼稻等一部分劣质粮从中退出),对粮食收购价格进行调整,完善粮食超储补贴办法,扩大粮食风险基金规模,以及加大投资,新增100亿公斤粮库建设计划。同时,新组建了中国储备粮管理总公司,对中央储备粮实行垂直管理。到了2001年,这些制度微调终于引发了实质性的市场化改革。

(一)放开销区、保护产区、省长负责、加强调控

2001年8月,国务院出台《关于进一步深化粮食流通体制改革的意见》,确定粮改的思路为"放开销区、保护产区、省长负责、加强调控",总体目标是:"在国家宏观调控下,充分发挥市场机制对粮食购销和价格形成的作用,完善粮食价格形成机制,稳定粮食生产能力,建立完善的国家粮食储备体系和粮食市场体系,逐步建立适应社会主义市场经济发展要求和我国国情的粮食流通体制。具体内容是:放开浙江、上海、广东、福建、海南、江苏、北京、天津8个粮食主销区以及部分产销平衡区的粮食收购市场,还放开了一些主产区部分粮食品种的收购市场,如湖北省2000年除了中晚籼稻外,其他粮食品种都退出了保护价收购范围。到2002年、2003年,全国大多数地区的大多数粮食品种基本上都放开了购销和价格。不过这期间粮食生产下滑趋势明显,2003年总产量下降到4.31

亿吨，较 1998 年的 5.12 亿吨减少了 16%。

（二）放开收购市场，直接补贴粮农，转换企业机制，维护市场秩序，加强宏观调控

2004 年 5 月，国家颁布了具有里程碑意义的《粮食流通管理条例》，《条例》明确规定，粮食价格主要由市场供求形成；国家加强粮食流通管理，增强对粮食市场的调控能力；鼓励多种所有制市场主体从事粮食经营活动，促进公平竞争；实行粮食收购资格准入制度；规范粮食销售、储存、运输、加工等环节；将大豆、油菜籽等油料作物纳入粮食管理体系之中；建立健全粮食风险基金制度。为贯彻落实《条例》，国务院同时又出台《关于进一步深化粮食流通体制改革的意见》，确立"放开收购市场，直接补贴粮农，转换企业机制，维护市场秩序，加强宏观调控"的改革思路。明确要求，从 2004 年全面放开粮食收购市场，转换粮食价格形成机制，积极稳妥推进粮食流通体制改革，实现粮食购销市场化和市场主体多元化。同年 2 月，《中共中央国务院关于促进农民增加收入若干政策的意见》作为中央一号文件发布，体现中央将"三农"问题作为全党工作重中之重的战略意图。国家从 2004 年起，对重点地区、重点粮食品种实行最低收购价政策，逐步在全国范围内取消除烟叶以外的农业特产税、牧业税、农业税、屠宰税，还对种粮农民实行粮食直补、良种推广补贴、农机具购置补贴和农资增支综合直补等政策。在强大的惠农政策的激励下，当年粮食生产便获得丰收，止住了连续 5 年的下滑态势。

第三节 我国粮食流通体系的运行机制

我国的粮食流通体系发展至今，已经形成了以粮食购销为核心，以粮食加工为依托，以交易方式和物流技术为手段，以政府宏观调控为保障，以流通组织为纽带的现代流通体系基本框架，其运行机制可以概括为如下四个方面：

一、宏观调控与市场机制互动

我国粮食购销制度自改革开放以后便开启了市场化进程。在实施合同定购与市场收购的"双轨制"一段时间后，1993 年，国家取消了统销制度，放开销售

价格，粮食经营（销售和加工）实行市场化。2000年，国家又开始放松对粮食收购准入的限制，从2001年到2003年，全国大多数地区的大多数粮食品种基本上都放开了购销和价格，2004年5月，国务院相继出台《粮食流通管理条例》和《关于进一步深化粮食流通体制改革的意见》，明确指出，从2004年全面放开粮食收购市场，实行粮食收购资格准入制度，鼓励多种所有制市场主体从事粮食经营活动，促进公平竞争。

由于我国粮食生产长期处于紧平衡态势，为了维护粮食市场的供需平衡和保持粮价稳定，政府长期以来都很重视对粮食流通（特别是购销环节）的宏观调控。从计划经济时期的统购统销统一价格，到改革开放后，国家定购、按保护价敞开收购议购粮、粮食部门独家收购和批发，再到对重点地区重点品种实施最低收购价政策，同时加大投资，提高粮食储备能力，完善国家和地方储备粮管理体制，增加粮食风险基金规模，以及直接补贴种粮农民等一系列支农政策。目前，政府除了对小麦和稻谷实施最低收购价政策外，还将玉米、大豆和油菜籽等作物也纳入临时存储计划。销售方面，按照顺价销售的原则，通过粮食批发市场或网上公开竞价销售国家临时存储粮食。为了支持和鼓励粮食加工企业发展，政府还通过定向销售的办法向符合条件的粮油加工企业提供粮源。

正是这种宏观调控与市场机制互动的运行机制，促成了我国粮食流通市场活跃而又平稳的局面。

二、多元化经营主体并存

统购统销时期，粮食收购、加工、批发和零售都是由国有粮食部门独家垄断经营。改革开放后，粮食流通向市场化发展，粮食流通市场经营主体呈现出多元化格局，这种格局促进了市场竞争，也提高了粮食流通效率。

粮食加工作为附营业务最早放开。1990年后，私营加工企业如小型碾米厂、面粉厂、饲料厂逐渐涌入市场，国营企业份额开始缩减。1998年国务院《关于进一步深化粮食流通体制改革的决定》曾专门要求，粮食收储企业的附营业务必须与粮食收储业务划开。政策的松动，准入门槛的取消，为民营企业和外资企业的进入提供了机会和条件。而随着经济的发展，人民生活水平的不断提高，消费者对粮食精深加工产品的需求也大幅增长，进而又催生了粮油加工业的蓬勃发展。在饲料生产领域，诞生了像"新希望"、"六和"、"通威"等大型民营企业；油脂加工领域，国际粮商占有了从加工到零售的相当的市场份额；即便在大米、面粉加工领域，也是民营企业占据了大半壁江山。据统计，截至2008年年底，全国粮油加工企业共计16 457家，较2005年的11 118家增加了48%，其中民营企业 14 550 家，占到 88%，而国有及国有控股企业仅 1 371 家，只占 8%，其余 536 家是外商及港澳台商投资企业。①

粮食购销市场也呈现多元主体并存的格局。截至 2009 年年底，全国具有粮食收购资格的经营者数量达到 8.55 万家，比 2004 年增加 0.8 万家。国有及国有控股企业 1.8 万家，其他多元主体 6.75 万家，分别占总数的 21%、79%。国有粮食企业中，购销企业 1.26 万家，比 1998 年减少 59%。粮食主产区、主销区和产销平衡区具有粮食收购资格的经营者数量分别为 6.84 万家、0.35 万家和 1.3 万家，占全国总数的 80%、4% 和 16%。② 从粮食流通体制的演变可以看出，尽管有其他所有制主体进入了粮食购销市场，但是国有粮食部门一直是粮食购销市场的主力军，发挥着主渠道的作用。在供给紧张、私商可能囤积居奇以投机牟利时，国有粮食企业可以通过收购粮食以掌握粮源并直接供应市场；在供给过剩、私商可能集中抛售粮食打压粮价时，政府可以通过国有粮食企业托市收购以平衡供需、稳定粮价。据统计，"十一五"期间（2006～2010 年），国有粮食企业累计收购粮食 71 060 万吨，比"十五"期间（2001～2005 年）增加 23%，占到全社会收购总量的 54.07%。5 年间，粮食部门按最低收购价、临时收储和补贴收购政策共收购粮油 26 740 万吨，共投放政策性粮食 24 472 万吨、食用植物油 70.2 万吨。③

三、多层次、多功能交易市场协调发展

我国粮食流通体系发展至今，交易市场与交易模式日趋发展和完善。批发市场和零售市场，现货交易市场、远期交易市场和期货交易市场，共同构成了我国粮食市场体系。

我国农产品批发市场从 20 世纪 80 年代中期的不足 1 000 个，发展到目前的 3 600 多个，年交易总额 14 488.9 亿元，平均每个市场年交易 4 亿元。④ 截至 2010 年年末，全国各类粮食批发市场已达到 411 家，其中：商流市场 136 家，成品粮市场 264 家，综合性市场 11 家。⑤ 之中，既有小规模、批零兼营、即期现货交易为主、服务功能单一、设施简单的市场，又有区域性、全国性、专业化、功能设施完善的大型批发市场。截至 2009 年年底，全国已有 22 个国家级粮

---

① 数据来源：《2011 中国粮食年鉴》。
② 数据来源：《2010 中国粮食发展报告》。
③ 数据来源：根据国家粮食局局长聂振邦在 2010 年全国粮食局长会议报告内容整理。
④ 据农业部 2009 年不完全统计。
⑤ 数据来源：中央政府门户网站 http://www.gov.cn/gzdt/2011-03/10/content_1821583.htm.

食交易中心。除了传统的买卖双方直接交易方式外,电子商务交易模式开始得到积极推广。目前全国已有23家批发市场全国联网,政府通过统一竞价平台进行政策性粮食的拍卖销售,进一步加强了对粮食市场的宏观调控能力并优化了调控手段。总之,各类粮食批发市场在形成价格、监测价格、衔接产销、服务"三农"、保障粮食安全等方面发挥了积极的作用。

农产品期货市场发展至今,已经成为市场经营定价的重要参照和相关市场主体规避风险的有效工具。随着2009年4月早籼稻成功在郑州商品交易所上市,我国主要粮油期货品种结构进一步完善。2010年,包括小麦、玉米、稻谷、大豆、豆粕、豆油、菜籽油、棕榈油、棉花、橡胶、糖在内的期货品合约成交量达到186 818万手,成交金额1 334 243亿元。① 据统计,全球农产品期货与期权成交量排名的前十个品种合约中,中国就占了七个。②

四、多元化经营形式互为补充

由于地域不同、主体实力规模不同、制度安排不同以及经营理念不同,流通组织在生产经营中采取的经营方式也不尽相同。这些形式多样的经营方式互为补充,充分活跃了粮食流通市场,加大了流通容量,丰富了流通品种,从而为粮食安全保障提供了支撑。

(一)农户与购销企业

购销企业与农户的交易关系一般就是简单买卖和合同订购两种类型,目前国有企业的政策性粮食收购实际就是合同订购的特殊形式,即政府以国家信誉确保当粮食价格低于市场价时,按最低收购价收购农民的余粮。

(二)购销企业与加工企业

具体交易方式有以下几种。

一是加工企业直接向本地或跨地区向主产区购销企业购买粮食和油料。加工企业和购销企业是简单的市场买卖关系,交易双方都面临较大的市场风险。这种交易模式仍广泛被中小规模的加工企业所采用,甚至一些大型加工企业也还时常通过这种方式采购原粮。

二是加工企业和当地粮食部门合作。加工企业利用粮食部门的收储网络资

---

① 数据来源:2011年中国证券期货年鉴。
② 资料来源:美国期货业协会(FIA)官方网站http://www.futuresindustry.org/.

源，结合自身的资金和管理优势，保证原料的充足供应并进一步降低原料采购成本，二者之间可以是委托代理关系（委托主产区的国有或私营粮食收购企业，代收粮食和油料），也可以是股份合作关系（双方合作投资建立收储企业）。近年来一些大型粮油加工企业纷纷采用这种模式，例如，外资企业益海集团在山东庆云、武城等地与当地政府合作投资建立或并购仓储贸易企业，股权比例通常为益海与当地政府各占60%和40%；新希望也与东北、华北等地区的粮食部门建立了稳定的战略合作伙伴关系，从原有的依赖经销商的模式发展到基地采购，直接控制上游。

三是批发市场竞价销售。为保证市场供应，保持粮油市场平稳运行和社会稳定，2007年起，国家安排临时存储粮食在批发市场常年常时公开竞价销售。据初步统计，2010年国家政策性粮食竞价销售累计成交8 131万吨，是竞拍数量最多的一年。

四是定向销售。各地储备粮公司根据国家相关规定，将粮食定向销售给符合条件的粮油加工企业。2009年年底，为促进国内玉米深加工企业提高开工率，缓解粮食库存压力，经国务院批准，对内蒙古、辽宁、吉林、黑龙江一定规模以上玉米深加工企业定向销售部分国家临时存储玉米，销售主体为各省及自治区储备粮公司。2010年12月初，国家为了遏制面粉价格的上涨，杜绝最低收购价小麦出库时层层加价行为的发生，定向对部分制粉企业供应最低收购价小麦，目标企业包括河北五得利面粉集团和中粮集团等若干单位。

（三）农户与加工企业

2004年粮食收购市场正式放开以后，除原有国有企业外，民营和外资加工企业符合收购准入条件的，都可以直接入市采购。加工企业与农户的交易关系一般分为以下几种。

一是简单买卖关系。农户直接或者通过私营粮商将粮食卖给加工厂，这些加工厂一般都在产区附近，也有些大型加工企业通过在原料产地建粮食收储库，直接向农民收购粮食。

二是合同订单关系。加工企业在粮食种植前与农户签订粮食收购合同，合同的内容包括：种植面积、品种规格、质量等级、交售数量、收购方式、收购价格、运输方式、运输费用与粮款结算方式，等等。通过农业产业化经营的方式，实现农民增收、加工企业获得稳定原粮的目的。实际运行中有"公司+农户"、"公司+基地+农户"、"公司+合作社（协会）+基地+农户"等多种模式，但是由于粮食产品的专用性较弱，合同订单的履约率并不高。一般是规模大、实力强、有品牌优势的加工企业或龙头企业，为了获得优质专用的粮食产品，会采用这种方式与当地农民合作。这些加工企业有的还以预购定金或实物的方式向农户提供良种、化肥、农药等生产资料,甚至还提供农技服务。

第四节 我国粮食流通保障体系的现状与特点

一、政府宏观调控力度加大

2004年以来,中央连续出台一号文件聚焦"三农",粮食流通体制改革也进入了一个宏观调控下的粮食购销市场化阶段。

2005年,粮食继续丰收,为稳定粮价,保护种粮农民收益,国家加大了东北地区购销和出口的力度,对小麦实行托市收购,在部分主产省启动稻谷最低收购价执行预案。2006年,在有关粮食主产区启动了小麦、早籼稻和中晚籼稻最低收购价执行预案。5月,国务院出台《关于完善粮食流通体制改革政策措施的意见》,提出加快推进国有粮食购销企业改革、加快清理和剥离国有粮食企业财务挂账、积极培育和规范粮食市场、加强粮食产销衔接、加强和改善粮食宏观调控、加强粮食流通的监督检查七项政策措施。8月,国家发展和改革委员会等有关部门又发布了《关于进一步推进国有粮食企业改革和发展的意见》。2007年,国家首次在黑龙江和吉林两省启动粳稻最低收购价执行预案。由于政策性粮食收储的执行主体基本都是国有企业,而且国家对临时收储粮食按照顺价原则,常年常时在粮食批发市场或网上公开竞价销售,2007年,国有粮食购销企业统算实现盈利 1.67 亿元,① 这是国有粮食购销企业 47 年来首次实现扭亏为盈。2008年 2~3月国家连续两次提高粮食最低收购价水平,东北玉米上市后,收购价格持续走低,国家又先后下达了两批中央储备和国家临时储存玉米收购计划。2008年10月,十七届三中全会通过《中共中央关于推进农村改革发展若干重大问题的决定》,提出要加快构建供给稳定、储备充足、调控有力、运转高效的粮食安全保障体系,把发展粮食生产放在现代农业建设的首位。同年11月,国家发展和改革委员会发布《国家粮食安全中长期规划纲要(2008~2020年)》,显示政府对发展粮食生产、实现粮食安全战略目标的重视程度。2009~2010年,国家继续上调小麦、稻谷最低收购价,临时收储东北地区玉米、大豆,同时在主产区

---

① 数据来源:《2008 中国粮食发展报告》。

托市收购油菜籽。2011年,国家继续在小麦和稻谷主产区实行最低收购价政策,并适当提高最低收购价水平。由于国家连续多年大力度地支农、扶农,我国粮食生产实现了"九连增",2012年粮食总产达到5.9亿吨,再创历史最高水平,并较2003年增加37%。

二、国有粮食企业继续在购销市场发挥主渠道作用

长期以来,国家只赋予国有粮食系统独家收购粮食的权利,农民生产出来的粮食只能卖给附近粮站或粮管所。当然,国家除了征购、定购和自主收购外,也允许供销社、农工商联合企业、农村其他合作商业组织、甚至农民个人,通过集贸市场议购议销,或者进行跨县、跨市甚至跨地区的经营活动。直到2000年,在财政重负的压力之下,在市场经济建设浪潮的推动之下,国家才放松了对粮食收购准入的限制,并于2004年正式提出鼓励多种所有制市场主体参与粮食收购,以促进公平竞争。但是《粮食流通管理条例》对经营者的准入资格也作了相关要求:一是具备经营资金筹措能力;二是拥有或者通过租借具有必要的粮食仓储设施;三是具备相应的粮食质量检验和保管能力。即便如此,从统计数据来看,商品粮中,国有粮食企业的市场占有率仍然是最高的,分别见图10-1和表10-1所示。1978年,国有粮食企业收购粮食5 110万吨,占当年粮食总产3.05亿吨的16.77%,由于当时城镇化率低(仅17.92%),商品率也低,国有粮食部门的收购量已经基本接近社会商品总量。2004年,国有粮食企业累计收购粮食8 919.5万吨,是1983年以来的最低水平,仅占到当年粮食生产总量4.69亿吨的19%,而这时的城镇化率已经上升到41.76%。不过,2005年之后,国家加大了政策托市的力度,由国有粮食企业(中央储备粮管理公司(简称中储粮)系统以及具备中储粮代储资格的国有收储企业)收购的中央储备粮、最低收购价粮和临时存储粮大幅增加,国有粮食企业的市场份额也随之提高,基本占全社会收购总量的一半以上,见表10-1所示,2006年最高达到61%。2008年,国有粮食系统总共收购粮食1.55亿吨,占当年粮食总产5.29亿吨的29.26%,为1978年以来的最高水平,并占当年全社会收购总量2.66亿吨的58.21%。国有企业收购量中,托市收购部分的比重又很高,2009年最高曾达到61%。分品种看,国有企业收购比重最大的是小麦,其占全社会收购量的比率几乎都在70%以上,其次是大米和玉米。

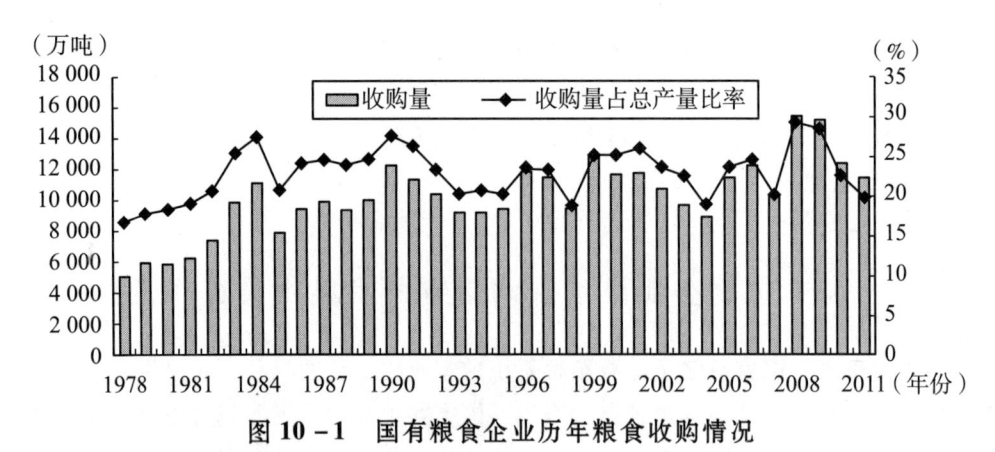

图 10-1　国有粮食企业历年粮食收购情况

资料来源：根据国家粮食局统计资料和各年中国统计年鉴数据整理。

表 10-1　近年政策性托市收购与国有企业收购及其他主体收购比较

年份	全社会收购量占粮食总产量比率（%）					国有企业收购量占全社会收购量比率（%）					托市收购量占国有企业收购量比率（%）				
	粮食	大米	小麦	玉米	大豆	粮食	大米	小麦	玉米	大豆	粮食	大米	小麦	玉米	大豆
2006	40	28	72	48	77	61	60	78	47	43	40	27	68		
2007	40	29	63	52	86	51	52	69	38	29	29	1	61		
2008	50	42	83	63	54	58	64	72	46	38	45	31	62	32	61
2009	50	35	83	65	81	57	54	71	47	54	61	30	60	55	76
2010	55					45					23				

资料来源：根据粮食局统计资料和各年中国统计年鉴数据整理计算。

三、粮油加工向主产区集中

粮油加工逐渐向主产区集中的趋势明显，见图 10-2 所示，基本形成了东北和长江中下游地区大米加工、黄淮海地区小麦加工、东北和黄淮海地区玉米加工、沿海地区食用植物油加工（以大豆原料为主）的布局结构。2009 年，长江中下游和东北地区的大米加工量分别为 3 168.3 万吨和 1 411.5 万吨，分别占全国加工总量的 55.35% 和 24.66%；黄淮海地区小麦粉加工量和所占比重分别为 4 193.2 万吨和 75.8%；黄淮海和东北地区玉米产品的加工量分别 1 750.9 万吨和 1 398.1 万吨，占全国的比重分别为 49.7% 和 39.7%。

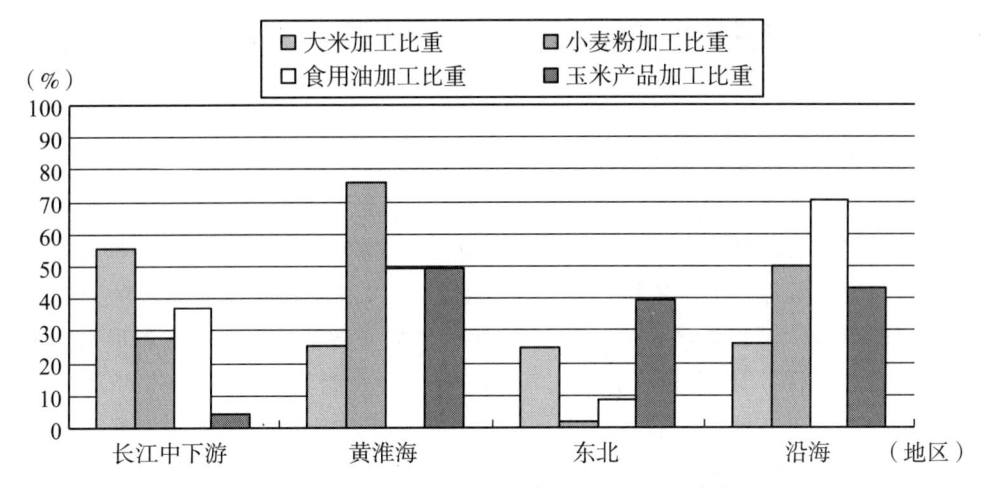

图 10－2 2009 年中国粮油加工地区分布

资料来源：根据《2010 中国粮食年鉴》统计数据整理计算。

我国粮食加工业的产业集中度仍然不高。大米加工企业，日生产规模在 50～100 吨的有 3 155 家，占米厂总数的 43.15%，其加工能力 4 889.5 万吨，占米厂总加工能力 1.6 亿吨的 30.47%；日生产规模在 400 吨以上的仅 100 余家，占比不足 2%，其加工能力 2 379 万吨，占总量的 14.83%。小麦粉加工企业，日加工 30 吨以下的企业 385 家，占总数的 13.66%，加工能力却仅 155.2 万吨，只占总量 1.16 亿吨的 1.34%；日加工 400 吨以上规模的企业 235 家，仅占总数的 8.33%，不过加工能力却达到 4 543.1 万吨，占总量的 39.16%。玉米加工企业共 323 家，日生产 1 000 吨以上企业 43 家，占总数的 13.31%，加工能力为 2 712.7 万吨，占总量 4 529.7 万吨的 59.89%。食用植物油加工企业共 1 222 家，日加工能力在 30 吨以下的有 317 家，占 25.94%，但油料处理能力却仅有 65.3 万吨，只占总量 7 865.7 万吨的 0.83%。由于油料加工领域的外资企业和（新进入的）民营企业投资起点高，追求规模效益，日生产 1 000 吨以上的企业虽然仅有 92 家，占总数的 7.53%，但油料处理能力却达到 4 471.6 万吨，占总量的 56.85%。油脂加工企业的市场集中度明显高于大米、小麦粉以及玉米加工企业。

四、法制建设逐步完善

我国的农业基本法是 1993 年颁布并于 2002 年年底修订的《中华人民共和国农业法》（简称《农业法》），其中第四章和第五章专门涉及"农产品流通与加工"和"粮食安全"。除此之外，没有其他配套的法律就粮食安全和粮食流通中的相关细则进行明确规定。为了保证粮食安全和管理流通市场，政府更多是运用行政手段，通过出台一系列的"决议"、"命令"、"政策"、"通知"、"决定"、"条例"、"办法"、"意见"等临时性文件，来确保目标任务的实施，但这样会影响政策目标的长期性和稳定性。由于条块分割、政出多门，协调比较困难，再加上地方保护主义，政策执行效率往往也不高。而欧美日等发达国家通过多年的发展，已经拥有健全的法律法规体系，并充分依靠法律的规范和约束来指导农业生产、流通和贸易，很少依靠行政手段（参看第六节"粮食流通体系的国际比较与经验借鉴"）。以美国为例，自1933年的《农业调整法》开始实施以来，美国共出台并施行了16个相关农业法案，其中《农业调整法》和1949年的《农业法》是农业基本法，被视为永久立法，其余法案均为根据形势的发展对基本法进行修订而成的一系列临时性法案，并在各自的执行期有效。正是这种兼顾长期目标的稳定性和适应形势变化的灵活性、并依靠法律和制度保证的机制，推动了美国农业的健康有序发展。

我国的粮食流通市场化和法制化建设也在积极完善之中。1993年颁布的《农业法》并无"粮食安全"内容，2002年年底的修订版新增了这一章，修订版中第四章"农产品流通与加工"也在原来的基础上有所扩充。2004年5月颁布的《粮食流通管理条例》，进一步明确了国家在加强宏观调控的前提下推动粮食流通市场化、管理规范化和制度化的意向和决心。2004年年底，国家发展和改革委员会等有关部门联合下发《粮食流通监督检查暂行办法》。2008年11月，国家发展和改革委员会发布《国家粮食安全中长期规划纲要（2008~2020年）》，提出：通过"深化粮食流通体制改革、健全粮食市场体系和加强粮食物流体系建设"，来完善粮食流通体系。为规范粮食批发市场交易行为，搞活粮食流通，促进粮食批发市场健康发展，2009年，国家粮食局研究起草《粮食批发市场管理办法》，2010年，国家开始组织研究起草《粮食法》，目前已经修改完善，近期将形成草案送审稿并报国务院。

五、信息化建设快速发展

信息化是保障我国粮食流通高效运行和走向市场化、法制化的必要基础。我国农业信息化建设虽然起步晚，但是发展速度快。目前，全国省级、地市和绝大部分的县级农业部门都设有信息化管理和服务机构，农业部已初步建成了以中国农业信息网为核心、集30多个专业网站为一体的国家农业门户网站，其供求信息联播系统覆盖全国93%的县，已成为促进我国农产品流通的重要平台（张玉香，2007）。作为国家粮食局直属单位的国家粮油信息中心，与各省、市、区粮食行政管理部门所属信息机构合作,共同建立粮油市场信息服务体系,"中国粮油信息网"面向全国粮食流通、生产、加工和使用企业,提供较为全面的粮油市场信息。除政府部门外,社会力量也积极参与信息市场的建设,据统计,我国农业网站数量达 31 000 多家,其中政府建立的有 4 000 多家。[①] 但是我国农业信息化建设仍存在基础设施薄弱、信息资源分散、信息人才缺乏、管理不规范等问题,尤其是农村信息化建设仍较滞后,对农村农民提供及时有效的信息服务还做得不够,从而不利于正确引导农民调整粮食生产和销售,造成供求失衡并加大粮食价格波动,影响粮食市场的稳定。另外,由于政府的投入不够,致使现有的信息资源中,仍有相当的市场信息是有偿的,需要付费购买,这对于广大的普通粮农和中小购销及加工企业来说仍是不轻的负担,使他们在生产经营中处于不利地位。

为促进我国农业信息化健康有序发展,农业部日前出台了《全国农业农村信息化发展"十二五"规划》,其中把"农业经营信息化水平明显提高"作为重点发展目标之一,具体要求:农业企业、农民专业合作社信息化快速推进,农产品批发市场信息化水平大幅提高,农产品电子商务快速发展,农业经营信息化整体水平翻两番,达到 20%。

第五节 政府宏观调控粮食流通市场的绩效评价

正是由于政府长期重视粮食生产,并适时对粮食市场进行调控,才使得我国粮食产量持续增长,并不断跃上新台阶,粮食流通市场平稳畅通,粮食价格基本稳定,成品粮市场货源丰富,为国家经济增长、人民生活水平提高提供了必要的支撑和保障。

不过宏观调控需要政府增加财政支出,如果政策执行中受到信息不充分、行政体制的阻碍以及可能对市场正常运行的干扰等因素影响,就会使执行效果偏离预期,从而降低政策绩效水平。卢锋(2000)曾利用 1981~1999 年的数据对棉花价格干预的稳定性绩效进行了实证的经验性分析,研究结果表明,在应对和控制供求波动方面,棉花行政定价调节与市场调节相比并未表现出前瞻性,反而更加具有滞后性,结果放大了供求波动。巴尔德斯(Alberto Valdes,1999)通过考察波兰、德国等一些欧洲国家在 1994~1997 年的农业支持政策(以价格支持为主)后指出,粮农的收入状况很大程度上取决于政府的政策,期间各国的农产

---

① 数据来源:《全国农业农村信息化发展"十二五"规划》。

品价格巨幅波动，而正是政府行为加剧了农产品的价格波动。王德文、黄季焜（2001）对双轨制下中国粮食市场稳定性问题进行过实证分析，结果表明：中国粮食定购采取事先干预生产和流通的方式并没有达到预期的稳定粮食市场的效果；相反，这种制度安排存在放大市场价格波动的可能性。仰炬等人（2008）以1993～2007年国内外小麦现、期货数据实证发现，世界经济一体化背景下，政府市场管制有效性的前提是国内外市场不存在长期均衡关系。

根据统计资料发现，政府在流通市场投入的补贴对农民收入增长和国有企业经营业绩提升的效果也不理想。当前的宏观调控政策还可能对市场竞争机制产生消极影响。

一、粮食补贴与农民收入增长的关系

国家财政对流通领域的补贴主要包括粮油差价补贴、平抑物价补贴和粮食风险基金等。为了保证粮食生产稳定增长和粮油市场平稳运行，政策性补贴逐年增加。以其中的粮棉油价格补贴[①]为例，1984年就超过了200亿元，2006年已经达到768.7亿元。然而，统计发现，1986年至2002年，国家财政用于粮棉油价格补贴的支出和农民种粮（纯）收入却成反比，见图10-3所示。也就是说，这段时间里，国家的补贴似乎只是起到了一定程度上弥补农民收入减少的作用，当农民种粮收益增加时，补贴反而减少，国家补贴的增长对农民种粮纯收入的提高并没有起到直接的推动作用。2003年之后，由于国家加大了对农业生产领域的扶持力度，价格补贴与种粮收益才开始呈现正相关关系。

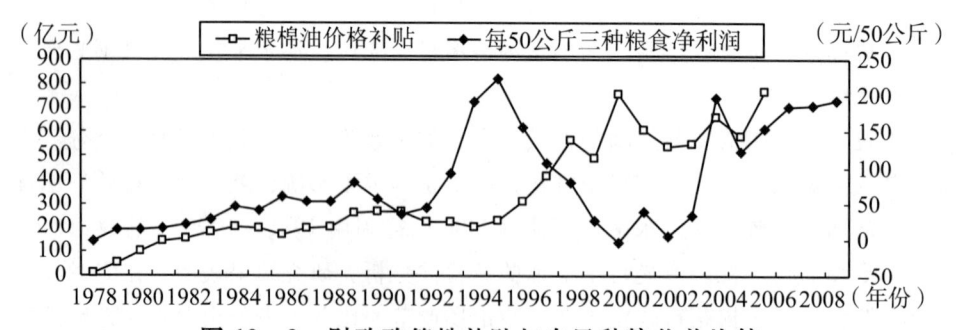

图10-3　财政政策性补贴与农民种粮收益比较

注：根据各年《中国统计年鉴》和《全国农产品成本收益资料汇编》数据整理；由于2007年实行政府收支分类改革，调整了财政支出的统计口径，年鉴不再提供粮棉油价格补贴数据。

---

① 由于统计年鉴中没有单独针对粮油的补贴数据，只好就粮棉油补贴这一指标数据笼统地进行分析。

二、补贴与国有企业经营绩效的关系

尽管财政对流通领域的支出不断增加,可是国有粮食部门的经营情况却表现欠佳。政企职能不分、经营管理不善、钻国家政策空子等因素的叠加效应,导致国有粮食购销企业从1961年到2006年连续46年亏损。根据陈红旗(1998)的统计,1986年到1991年,国有粮食企业的亏损从40亿元扩大到241亿元。直到2007年,粮食企业才实现统算盈利,而这也是在粮改不断深入推进下,加之国家政策性粮食财务挂账从国有粮食购销企业剥离出去,以及近年粮食价格逐步上涨,才得以实现的。

为了保证政策性收储粮食能够顺价销售,避免以中储粮公司为代表的国有粮食购销企业发生新的亏损,国家决定,自2007年起,临时存储粮食必须在批发市场按不低于销售底价的原则公开竞价销售,临时存储粮竞价销售底价,由财政部原则上按照最低收购价加收购费用和其他必要费用确定。① 相应的,全国国有粮食企业从2007年开始连续3年实现统算盈利,国有粮食购销企业2009年实现统算盈利45.2亿元,同比增盈26.9亿元,为历史最好水平,② 这其中,中储粮的利润就有28.1亿元,③ 占2009年全部国有粮食购销企业利润的62.2%。

三、对竞争机制的影响

国家于2000年组建中央储备粮管理总公司,其初衷也是为了深化流通体制改革、改变粮食系统运行低效的格局,希望通过加强对储备粮的垂直管理,实现粮食安全战略目标。中储粮的核心职能是实施国家对粮食市场的宏观调控任务,主要负责中央储备粮的收储、轮换,此外还接受国家委托执行最低收购价等临时存储粮食(还包括油料和油脂)的收储和竞价销售。因为既享有在粮食收储上的行政特权,又享受国家财政补贴,同时还可以按企业机制营利性经营,中储粮特殊的身份成为众多其他粮食企业艳羡的对象。那些自负盈亏、没有政策扶持的粮食企业,特别是原来粮食系统的收储企业和基层粮站粮库,为了在政策性业务中分得一杯羹,获得一份稳定的收入,纷纷想方设法成为中储粮的代收代储库点

---

① 2006年年底,国家发展和改革委员会、财政部、国家粮食局、中国农业发展银行、中国储备粮管理总公司等部门联合发布"特急"级别文件《国家临时存储粮食销售办法》。
② 数据来源:《2010中国粮食发展报告》。
③ 数据来源:中国储备粮管理总公司网站 http://www.sinograin.com.cn/index.html.

(每收储一斤小麦,国家将补贴收购费用 0.025 元、保管费用 0.035 元、出库费用 0.015 元)。2005 年以来,随着政策托市力度的加大,这一现象更为突出。截至 2009 年年底,全国共有 2 115 户企业取得了粮食油脂类代储资格,资格仓容 10 453.9 万吨,[①] 而中储粮分布在各地的直属库是 657 家。

随着中储粮对粮源掌控能力的增强和市场占有率的扩大,滋生出一些新问题,譬如,"出库难"、"转圈粮"和"哄抬粮价"等现象,这是因为有政策性业务的国有粮油购销企业为了多获得政府补贴的收购费用和保管费用,就多收甚至加价收购粮食,并且尽量减少或者延迟出库销售。中储粮与加工企业间的矛盾也显现出来,"国储库粮满为患、加工企业无米可炊"时有发生,加工企业因此抱怨"买粮难"和"买粮贵"。为缓解这一矛盾,2010 年 10 月,国家粮食局发布修订的《中央储备粮代储资格认定办法实施细则》,引入中粮集团有限公司、中国华粮物流集团公司、中国中纺集团公司、黑龙江省农垦总局等企业参与中央储备粮代储领域竞争,以进一步规范粮油收储市场秩序。国家还向一定规模的粮油加工企业定向销售临时存储粮食油脂,以进一步促进市场竞争、减轻粮食库存压力、提高加工企业开工率、平抑粮油市场价格。不过,对于广大的中小型粮油加工企业来说,由于无法获得定向销售资格和参与代储业务,即无法享受政策上的优惠待遇(在粮价上涨期间,通过定向销售获得的粮食价格要低于市场价格;参与中储粮代储业务可以获得国家相应的收购和保管费用补贴),与大型加工企业相比丧失了成本优势和资源优势,经营陷入尴尬境地,很难长期维持下去。

第六节　粮食流通体系的国际比较与经验借鉴

对世界主要国家粮食流通体系的比较研究显示,各国农业政策都旨在增加农民收入、扩大农业生产和促进农产品出口。除澳大利亚外,各国对主要农产品都实行价格支持,支持办法主要包括直接支付与差额补贴。经过改革与发展,各国都放开了购销市场,合作社和私人公司构成粮食流通的主体,粮食价格由市场决定,不过欧盟仍然保留价格干预政策。

---

① 数据来源:《2010 中国粮食发展报告》。

一、美国

美国粮食流通体系的架构是：以立法形式保障对粮农的补贴和价格支持；促进出口；流通体制市场化；流通设施现代化；高度发达的信息市场与成熟的期货市场是衔接产销、平衡供需、发现价格和规避风险的重要基石。

作为粮食主产国，又是较早推行自由市场经济的国家，美国的农业政策主要体现在生产领域和出口方面，农业法案的重点也是旨在增加农民收入、扩大农业生产和促进农产品出口。美国政府长期以来一直坚持对农业进行补贴和支持，从1933年的《农业调整法》到2008年的《食物、环境保育与能源法》，美国一共施行了16个农业法案，农业法的内容也由早期的农业保护逐渐向现在全面的农业支持转变。就价格支持方面，先前的政策主要有"销售援助贷款"和"贷款差价补贴"（Marketing Assistant Loans and Loan Deficiency Payments）。粮农根据作物的"贷款率"和申请贷款的作物抵押量，从隶属于美国农业部的商品信贷公司（Commodity Credit Corporation，CCC）获得贷款金额，这种贷款同时也是无追索权（Nonrecourse）的，利率通常低于商业贷款利率。如果市场价格低于"贷款率"，粮农可以直接从政府那里获得"贷款率"与市场价格之间差额的"补贴率"，而在1985年以前，粮农是通过按"贷款率"这个价格把粮食卖给政府来还贷。这样，政府通过现金支付减轻了储备压力。1996年以后的农业法案中又增加了直接支付和反周期支付（Direct Payments and Counter-Cyclical Payments），以进一步确保农民收入、提高农民种粮积极性。法案规定，粮农可以获得与生产和市场脱钩的补贴（即直接支付），直接支付加上市场价格或者"贷款率"（二者取其高者）即构成有效价格，当有效价格低于政府设定的对应农产品的目标价格时，政府再将不足部分补贴给粮农，即反周期补贴。此外，鼓励农产品出口也是美国农业支持政策的一部分，1978年还正式出台《农业贸易法》，以保持国内市场稳定并增强国际竞争力。主要补贴项目有出口信贷担保计划（Export Credit Guarantee Program）、市场准入计划（Market Access Program）、出口增强计划（Export Enhancement Program）和国外市场发展合作方计划（Foreign Market Development Cooperator Program）。

储备方面，1996年以前，美国政府通过主要包括政府储备（Government's grain reserves）、农场主储备（Farmer-Owned Reserve，FOR）和私人自由储备（Private Storage）的三级储备体系来调控粮食市场和保证粮食安全。政府储备由商品信贷公司（CCC）经营。农场主储备（FOR）是指农场主与商品信贷公司签订合同，执行政府的粮食生产、储备和销售计划，获得政府提供的储备费用，在市场价格高于政府规定的投放价（Release Price）时可以抛售储备粮，否则将会受到处罚，政府不再提供补贴和贷款。私人自由储备是指农民、合作社以及私人公司为了加工或者投机盈利的需要，自行决策经营的粮食储备。1996年以后，美国农业政策进一步向市场化转变，《联邦农业改进与改革法案》（Federal Agriculture Improvement and Reform Act，FAIR）直接要求取消政府储备，到2008年6月，随着最后2 400万蒲式耳小麦的售出，由商品信贷公司掌握的联邦政府粮食储备（CCC-Owned Inventory）已彻底实现了零库存。同样，由政府支持的农场主储备（FOR）计划也不再施行。目前美国的粮食储备几乎完全是私人行为。

美国政府对农产品在国内的采购、加工以及销售等流通环节，推行的是市场运作方式，无论是农业合作社还是私人公司都可以参与其中，而农民也有权自行选择销售农产品，他（们）可以根据不同收购商公布的收购价格或者提供的服务，决定将农产品销售给自己所属的合作社，或者别的合作社，甚至是私人公司。美国农场合作社按业务划分为三种类型：农产品销售（Marketing）、农场供应（Farm Supply）和相关服务（Service），其中销售合作社所占比例将近一半。为支持农业合作社的发展，美国政府在很多方面给予了政策扶持和优惠，具体表现在反托拉斯豁免、税收优惠和信贷支持等。据美国农业部统计资料表明，2006年全美总共有农场合作社2 675个，农场主成员260万名，总营业额达到1 265亿美元。[①] 私人公司是美国农产品流通市场最活跃的参与者，他们充当了收购、储运、加工以及进出口贸易等角色，是美国乃至全球大宗农产品流通市场的重要主体。经过数十年乃至上百年的发展，产生了一些如阿丹米（ADM）嘉吉（Cargill）、邦基（Bunge）、路易达孚（Louis Dreyfes）等大型粮食跨国企业集团，这些企业集团拥有雄厚的仓储、资金、信息、贸易和加工优势，基本垄断了美国大部分的粮食贸易和加工。2010财年，仅嘉吉公司一家企业的营业额就达到1 079亿美元。[②] 此外，由农场主资助和参与的一些非营利性民间或半官方组织，例如美国大豆协会（American Soybean Association）、美国谷物协会（U. S. Grains Council）、美国小麦协会（U. S. Wheat Associates），也是美国粮食流通体系的重要组成部分，这些协会在支持农作物的研究和产品开发、提供各种市场信息、拓展海外市场和作为美国农业产业的代言者影响政府的农业政策、为农场主谋利益等方面发挥了相当大的作用。

物流方面，美国农业基础设施健全，交通运输网络发达，公路、铁路和水路建设一应俱全，主产区与加工区及主销区的交通连接都很畅通。以大豆为例，现

[①] 数据来源：美国农业部农场合作社统计资料 http://www.usda.gov/.
[②] 数据来源：嘉吉公司财务报告 http://www.cargill.com/.

货储运站遍布美国各地，成为整个运输网络的节点，为大豆的集中装运、中转和短期储存提供了便利条件。大豆主产区至出口港墨西哥湾和西海岸港口的交通也非常便利，中北部地区的大豆出口主要是沿内河运送到墨西哥湾，再由墨西哥湾装船外销；密苏里州等地区的大豆出口主要通过公路或铁路运到西海岸，再装船出口到亚洲地区。

美国非常注重信息市场的建设，构建了全方位、多层次的信息产品服务体系，信息分析和发布的技术也很先进，提供市场信息服务的机构包括政府部门、民间组织和私人咨询公司，信息覆盖和影响面遍及全球各地。比如，美国农业部会定期发布包括谷物与粗粮、油脂油料等农产品的每周/月出口销售报告、每月供需报告、每年的展望报告以及种植意向报告。这些权威、充分、及时、公开的信息对市场主体了解真实供求信息以及发现价格起到了重要的指导作用。

美国是农产品期货市场的发源地，小麦、玉米、稻谷、大豆、豆粕、豆油等粮油类大宗农产品均在美国芝加哥期货交易所（Chicago Board of Trade，CBOT）[①] 上市交易，交易规模全球第一。由于其成熟、发达、完善的市场体系和交易机制，美国农产品期货市场已经成为事实上的全球定价中心。

二、欧盟

作为目前世界上最大区域经济体，共有 27 个成员国的欧盟，一直以来都对区域内农业的发展采取积极保护的态度，其粮食流通保障体系的特点是：管理法制化、组织化，经营市场化；对内实行价格支持、市场干预，对外实行贸易限制。

价格支持早在 1962 年的共同农业政策（Common Agricultural Policy，CAP）中便已确定，其核心是通过设定目标价格（农民希望得到的基本价格）、干预价格（农民可忍受的最低市场价格）和门槛价格（进口农产品能被接受的最低价格），来实施保护价收购、差额关税征收，以促进区域内农产品价格稳定、农民收入增加和农业生产发展。1992 年以后，伴随共同农业政策的改革，欧盟大幅削减了农产品的价格支持水平（譬如调低干预价格），但价格支持政策仍然沿用至今。为抵补农民收入的减少，新政策加大了直接补贴的力度。此外，欧盟还通过出口补贴来促进过剩农产品的出口。据美国农业部经济研究局资料显示，1995 年到 1998 年期间，欧盟使用出口补贴金额大约为 60 亿美元，几乎占 WTO 成员

[①] 芝加哥商业交易所（Chicago Mercantile Exchange，CME）与芝加哥期货交易所（Chicago Board of Trade，CBOT）已于 2007 年正式合并成为 CME 集团公司（CME Group）。

全部出口补贴的 90%。

欧盟对区域内粮食流通市场的管理是通过共同市场组织（Common Market Organization，CMO）来实现的。根据每类农产品设立一个 CMO 的原则，欧盟一共设立了包括耕地作物（小麦、大麦、玉米、稻米等谷物，花生、大豆、油菜籽等油脂类，以及向日葵、豌豆等）等在内的 21 个 CMO，每个 CMO 就该农产品的仓储、运输与销售等环节统一管理，以确保价格稳定、供求平衡。由于组织庞大，预算耗费过多，执行效率低下，2006 年，欧盟委员会通过一项立法建议，要求将现有的 21 个 CMO 在 2009 年之前整并为单一的共同农业市场组织。

和美国相似，在欧盟，合作社与私人企业也构成了粮食流通的主体，承担粮食的收购、储存、加工和销售。

三、澳大利亚

作为全球谷物主产国、出口国和发达市场经济国家，澳大利亚的粮食流通体系的变化特点是：价格支持逐步取消，国内购销逐步市场化，出口贸易垄断程度逐渐降低，贸易企业逐渐产业化、国际化和多元化。

小麦、大麦、油菜籽、高粱是澳大利亚的主要出口作物，其中大麦出口居世界第一，粮油出口占国内生产的比例超过 50%。作为发达国家，澳大利亚对农业的补贴几乎是最少的，2009 年其国内支持总量（Total Support Estimate，TSE）仅占 GDP 总量的 0.1%，[1] 政府主要在品种研发、基础设施建设、质量检测、病害防治、技术推广、生产资料投入等领域有所补贴和支持，对农民生产种植的品种和数量并不作限制和要求。

20 世纪 90 年代以前，为了保护生产者利益，澳大利亚对国内农牧业普遍采取价格支持的办法，小麦、糖、牛奶、羊毛等农牧产品都有最低保证价格制度（Guaranteed Minimum Price）。市场化改革以后，澳大利亚政府更多采用"绿箱"政策来实施对农业的支持和保护，逐渐取消和减少了价格支持。1989 年《小麦销售法案》（Wheat Marketing Act 1989）出台后，澳大利亚取消了小麦最低保证价的收购政策，到 1999 年，小麦价格支持已经完全降到零，2000 年，牛奶的价格支持也全部取消。目前，只有很少一点对大米的价格支持。[2]

与其他发达国家不同，澳大利亚在农产品的收购、国内销售和对外贸易方面的市场化程度较低。20 世纪 90 年代以前，这些环节几乎全部由政府指定的部门

---

[1] 数据来源：世界经济合作组织（OECD）报告。
[2] 数据来源：世界经济合作组织（OECD）报告。

垄断。早期由联邦政府组建设立的澳大利亚小麦委员会（Australian Wheat Board，AWB）、澳大利亚大麦委员会（Australian Barley Board，ABB）和澳大利亚油籽联盟（Australian Oilseeds Federation，AOF），其实就是对相应农产品实行垄断经营的购销机构，不过这些委员会并非完全的官方组织，它们也是由农场主自愿参加并代表农场主利益的合作经济组织。农场主生产的农产品只能卖给相应的委员会，并由委员会统一组织出口到国外市场。这种"单桌"（Single Desk）经营模式的好处，一是可以为政府掌握更多的粮源，并稳定国内市场；二是可以通过统一出口单位和价格增强本国产品在国际市场上的竞争力。由于垄断和补贴造成财政负担增加、农产品供过于求、委员会运行效率低下，从1989年起，澳大利亚政府开始对农牧业的流通体制进行改革，放开了国内市场，并逐步私有化国营企业。1989年的《小麦销售法案》（Wheat Marketing Act 1989）以及1993年的《大麦销售法案》（Barley Marketing Act 1993）结束了小麦委员会和大麦委员会在国内销售市场的垄断地位，合作社、私人公司均可参与国内市场的购销活动，生产者也可以自由向不同经营主体出售农产品。到1999年，澳大利亚再次进行了农产品流通机构改革，推进了私有化。小麦的经营改由生产者拥有并控制的AWB公司（AWB Ltd）负责，小麦出口仍然实行"单桌"垄断经营模式，并由AWB公司的子公司AWB（国际）公司（AWBI）负责，原来的小麦委员会仍然是法定的官方实体，但是有了一个新的名字，叫小麦出口局（Wheat Export Authority，WEA），它负责对AWB公司行政监督和管理。大麦的改革模式和小麦相似，大麦委员会改制为由生产者所有并控制的ABB谷物公司（ABB Grain Ltd），负责从事各种农产品的国内贸易和除大麦以外其他粮食的出口贸易，ABB谷物公司下设子公司ABB谷物出口公司（ABB Grain Export Ltd），独家经营大麦的出口贸易。2007年，AWB公司因为伊拉克石油换食品丑闻被终止了小麦出口专营权。小麦出口局（WEA）引入了更多的企业来与AWB公司竞争，目前，取得小麦出口资格（由WEA批准）的企业已经达到了19家。近两年，为了更广泛地参与国际市场，提升企业的竞争力，澳大利亚农业企业出现了一轮并购浪潮。2009年，ABB公司与加拿大谷物集团Viterra合并，成为世界最大农业企业之一；2010年，AWB公司和国内另一家谷物商GrainCorp宣布换股合并，创建澳大利亚最大多元化农业集团。

四、日本

日本农业的发展因为自然资源的约束而受到限制。为了保障粮食安全，日本实施的是"基本口粮自给+进口替代"的政策，即通过政府干预确保以大米为主的基本口粮自给率在95%左右,① 进口玉米、小麦、大麦、高粱、油料等不具有比较优势的品种,满足国内粮食加工和养殖业发展需要。相应的,日本粮食流通保障体系的运行机制是:以立法形式促进流通市场化,取消价格管制,政府通过管理储备粮进行宏观调控,政府和粮农共同出资对符合条件的粮农进行价格补贴。

在1942年《粮食管理法》(Food Control Law of 1942)和1961年《农业基本法》(Agricultural Basic Law of 1961)的指导下,政府通过粮食流通局(Food Agency)直接购买所有的重要农产品(例如大米、小麦和大麦),价格也由政府决定。1995年颁布的《稳定主要粮食供给、需求和价格法案》(Law for Stabilization of Supply, Demand and Prices of Staple Food)引进了市场机制,价格不再受到管制(虽然因为限制进口的原因,国内市场价格仍然高于国际市场价格),农户或者其他商户可以自行销售农产品。这项政策被纳入1999年的《食品、农业与农村的基本法》(Basic Law of Food, Agriculture, and Rural Areas)(也称《新基本法》),并取代了1961年的《农业基本法》。《新基本法》致力于建立市场价格机制、发展高效农业以及提高国内粮食自给率,政府的角色被限制于管理储备粮,粮食流通局也被撤销。2008年,经检测的市场流通米为509.3万吨,其中政府购买10.1万吨,占比1.98%。而在2004年,这一比例是7.78%。②

为了应对市场化以后的价格波动风险给农民收入造成不利影响,日本于1998年实施了大米种植收入稳定计划(The Rice Farming Income Stabilization Programme, JRIS),该计划的支持对象是那些参加生产削减计划(Production Adjustment Promotion Program, PAPP)(把现有稻田改种其他如小麦、大豆以及饲料稻谷等粮食作物)的粮农,并且他们种植并投放市场的是自主流通米(Voluntarily Marketed Rice),如果自主流通米的当季价格低于基准价(三年平均价),差额部分将由政府通过JRIS基金按一定比例(80%)来支付。JRIS基金由粮农和政府共同出资组建,以基准价计算,粮农按产值的2%出资,政府按全国总产值的6%出资。2010年3月,日本政府发布了新的《食品、农业与农村基本计划》(New Food, Agriculture and Rural Areas Basic Plan),以将农业振兴为可持续发展的民族产业,提高食品自给率,改善农村环境并保持农业的多功能角色。其中专门加大了对粮农收入支持的直接支付力度。据农林水产省(Ministry of Agriculture, Forestry and Fisheries, MAFF)统计数据报告,日本的政府直接支付占农业收入的比例是23%,而欧盟区的相应比例却是78%,也就是说日本政府有理由

---

① 根据美国农业部月度报告数据测算。
② 根据日本农林水产省(MAFF)2009年统计报告数据整理。

在新计划中提高这一比例。

第七节　优化我国粮食流通保障体系的政策建议

经过多年的探索、改革、建设和发展，我国粮食流通保障体系已经日趋健全和完善，对衔接产需、平衡供需、稳定粮价、确保国家粮食安全发挥了重要的作用。但同时也存在绩效不高、市场化进程反复、影响竞争机制等问题。通过综合分析并借鉴国外成熟市场的经验，提出如下政策建议。

一、完善现行价格支持政策

（一）扩大价格支持品种范围

按照"为保护农民利益、保障粮食市场供应，必要时由国务院决定对短缺的重点粮食品种，在粮食主产区实行最低收购价格"的目标和原则。目前只有小麦（白小麦、红小麦、混合小麦）和稻谷（早籼稻、中晚籼稻和粳稻）明确实行最低收购价政策，虽然近年国家对玉米、大豆、油菜籽等品种也采取了托市收购的临时收储办法，但并没有形成制度，致使农民无法产生稳定预期，相关购销企业或加工企业也不能预先确定参与何种收储业务（是临时收储、政府储备还是经营储备）。粮食安全是一个综合概念，粮食自给率目标也是综合相关品种而设定的。随着国家经济实力的不断提升，居民消费水平已经不是仅仅满足于对大米、面粉等基本口粮的需要，而是提倡更加科学、均衡、健康的膳食结构，并由此带来对油脂、蛋白质需求的不断增长。加之我国农业资源较为紧缺，特别是同季作物之间又有争地关系，国家对品种的支持和保护更需要统筹安排，综合对待。所以，国家应将属于谷物、油料的大粮食范畴，包括稻谷、小麦、玉米、油菜籽、大豆、花生在内的大宗农产品统一纳入价格支持的品种范围之内，并以法律文件的形式加以明确，建立长效机制。

（二）合理确定支持价格

目前政府对粮食最低收购价执行预案是一年一定，价格确定的原则是保证主产区农民在补偿生产成本的基础上，有30%左右的纯收益。这种办法的优点是灵活、精确、有针对性。缺点是有不确定性，缺乏长效机制，容易干扰市场机制的运行，也增加了政策制定和发布的成本。由于预案出台时间一般都是在新粮即将上市的时候（譬如，小麦在5月份中下旬，早籼稻在7月上旬，中晚稻在9月上中旬）。使得交易主体容易对市场持观望心理，不利于购销企业和加工企业与农民保持长期的合作关系，彼此更可能只是维持即期的简单买卖关系。另外，现有的预案制度很容易干扰农民的售粮行为，农民在不断调高最低收购价或托市收购价的预期下会加大惜售力度，由此可能进一步推高市场价格。因此建议，制定最低收购价（或托市收购价），除了本着补偿生产成本和取得合理利润的原则外，还应该体现预先性、稳定性，以及和市价的无关性。通过适当的经济计量模型，可以估算出一定时间范围内支持价格的目标值，根据国内经济环境和物价指数的稳定情况，这一目标值既可以是静态的（参照美国模式），也可以是动态的（参照日本模式）。农民在提前确知支持价格（或价格变动范围）的情况下，能够合理安排农产品的生产和销售，做到有计划、可持续。购销企业和加工企业可以仍然按照市场原则组织生产经营，使得价格干预政策对市场的扭曲作用尽可能降到最低。

（三）改托市收购为直接补贴差价

现行的托市收购政策是，当市场粮价低于国家确定的最低收购价（或托市收购价）时，国家委托符合一定资质条件的粮食企业（主要是中储粮系统），按照国家确定的最低收购价（或托市收购价）收购农民的粮食或油料。这样虽然保护了农民利益，国家也掌握了粮源，却加大了储备压力，增加了财政负担。如果把托市收购政策改为向农民支付价差补贴，即直接把市场价与目标价（或者干预价、基准价）的差额支付给农民，这样可以节省托市收购政策中发生的存储费用补贴、收购费用补贴、利息补贴、人工费用、组织公开拍卖的费用等多项成本，也可以避免在托市收购行动中中储粮系统一家独大的局面，各购销企业可以在较为公平的环境中经营竞争，购销企业与加工企业也可以因此有合宜的合作关系，从而较好地保护市场化机制。价差补贴可以通过现有的直接补贴发放渠道发放，不用单独新增成本，只是因为补贴与生产和销售挂钩，要多一项核定成本。关于国家掌握粮源问题，当价格低迷时，政府的目标是保护农民利益并提振市场，而非拥有粮源。通过向农民补贴差价，鼓励购销企业与加工企业积极入市采购和加工，政府可以实现上述目标，政府掌握粮源的目的其实是缘于担心当粮食紧缺、价格上涨造成市场不稳时，没有充足的粮源供应市场，关于这一点，政府可以通过动用正常的中央和地方储备平抑市场来解决，还有就是通过对经营企业在工商行政和税收方面的奖惩来调控，没有必要大包大揽，额外地收储和组织销售。

二、提高农民组织化程度

小农分散式经营是我国农业生产也是粮食生产的现实特点,面对行业集中度日益提高、经营规模日益壮大的粮食购销企业和加工企业,千家万户的农民在市场交易中处于弱势地位。为了保护农民利益,促进公平交易,提高粮食流通效率,实现农民传统"小生产"与现代"大市场"的有效对接,应该努力提高农民组织化程度。在农户自愿的基础上,由政府引导,或行业协会承头,组建制度灵活、形式多样化的利益共享、风险共担的合作组织,代表农户与收购企业和加工企业进行价格谈判,签订合同,建立合作关系,最大限度维护粮农利益。合作组织也可以进入期货市场进行套期保值以有效规避价格风险。

三、继续推进农业信息化建设

在《中共中央国务院关于推进社会主义新农村建设的若干意见》中,政府已经明确提出"要积极推进农业信息化建设,充分利用和整合涉农信息资源"。鉴于信息的基础重要性,为减少信息的搜寻成本,减轻信息的不对称,政府在重视信息建设的同时,还应加大公共服务的力度,提高公共服务水平,扩大公开、免费信息服务的范围。建议由权威机构统一发布从农业生产、消费、加工到流通领域的完整数据信息,信息的发布应及时,信息品种应丰富,信息的覆盖应全面而客观,信息的服务单位应该多元化,信息的受众群体既包括农业生产者也包括相关加工贸易企业,既服务"三农",又面向社会。形成以政府网站为平台,以信息网络技术应用为载体,以各项信息资源和信息产品为主体,以相关机构和主管部门、行业组织、科研单位为渠道的信息服务体系。充分发挥信息资源在指导农民生产与销售,企业加工与贸易,投资者市场交易中的作用。

四、适当增加外资企业经营成本

以大豆加工业为例,外资企业已占据了从初榨、精炼、批发到零售终端的大部分市场份额。外资企业有资金、管理和技术等方面的先发优势,使得国内企业很难与其在同一环境中竞争,鉴于此,建议适当增加外资企业的经营成本。一方面提高行业准入门槛,一方面降低税收优惠程度。

第十一章

粮食进出口贸易保障体系研究

随着人口增长、经济发展、城市扩张以及融入世界经济一体化，我国粮食安全面临着越来越严峻的形势，国际粮食市场已经成为保障我国粮食安全目标必须考虑的重要因素。实际上，在我国加入WTO和经济全球化背景下，国际粮食市场已经成为我国粮食供给的重要来源之一。因此，在立足于依靠国内粮食生产实现国家粮食安全保障的基本前提下，有效利用国际粮食市场调剂国内粮食余缺，是构建我国粮食安全战略不可或缺的重要内容，也是构建我国粮食安全保障体系的必要组成部分。

将国际粮食市场因素纳入我国粮食安全保障体系建设，需要对整个粮食进出口贸易体系进行研究，并构建有利于保障我国粮食安全的粮食进出口贸易保障体系。基于国家粮食安全保障目标和有效利用国际粮食市场调剂国内粮食余缺目的，我国粮食进出口贸易保障体系研究及相应的体系构建，应主要包括四个部分：一是国际粮食市场贸易总体状况及其演变趋势，二是国际粮食市场的影响因素及其变动规律，三是我国的粮食进出口贸易状况及演变趋势，四是我国有效利用国际粮食市场保障国内粮食安全的政策选择。

第一节 国际粮食贸易总体情况

一、总量变化

国际粮食贸易总量在 1980 年突破 2 亿吨以来，一直保持稳步增长趋势。2006 年国际粮食贸易量突破了 3 亿吨，并始终维持在 3 亿吨以上，目前已经达到了近 3.2 亿吨。1980~2009 年，国际粮食贸易总量增长高于消费量增长，其中粮食出口年均增长 1.35%，进口年均增长 1.24%，见图 11-1 所示。如果将大豆贸易量计算在内[①]，近年来国际粮食贸易进出口总量已在 4 亿吨左右。不断扩大并保持递增的国际粮食贸易，为广大发展中国家的粮食安全提供了重要支撑。

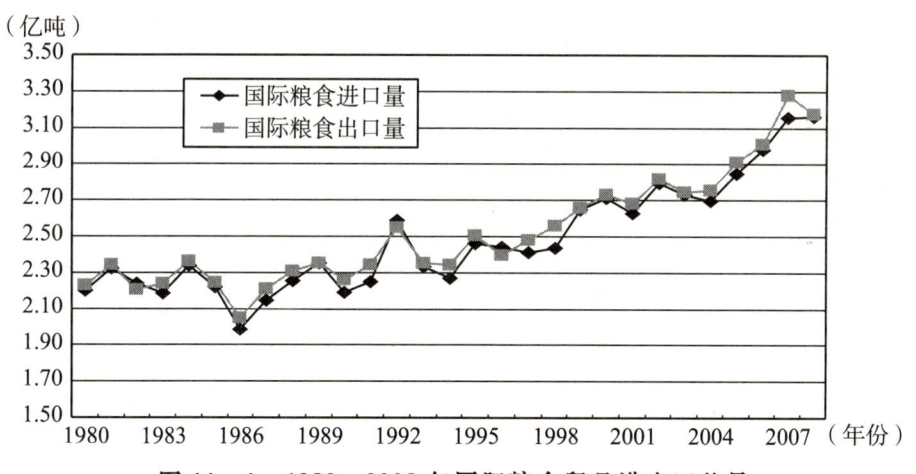

图 11-1　1980~2008 年国际粮食贸易进出口总量

资料来源：FAO 数据（不含大豆）。

同期，全球粮食播种面积和产量增长明显，年度期末库存则经历了"升—降—升"的变动过程。全球谷物产量从 1980 年的 14.18 亿吨，增长到 2012 年的

---

① 长期以来，由于粮食安全研究中，一般未将大豆计算在内。因此，本章论及粮食进出口贸易时，如无明确指出或说明，则"粮食"一词所指均未包括大豆在内。另外，本章引用的数据如无明确说明，则来自联合国粮农组织（FAO）或美国农业部的在线数据库。

23.17亿吨，年均增速1.99%。自1988年以来，全球玉米和水稻播种面积均有明显增加，小麦播种面积基本维持在2.2亿公顷。其中，玉米播种面积从1988年的1.26亿公顷增加到2010年的1.6亿公顷，水稻播种面积从1981年的1.44亿公顷增加到2010年的1.59亿公顷。不断增长的粮食播种面积和全球粮食单产的显著提高，为全球粮食安全提供了根本性保障。

近年来，全球粮食年度库存总量有所攀升，但依然低于历史高位，个别粮食品种库存总体呈下降趋势。1999年全球小麦库存达历史最高位的2.1亿吨后开始逐年下降，但自2008年开始逐年回升，2010年库存总量已经达到1.82亿吨。全球玉米库存自1988年以来经历了"先升后降"的过程，但总体上呈下降趋势，2010年总库存为1.23亿吨，低于1988年的1.45亿吨。全球大米库存总体呈上升趋势，2010年库存为0.988亿吨，高于1981年0.505亿吨，但远低于2000年时1.466亿吨的历史最高库存。目前全球粮食库存总体水平远低于历史高位，这为世界粮食安全保障带了一定的隐忧，同时可能会增加市场对粮价上涨的预期。

二、品种结构变化

国际粮食贸易品种结构的变动，主要表现为小麦、玉米和大米分别在总量和占全球贸易总量比重方面的趋势变化。粮食品种出口量在全球粮食贸易出口总量的占比情况如图11-2所示。1980~2008年，小麦占国际粮食贸易总量的比重，经历了"先升后降"的变化过程，目前维持在40%左右；玉米占粮食贸易总量的比重，则经历了"先降后升"的变化，近年来维持在32%左右；大米占粮食贸易总量的比重，则一直呈递增趋势，目前在6%~8%；其余则是以大麦等为主的粗粮。总体而言，近15年以来，小麦、玉米和大米出口量占全球粮食贸易出口总量的比重变化相对平稳，仅个别年份波动较大。

各粮食品种的贸易出口总量均呈增长趋势。其中，小麦贸易出口量的波动性较大，从1988年和1992年分别开始了一段下降趋势，然后从1999年又逐渐递增到目前的年均出口总量约1.3亿吨。玉米贸易出口量增长明显，目前每年出口量基本维持在1亿吨。大米贸易出口量从1986年开始平稳增长，目前年均出口量在2 500万吨左右。此外，世界大豆贸易增长变化非常明显。1980~1994年，全球大豆出口总量维持在2 500万~3 000万吨之间，但是从1997年开始，大豆贸易量增长显著，到2010年世界大豆出口量超过9 000万吨，进口量则于2012年超过9 000万吨，均是1980年的3倍以上，见图11-3所示。

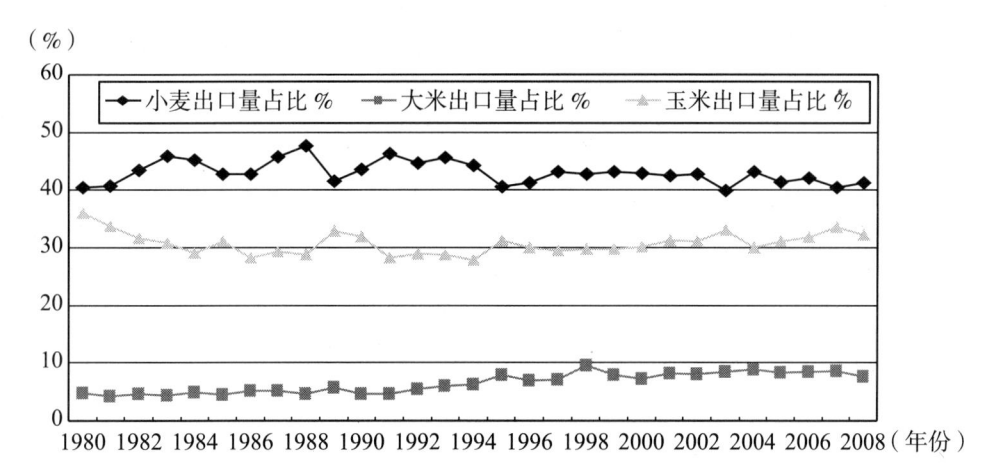

图 11-2　1980~2008 年国际小麦、玉米和大米出口量占粮食贸易总量比重

资料来源：粮食贸易品种占比数据为根据 FAO 数据计算。

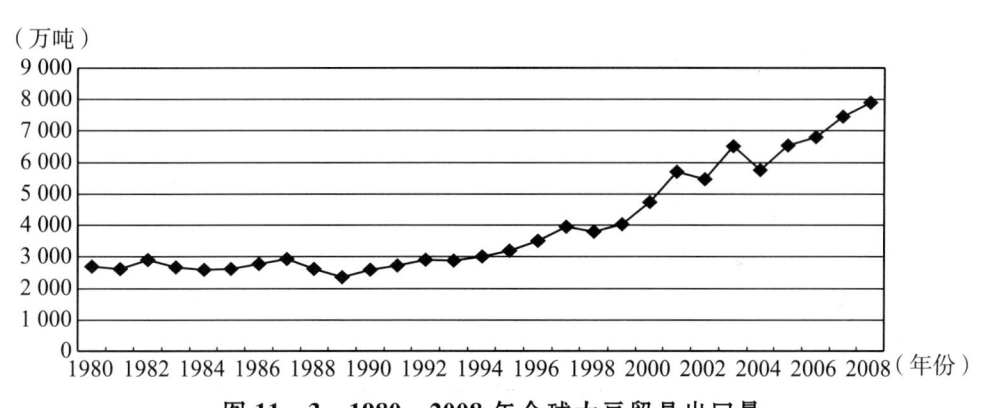

图 11-3　1980~2008 年全球大豆贸易出口量

资料来源：大豆为 FAO 数据。

三、国别/地区结构特征

国际粮食贸易的国家/地区结构特征首先在贸易总量方面表现为：粮食出口集中在少数国家，而进口国则高度分散有 100 多个。目前，全球最大的粮食出口国是美国，其每年的小麦、玉米、大豆等出口量均已占到全球相应农产品出口总量的 50% 左右。其他主要粮食出口大国是加拿大、澳大利亚、阿根廷、巴西等国。国际粮食市场最大的粮食进口国众多，其中主要的粮食进口国是北非和中东地区的多个国家以及日本、韩国、中国、墨西哥等。

国际粮食贸易品种的国家/地区结构特征具体如表 11-1 所示。小麦贸易的主要出口国是美国、阿根廷、澳大利亚、加拿大和欧盟 27 国，其出口总量占全球小麦出口总量的60%以上。主要小麦进口国则集中在北非、中东和东南亚地区的多个国家以及巴西、巴基斯坦等国。玉米贸易的主要出口国是美国、阿根廷和南非，三国出口总量占全球玉米出口总量的70%左右。主要玉米进口国是埃及、欧盟27国、墨西哥、日本、韩国以及东南亚国家等，其进口总量约占全球进口总量的60%。国际大米贸易的主要出口国是泰国、越南、巴基斯坦、美国和印度，这些国家的出口总量占全球大米出口总量近80%。主要大米进口国是中东国家、菲律宾、尼日利亚、欧盟27国等，其进口总量约占全球大米进口总量的38%。

此外，国际大豆贸易主要出口国是美国、巴西、阿根廷以及巴拉圭，四国出口总量已占到全球大豆出口总量的95%左右。但大豆进口国则主要以中国为主，目前中国大豆进口量已占全球大豆进口总量近六成。

表11-1　　　　　国际粮食贸易的主要出口国和进口国

粮食品种	主要出口国	主要进口国
小麦	美国、阿根廷、澳大利亚、加拿大、欧盟27国，约占全球出口总量的60%	北非国家、中东国家、东南亚国家、巴西、巴基斯坦等国
玉米	美国、阿根廷、南非，约占全球玉米出口总量的70%	埃及、欧盟27国、墨西哥、日本、韩国、东南亚国家
大米	泰国、越南、巴基斯坦、美国和印度，约占全球出口总量的80%	中东国家、菲律宾、尼日利亚及欧盟27国等
大豆	美国、巴西、阿根廷和巴拉圭，四国出口量约占全球大豆出口总量的95%	中国、欧盟27国，其中，中国进口量已占全球进口总量近6成

资料来源：根据美国农业部数据整理。

显而易见，国际粮食贸易国别/地区结构存在显著的进出口失衡问题。国际粮食出口集中在极少数国家，尤其小麦、玉米和大豆集中在美国等极少数发达国家，而粮食进口国却高度分散且主要为发展中国家。这使以广大发展中国家为主的粮食进口国在国际粮食贸易中处于不利地位，甚至是粮食贸易价格的被动接受者，缺乏与以发达国家为主的粮食出口国讨价还价能力，尤其那些高度依赖粮食进口的发展中国家面临着较高的粮食安全风险。

四、价格变动

1980年以来，全球粮食总产量和贸易总量均有显著增长并维持在历史高位，但是粮食贸易价格变动对国际粮食贸易的影响依然显著。对国际粮食贸易价格高度敏感的,首先是广大高度依赖粮食进口以保障本国粮食安全的粮食进口大国,尤其是低收入缺粮国家。

近年来,国际粮食贸易价格不断创出新高。国际粮价从2007年10月开始大幅攀升,在2008年3~6月间达到第一次历史峰值。2008年以后国际粮食价格经过短期大幅回落后,又于2010年年末开始了新一轮大幅上涨,至2011年1~3月,国际粮食贸易价格已经超过2008年"粮食危机"时期的峰值,是联合国粮农组织(FAO)1990年开始统计全球食品价格以来的最高值①。

美国农业部的统计数据表明,截至2011年3月,国际粮食市场的玉米、大米和小麦的离岸价格分别是2000年1月的3.28倍、2.18倍和3.2倍左右。

第二节 国际粮食贸易的影响因素

随着全球化进程的深入和各国对粮食安全的重视,来自消费、成本及政策等方面的因素对国际粮食进出口贸易的影响日趋多样化和复杂,进而导致以国际粮价为突出表现的国际粮食贸易不确定性增加。

一、人口增长和粮食消费结构变化

全球总人口持续增长,是长期以来粮食安全研究关注的传统因素,也是影响国际粮食进出口贸易的重要因素。尤其全球饥饿人群的持续膨胀,导致人们对全球粮食安全的严重担忧。但是,世界粮食产量和贸易量数据显示,这种担忧可能与事实存在一定的偏差。20世纪80年代以来,全球人均粮食产量一直维持在300kg以上。1980~2009年,世界谷物总产量和粮食出口贸易量的年均增速分别为1.63%和1.35%,均高于同时期全球人口年均增速。2006~2011年,全球粮食总产量增加了约10%,同期世界人口仅增加了不到5%。

随着人们生活水平的提高和经济社会发展,全球粮食消费结构的变动也影响着国际粮食市场。20世纪90年代以来,全球谷物消费持续增长,其中,玉米进出口贸易总量增长明显,大米贸易总量偏小但增幅最大,小麦增幅最小。与此同

---

① "全球食品价格连涨7个月为1990年以来最高值". http://news.qq.com/a/20110205/000048.html, 2011.02.05。

时，大豆的消费量增加显著。例如，全球大豆出口量已经从1980年的约2 700万吨，增长到2012年的约9 000万吨。此外，以美国和欧盟为主的西方国家近年来开始大力发展生物质能源，挤占了一定的国际粮食贸易量，尤其是玉米。

总体而言，正如世界银行、FAO和IFPRI的研究结论显示[①]，全球粮食总产量及贸易总量水平完全可以满足全球人口的粮食有效消费需求。但是，全球饥饿人口的大量存在及以发展中国家为主的国际社会对粮食安全的担忧，实际上主要根源于全球粮食消费分配的不均衡和穷国获得粮食的能力很弱。在未来，随着大量发展中国家在国际粮食市场上的购买力增强，可能会在一定时期内带来国际粮食市场供求关系的紧张。

二、粮食生产条件及流通成本

从20世纪80年代以来的全球粮食生产状况来看，粮食生产条件对国际粮食市场的影响主要表现为正面性的，即全球粮食总产量持续增加。主要得益于农业科技的进步、大量农药化肥和良种的应用，"石油"农业的快速发展，以及新增耕地和播种面积的扩大，全球粮食生产总量增速保持了高于全球人口增速的显著增长，确保了相对稳定的全球粮食安全。

但近年来，粮食生产条件面临的不确定性负面因素增多，导致国际粮食市场波动剧烈。一方面，国际粮食市场价格波动频繁，粮价上涨趋势明显。世界石油价格大幅上涨，导致农药、化肥、农用化石能源等农资价格也迅速上涨，粮食生产成本增加，从根本上推动了国际粮价上涨并不断创新高。石油价格与人力成本等的上涨，还导致运输和仓储等流通环节成本不断增加，在一定程度上也促使了粮价的上涨。

另一方面，国际粮食贸易量出现较大波动和不确定性预期。全球石油价格上涨，在增大粮食生产成本的同时，还刺激了美国、欧盟等国的生物质能源发展提速，玉米等能源作物的大量种植挤占了粮食种植面积，在一定程度上影响了市场对国际粮食后市供给的担忧。

此外，频繁发生的全球性极端气候现象，开始成为影响国际粮食市场的重要因素，并引发部分国家采取限制粮食出口的政策。极端气候现象的频繁发生，已经导致俄罗斯、澳大利亚等传统粮食出口国的粮食产量大幅度减产，进而造成国际粮食市场贸易量和价格的剧烈波动，助推粮价上涨。而且，粮食供应量的减少预期增强和粮价不断上涨，又进一步刺激粮食进口国增加进口，从而引起国际粮

---

① 该结论由钟甫宁（2004）归纳。

食市场更趋紧张，粮价上涨趋势显著。2010年以来，美国中西部、俄罗斯、澳大利亚、新西兰以及中国等全球多地频发大规模暴风雪、洪涝、干旱等自然灾害，导致多个农业大国粮食生产受到严重影响，2010年全球小麦产量预计将减少2 500万吨①。而俄罗斯于2010年自然灾害发生后即暂停小麦出口，直到2011年4月仍未恢复出口，由此导致国际粮价开始了自2008年以来的第二轮暴涨。

三、国际粮食进出口贸易政策

影响国际粮食市场的贸易政策，主要体现在两个方面：一是WTO有关农产品进出口贸易的规则；二是主要粮食出口国和进口国的粮食贸易政策。从对国际粮食市场影响的程度来看，WTO贸易规则的影响具有相对较强的稳定性和可预判性，而粮食进口国和出口国的贸易政策则具有较大的不确定性。

（一）国际农产品贸易规则中的粮食贸易政策

经过乌拉圭回合谈判、各成员方长期博弈形成的WTO农产品进出口贸易规则，对各成员方具有较强的贸易政策约束性，其对国际粮食市场的影响一般是可以预期的。这有利于减小国际粮食市场的波动，一定程度上保障全球粮食安全。但是，以关税和配额约束为主的WTO农产品贸易规则，也存在不合理性，主要表现为发达国家也普遍存在出口高关税以及繁多的非关税壁垒和巨额的农业补贴等，从而形成了事实上不利于广大发展中国家的包括粮食贸易在内的农业贸易竞争环境，进而对作为全球主要粮食进口国的部分发展中国家带来粮食安全问题。

（二）粮食进出口国的粮食贸易政策

一个国家的粮食政策对其他国家的农业经营者和粮食消费者会产生连带影响（帕特里克·韦斯特霍夫，2011）。粮食出口国的粮食贸易政策，是影响国际粮食市场的最主要政策因素。国际粮食出口总量的绝大部分主要集中在少数几个国家，而粮食进口国则较为分散且多为发展中国家，这就导致国际粮食贸易定价权控制在少数国家尤其是少数发达国家手里。目前，全球超过60%的小麦出口总量集中在美国、欧盟27国和澳大利亚，超过70%的玉米出口总量集中在美国和阿根廷等国，95%以上的大豆集中在美国、巴西和巴拉圭，贸易总量最小的大米则80%以上集中在泰国、越南和美国等国家。

---

① "发改委发出粮食预警 存产需缺口扩大等五大挑战"，每日经济新闻，2010年8月27日。

近年来,美国等粮食出口大国的农业政策尤其是其粮食出口政策,对国际粮食市场的影响已经日益显著。作为粮食出口第一大国的美国,近年来加大了对玉米生产乙醇的补贴,导致其国内近三分之一的玉米用于生产燃料,2010年该数字超过了1亿吨,不利于缓解国际粮食市场紧张形势(戴维·达皮斯,2011)。尤其美国和欧盟的生物燃料政策,已经在近年来明显地推涨了主要以亚洲地区为主的谷物和植物油价格,而且继续对国际粮价产生着潜在的巨大影响(帕特里克·韦斯特霍夫,2011)。而在国际粮食市场出现紧张信号时,不少粮食出口国甚至实行限制或停止粮食出口,希望以此来保护本国消费者。2010年俄罗斯干旱期间就停止了小麦出口。2007~2008年全球粮食危机期间,则有多个国家采取了限制或停止粮食出口的政策,见表11-2所示。

表11-2 2007年和2008年粮食价格上涨时多个国家的政策回应

国家或地区	政策调整
印度	严禁小麦和非巴斯马蒂稻米的出口,降低进口小麦面粉的关税
中国	对谷物出口征收关税
欧盟	停止对奶制品出口提供补贴,降低谷物进口关税
俄罗斯	提高小麦出口关税
印度尼西亚	对棕榈油出口征收关税,降低进口大豆和小麦的关税
越南	严禁稻米出口
阿根廷	提高谷物和油籽的出口关税
乌克兰	严禁小麦出口

资料来源:帕特里克·韦斯特霍夫:《粮价谁决定》,机械工业出版社2011年版。

与全球粮食出口总量主要集中在极少数国家相对应的,是数量众多且各自为政的粮食进口国。正是与粮食出口国的这种地位不对称,导致粮食进口国一般都是国际粮食市场的价格被动接受者,处于不利的粮食贸易地位,并由此给这些国家带来国家粮食安全隐忧。一方面,美国和欧盟等国家在其粮食等农产品过剩期,利用其对国际市场拥有的定价权和主动权,以较低价格向发展中国家实施"粮食倾销",从而给这些发展中国家的农业生产带来长期或短期的灾难性影响,导致这些发展中国家面临着严峻的中长期粮食危机问题,尤其当粮食倾销行为停止时。这种粮食危机恶果已经在撒哈拉沙漠以南非洲国家发生,原因就是近30多年来欧盟对这些国家的粮食倾销(约翰·马德莱,2005)。

另一方面,广大粮食进口国在国际市场上的弱势被动地位,导致其粮食进口政策和进口行为具有较大不确定性,进一步加剧了国际粮食市场的波动。2007~

2008年和2010年至今的两次全球粮价高涨导致的粮食危机期间,以发展中国家为主的广大粮食进口国因担忧本国粮食安全而出现的"抢购"行为,在很大程度上加剧了国际粮食市场的波动和紧张气氛,促使国际粮价不断上涨。

四、全球流动性等影响粮食贸易的其他因素

全球流动性和农产品期货市场等,在近年来也逐渐成为国际粮食市场不可忽视的影响因素。主要因为美国量化宽松货币政策的影响,近年来全球流动性泛滥,并直接反映在农产品期货市场出现总体价格持续上涨的剧烈波动,从而导致粮食短缺国家对国际粮食供应量和粮价的预期表现出前所未有的担忧。在这种情况下,部分国家抢购或囤积粮食的行为时有发生,而部分粮食出口国也在国际粮食市场紧张时实施了限制或停止出口政策,在此叠加效应下极大地增加了国际粮食市场的波动性和不确定性。

此外,中国的粮食需求在近年来越发成为考察国际粮食市场必须关注的影响因素。这主要源于国际社会对中国庞大人口下的粮食安全的担忧,认为中国在国际市场上的大量粮食采购,将恶化其他缺粮小国从国际市场获得粮食的安全性。实际上,中国大豆需求高度依赖国际市场以及2010年突然采购大量玉米等现象,已经引起了国际粮食市场的强烈关注。但也有观点认为,迄今为止中国除了大豆消费依赖进口以外,中国的小麦、大米和玉米的进口量适中(戴维·达皮斯,2011)。

第三节 我国粮食进出口贸易总体情况

新中国成立以来,我国的粮食进出口贸易格局表现出显著的阶段性特征。20世纪60年代以前我国是粮食净出口国,贸易总量也较小;20世纪六七十年代粮食有进有出,贸易量增幅不明显;20世纪六七十年代以后成为粮食净进口国,其后开始贸易量迅速增大。在粮食贸易品种结构方面,以小麦、大米和玉米为主,各品种的进出口变动特征明显。此外,大豆的进出口贸易近年来也越发引人关注。总体而言,新中国成立至今,在坚持基本满足自给的前提下,我国粮食进出口以利用国际粮食市场调剂余缺为主。现在,我国已成为国际市场时刻高度关注的粮食净进口国,未来应充分利用国际粮食市场为国家粮食安全战略服务。

一、总量规模

改革开放以来,我国粮食进出口贸易格局首先在总量规模方面发生了显著变化。在保障国内粮食供求总量平衡目标实现的情况下,我国粮食进出口贸易总量总体上经历了三个阶段:1978 年粮食净进口量首次超过 1 000 万吨,直到 1996 年在总体上是粮食净进口国,中间个别年份是粮食净出口;1997~2008 年,转变为粮食净出口国,中间仅有 2004 年为粮食净进口;2009 年至今,又成为粮食净进口国。

图 11-4 反映了 1977~2010 年我国粮食净进口情况。从图中可以看出,我国从 20 世纪 90 年代以来,粮食净出口贸易年际波动剧烈。其中,1995 年粮食净进口量达到了 1 976 万吨的峰值,2003 年则达到 1986 万吨的粮食净出口量峰值。从 1977 年至 2010 年,大部分年份我国为粮食净进口,而且累计粮食净进口总量为 9 540 万吨,年均净进口粮食接近 300 万吨。

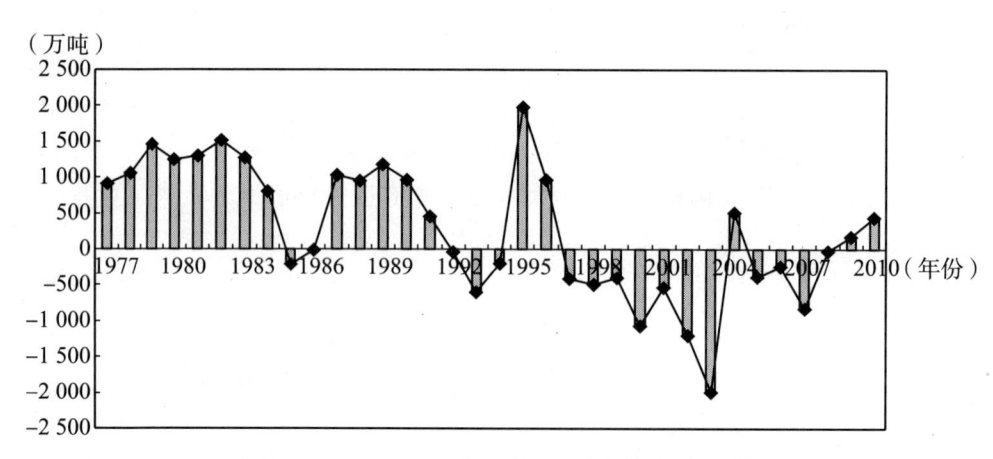

图 11-4 1977~2010 年中国粮食净进口量

资料来源:根据 FAO、《2009 年中国粮食年鉴》及商务部网站数据等整理计算。

从粮食进口总量和出口总量来看,1977~2010 年期间,我国粮食进口总量和出口总量均大致呈"先增后减"趋势。1977 年我国粮食进口总量为 1 040 万吨,在 1995 年达到 2 040 万吨的峰值后,于 2008 年下降到 154 万吨的最低进口量,下降趋势非常明显,但从 2009 年开始回升,2010 年达到 571 万吨,2012 年则激增到约 1 400 万吨。与此同时,我国粮食出口量从 1977 年的 128 万吨持续增长到 1993 年的 1 327 万吨后,出现第一次显著下降最低为 1995 年的 64 万吨,此后又迅速恢复增长并于 2003 年达到 2 194 万吨的峰值,之后又迅速下降到

2012年的138万吨，低于1978年的粮食出口量。

与粮食进出口的剧烈波动变化趋势相比，我国大豆进出口贸易变化则相对简单。1980~1995年，我国大豆进出口总量很小，一般没有超过100万吨，1995年进口量仅为29万吨，有些年份进口量为零。但是，从1996年开始，我国大豆进口量激增，并从当年的111万吨持续猛增到2012年的5 838万吨，15年间进口量暴增了52倍，而同期我国大豆出口量一直徘徊在30万吨左右并递减至目前每年仅十几万吨。

与此同时，我国粮食产量则保持了相对稳定的持续增长。1980年我国包含大豆在内的粮食总产量为3.2亿吨，到2010年增长为5.5亿吨，并从2007年至今一直保持在5亿吨以上。持续稳定的粮食丰产，为我国的粮食安全提供了根本性保障。但是，如果考虑到大豆在我国充当饲料粮的情况，那么我国粮食进口总量的持续增长，已经引发了对未来我国粮食安全的担忧。2010年，包含大豆在内的我国粮食进口总量达到了历史最高的6 051万吨，是2000年的4.46倍和2005年的约2倍①，2012年则攀升到7 269万吨。2010年，包含大豆在内的我国粮食进口总量分别占到当年国内粮食总产量和粮食总消费量的11.1%与13.0%，2012年这两个指标值分别为12.3%和13.68%，而在2000年这两个指标分别仅为2.9%和3.8%②。由此可见，我国粮食安全确实已经面临着较为严峻的形势，而国际市场对中国因素的担忧也不是没有依据。

二、粮食进出口品种结构

我国粮食进出口贸易的品种结构与国际粮食市场主要品种结构相对应，主要以小麦、大米、玉米为主。另外，本书还将分析大豆的进出口情况。

1980年以来，我国粮食进出口贸易的品种结构已经发生了显著变化，见图11-5、图11-6所示。从图11-5可以看出，我国在粮食进口方面，小麦占粮食进口总量的比重，从1980年的78.9%经过一段时间的上升后，于1994年开始年际剧烈波动但总体下降的变化趋势，到2010年为21%；玉米进口量占粮食进口总量的比重，则在大部分年份极低数值甚至为零，但于2010年因进口量激增导致占比显著上升，并超过小麦；大米占比则保持了相对平稳的持续增长，并于2007年达到了31.6%的峰值。

---

① 此处的"粮食进口总量"指"谷物及谷物粉，大豆"的总进口量，非净进口量；数据来源：2000年和2005年数据来源于《2009中国粮食年鉴》；2010年数据来源于海关总署网站统计数据 http://www.chinacustomsstat.com/aspx/1/newdata/stat_class.aspx?page=1&state=3&t=2&guid=4068.

② 2010年和2000年国内粮食消费总量包括小麦、玉米、大豆、等粗粮，该数据来源于美国农业部。

图 11-6 反映的是我国小麦、大米和玉米出口数量占粮食出口总量的比重情况。从图中可看出，小麦占比最低，且多年为零；大米占比最高经历了"先下降后上升"的变动，总体上居于第二位；玉米占比则经历了"先升高后降低"的变动趋势，并持续多年高达80%左右。这说明，在我国粮食出口贸易中，玉米是主要出口粮食品种，其次是大米，而小麦出口量微乎其微。

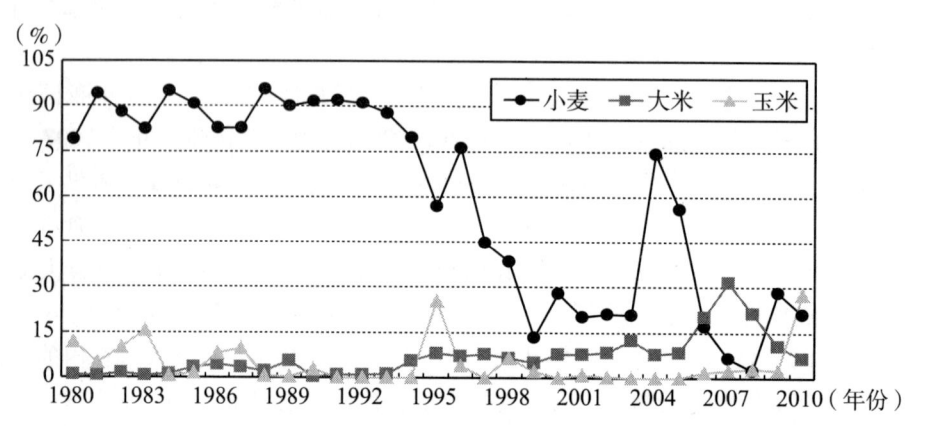

图 11-5 1980~2010年中国粮食进口贸易品种结构变化情况

资料来源：根据《2009年中国粮食年鉴》和商务部网站数据计算。

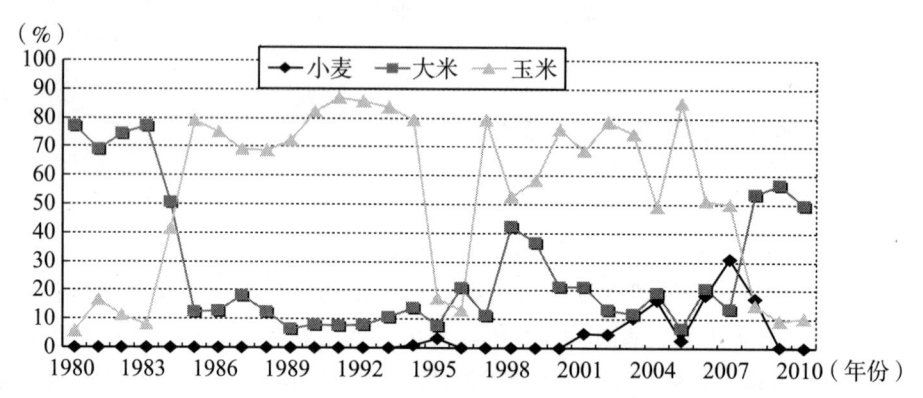

图 11-6 1980~2010年中国粮食出口贸易品种结构变化情况

资料来源：根据《2009年中国粮食年鉴》和商务部网站数据计算。

在我国粮食进出口绝对数量方面，总体上呈现出以小麦和玉米贸易量最大，大米贸易量相对稳定但个别年份有较大增幅的结构特征。小麦从1980年的1 097万吨递增到1989年的1 488万吨后开始递减，并于2002年开始出现净出口，至2010年进口量为120万吨，期间最低进口量为2008年的4万吨。小麦出口多年为零，仅在2001年开始有明显出口，但在达到2007年的307万吨出口峰值后又迅速下降到近年来的接近零，但2012年小麦进出口态势发生逆转，净进口量激增到 200 万吨。玉米的进出口量变化情况也较为复杂：1984 年以前我国玉米大量进口，最高超过了 500 万吨；从 1985 年开始则大量出口并在 2003 年达到了 1 639 万吨的出口量，但随后年份出口量陡然下降，目前仅约 12 万吨；出口量陡降的同时，玉米进口量开始激增，2010 年进口量高达 157 万吨，是 1995 年以来累计进口总量的 1.5 倍，2012 年更激增到 520 万吨为历年最高。大米进口贸易量一直较少，平均每年约为二三十万吨，但大米进口量波动较大，从 1980 年的 112 万吨先递减到最低 5 万吨后，又开始递增到 1998 年的 375 万吨，随后又递减到 2010 年的 62 万吨，但 2012 年又转变为进口 180 万吨。

尽管我国粮食进出口贸易的品种结构已经发生了显著改变，但近年来，各品种均呈现出进口总量增加、出口总量减少且为净进口的趋势，尤其 2012 年均表现为各大粮食品种进口量激增。这说明我国的粮食安全面临着新形势，即在国内粮食产量基本不用于出口的情况下，将更多地从国际市场进口以满足国内不断增加的粮食需求。

三、粮食进口来源地和出口消费地结构

我国粮食进出口贸易结构还表现在粮食品种的进口来源国和出口消费国方面，见表 11－3 所示。从表中可以看出，我国主要从美国、加拿大、澳大利亚、巴西和泰国等极少数国家进口粮食，而粮食的出口地则相对较分散。在我国的粮食进口主要来源国中，美国、加拿大和澳大利亚等国家是市场经济国家且为 WTO 成员方，这在一定程度上能保障我国粮食进口的稳定性。大米进口主要来自于泰国，由于我国大米进口量小于出口量，因而这种几乎完全依赖泰国的大米进口情况，实际上对我国粮食安全保障几乎没有任何影响。

表 11－3 中国粮食贸易的主要出口消费国（地区）和进口来源国

粮食品种	主要出口消费国和地区	主要进口来源国
小麦	中国香港特区、亚洲其他国家、朝鲜，约占出口总量的 85% 以上，其中香港特区占比近年来急剧上升到 60% 左右	美国、澳大利亚、加拿大等国，约占进口总量的 90% 以上
玉米	朝鲜、日本、中国台湾地区、韩国及亚洲其他国家，约占出口总量的 90% 以上，但近年来对韩国和中国台湾地区出口减少	美国、老挝、缅甸、泰国，约占进口总量的 80% 以上

续表

粮食品种	主要出口消费国和地区	主要进口来源国
大米	韩国、日本、南非、尼日利亚,约占出口总量的62%,其中韩国和日本约占总量的46%左右	泰国,占进口总量的96%以上,多年保持在98%以上
大豆	韩国、日本、美国等,占大豆出口总量的80%左右	美国、巴西、阿根廷,约占进口总量的98%以上,美国、巴西保持在70%以上

资料来源:根据农业部网站统计数据整理计算。

四、我国粮食进出口贸易的影响因素

影响我国粮食进出口贸易的国内外因素,主要表现在四个方面。一是我国粮食安全保障政策目标的影响。作为世界上人口最多的发展中国家,保障国家粮食安全,做到"手中有粮",这是我国的一项事实上的基本国策。长期以来,立足于国内粮食生产、实现粮食基本自给率达到 95% 左右,是我国粮食安全保障的直接目标。粮食安全保障的政策目标,直接影响着我国过去、现在及将来的粮食进出口贸易。而近年来国际粮食市场的剧烈波动,也证明过度依赖国际市场的粮食安全保障具有较高的风险和不确定性。

二是我国的人口持续增长和人们生活水平改善的影响。我国人口峰值期还没到来,人口持续增长的压力很大,这必然首先带来粮食消费需求的持续增长。其次,随着我国经济社会发展和人们生活水平的提高,人们的食品消费结构发生了显著变化,肉、蛋、奶、蔬菜和水果消费量大增。其中,肉、蛋、奶消费量的增加,会带动饲料粮消费需求的增加。我国大豆进口量的持续多年激增,实际上就是饲料粮需求激增的反映。蔬菜和水果消费需求的增大,将导致部分种植粮食的耕地用于蔬菜和水果种植,从而一定程度上占用粮食耕地,2010 年与 2000 年相比,我国小麦播种面积就减少了约 4 600 万 hm^2。此外,我国正处于城镇化快速推进时期,城市扩张对优质耕地的大规模占用已经非常明显。

三是我国的粮食生产条件不容乐观。自 2003 年以来,我国粮食生产已经实现了"九连增",并于 2012 年达到了 5.9 亿吨的历史最高纪录[①]。但是,这样的增产主要是建立在粮食单产不断提高,以及大量施用化肥、农药基础上的,而在

---

① 数据见中国政府网"国家统计局关于 2012 年粮食产量数据的公告",http://www.gov.cn/zwgk/2012-11/30/content_2279385.html。

目前农业科技水平条件下，粮食单产继续大幅提高已经很困难。实际上，我国粮食单产自1996年以来，一直徘徊在300公斤/亩的水平，但已经远高于世界平均水平。近年来，我国耕地面积持续减少、农田基本水利状况不断恶化、洪涝和干旱等极端灾害天气频发等诸多影响粮食生产的不利因素，已经引起了人们对我国粮食安全的担忧。尤其近年来，我国频繁发生的干旱等自然灾害，给我国粮食产量带来威胁，并已经引起国际粮食市场的担忧[1]。

四是国内外粮食价格差异。与国际粮食市场相比较，我国国内粮食总体上不具有价格优势和品种质量优势，我国粮食种植不具备比较优势（高帆，2005；钟甫宁等，2004）。但是，保障国家粮食安全是我国的基本宏观政策目标，而包括欧美日等发达国家均对本国农业进行大幅补贴以保护本国农业发展和农民利益。因此，在不具备比较优势的情况下，我国依然需要大力发展国内粮食种植业，既从根本上保障国家粮食安全，以免过度依赖国际市场而承受较高风险，同时也是我国农业发展和农民增收的必经过程。

此外，我国粮食问题一直备受国际社会关注的事实，导致我国粮食进出口贸易尤其是粮食进口，已经成为国际粮食市场变动的重要影响因素之一。然而，这种影响对我国的粮食进口一般是不利的。通常情况是，只要有关于我国将进行大量粮食国际采购的信息后，国际粮食价格都会高企并首先反映在期货市场，一旦我国实施采购，则将承担额外的成本。

从以上所述影响我国粮食贸易的主要因素来看，我国粮食安全已经面临着令人担忧的问题和矛盾，核心表现为国内粮食产需缺口扩大趋势明显，饲料粮消费需求激增。为此，我国未来将不得不继续扩大粮食进口，并有可能承担一定的国际粮食市场风险和采购成本增加。

第四节 利用国际粮食市场调节我国粮食供求关系

一、我国利用国际粮食市场调剂国内余缺情况

在坚持粮食基本自给政策方针的基础上，我国一直在积极地利用国际粮食市场调剂国内粮食余缺。1980～2008年，在粮食品种结构方面主要表现为：小麦净进口但总量呈逐年减少趋势，已从1980年的1 166万吨下降到2008年的88万

---

[1] 参见："联合国粮农组织（FAO）警告粮食新危机"，每日经济新闻，2010 - 11 - 19。

吨；大米为净出口且总量呈递减趋势，1980 年净出口 123 万吨，2008 年仅出口 49 万吨；玉米的进出口贸易年际波动很大，有些年份为净进口，有些年份为净出口，而且贸易量都比较大。总体上，从 1980 年至今，我国粮食进口量占全球粮食进口总量的比重呈明显的下降趋势，见图 11-7 所示。

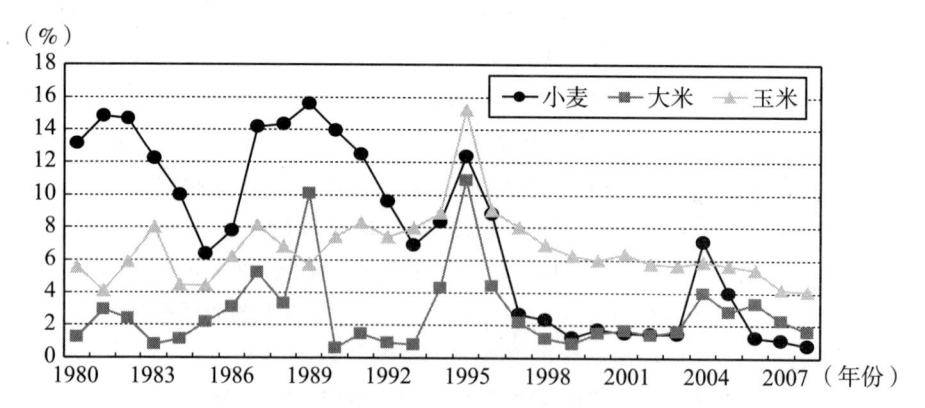

图 11-7 1980~2008 年中国粮食进口量占全球粮食进口总量的比重

资料来源：根据 FAO 数据计算。

1980 年，我国小麦进口量曾占到世界小麦进口总量的 13.12%，但目前已经下降到不足 1%。我国大米进口量占世界大米进口总量的比重则有较大波动，目前基本维持在 1980 年的水平。玉米占比在经历了一段时间的增长后，目前已下降到约 4% 的水平。如果从整个谷物贸易来看，我国谷物进口总量占全球谷物进口总量的比重，已经从 1980 年的 7.75% 下降到 2008 年的 0.5%，期间，在 1987 年和 1995 年该指标曾一度超过 10%，最高达到了 11.4%。

在粮食出口方面，我国所有谷物出口总量占全球谷物出口总量的比重，大部分年份维持在 2%~5% 之间，最高为 2003 年达到了 8%，其他个别年份低于 1%，目前则仅为 0.3%。小麦几乎没有出口。大米出口量占比一直比较高，最高为 1998 年 15.12%，目前则维持在 3% 左右。玉米出口的占比则经历了"先上升，后下降"的变动趋势，其间最高曾达到 2003 年的 18.08%，目前则已经降至约 0.1%。

从以上的分析可以得出这样的判断：我国出于调剂国内粮食余缺目标的粮食进出口贸易，对国际粮食市场的利用程度和影响实际上越来越低。这主要体现在两个方面：一是我国粮食进出口贸易绝对数量长期趋势上递减且总量较小，二是我国粮食进/出口贸易总量分别占世界粮食贸易进/出口总量的比重均越来越小。这种情况的出现，应该是我国坚持粮食基本自给的调控政策实施的结果，这同时也说明我国粮食基本自给的政策目标已经实现并能基本维持，但对需依靠国际粮食市场来补充部分品种的缺口,比如大豆。

二、我国粮食进出口贸易的时点选择问题

1980~2010 年,我国包括大豆在内的国内粮食总产量和净进口量的变化情况如图 11-8 所示。从图中可以看出,我国在决策粮食进出口的时点上,存在一定的政策失误问题。第一个时点是 1984~1986 年,在粮食大幅减产的 1985 年,我国粮食为净出口;在随后 1986 年粮食产量仍未恢复到 1984 年水平的情况,继续净出口大量粮食;其后,在粮食产量稳步增长的同时,粮食贸易又表现为大量净进口。第二个时点是 1992~1995 年,我国粮食进出口贸易又出现了与第一个时点时完全类似的情况,即国内粮食大幅减产的年份,我国的粮食贸易却表现为大量的粮食净出口,而不是净进口。同样的情况后来继续重复出现在第三个时点,即 2000~2004 年之间。

上述三个时点的情况表明:我国在粮食丰收年大量净进口粮食;但在粮食产量大幅减产的年份,却大量净出口粮食,这种情况显然是违背常理的。按照正常的情况,有效利用国际粮食市场调剂国内余缺应该是在粮食减产年份大量进口粮食,在粮食丰产年份大量出口粮食。这种异常情况的出现,说明我国的粮食进出口贸易中售卖或采购的时点决策存在较大问题。例如,如果是提前一年订立贸易合同规定来年出口粮食,那么来年即使国内粮食大幅减产,为了履行合约也将不得不继续出口粮食,而不是进口粮食。如果是提前订立来年采购的粮食进口合同,那来年国内粮食丰产有余,但为了履约可能也不得不大量采购粮食,而不是出口粮食。

因此,为了避免这类不利于我国国内粮食余缺调剂和粮食安全保障的"逆向"调剂问题出现,我国的粮食进出口决策机制,有必要进行改善,增强灵活性,并与来年的国内粮食产量状况挂钩。

三、我国粮食进口与国际粮价波动

自从布朗于 1994 年提出"谁来养活中国"的疑问后,国际社会一直密切关注我国的粮食进口动向。尤其在我国粮食进口量增加的时候,总会有中国大量进口粮食会推高国际粮价甚至威胁到其他部分国家粮食安全的声音。因此,对我国粮食进口与国际粮价在时间序列上的相关性分析,能够较准确地判断出我国粮食贸易与国际粮价的关系,从而为我国更好地利用国际粮食市场调剂国内粮食余缺提供参考。

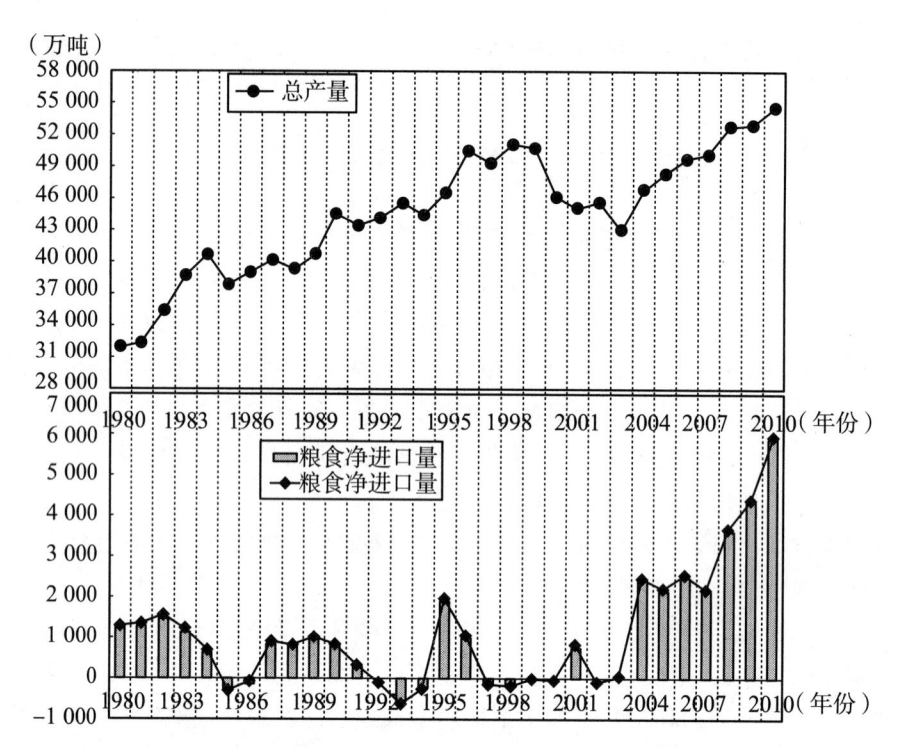

图 11-8　1980~2010 年中国粮食生产量与粮食净进口量（包括大豆）

我国粮食进口与国际粮价的关系，可以从两个方面进行量化分析。一是我国粮食进口量占国际粮食出口总量的比重，二是我国的粮食净贸易量。针对小麦、玉米、大米和大豆，分别计算我国进口占比和净贸易量与国际粮价的相关系数，计算结果如表 11-4 所示。从表中可以看出，总体上我国粮食进口与国际粮价的相关性很不显著，我国的粮食进口对国际粮价的影响微乎其微。即使是我国进口量最大的大豆，虽然目前进口量已经近 6 000 万吨，占世界出口总量的 60% 以上，但我国的大豆进口与国际大豆价格之间的相关性也极不显著。

表 11-4　　　　中国粮食贸易与国际粮食市场粮价的相关性

粮食贸易品种	小麦	玉米	大米	大豆
中国购买占比与国际粮价的相关系数	0.5489	-0.0032	0.1105	0.2351
中国净贸易量与国际粮价的相关系数	0.4908	0.4982	0.3481	0.3292

注：国际粮价以 1982 年的美元计价，单价为美元/吨，小麦、玉米和大豆价格为美国出口价，大米为泰国出口价。

资料来源：美国农业部（1980~2010 年）；中国购买占比与国际粮价的相关系数基于 1980~2008 年数据；中国净贸易量与国际粮价的相关系数基于 1980~2010 年数据；其中，大豆数据均为 1994~2010 年。

通过对我国粮食进口与国际粮价的相关性分析，可以得出的基本结论是：自1980年以来，我国粮食进口与国际粮价波动之间并不存在显著性相关关系；也就是说，我国的粮食进口对国际粮食市场的影响，与国际社会长期以来的担忧并不相符。这也进一步证明了戴维（2011）的判断。因此，在利用国际粮食市场调剂国内粮食余缺方面，可供我国利用的国际粮食市场还有一定空间，在保证基本自给的前提下，尽可能利用国际粮食市场是我国粮食安全保障的一项重要内容。

四、利用国际粮食市场的可行性

我国利用国际粮食市场的可行性主要体现在两个方面：一是国际粮食市场粮食的可得性；二是我国进口粮食的经济支付能力。针对这两个方面，钟甫宁等（2004）和高帆（2005）以截止于2003年的时间序列数据，分析了世界粮食产量、生产潜力、国际市场贸易供给总量以及我国进口粮食的比较优势、经济支付能力、对国内经济福利的影响等多个方面，最后得出结论为：国际粮食市场的状况及其发展趋势，有利于我国通过国际粮食市场平抑国内生产的波动，而且不仅在粮源的可获得性方面具有较强的保障，而且我国的经济支付能力也没有问题。

2003年至今，国际粮食市场变动和我国的粮食进出口贸易情况表明，充分有效利用国际市场调剂国内粮食余缺是可行的。但是，2003年以来的国际粮食市场及我国的粮食供求关系也发生了一些显著变化。

第一，国际粮食市场的波动和不确定性越发明显。最直接的情况就是2007~2008年以及2010年以来的两次"全球粮食新危机"，核心表现为粮价创历史新高。而且，在国际粮食市场紧张时，粮食出口国和进口国的不同政策选择，往往会进一步加重这种波动和不确定性。尤其是粮食出口国的粮食出口政策缺乏稳定性，为过度依赖国际市场保障粮食安全的粮食进口国敲响了警钟。

国际粮食市场的这种波动和不确定性，主要因为目前国际粮食市场缺乏有效的国际规则约束机制。在国际粮食市场紧张时，部分粮食出口国家往往会以各种理由变相干扰粮食出口。例如，2007~2008年国际粮食市场出现"粮荒"和2010年发生席卷部分小麦出口国的干旱灾害时，大量粮食出口国立即限制甚至停止本国粮食出口，进一步加剧了市场紧张，而且还损害到对粮食出口未加限制的其他粮食出口国的利益，并最终也迫使这些粮食出口国家跟进实施粮食出口限制。这导致国际市场粮源紧张、粮价暴涨，直接威胁到部分粮食进口国的粮食安全。因此，虽然在目前全球粮食产量和贸易供应量持续增长的情况下，我国从国际市场上获得粮食的保障程度较高，但也要注意在深入全面分析各种影响因素的前提下，采取最优的粮食进出口贸易决策和把握最优的粮食进出口时点选择。

第二，我国目前利用国际粮食市场的程度很低，未来的扩展空间较大。从前文分析的结果可知，目前我国粮食进口量占全球粮食进口总量的比重偏低，而且远远低于2003年以前的水平，尤其是小麦和玉米。作为世界上贸易量最大的粮食品种，全球小麦产量和贸易量的保障程度很高，这有利于我国将来扩大小麦进口。玉米目前是全球第二大粮食贸易品种，年进口总量也已经超过1亿吨，粮源的可获得性程度也非常高。

第三，2003年以来，我国从国际粮食市场进口所需粮食的经济支付能力大幅提高。表11-5是我国粮食进口额占全国进口贸易总额和国家外汇储备的比重情况。从表中可以看出，我国粮食进口贸易额度在全国进口总额中所占的比重已下降到0.05%的水平，而包含大豆的粮食进口贸易额占也在2%以下。此外，每年用于包含大豆在内的粮食进口的外汇额度，自2000年来逐年下降，目前已经低于1%。由此可见，我国粮食进口贸易对全国进出口贸易总体影响甚微，其涉及的外汇使用对我国外汇储备的影响也微乎其微。因此，在外贸影响和经济支付能力两个方面，我国的粮食进口贸易都还具有较大的拓展空间，具有很强的增加未来粮食进口的经济支付能力和较优的贸易条件。

表11-5　　　2000~2010年我国粮食进口占全国进口贸易总额及外汇储备的比重（%）

年份	粮食进口额占全国进口贸易总额的比重	粮食（含大豆）进口额占全国进口贸易总额的比重	粮食（含大豆）进口额占国家外汇储备的比重
2000	0.13	1.13	1.54
2001	0.10	1.26	1.44
2002	0.07	0.91	0.94
2003	0.05	1.36	1.39
2004	0.34	1.58	1.45
2005	0.15	1.33	1.07
2006	0.05	1.00	0.74
2007	0.03	1.23	0.77
2008	0.02	1.95	1.13
2009	0.05	1.91	0.80
2010	0.19	1.99	0.98

资料来源：根据国家统计局网站和农业部网站统计数据计算。

尽管存在进一步拓展利用国际粮食市场的可行性，但仍然有许多具体因素可能会制约我国对国际粮食市场的有效利用，因而需要加以综合考虑。例如，典型的制约因素有但不仅限于以下方面：第一，我国粮食进口来源国过度集中，尤其是小麦、玉米和大豆进口来源国，高度集中于极个别国家，这使得我国个别粮食品种的进口高度集中，一旦出口国爆发突发事件如自然灾害等，将在很大程度上威胁到我国粮食安全。第二，近年来导致国际粮食市场波动的不确定性因素增多，如自然灾害、战争等，粮食进出口贸易的开展应注意识别并消除关键影响因素。第三，我国若增加粮食进口量，将如何调整进口粮食品种结构以及各品种增幅的确定等问题。第四，我国粮食贸易面临的国际竞争环境和贸易条件，如贸易保护主义、非关税壁垒、农业补贴等方面。第五，粮食进口对国内相应品种的生产、市场及经济福利的影响，防止大量某类粮食品种的大量进口冲击国内相关产业，在这方面，我国大豆产业已经是前车之鉴。

第五节 基本结论与政策建议

一、基本结论

根据前文的分析研究，可以得到以下基本结论。

（1）全球粮食产量和国际粮食市场贸易量的持续稳定增长，是保障全球粮食安全的坚实物质基础，也是我国能够有效利用国际市场调剂国内粮食余缺的前提。

（2）国际粮食市场小麦、玉米和大豆等出口来源地高度集中于极少数国家，而粮食进口国则高度分散且大多为发展中国家，这在客观上不利于发展中国家的粮食安全保障，也在客观上对我国的粮食进口造成负面影响。

（3）近年来导致国际粮食市场剧烈波动的不确定性因素增多，尤其是极端气候条件等导致的全球粮食减产，经由国际农产品期货市场的信号放大，从而引发粮食出口国和粮食进口国"逆向"的过激政策反应。即，粮食出口国家限制粮食出口，粮食进口国则抢购或囤积粮食，从而给国际粮食市场带来叠加的负面效应，促使粮价高涨，并最终威胁到全球粮食安全，尤其会严重伤害到缺粮的穷国。

（4）在全球粮食产量和国际粮食贸易量持续增加的同时，我国的粮食进出口贸易在绝对总量和相对比重方面，均出现大幅回落。这反映出我国利用国际粮食市场的程度在减弱，在我国粮食安全保障体系建设中，国际粮食市场没有很好地发挥其应有的作用。与此同时，我国以往的粮食进出口贸易中，存在进出口时点选择的政策问题。

（5）国际粮食市场的粮食贸易供应量持续稳定增长，已经能够较好地保障全球粮食进口国的粮食进口需求，这是我国进一步充分利用国际粮食市场平抑国内粮食波动的前提。同时，我国已经具备很强的利用国际粮食市场、扩大粮食进口量的经济支付能力，这对调节和改善我国国内农业产业结构也具有积极作用。

（6）未来我国应该在粮食基本自给的宏观政策目标下，更加灵活地开展粮食进出口贸易，更加充分有效地利用国际粮食市场。同时，对于我国对外依存度极高的大豆贸易及国内大豆产业，应该及早进行调整，以消除过度依赖个别出口来源国而可能引发的高风险。

二、政策建议

为了充分利用国际粮食市场，有效调节我国粮食供求关系，为我国粮食安全保障提供持续有力的支持，根据前文的分析研究，未来我国可以采取以下粮食进出口贸易政策措施。

一是明确定位粮食进出口贸易的政策目标，应主要侧重于粮食进口。我国人多地少、耕地稀缺，长远来看国内粮食供应首先面临着产量不足的问题。同时，我国粮食不具有国际市场比较优势，而且粮食出口贸易在国家贸易总额和创汇收入中所占比重微乎其微。因此，未来应放弃依靠粮食出口创汇的目标，而改以粮食进口为主。

二是构建保障国家粮食安全的进出口贸易支持预警系统。该思路是，主要以历年我国粮食进口量占全球粮食进口量的比重为参考，考虑未来粮食进口量以该指标的平均值作为进口量基准，上下浮动一定比率，然后以不低于该均值的比例进口相应的粮食品种。一旦某粮食品种进口量比重偏低，则说明可能未充分有效利用国际粮食市场。若某粮食品种进口量比重畸高，则说明可能存在过度依赖国际市场的风险。

三是粮食进出口的时点选择要与国内粮食产量状况匹配，粮食进出口贸易机制和应对措施要灵活，做到有效调剂国内粮食余缺的目标。同时，未来粮食进口应尽量避免国家名义的大规模进口行为，而改以少量多批次且以公司行为为主的进口措施，以消除国际市场的过度反应和国际炒家的趁机哄抬粮价，从而避免我国粮食进口产生额外的成本。

四是在粮食进口来源国的选定方面，要逐渐改变目前过度依赖极少数粮食出口国的格局，尽量分散采购；同等条件下，要尽量选择同为 WTO 成员的粮食出口国，并充分利用 WTO 相关贸易规则，改善和提高我国粮食进出口贸易状况，更有效地保障我国粮食进口的粮源稳定和质量保证。

五是利用替代品种缓解粮食进口压力和过度依赖国际市场的风险。当前及今后，占我国粮食进口总量最大比重的大豆及玉米，在国内的用途主要为饲料粮消费。因此，寻求饲料粮替代品种，是规避大豆及玉米需求严重依赖进口的有效措施。例如，美国 DDGS（玉米干酒糟）为主的饲料品种已经引起了国内有关厂商的重视，自 2008 年以来国内消费量和进口量均持续大量增加，2010 年的进口量达 316 万吨，超过了当年玉米进口总量（仇焕广等，2011）。与此同时，美国等发达国家持续扩张的生物燃料乙醇生产，能为国际市场提供较稳定的 DDGS 出口供应量。

六是利用我国在 WTO 及整个国际市场上日益重要的贸易国地位，发起组织构建有利于国际粮食市场长期稳定发展的国际粮食贸易国际规则约束机制，从而在根本上消除诸如因极端气候条件导致粮食进出口国的贸贸政策激变带来的国际粮食市场剧烈波动等不利影响，更有效地保障全球粮食安全。

七是利用国际粮食市场价格有利时机，建立国内进口粮食储备。基于低成本补充国内粮食储备的原则，在国际粮食市场价格或我国某些主要进口品种价格处于一定低位时，利用该价格有利时机，进口粮食补充国内粮食储备。其中，国际粮食市场价格有利时机的确认，可参考国际粮食市场价格或我国进口粮食价格的一定水平值如多年或数年价格均值，当低于或等于该价格水平值时，进口粮食补充国内储备。

第十二章

突发事件下的粮食安全保障问题研究

我国和国际上多年来的一系列粮食抢购事件证明,在全社会粮食供求形势总体良好的情况下,仍然可能由于突发事件的发生而出现一定区域内的公共性的粮食不安全事件。如果处置不当、拖延时间长,就会积累、扩散成粮食公共危机,进而恶化成为影响全局的粮食安全问题。这说明,由于突发事件的发生,即因为粮食供求或粮食市场运行以外的原因,在特定时期、一定范围内也会对粮食安全造成严重冲击,形成短时期内、局部地区的粮食供给严重短缺,引发粮食抢购风,从而形成粮食供给甚至相关产品的连锁反应的公共危机,或者形成突发事件状态下的粮食安全危机甚至社会稳定危机。

第一节 突发事件下粮食安全问题的表现:粮食公共事件与粮食公共危机

突发事件下,粮食公共事件和粮食公共危机是一国总体粮食形势良好情况下粮食安全问题的新的表现形式。

一、粮食公共事件与粮食公共危机

（一）粮食公共事件

是指突然发生，造成或者可能造成粮食供应短缺、粮食价格暴涨、群众抢购粮食，需要采取应急处置措施予以应对的自然灾害、事故灾难、公共卫生事件和社会安全事件。如果对粮食公共事件处理不当，不能及早将事件的影响控制在特定范围，及时消除引发粮食公共危机的各种因素，将会造成事件波及的范围扩大、时间延长、影响扩散，进一步形成粮食公共危机，引起社会秩序的不安定，破坏整个经济社会的健康稳定发展。

粮食公共事件是以粮食供给中断、不足甚至以粮食抢购为特征的。粮食抢购风的出现是因为部分人群预期粮食严重供给不足或粮食价格将大幅度上涨，为了回避市场买不到粮食或高价买粮的风险而采取的集中购买超过近期消费需求的行为。

（二）粮食公共危机

是社会公共危机在粮食供给领域的一种表现形式。其主要标志是在特定区域的部分社会群体因为突发性事件在特定时期不约而同地集中采购储存粮食，导致粮食价格上涨、粮食抢购甚至暂时的断档脱销，形成局部地区、一段时间内粮食供给不足的危机。饥荒是典型的粮食公共危机。印度学者阿玛蒂亚·森（Amartya Sen, 2001）在《贫困与饥荒——论权利与剥夺》一书中研究的印度、孟加拉、撒哈拉、埃塞俄比亚等发展中国家因严重灾害而引发的灾荒问题，都是粮食公共危机。

突发性事件的出现是粮食公共危机产生的诱因。如自然灾害、农产品供给紧张、价格上涨以及其他公共危机事件、偶然性事件，都可能发生以粮食抢购为主要特征的粮食公共危机。

（三）粮食公共事件向粮食公共危机的演变

粮食公共事件演变为粮食公共危机存在三种情形及过程：

第一，粮食公共事件是孤立的事件，不会扩散成为社会性的危机。如个别超市的降价促销行为，只有参与低价抢购的人员受到人身安全伤害。这种情况下难以引起社会性粮食抢购。

第二，粮食公共事件在未能及时控制和解决的情况下可能扩散、恶化成社会性的危机。如 2004 年重庆市一运菜油的罐车翻车，在谣言刺激下扩散成为社会性粮油抢购。在市粮食、物价等部门采取紧急措施后危机得以平息。

第三，粮食公共事件一爆发就是相当范围的社会性公共危机。如 2008 年我国南方特大雪灾、"5·12"汶川大地震，粮食公共危机与特大自然灾害伴生而来，特大自然灾害导致粮食市场供应渠道中断，形成大面积无粮可供的危险局面。

由此可见，粮食公共事件与粮食公共危机的界限，在于影响范围是否具有社会扩散性。在短时间内可能迅速扩散的事件，如不能及时控制、化解，可能会导致粮食公共危机。

二、粮食公共危机与粮食安全

虽然国际国内对粮食安全的概念和内涵的认识不一，但是，对现阶段一国粮食安全来讲，是指粮食数量能够满足人口食用、养殖业、工业及其他国民经济正常发展所需的所有的直接、间接用粮，粮食价格及其变化符合国民经济健康快速稳定发展内在规律的客观要求，质量符合人民群众生活水平日益提高的要求，具备抵御自然灾害风险、禁运封锁风险、严重的粮食结构失衡风险等各种粮食风险的能力。从这个角度来讲，粮食公共危机和粮食安全既有区别又有联系。

（一）区别

1. 影响范围不同

粮食公共危机产生于部分特殊地区，影响范围是局部的。而粮食安全覆盖的范围和产生的后果具有全局性、普遍性。两者之间是全局和局部的关系。粮食安全是一个全局性概念，指整个国家或地区的粮食供求的基本状况。粮食公共危机是一个局部性概念，指的是个别特殊地区出现的暂时的粮食供给不足的状况。由于粮食安全的总体形势不存在问题，这种暂时的危机往往在采取有力的危机管控措施以后会迅速得到解决。因此，从全局来看，即使在粮食安全的状况下，局部地区也可能爆发粮食公共危机。从另一方面讲，即使出现粮食公共危机的情况，也并不意味着国家粮食安全出现了问题。

2. 发生原因不同

粮食公共危机是在粮食因为偶然的原因或者其他突发事件（如公共卫生、地震灾害）等引起的，具有偶然性。而粮食安全则主要是由于粮食供给总量不足等原因引起的，具有必然性。

3. 恢复途径不同

粮食公共危机是能够通过危机管理措施，在短时间内得以化解，恢复到正常状态。而粮食安全则不能在短时间解决,即使是大量进口粮食,也只能解决一时之急。粮食安全只能通过一个较长的粮食生产周期,才能恢复到正常的粮食安全状态。

(二) 联系

两者之间的联系在于:局部的粮食公共危机可能向全面的粮食安全危机转变。粮食公共危机如果不能采取有效措施及时加以化解,就有可能引发全局性的粮食安全危机。20 世纪 80 年代以来,我国粮食供给充足,从根本上解除了全局性的粮食安全危机的压力。同时,也使得大量城市人口放松了粮食储备的警惕性,家庭粮食储备极少。一旦因突发性事件引发家庭储存粮食在短时间内突然增加(正如 SARS 期间北京、广州等大城市曾经出现的情况一样),就会出现粮食抢购风潮,在局部地区、特殊区域形成粮食供给不足的假象,并迅速波及其他地区,引发粮食安全危机。

现阶段,由于我国正处于城市化的加速期,需要在城市解决口粮消费的城镇人口数量大幅度上升。一旦产生粮食公共危机,城镇居民的粮食需求将会大量爆发性增加。如果此时粮食物流系统无法承受这个突如其来的压力,就极可能引发全国性的粮食安全危机。

粮食公共危机并不必然以全社会的粮食短缺或粮荒为前提条件,也并不是所有的粮食公共危机都会引起粮食安全问题。粮食公共危机如果处理不好,造成危机由点爆发向面扩散,才可能引发全社会粮食安全危机的严重后果。

可以说,个别特殊地区出现粮食公共危机,并不意味着国家粮食安全出了问题。但如果不重视局部的粮食公共危机,及时采取有效的措施加以化解,就可能引发全局性的国家粮食安全危机。因而,必须对粮食公共危机管理给予高度重视。

第二节 粮食公共危机的产生机理与基本特征

一、粮食公共危机的演变与产生机理

粮食公共危机的产生机理,是指由突发事件引起粮食安全问题进而转化为粮食公共危机的触发机制作用和演化过程的规律。突发事件引起粮食安全问题向公共危机转化,是指突发事件爆发后因为某种传播机制作用,使得粮食不安全现象出现从点到面的扩散,演变成粮食安全领域的公共危机。

(一) 粮食公共危机的理论视角

从不同角度分析，粮食公共危机存在不同的传播机制，即不同的效应。借鉴相关物理学、力学甚至气象学原理，从经济学理论可以表述为放大效应、牛鞭效应、传导效应，等等。本书认为，蝴蝶效应①最适合深入探讨粮食公共危机的触发机制和演化规律，研究突发事件如何对粮食市场产生作用从而影响粮食安全。

1. 混沌学视角：蝴蝶效应是粮食公共危机产生机理的理论基础

蝴蝶效应（The Butterfly Effect）是一种混沌现象，指在一个动力系统中，初始条件下微小的变化能带动整个系统的长期的巨大的连锁反应和放大效应。泛指事物演化过程中存在极端不稳定性，事物发展的结果，对初始条件具有极为敏感的依赖性。应用在粮食公共危机过程中，就是指一些微小事件，引发粮食抢购影响社会稳定的轩然大波。2006年12月初，四川省达州市爆发的菜油抢购风，肇事者竟然是一个超市售货员，只因对顾客的挑剔行为说了一句"要买赶快，不买就没有菜油卖了"，结果引起全市抢购，甚至波及重庆也产生抢购②。这些事实证明，一些极微小的事件，由于挑动了对粮食的敏感神经，在传播过程中会无限放大，引起群众过度反应，引发抢购现象，造成粮食公共危机。

2. 心理学视角：突发事件下人的心理演化过程

心理学理论应用于突发事件下的粮食危机演变过程机理，主要包括个体心理学和集体心理学（社会心理学）两个组成部分。个体心理学主要研究个人对突发事件的观察、决策、应对等的个体心理反应过程，集体（社会）心理学则是研究某个特定群体应对突发危机事件的社会心理反映过程。两者的共同目标都是做出避免或减少突发事件冲击带来的伤害的决定，至于其成效如何，则有待实践检验。可用于解释突发事件下粮食危机演变的心理学基础理论有：

（1）模仿理论（Imitation Theory）。模仿是人们彼此之间相互影响的重要方式之一。法国社会心理学家塔尔德（Jean Gabriel Tarde，1890）最先提出心理学上的模仿理论。指一个人先天地具备通过观察另一个人的行为反应而模仿跟随的本能。当个体在突发事件冲击下，在一定时期特别是危机爆发的瞬间和初期，容易丧失自我控制能力，只能模仿周边其他人的行为。单独的个体本身可能对突发

---

① 蝴蝶效应是美国麻省理工学院气象学家爱德华·罗伦兹（Edward Lorenz）1963年提出来的。一只南美洲亚马孙河流域热带雨林中的蝴蝶，偶尔扇动几下翅膀，可能两周后在美国德克萨斯引起一场龙卷风。其原因在于：蝴蝶翅膀的运动，导致其身边的空气系统发生变化，并引起微弱气流的产生，而微弱气流的产生又会引起它四周空气或其他系统产生相应的变化，由此引起连锁反应，最终导致其他系统的极大变化。

② 《重庆粮油足，市民不必慌》，载《重庆晨报》2006年12月15日，转引自新浪网新闻。

事件的危害反应过度，受到身边人的影响，表现为情绪激动、参与意识膨胀、安全意识丧失、行为过激等过度反应。

（2）感染理论（Contagion Theory）。感染理论是社会学的分支——集群心理学的基本理论之一。基本原理是"循环反应（Circular Reaction）"，即在一个集群或群体中，由于个体行为的感染和循环反复，激励他人按同一行为方式决策和行动，然后接二连三地模仿并扩散开来的一种社会心理传播形式。这种社会感染过程中的机制和动态，基本前提是暗示性，情绪、思想的传播程度的增加导致群体中的个体成员以相同方式行动。感染理论揭示了个体情绪易受周围环境的暗示影响，主因是无意识的人格占据主导地位，从而使得个体受到自身所处的环境因素感染，从而自己下意识地采取从众行为。感染理论和模仿理论有近似之处，主要区别在于受感染的人本身并没有失去自我控制能力，因而受感染的个体的行为表现不如模仿理论中的那么激烈和反应过度。

（3）价值累加理论（Value-added Theory）。在突发事件中，群体性是最突出的特点之一，即人的行为不是由个体或一小部分人的反应，而是由突发事件冲击或影响区域内一定范围的具有相当数量规模的人的群体性共同反应。美国社会学家斯梅尔塞（Nail J. Semelser）将经济学的价值累加观念引入社会学，对造成群体性事件发生所需的社会条件进行分析，提出了解释社会群体性事件的价值累加理论。他认为产生集体行为或社会运动必须依次出现六个要素：结构性诱因、结构性紧张、一般化信念的增长和扩散、突发事件、参与者行动的动员以及社会控制的失灵。只有当六个特定要素在特定情况下结合起来或相互作用时才能导致集体行为或群体性事件的产生。价值累加理论是与模仿和感染理论一脉相承的。可以说价值累加是在模仿和感染基础上演变而来的。

（二）突发事件向粮食公共危机转化的心理演变过程

1. 结构性诱因（Structural Conduciveness）

特殊的社会结构可能助长不稳定因素，即群体性行为在突发事件冲击下成为危机爆发的可能性背景因素，包括空间条件、经济条件、政治条件、文化条件等。在我国当前城市化、工业化加速期，特定的粮食供求紧平衡背景下，存在对粮食安全忧虑的低收入群体的社会结构，居民的生活消费开支中恩格尔系数相比发达国家偏高，在突发事件的诱导下，会增加特定社会群体抢购粮食的可能性。

2. 结构性紧张（Structural Strain）

由于社会系统的非稳定性，使部分群体产生危机感、被压迫、欺骗、被剥夺等负面心理。在生产者价格预期方面，粮食价格上涨已经成为一个长期趋势，一是作为粮食生产者的农民存在提高种粮效益才能保护粮食生产积极性的问题；二是粮食生产成本不断提高；三是国内粮价上涨幅度低于国际市场；四是耕地减少的压力和需求增长的拉力同时并存等因素。在消费者消费心理方面，特定人群如低收入群体、离退休群体等，对粮食价格的上涨比较敏感，容易滋生对粮食问题的不安感，并从自身的心理承受能力出发，容易采取抢购行为以规避自己感知或猜测到的粮食安全风险。

3. 一般性信念（Generalized Belief）

群体行为的参与者可能对他们诉求的粮食问题有一般性的担忧共识，形成共同的想法和情绪，从而激发出这个群体潜在的心理共鸣，进而先后采取一致的预防或应对可能发生的粮食危机行动。我们在不同的历史时期经常发现这样的规律性现象：即在粮价突然大幅上涨时，大部分农民不约而同采取惜售行为；而特定群体居民不约而同采取抢购行动。因此，在2011年3月两会期间，全国政协委员、中央农村工作领导小组办公室主任陈锡文呼吁，消费者应宽容粮价上涨①。显然，消费者对粮价上涨的宽容心态，有助于群体性的心理情绪的调整，有助于粮食市场和社会的稳定。

4. 触发因素（Precipitating Factors）

即人们通常所说的导火索、触发事件。通常具有偶然性，直接为粮食群体性事件的发生提供一个真切而敏感的具体刺激。有时这个导火索未必是一个多么重大的事件。如2004年重庆运菜油的罐车翻车、2007年上海乐购超市和重庆家乐福超市的促销活动都曾经成为抢购事件的导火索。它的意义不在于本身的显著性，而在于出现的时机敏感，从而引发意想不到的严重后果和重大危机。

5. 行动动员（Mobilization for Action）

通过快速的信息传播、强烈的情绪感染，群体性行为通过动员传播机制，鼓动更多人员包括徘徊者、旁观者等加入到统一的行动中，并有可能强化过度反应情绪，扩大人群规模。

6. 社会控制失灵（Failure of Social Control）

如果政府对粮食抢购等社会危机事件反应滞后，或者控制不力，即使是暂时性的疏忽或失效，都有可能激发粮食方面的群体性行动。另一方面，政府在事前、事中和事后采取的一系列紧急措施都会对危机事件的强度、持续性和后果产生重要的直接影响。

（三）粮食公共危机的产生机理

突发事件下人的心理演化过程是蝴蝶效应的心理耦合，作用于粮食安全系

---

① 中农办主任：《消费者应宽容粮价上涨》，载《广州日报》2011年3月13日，转引自凤凰网财经http://finance.ifeng.com/news/special/2011lianghui/20110313/3647093.shtml。

统，引致粮食公共危机。

第一，前提条件。粮食安全是一个复杂的系统，即特定社会背景下的特殊的社会组织结构。产生危机的结构性诱因和结构性紧张因素并存，同时，也是蝴蝶效应的诱因即基础条件。

第二，触发条件。突发事件对粮食安全系统产生直接冲击。从冲击的剧烈程度可以分成两种情况：一是微小的特定突发事件可能经过若干传导扰乱部分人群的购买心理从而影响粮食安全系统；二是重大突发灾难事件下则是蝴蝶的翅膀变成了大自然直接对人类社会进行剧烈打击，直接摧毁粮食供应链条，造成粮食安全系统不能正常运转，从而直接导致粮食公共危机。

第三，危机演变。信息在传播过程中畸变演化成危机。正如前述社会信息传播机制削平—磨尖—同化的畸变，畸变机制和过程就是促进突发事件从偶然因素演化为危机的机制和过程。小小蝴蝶翅膀的轻轻摆动，经过传导、放大、变异，终于掀起了整个社会系统和社会结构的惊天巨浪。

二、粮食公共危机的特征

从已经发生的粮食公共危机及其处置情况看，粮食公共危机具有以下特征。

（一）粮食公共危机的触发因素具有复杂性，通常难以预测

有时是与粮食无关的公共事件，如SARS的影响，引起全国性的大中城市粮油抢购；有时是偶然性事故，有时是谣言，有时是自然灾害，如雪灾和大地震等。造成粮食公共危机的因素十分复杂，而且，对于由什么原因引起、什么时间、什么地方将会出现粮食抢购事件，进而引发粮食公共危机，都很难准确预测。

（二）粮食公共危机的影响范围具有广泛性，极易对社会产生放大效应

粮食公共危机通常是由粮食抢购事件放大演变而成的。在粮食抢购事件发生之初，事件的影响范围小，一旦不能在最短时间内消除，势必迅速扩散，波及更大范围，将越来越多的人群卷入，粮食抢购风势必迅速蔓延，引发粮食公共危机。可见，粮食公共危机具有广泛性，极易发生从点到面的社会放大效应。

（三）粮食公共危机的冲击具有连锁性，对经济、社会产生连锁反应

粮食抢购事件发生之后，如果持续一段时间，就有可能放大成为粮食公共危

机。危机将对社会经济产生连锁冲击,不但会对粮食生产、加工、储存、销售等环节产生重大影响,而且会对与粮食相关联的农副产品如肉、蛋、奶、蔬菜及其他加工食品的市场供给和价格产生重大影响。不但会对农产品市场秩序产生重大影响,而且会对其他相关产品的市场秩序产生重大影响;不但对经济秩序产生重大影响,而且会对社会秩序产生重大影响。

(四)粮食公共危机控制具有应急性,必须在尽量短的时间内予以化解

在发生粮食抢购事件或者在危机之初,对危机的控制有非常强烈的紧迫性。首先要采取果断措施,有效制止事态的扩大;其次是在尽量短的时间内解决发生的问题,彻底消除危机事件的影响。危机依赖于对初始条件的敏感性,一个微小的误差随着时间的推移可能会造成与初始状态截然不同的后果。这说明危机管理的关键,在于第一时间扑灭或控制住苗头性事件,以避免事件演变成危机或危机扩大化产生放大、连锁效应,进而演变成社会性的灾难,甚至造成社会动荡,形成严重的社会不安全局面。

第三节 粮食公共危机演变路径与管理目标分析
——基于汶川特大地震及后续灾害期间的粮食公共危机管理[①]

2008年5·12汶川特大地震,是新中国成立以来破坏性最强、波及范围最广、救灾难度最大的一次地震灾害。特大地震灾害突如其来,在毫无预警的情况下对粮食安全造成两个方面的冲击:一方面是重灾区粮食供给系统瘫痪与应急需求数量突然膨胀之间的矛盾十分突出。地震造成供应系统破坏严重,灾民需要应急供应的粮食数量十分庞大,加之通讯、道路断绝或不畅,情况危急。另一方面是一般灾区和普通地区受波及影响存在稳定粮食市场供给和价格的压力,地震冲击提升了粮食价格上涨预期,一是直接造成粮食作物受灾和农田水利基础设施损坏严重,二是引起区域性或群体性的粮食紧张或涨价的恐慌心理。四川汶川特大地震期间的粮食安全保障工作,创造出人类巨灾史上灾区无一人饿死、无一人逃荒的奇迹。这样的粮食公共危机的情况和管理经验,是一个难得的典型案例。

---

① 本节内容根据四川省粮食局汶川特大地震期间粮食应急工作总结报告(拟公开出版)和作者调查研究形成,感谢四川省粮食局和王海林、王世海两位处长的支持。

一、汶川特大地震及后续灾害期间粮食供求状况

(一) 大灾突降下粮油需求与供给的异常变化

1. 需求异常

汶川大地震造成受灾人数众多，粮油需求突然暴涨。四川21个市州28.5万平方公里土地上有2983万人受灾。粮食供应面临百年不遇的严峻考验。全省因灾死亡和失踪9万多人，因灾造成的"三孤"（孤儿、孤老、孤残）对象10多万人，需要政府救助的"三无"（无房可住、无生产资料、无收入来源）人员700多万人。这700多万灾区农民由出售粮食变成需政府供养，仅"三无"人员每人每天1斤粮，3个月就需供应粮食50万吨。另一方面，大批救援人员也不可一日无粮。14.6万救援人员和大量志愿者每天需要消耗粮油200多吨。

2. 供给异常

大地震造成粮油供应系统受到极大破坏，灾区失去基本的市场供给能力。

(1) 粮食供给系统遭受直接损失破坏。地震使全省粮食系统造成了重大人员伤亡。全省粮食系统干部职工及家属死亡失踪408人，重伤190人。重灾区粮食系统在多年实践中培养锻炼成长起来的宝贵经营管理人才在灾害中伤亡惨重。北川县粮食部门伤亡45人，其中死亡26人；县粮食局10名工作人员6人遇难，时任局长和过去5任局长全部在地震中罹难。幸存人员在满目疮痍的废墟中承受着痛失亲人朋友的严重心理创伤和筹粮保供救人的巨大工作压力。灾区粮食收购、储存、加工、供应等流通活动面临着人手紧缺和工作量陡增的双重困难，阿坝、绵阳、德阳、广元、成都、雅安六个重灾市州部分县的粮食供应曾一度难以为继。

(2) 粮油加工仓储设施严重损毁，救灾能力大幅减弱。地震使全省148个县（市、区）、618个粮食企业的25 000多间（个）仓库（油罐）、850多万吨仓（罐）容遭受了不同程度的破坏和损失，占灾区粮油仓容的70%以上。完全坍塌或严重受损难以修复的仓房达4 893间（个），仓容量近110万吨。粮库围墙、堡坎、道路、罩棚等附属设施毁坏150多万平方米。粮油供应和收储网点损毁300多个。办公楼受损51万平方米。无数基层粮食部门的办公楼都遭到毁灭性的破坏，完全失去修复可能。仓库库存粮食遭受暴雨严重袭击，直接损失库存粮油9万多吨。直接经济损失49亿元。全省粮食经营企业因灾停产半停产等间接经济损失80亿元。同时，农房倒塌、晒场损毁，大量粮食无法收割，收获的粮食难以存储和出售。

(3) 极重灾区交通瘫痪，粮油运输特别困难。地震毁坏了道路桥梁，造成

灾区大面积交通中断。滑坡、泥石流、堰塞湖等次生灾害导致汶川县城以及灾害核心地带 10 多个极重灾县的一大批乡镇、村庄、工矿企业成为孤岛。余震持续不断，天气条件恶劣，大批量的运力筹集十分艰难。道路桥梁虽经抢修仍然时断时续，大量的救援粮油则因道路阻塞只能绕道数百公里集并到灾区周边，难以及时送达灾民手中。保障灾民吃饭面临难以克服的巨大困难。

（4）成品粮油储备不足，粮源组织遇到较大困难。抗震救灾的第一需要是大量的成品粮油。可是，突然降临的大灾使各地成品粮油库存难以满足灾区巨大需求，粮油加工能力因灾削弱，大量的原粮存放在岌岌可危的仓库无法加工，各级政府储备的原粮和散装食用油无法直接供应灾民和部队，加工和供应的时间长度严重影响灾区供应，只能在轻灾区向民营企业和私商粮贩做说服工作，以征集成品粮油调往灾区。同时，大灾之后市场不稳定的因素很多，保障供应和监管市场的难度都很大，特别是藏、羌等少数民族聚居地，保障灾区粮食安全和社会稳定的任务更加艰巨。

（二）危机产生的原因和性质

1. 关于粮食公共危机产生的原因

突发事件下粮食公共危机的产生不是由于粮食供需自身的原因形成的，而是由于粮食供给系统或粮食市场以外的灾难性事件冲击引起的。地震和泥石流造成粮食供给中断，使得原有的粮食供给系统失去作用，因而，在公共危机下粮食市场是不存在的。

2. 关于粮食公共危机管理的性质

突发灾难事件下的粮食供给不是作为私人物品进行的，无法通过市场交易实现粮食供应，只能通过政府救援。对集中安置的灾民和因灾无生活来源的群众，都须由政府提供一定时期的无偿粮食供应，而且还必须通过政府发放到群众手中。因此，粮食公共危机管理或粮食应急管理的粮食，是完全的公共品。而国务院决定对汶川地震受灾群众给予临时生活救助包括补助金和救济粮，尔后青海玉树地震和甘肃舟曲特大泥石流灾害，采取的都是相同或近似的救援救济政策。

3. 关于粮食公共危机管理的阶段性和时间安排

根据这些连续的重大自然灾害的具体情况，粮食公共危机管理科学划分为：

紧急救援期，时间安排为黄金生命周期 3 天；

应急安置期，时间安排为 10 天到 1 个月；

灾后恢复期，时间安排为 3 个月到 100 天。

根据粮食公共危机实际情况和应急管理实践，本书除重大灾区的政府粮食救援外，纳入了相应的市场秩序恢复的时间安排，又区分出两个阶段及相应的时间

安排:

市场应急期,时间安排为市场波动发生或可能发生起 10 日内,政府应当提前确立相关风险点并建立 10 天销售量的流动应急储备。正如汶川地震后县政府确立了 27 个次生地质灾害风险点,以及城区 20 个粮食销售点,以每吨 80 元补贴给个体经营者,一旦发生灾害启动应急预案,立即按照政府核定的价格统一供应市场。汶川县的成功做法,在 2010 年 8 月持续断路 7 天的情况下,有效维护了全县粮食市场的稳定。

市场恢复期,时间安排为灾后 3 个月以后启动。从汶川地震后各个重灾区恢复粮食市场交易的过程来看,普遍在灾后的 100 天之后,才逐步恢复粮食市场配置粮食资源的功能。

二、粮食公共危机演变路径

根据已经发生的粮食公共事件的经验数据,特别是 2008 年春的我国南方冰雪灾害和 5·12 汶川地震两次重大自然灾害中粮食公共危机的演变及应急处置情况,我们总结出粮食公共危机的演变路径,见图 12-1 所示。

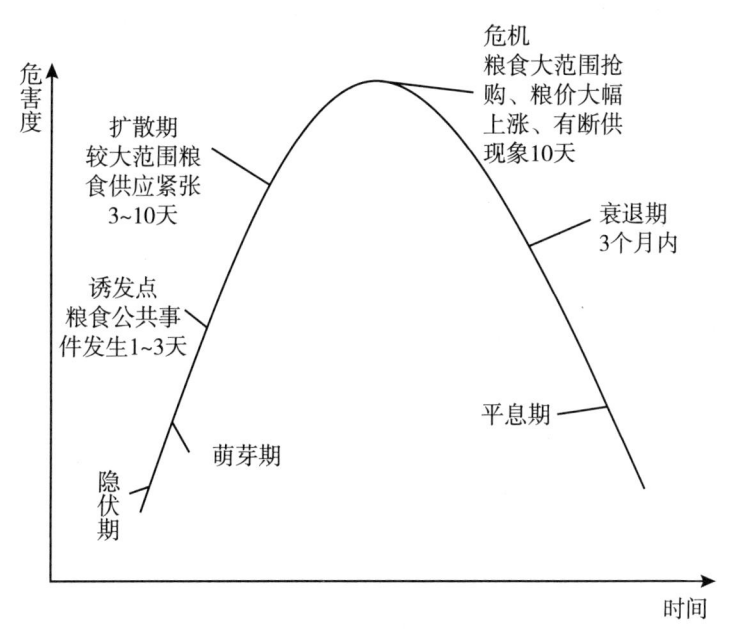

图 12-1 粮食公共危机演变路径

粮食公共危机的演变路径分为几个阶段。
(1) 隐伏期。这是粮食公共危机的孕育时段。其主要形成因素,一是整个粮食宏观经济环境的变化；二是政府对粮食应急保障的能力建设跟不上形势的需要；三是粮食供应链条的运转存在隐忧而不能及时解决。

（2）萌芽期。这时的粮食安全状况已从隐伏状况明显表现出某种局部不安全。典型表现是粮价开始出现明显但不很剧烈的上涨（10%以内）。

（3）诱发点。在这个特殊时间点上，由于某一偶然事件的突然爆发而形成粮食公共事件。一是由于粮食供给系统的故障事件；二是粮食经营者的不当经营行为，如没有组织好的限时抢购促销等；三是其他公共突发事件，如SARS等公共卫生事件；四是自然灾害，如地震等对粮食公共供给产生直接冲击的灾害性事件。

（4）扩散期。粮食公共事件的扩大有两方面原因。一方面，政府部门对突发公共事件处置不及时，或措施不力，造成影响扩散。另一方面，突发性公共事件本身范围就相当广泛，如雪灾、地震。公共事件一发生，涉及范围就很广大。

（5）危机。就是整个公共事件影响的最高潮，也是为害最强的时间段。这段时间通常应当在不超过10天的时间内消除危机；否则，就会酿成最大社会稳定事变。此时，政府应当在法律许可范围内，采取一切行政、经济、法律、道德等全方位措施，克服危机。

（6）衰退期。是危机管理初见成效的时期。各种危机因素逐渐消除；市场供应趋于平稳，无断供现象；粮价回落到诱发期水平；社会心理安定，无粮食抢购现象。

（7）危机平息。通过有效的危机管理，市场机制恢复为粮食供应的主要运行机制；不再需要采取应急措施来保障粮食安全；粮食市场恢复常态。

以上七个阶段，就是粮食公共危机从隐伏、萌芽到诱发，发展到危机，最后消除危机的全过程。

三、粮食公共危机管理目标

从中国多次应对处置粮食公共危机事件的实践经验，以及借鉴粮食危机管理和处置失败国家的教训，突发事件下粮食安全四项基本标准即危机管理的目标是：（1）粮食供给不断档，保障正常的粮食供应；（2）市场价格不暴涨，维持正常的市场均衡状态；（3）消费者不抢购，维护正常的社会秩序；（4）经营者不囤积居奇和哄抬物价，维持正常的市场秩序。针对各个不同阶段应采取相应的管理措施并达到危机管理的相应目标进行细化，见表12-1所示。

表 12-1　　粮食公共危机演变阶段及应急管理目标细化表

阶段	主要特征	持续时间	对应措施	管理目标
隐伏期	特定区域粮食总供求处于紧安全以下状况	一年以上	增加市场粮食供给、增加粮食储备、优化储备粮结构	保障市场供给
萌芽期	局部不安全状况；粮价开始上涨（10%以内）	三个月以上	建立应急储备、加强价格监测	增强应急能力
诱发点	出现以下事件之一：局部粮食市场供应紧张；粮价涨幅较大（10%～30%）；出现突发性公共事件；出现点抢购	1～3天	增加供给；发布稳定市场的信息	及时平息事态
扩散期	较大范围粮食市场供应紧张；粮价涨幅巨大（30%～50%）；出现一定范围粮食抢购	3～10天	启动较低级别应急预案；实行粮食最高库存制度；实行粮价干预措施；实行信息通报制度	应急处置；稳定市场；安定民心
危机	大范围粮食市场供应紧张，有断供现象；粮价涨幅特别巨大（50%以上）；出现较大范围粮食抢购	10天以内	启动较高级别应急预案；实行粮食最高库存制度；实行粮价干预措施；实行信息通报制度	紧急保障受影响范围内群众生活口粮；增加市场供给；维护社会秩序
衰退期	市场供应趋于平稳，无断供现象；粮价回落到诱发期水平；无抢购现象	30天以内	继续实施相关应急政策；适应增加市场机制运行力度	加快消除危机
平息	粮食市场恢复常态	30天以上	停止应急措施	市场机制保障粮食供给

当然，并不是所有的粮食公共危机事件的演变路径都要经历这七个阶段。对某个点的事件来说，政府应当在其爆发之初就消除危险，有效阻止其扩散。对大面积事件来说，可能不需要经过扩散期，突如其来时就是大范围的危机高潮，必

须第一时间采取紧急危机管理措施。

第四节 粮食公共危机的消费者视角：抢购风的产生与影响因素

——基于四川省 21 个大中型城市消费者问卷的实证研究

《中华人民共和国突发事件应对法》规定："本法所称突发事件，是指突然发生，造成或者倾向造成严重社会危害，需要采取应急处置措施予以应对的自然灾害、事故灾难、公共卫生事件和社会安全事件。"毫无疑问，近年来发生的粮食抢购主要是由突发事件引起的。这种突发事件下发生的消费者粮食抢购现象，是一种需要引起高度重视的新的粮食安全问题。粮食抢购在一定范围内会对粮食安全造成严重冲击，形成短时期内、局部地区的粮食供给严重短缺，从而引发粮食领域的公共危机，甚至社会危机。如果说全局性供给不足的粮食安全问题是传统意义的粮食安全问题，那么，对于突发事件引起的粮食抢购，则可以称之为非传统意义的粮食安全问题。

一、粮食抢购的经济学分析

从经济学"价值最大化"和"风险厌恶规避"理论来分析，粮食抢购的根本原因，是部分消费者在突发事件影响下，产生了粮食供给不足或价格大幅度上涨的心理预期，为了回避在市场上买不到粮食或高价买粮的风险而采取集中购买超过近期消费需求粮食的行为，即选择抢购。

（一）当前我国粮食市场处于一种正常均衡状态

经历多次市场化改革后，我国粮食市场已经是一个完全竞争的市场，粮食价格完全由市场供求关系形成。政府从 2003 年起陆续出台了一系列政策扶持粮食生产，实现了全国粮食的供求平衡。粮食市场处于一种正常的均衡状态。其标志是：（1）在没有突发事件冲击的情况下，全国市场粮食价格长期基本稳定；（2）粮食经营者数量众多，达到 7 万~8 万户，粮食加工能力开工率不足 50%，产能过剩超过 50%，市场处于充分竞争甚至过度竞争的状态。①

---

① 详细数据见 2006~2010 年国家粮食局《中国粮食年鉴》。

(二) 突发事件引起局部地区特殊群体粮食需求变化

由于突发事件引发消费者对粮食市场供给短缺或市场价格上涨的预期，从对粮食价格不敏感转变为非常敏感；部分消费者采取行动抢购、囤积粮食，以规避买不到粮食或粮价上涨而支出大幅度增加的风险。参与抢购的消费者的行为表现为：价格不涨不抢购，价格越涨越抢购。城市消费者家庭普遍缺乏必要的粮食储存设施和条件，又受粮食保质期的限制，相对于正常的消费水平，如果抢购的粮食不能在保质期内正常消费，就会变质而被浪费，从而给抢购者造成不必要的损失，也造成社会财富的损失。因此，粮食抢购实质上是一种非理性的逆市场行为。

(三) 突发事件引起抢购情况下粮食经营者供给变化

首先，在突发事件引发部分消费者抢购粮食之初，由于时滞原因，经营者仍维持正常状态下的市场供给水平和价格水平，粮食价格随着抢购数量增加到一定程度将会显著上涨，粮食销售价格从对需求变化不敏感转变为比较敏感，消费者需要以更高的价格才能获得正常状态下相同数量的粮食。其次，当粮食经营者意识到抢购风开始形成时，一些粮商采取囤积居奇、串通涨价等手法，人为减少粮食供给，造成或加重粮食市场短缺的假象，进一步推高粮食价格，主观上积极追求正常状态下不能获得的高价格所能带来的暴利。消费者抢购粮食则要付出较正常状态下显著提高的价格水平，以此为代价获得原本不必要的未来一段时间才需要的粮食消费数量。

综合历次粮食抢购发生的基本经验，从抢购发生过程中，粮食消费者和经营者粮食购买、销售行为对供求关系的影响，引起供求曲线变化，如图 12-2 所示。

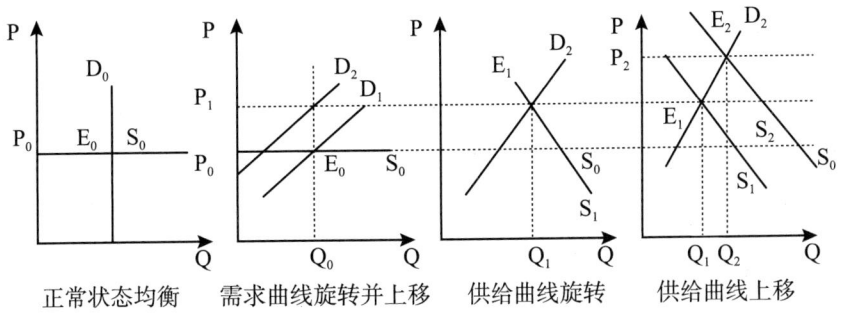

图 12-2 粮食消费者和经营者粮食购买、销售行为对供求关系的影响

二、粮食抢购的产生机理

实践表明,不同类型的主体在突发事件下会产生不同的决策,对是否参与粮食抢购作出不同的判断。因此,研究粮食抢购的产生机理,首先要识别不同类型的消费者,在此基础上通过调查数据分析触发粮食抢购的机理。

(一) 参与抢购群体的类型识别

在已经发生的粮食抢购事件中,粮食抢购群体的类型大致有:大中城市中对粮价上涨承受能力较弱的低收入家庭;具有从众心理的部分群体;公共灾害事件范围内的群众。

(二) 粮食抢购的触发机理

粮食抢购发生的各种条件属于不同的互相独立的离散变量,粮食抢购风的发生是因为存在一个抢购者群体。其触发机制是:消费者是否做出抢购粮食的决定取决于本人对是否选择该行为的效用最大化的权衡:

选择不抢购的效用最大化价值为:$V_0 = u_0 + \varepsilon_0$

选择抢购的效用最大化价值为:$V_1 = u_1 + \varepsilon_1$

其中,u 为效用,ε 为随机误差项。

当 $V_1 > V_0$ 时,代表性消费者选择抢购;当这个消费者群体不约而同选择抢购时,就发生粮食安全公共危机事件。

当群体性抢购发生时,抢购者的价值为:$V_{ij} = u_{ij} + \varepsilon_{ij}$

其中 i 为产生抢购行为的类型人群;j 为导致抢购发生的事件,它们是相互独立、彼此不相关的。

(三) 粮食抢购的触发机制

粮食抢购的触发机制由触发因素和演变过程构成。突发事件是粮食抢购的诱因即触发因素。根据价值最大化理论,单个消费者在突发事件诱导下,在信息不透明、不对称甚至是在混乱、错误信息的误导下,容易产生粮食短缺或粮价上涨的预期,做出抢购可以实现本人应对突发事件的价值最大化的判断,就会出现粮食抢购现象。如果抢购行为从个别个体蔓延到一定数量,演变为群体性行为,就会形成粮食抢购风,酿成影响社会稳定的粮食抢购事件。

三、理论假设：抢购意愿与消费者特征和行为偏好之间的关系分析

剖析历次粮食抢购发生的基本情况，可以推测消费者选择是否参与粮食抢购，即，是否存在抢购意愿与其个体特征和行为偏好之间具有一定的因果关系。不同类型特征和行为偏好的消费者，在突发事件下，对是否参与粮食抢购有着不同的行为决策。现阶段中国存在粮食安全问题的高危群体主要有三种类型：一是大中城市中低收入群体，他们对价格等粮食市场信号反应十分敏感；二是具有从众心理的部分群体，他们即使具有较强的经济承受能力，也会跟风参与粮食抢购；三是受到特大自然灾害影响的消费者。本书把影响消费者抢购粮食行为决策及其变化的因素分为四类：一是消费者个体特征；二是消费者对粮食安全的判断即主观判断；三是消费者的家庭社会经济因素，例如家庭收入水平和主要成员的职业情况等；四是消费者作为购买决策人的个人行为偏好因素，例如消费者购买粮食的场所、购买习惯或购买偏好等。根据经济学理论，概括各种可能导致消费者产生粮食抢购意愿的因素，可以提出以下假说：

（一）消费者个体特征与抢购意愿存在直接关系

（1）性别。男性相对于女性，女性更倾向于抢购粮食。因为女性作为家庭主妇，更倾向于规避风险，心理承受能力较男性低。

（2）婚姻状况。已婚相对于未婚的受访者更倾向于抢购粮食。因为已婚者出于照顾家庭的需要，更关注粮食市场和价格的变化。

（3）文化程度。受教育程度越高，越不倾向于抢购粮食。因为文化水平越高，对各种信息具有较高的过滤辨别能力，对宏观经济形势、市场运行情况和政府公共管理有更明确的判断，由于听信谣言或盲从而产生抢购意愿的概率较低。

（4）家庭结构。相对于家庭里没有13岁以下小孩且没有60岁以上老人的家庭，有小孩或老人的家庭更倾向于抢购粮食。因为后一种家庭结构更需要保护小孩或老人免受短缺或涨价而挨饿的危险。

（5）年龄。受访者的年龄越大，越倾向于抢购粮食。因为大多数老年人除有限的退休金以外，没有其他收入来源，心理承受能力较年青人低。

（6）职业。无业人员、临时工与有固定职业的消费者相比更倾向于抢购粮食。因为他们收入较低而且不稳定，对粮食市场和价格变化更加敏感。

（二）消费者对粮食安全状况的判断与抢购意愿存在直接关系

从逻辑关系推测，对粮食安全状况评价不乐观的消费者更倾向抢购粮食。因为对粮食安全不乐观，相比乐观者更担忧粮食短缺或涨价问题，因而在突发事件引起粮食市场或价格变化的情况下更易于产生抢购意愿。

（三）消费者的家庭经济状况与抢购意愿存在直接关系

从理论上讲，家庭收入水平越高，或家庭主要成员拥有稳定职业的消费者越不倾向于抢购粮食。这是因为，较高收入群体和主要成员拥有稳定职业的家庭，相对于较低收入群体或主要成员无稳定工作甚至无业的家庭，粮食消费支出占全部食品消费支出的比例要低得多，而且高收入群体的食品结构更加多样化，他们对主要粮食的收入和价格需求弹性要低得多，因而相应降低了对粮食危机的敏感性。

（四）消费者粮食购买行为偏好与抢购意愿存在直接关系

（1）习惯经常在农贸市场上购买粮食的消费者与经常在超市购买粮食的消费者相比更倾向于抢购粮食。因为超市的粮食质量和价格高于农贸市场，经常在超市购买粮食的消费者收入水平和消费能力更高，抵御粮价风险的能力更强。

（2）平时购买粮食习惯为"吃多少买多少"的消费者与购买"储存1个月以上"的消费者相比更倾向于抢购粮食。这是因为"手中有粮，心中不慌"的观念在中国中早已经深入人心，"吃多少买多少"的消费者在突发事件下更容易引起恐慌心理。为防范粮食短缺或涨价风险，在突发事件影响下更易产生抢购冲动。

（3）喜欢购买普通散装粮油产品的消费者与喜欢购买优质高价粮油产品的消费者相比更倾向于抢购粮食。因为前者的收入水平和消费能力较低。

四、消费者粮食抢购意愿与对粮食安全状况判断的统计分析

借2009年5月四川省开展大型粮食法制宣传活动之机，课题组委托四川省粮食局组织全省21个市（州）粮食局，针对全省21个大中型城市消费者，以"突发事件下消费者参与粮食抢购意愿"为调查内容，具体通过开展大型宣传活动、专题座谈会，或深入当地大型超市、农贸市场，对城市消费者进行随机问卷调查。调查要求每个市（州）城区粮食局发放问卷不低于50份，共计回收有效

问卷 823 份。为增加问卷调查数据的准确性、可靠性，本书在问卷设计上要求调查对象限选 1 个答案，以约束调查对象只能选择自己认为最重要的选项，以分析消费者粮食抢购意愿与原因及其对粮食安全状况的判断、粮食购买行为之间的相关性。

（一）消费者是否存在粮食抢购意愿及其原因

1. 何种情况下消费者不参与粮食抢购

选择"任何情况下都不会参与抢购"的消费者比例为 23.3%。粮油价格、信息和政府态度，对消费者不参与抢购的影响力位列前三位。具体而言，在"粮油价格下跌"、"粮食信息透明可信"、"政府要求"的情况下不参与粮食抢购的消费者比例分别为 22%、16.8%、11.1%。其他因素方面，选择"周围没人抢购"、"政府发粮票"、"新闻宣传"、"商家不拒售"情况下不参与粮食抢购消费者的比例分别为 8.5%、7.5%、6.6%、4.2%，详见表 12-2 所示。

表 12-2　　　　　消费者不会产生抢购意愿的调查结果

何种情况下不会参与粮食抢购	比例（%）	何种情况下不会参与粮食抢购	比例（%）
任何情况下都不会	23.30	周围人没抢购	8.50
粮油价格下跌	22.00	政府发粮票	7.50
粮食信息透明可信	16.80	新闻宣传	6.60
政府要求	11.10	商家不拒售	4.20

2. 消费者产生粮食抢购意愿的原因

消费者产生粮食抢购意愿的原因，按照其重要程度排序依次为："粮食价格大幅度上涨"、"新闻报道粮食紧张"、"地震等自然灾害"、"降价促销"，选择这几项的消费者比例分别为 26.9%、14.5%、14.6%、14.1%，详见表 12-3 所示。

表 12-3　　　　　消费者产生抢购意愿的调查结果

何种情况下会参与抢购粮食	比例（%）	何种情况下会参与抢购粮食	比例（%）
价格上涨幅度较大	26.90	国有粮食系统出问题了	11.00
地震等自然灾害	14.60	售货员说没货了	2.90
新闻报道粮食紧张	14.50	市场出现有毒粮油	2.00
降价促销	14.10	SARS 等卫生疫情	1.80
有人抢购	12.20		

3. 消费者对国有粮食企业作用的关注

问卷调查结果显示,虽然经过多年改革,国有粮食系统在粮食市场上的份额严重下降,但是,国有粮食系统稳定粮食市场的主渠道作用仍受到消费者关注,有11%的消费者在"国有粮食系统出问题了"的情况下会选择抢购粮食。

(二) 消费者对粮食安全状况的主观判断和粮食购买行为偏好

1. 对粮食安全状况的关注

按照关注程度从高到低依次是"质量放心"、"价格稳定"、"能买到",选择以上三项的消费者比例分别为40.2%、31.2%、28.6%,详见表12-4所示。说明大多数消费者既关注粮食数量安全,又关注粮食质量安全,认为粮食安全是"能买到放心的优质粮食"的消费者比例为73.1%。

2. 消费者对现阶段中国粮食安全状况的主观判断

对粮食安全现状,绝大多数消费者对粮食数量和粮食质量评价为"安全",比例分别为85.6%和87.4%,详见表12-4所示。

3. 消费者购买粮食的行为偏好

在所购买粮食的消费时间长度方面,习惯"吃多少买多少"的消费者人数远远多于"购买可储存1个月以上粮食"的人数,两者比例分别为72.2%和27.8%。在购买粮食质量方面,由于中国市场上粮食质量等级标准不是强制执行并标识的,消费者对质量的掌握主要依靠品牌和包装实现,因此,本书研究以品牌和包装情况衡量粮食质量的差异。调查中,购买小包装粮油的消费者比例达到72.3%,其中,购买普通小包装粮油和名牌优质高价小包装粮油的比例分别为51.4%和20.9%。购买普通散装粮油的消费者比例仅为27.7%。在购买粮食场所方面,习惯在超市和农贸市场购买的消费者比例大体相当,选择在超市购买粮食的消费者比例略高于选择农贸市场。详见表12-4所示。

表12-4　城市消费者对粮食安全状况的关注、判断及粮食购买行为偏好

问题是	选项	比例(%)
对你更关心的粮食安全状况的关注	能买到粮食就行	26.90
	能买到放心的优质粮食	73.10
你对粮食安全状况的主观评价	能买到	28.60
	价格稳定	31.20
	质量放心	40.20

续表

问题是	选项	比例（%）
对粮食数量安全评价	不安全	14.40
	安全	85.60
对粮食质量安全评价	不安全	12.60
	安全	87.40
购买粮食数量	吃多少买多少	72.20
	储存1个月以上	27.80
购买粮食质量	普通散装粮油	27.70
	普通小包装粮油	51.40
	名牌优质高价小包装粮油	20.90
购买粮食场所	超市	54.60
	农贸市场	45.40

综上所述，调查发现，绝大多数城市消费者对粮食安全状况的关注既包括粮食数量安全，也包括粮食质量安全；而且现阶段，大多数消费者有粮食安全感，少数消费者则持怀疑态度，存在粮食不安全感。

从对调查问卷数据的分析可知，中国消费者在大多数情况下都不会抢购粮食。多数消费者对现在粮食质量和政府对粮食供应的保障持放心态度，少部分人不放心或持矛盾心理。价格上涨或粮食供应紧张易引起消费者的抢购行为，还有一部分消费者易受他人影响，如果看到有人抢购粮食会盲目跟从。另外，降价促销、自然灾害等也容易引发部分消费者的抢购行为。

五、实证分析：消费者特征与粮食抢购意愿

（一）变量与模型设定

本部分通过实证模型进一步研究消费者粮食抢购意愿与可能的影响因素之间的关系。根据前面的理论分析和问卷调查结果，将进入模型的解释变量分为四类，即消费者个体特征（GT）、消费者对粮食安全的判断（AQ）、消费者家庭社会经济因素（JJ）和消费者作为购买决策人的购买行为偏好（PH），各个解释变量的定义见表12-5所示；模型的被解释变量为是否会产生粮食抢购意愿。

表 12-5　　　　　　　　　　模型变量定义

变量名称	变量定义
被解释变量	
是否抢购粮食（Y）	消费者是否产生抢购意愿；是 = 1，否 = 0
解释变量	
消费者个体特征（GT）	
性别（x_1）	女 = 1，男 = 0
婚姻状况（x_2）	已婚 = 1，未婚 = 0
文化程度（x_3）	大学及以上 = 1，高中及以下 = 0
家庭结构（x_4）	家庭内是否有 13 岁小孩或 60 岁以上老人；是 = 1，否 = 0；
年龄（x_5）	20 岁以下 = 1，21~25 岁 = 2，26~30 岁 = 3，31~40 岁 = 4，41~50 岁 = 5，51~60 岁 = 6，60~65 岁 = 7，65~70 岁 = 8，70 岁以上 = 9
消费者家庭社会经济因素（JJ）	
职业（x_6）	以"无业"为对照变量，设置三个哑变量：①是否为私人业主变量，是 = 1，其他 = 0；②是否为机关企事业等单位在职员工变量，是 = 1，其他 = 0；③是否退休，是 = 1，其他 = 0
家庭月收入水平（x_7）	家庭收入水平区间：500 元以下 = 1，501~1 000 元 = 2，1 001~2 000 元 = 3，2 001~3 000 元 = 4，3 001~5 000 元 = 5，5 001~10 000 元 = 6，10 000 元以上 = 7
消费者对粮食安全状况的判断（AQ）	
对粮食数量安全评价（x_8）	安全 = 1，不安全 = 0
对粮食质量安全评价（x_9）	安全 = 1，不安全 = 0
消费者作为购买决策人的购买行为偏好（PH）	
是否家庭主要粮食购买者（x_{10}）	是 = 1，不 = 0
购买粮食场所（x_{11}）	农贸市场 = 1，超市 = 0
购买粮食数量（x_{12}）	储存 1 个月以上 = 1，吃多少买多少 = 0
购买粮食质量（x_{13}）	普通散装粮油 = 1，普通小包装粮油 = 2，名牌优质高价小包装粮油 = 3

由此,产生粮食抢购意愿的模型可以用以下函数表示:

$$D_i = F(GT, JJ, AQ, PH) + \varepsilon_i \quad (12-1)$$

式(12-1)中,D_i 表示第 i 个消费者的粮食抢购意愿,ε_i 表示随机干扰项。

式(12-1)的被解释变量为二项选择的离散变量,因此适用于 Logit 概率模型,本文采用二项 Logit 模型,即:

$$prob(Y=1) = \frac{e^{\beta_0 + \beta_1 x_1 + \cdots + \beta_p x_p}}{1 + e^{\beta_0 + \beta_1 x_1 + \cdots + \beta_p x_p}} \quad (12-2)$$

式(12-2)中,Y 表示消费者是否抢购,Y=1 表示"抢购",Y=0 表示"不抢购";x_1,x_2,…,x_p 表示消费者特征变量,是模型中的解释变量(见表12-5);$\beta_k(k=1,\cdots,p)$ 是变量的系数,反映被解释变量对抢购发生概率的影响;p 表示解释变量的个数。

根据计量经济学理论,需要对式(12-2)进行极大似然估计以求得系数的估计值。式(12-2)的对数似然函数为:

$$LnL = \sum_{i=1}^{n} \{Y_i \ln[prob(Y_i=1)] + (1-Y_i)\ln[prob(Y_i=0)]\} \quad (12-3)$$

对式(12-3)进行极大化处理便可求出系数的估计值。

从上表描述性统计结果可以看出,见表12-6所示:从性别和年龄的角度看,男性且年龄在40岁以上的人粮食抢购意愿较高。文化程度低的抢购意愿会更强烈。就一个家庭而言,已婚且家庭月平均收入在2 000元以下,有老人和小孩的家庭抢购意愿更高。从统计结果发现,消费者对国家粮食安全的评价普遍较高,均值都在0.85左右。描述性统计结果还显示,我国消费者购买粮食主要以家庭为单位,购买数量一般都以应付短期需求为主,购买地点也不固定,购买产品的质量也普遍集中于普通包装粮油。

表12-6　　　　　　　　　变量的描述性统计

变量名称	均值	标准差	最小值	最大值
是否抢购粮食（Y）	0.284	0.451	0	1
性别（x_1）	0.489	0.5	0	1
婚姻状况（x_2）	0.878	0.327	0	1
文化程度（x_3）	0.388	0.488	0	1
家庭结构（x_4）	0.662	0.473	0	1
年龄（x_5）	4.314	1.458	1	9
职业（x_6）	无业（9.48%）私人业主（11.798%）,在职人员（71.45%）,退休人员（7.29%）			

续表

变量名称	均值	标准差	最小值	最大值
家庭月收入水平（x_7）	3.31	1.285	1	7
对粮食数量安全评价（x_8）	0.856	0.351	0	1
对粮食质量安全评价（x_9）	0.874	0.332	0	1
是否家庭主要粮食购买者（x_{10}）	0.759	0.428	0	1
购买粮食场所（x_{11}）	0.454	0.498	0	1
购买粮食数量（x_{12}）	0.278	0.448	0	1
购买粮食质量（x_{13}）	1.93	0.694	1	3

（二）实证结果分析

本书应用 Stata 11 软件对 823 个有效样本的数据进行了二项 Logit 模型回归检验，结果见表 12-7 所示。整体模型的 χ^2 检验值为 32.17，显著性水平达到 0.003，Pseudo R^2 为 0.033，说明模型估计在整体上是显著的。下面具体分析各因素对消费者粮食抢购意愿的影响。

1. 在消费者个体特征因素方面

调查数据显示，男性相对于女性更倾向于抢购粮食；已婚者相对于未婚者更倾向于抢购粮食；文化程度越高，消费者越不倾向于抢购粮食；家庭里有 13 岁以下小孩或 60 岁以上老人的消费者，更不倾向于抢购粮食。但是，上述变量的影响效应缺乏统计上的显著性。被调查者年龄越大，越倾向于抢购粮食，这个变量非常显著。这可能是由于年龄越大者，越具有风险规避意识，越容易受突发状况影响；或者是由于受以往经历过的粮食供给短缺现象影响较深，对于粮食紧张或粮价上涨较敏感。

2. 在消费者家庭社会经济因素方面

调查数据显示，与无业人员相比，私人业主粮食抢购意愿较高，而在职人员、退休人员粮食抢购意愿较弱。但是，上述变量的影响在统计上不具显著性。家庭收入水平变量对粮食抢购意愿的影响非常显著且方向为负，说明家庭收入水平越高的家庭，越不可能抢购粮食。这可能是因为，较高收入群体粮食消费支出占全部食品支出的比例，比较低收入群体要低得多，而且高收入群体的食品结构更加多样化，他们对主要粮食的收入和价格需求弹性要低得多，因而相应降低了对粮食危机的敏感性。

3. 在消费者对粮食安全状况的判断方面

调查数据显示，对粮食数量安全评价不太乐观的消费者更可能抢购粮食；类似的,对粮食质量安全评价较低的消费者也更倾向于抢购粮食。但是,上述变量的影响不具有统计上的显著性。

4. 在消费者作为购买决策人的购买行为偏好方面

统计检验显示,购买粮食数量对粮食抢购意愿有显著的影响,相对于购买"储存 1 个月以上"粮食的消费者,购买习惯为"吃多少买多少"的消费者,更倾向于抢购粮食。这显然是因为家庭没有粮食储备的消费者,为防范粮食短缺或涨价风险,在突发事件影响下极易产生抢购冲动。

表 12-7 消费者粮食抢购意愿影响因素的 Logit 模型估计结果

变量名	回归系数	z 值	显著性水平
消费者个体特征（GT）			
性别（x_1）	-0.062	-0.372	0.713
婚姻状况（x_2）	0.243	0.813	0.415
文化程度（x_3）	-0.061	-0.304	0.761
家庭结构（x_4）	-0.057	-0.321	0.748
年龄（x_5）	0.224***	3.348	0.001
家庭社会经济因素（JJ）			
职业（x_6）			
私人业主	0.042	0.113	0.914
在职员工	-0.164	-0.540	0.590
退休人员	-0.583	-1.341	0.180
家庭收入水平（x_7）	-0.193***	-2.652	0.008
消费者对粮食安全状况的判断（AQ）			
对粮食数量安全判断（x_8）	-0.417	-1.364	0.172
对粮食质量安全判断（x_9）	-0.071	-0.238	0.838
消费者作为购买决策人的购买行为偏好（PH）			
是否家庭主要粮食购买者（x_{10}）	-0.102	-0.507	0.610
购买粮食场所（x_{11}）	-0.207	-1.131	0.257
购买粮食数量（x_{12}）	-0.413**	-2.124	0.034
购买粮食质量（x_{13}）	-0.114	-0.869	0.386
常数项	-0.695	-1.126	0.257
LR χ^2 (20) = 32.173　　Pseudo R^2 = 0.033　　Prob > χ^2 = 0.003			

注:*、**和***分别表示 10%、5% 和 1% 的显著性水平。

六、简单结论

第一,突发事件下发生的粮食抢购现象,在一定范围内会对粮食安全造成严重冲击,形成短时期内、局部地区的粮食供给严重短缺,从而引发粮食领域的公共危机,应当引起政府高度重视。

第二,粮食抢购事件具有触发因素的复杂性、影响范围的广泛性、冲击的连锁性、控制的应急性等特征,通常难以预测,极易对经济、社会产生放大效应和连锁效应,必须在尽量短的时间内予以消除。

第三,对消费者是否存在粮食抢购意愿及其原因的调查发现,23.3%的被调查者在任何情况都不会参与粮食抢购,76.4%的消费者则关注粮油价格走势、粮食信息的透明度和政府对粮食安全的态度等因素,以此为依据决定自己是否参与粮食抢购。72.2%的被调查者家庭无储粮习惯,在突发事件下容易产生抢购冲动。因此,维护粮食价格合理稳定、增加粮食信息透明度、政府提高粮食安全的重视程度,有助于消除消费者的粮食抢购意愿。

第四,调查数据和统计检验证实,消费者年龄、家庭收入水平和粮食购买数量,对其粮食抢购意愿有显著影响。因此,政府在有关粮食安全及应急管理的政策措施方面,应当重点关注老年人、低收入家庭和无储存粮食习惯的群体。此外,还应当禁止以吸引老年人和低收入群体为主的粮油低价"抢购"促销活动,注意发挥国有粮食企业、超市在应对粮食抢购中的积极作用,避免粮食抢购造成个人家庭和社会损失。

第五节 粮食公共危机预警、分级与管理原则

对我国粮食公共危机进行预警与分级是一个比较复杂的系统工程。从我国粮食应急管理的现状来看,首先,需要对结合宏观粮食供求矛盾形势对特定区域的粮食安全状况作出评估;其次,根据国家总体应急要求,从粮食公共危机的特点出发,制定出危机的级别并及时发出预警信息。

一、特定区域粮食安全状况的评估

（一）评估模型

粮食公共危机爆发的高风险区，是大中城市或自然灾害突发区。作为特定区域，其粮食安全状况的评估可以通过建立以下模型来进行：

$$\frac{S_i}{D_j} \geq \alpha,\ 0 < \alpha < 1$$

其中：

S_i 为粮食总供给，$i = 1, 2, \cdots, m$，为各项可供粮食供应子系统序列，如粮食储备数量、粮食加工能力、粮食运输能力、粮食供给能力等。正常情况下的粮食总供给，包括当地居民的家庭储备、商业周转储备和各级政府储备。在公共突发事件的冲击下，影响粮食总供给的一个或多个子系统可能失去功能、陷于瘫痪，此时虽然在当地有粮食，却有相当数量不能转换为有效的粮食供给。如在大地震中的重灾区，农户家庭粮食无法加工启用，当地政府储备也不能加工成成品粮食供给灾民。此时的有效粮食供给只能依赖重灾区周边的可供紧急调运的粮食数量。从汶川大地震中粮食公共危机管理可以得到的宝贵教训是：确保10天高风险区域消费口粮需要的成品粮油储备是可能化解粮食公共危机的必备生命线。

D_j 为粮食总需求，$j = 1, 2, \cdots, n$，为各项粮食需求子系统序列。正常情况下包括居民口粮需求、饲料和加工转化用粮需求及其他工业用粮需求。一旦发生粮食公共危机，除口粮需求为必须保障的需求外，则其他需求必然根据危机的严重程度和粮食供给的能力情况，暂时停止部分或全部粮食需求消耗，尽全力保人的口粮需求的供应。

α 为粮食安全系数，取值在［0，1］之间。通过纳入不同的粮食供应与需求子系统作为变量，可以对粮食供需平衡情况进行动态监测。

（二）科学判定粮食安全等级

根据各种不同情况下 $S_i - D_j$ 的不同数值区间，判定粮食安全等级分为四种不同程度的类型。我国是一个拥有近14亿庞大人口的粮食消费大国，根据历史上粮食自给率与粮食市场波动的规律，我们提出以下粮食安全的等级划分和判定标准：

（1）当 $\alpha > 1$ 时，社会粮食供求关系是供大于求，市场粮食供给宽松、充足,甚至有过剩现象;粮食价格低迷;此时是粮食安全状态。

(2) 当 $0.95 < \alpha < 1$ 时,社会粮食供求关系是轻微供小于求,市场粮食供应量有所减少;粮食价格缓慢上涨。但可以采取储备调剂、挖库存以及适度的国际市场进口调节等一个或一个以上的措施来实现总体平衡,是供求平衡但偏紧;此时是粮食紧安全状态。

(3) 当 $0.90 < \alpha < 1$ 时,社会粮食供求关系是轻度供小于求,市场粮食供应量显著减少;粮食价格明显上涨。通过采取储备调剂、挖库存以及适度的国际市场进口调节等一个或一个以上的措施,可以基本实现总体平衡,是供求平衡但偏紧;此时是供求轻度失衡;粮食欠安全状态。

(4) 当 $\alpha < 0.90$ 时。社会粮食供求关系是严重供不应求;通过采取储备调剂、挖库存以及适度的国际市场进口调节等一个或一个以上的措施,仍然不能实现总体平衡,供求严重失衡。此时属于粮食不安全状态。

以上是对我国整体粮食安全状况判断的设计,对特定可能的粮食公共危机高风险区域的粮食安全状况、等级评估,可以比照进行。

二、粮食公共危机分级

根据国务院《国家突发公共事件总体应急预案》确定粮食公共危机的分级。

在上述四种粮食安全等级下发生粮食安全公共事件的概率是不同的,由此需要在危机触发机制模型和安全等级评估模型的基础上建立预警决策模型。当抢购达到一定时间和范围引起的粮食供应数量、粮食价格的变化时,可以运用差分法对危机造成直接经济价值的变化进行计算。根据得出的预测分析结果,将粮食安全的预警级别划分为四级:Ⅰ级(特别严重)、Ⅱ级(严重)、Ⅲ级(较重)和Ⅳ级(一般),提供国家有关部门决策参考。详见表12-8所示。

表12-8　　　　　　　粮食公共危机分级

粮食安全等级	粮食安全状态（供给宽松）	粮食紧安全状态（供求平衡偏紧）	粮食欠安全状态（供求轻度失衡）	粮食不安全状态（供求严重失衡）
粮食预警级别		Ⅳ级（一般）	Ⅲ级（较重）	Ⅱ级（严重）或Ⅰ级（特别严重）
粮食公共危机等级		偶然性 Ⅳ级（一般）	局部爆发 Ⅲ级（较重）	全市或大区域爆发 Ⅱ级（严重）或Ⅰ级（特别严重）

续表

粮食安全等级	粮食安全状态（供给宽松）	粮食紧安全状态（供求平衡偏紧）	粮食欠安全状态（供求轻度失衡）	粮食不安全状态（供求严重失衡）
持续时间	当天	3 天以内	3～5 天	5 天以上
警戒等级	绿色灯	黄色灯	橙色灯	红色灯

三、粮食公共危机管理原则

根据粮食安全和公共危机管理的经验，政府对粮食公共危机管理应遵循以下五条基本原则。

（一）以人为本，维护稳定

维护突发事件下粮食安全和市场稳定、经济社会稳定是根本原则。突发事件下的一切危机处置措施，都必须体现以人为本的根本原则。处置措施中应当高度重视维护每一个受到突发事件影响的人的粮食安全，确保人人有饭吃，不发生生活困难，以维护经济稳定发展和社会秩序安定祥和，实现危机管理的主要目标。

（二）分类管理，科学处置

根据突发事件下粮食供求关系变化的特征、原因和受冲击群众的特征、需求，进行分类管理、科学处置。对属于供给失灵引发的粮食公共危机和群众抢购引发的粮食公共危机，主要应当由政府以公共物品无偿、足额地保证供应；对属于群众抢购引发的粮食公共危机和经营者囤积居奇引发的粮食市场波动，政府主要应当纠正突发事件形成的市场扭曲，以恢复市场机制正常配置粮食资源的功能。同时，建立特殊人群的定向目标补贴或粮食救济支持帮助制度。

（三）分级负责，预防为主

建立常态化的危机管控机制体系，实行分级负责，预防为主的原则。由于中国人口众多、幅员广大、自然环境差异大等复杂原因，应当完善现行的粮食省长负责制为各级行政首长责任制，强化各级政府、特别是县级政府的粮食安全责任，纳入政府政务目标考核。本级政府内的粮食公共危机或突发事件，由本级政府负责处置。跨行政区域或本级政府无能力条件处置的，以及上级政府认为有必要的，再依次由市、省、国务院指挥进行应急处置。

各级政府都要建立和完善常态化的粮食公共危机管控机制和体系，实施预防为主的防范政策。要完善粮食应急体系，保障薄弱地区、困难群体和应急状态下的粮食供应。其中包括建立粮食应急良种储备系统，确保特殊时期恢复粮食生产时的种源供应；建立粮食应急生产补贴制度，对参与粮食应急生产的农户进行补贴，促进粮食生产。在重大自然灾害、重大疫情或者其他突发公共事件引起的粮食市场供求异常波动时，确保粮食市场供应，保持粮价基本稳定。除了要制定和完善各级粮食应急预案，必须完善应急监测体系，及时准确把握粮食市场行情。同时，必须加快建立重大自然灾害类公共事件后农田恢复能力建设、粮食生产加工物流体系建设的应急补助机制，尽快恢复生产能力。

（四）快速反应，协同应对

充分调动各相关政府部门和市场主体的积极性和自觉性，实行快速反应，协同应对的原则。加强以属地管理为主的粮食公共危机管理队伍建设，建立相关部门之间的联动协调制度，充分动员和发挥乡镇、社区、企事业单位、社会团体和志愿者队伍的作用，依靠公众力量，形成统一指挥、反应灵敏、功能齐全、协调有序、运转高效的粮食公共危机应急管理机制。企业要承担粮食安全的社会责任和义务，防范企业利用突发事件谋取非法暴利的道德风险。企业应该做到严格执行国家的价格政策，不囤积居奇，不哄抬价格。群众要积极主动配合政府危机管制措施，不参与非理性粮食抢购活动，不做出不利于突发事件下社会粮食安全的行为。

（五）完善制度，依法规范

加快粮食公共危机管理立法和制度建设，实行依法规范的原则。依据突发事件下粮食公共危机的特点，国家和省级立法机关和相关部门，应当加快粮食公共危机立法和制度规范建设工作。根据有关法律和行政法规，加强应急管理，维护公众的合法权益，使应对突发粮食公共事件和粮食公共危机的工作规范化、制度化、法制化，切实有效地维护国家社会粮食安全。

第六节　粮食公共危机产生的原因与防范、管理的对策

一、粮食公共危机产生的原因

虽然粮食公共危机存在一些偶然性突发诱因，但这些偶然因素之所以能引发

粮食公共危机，有其深刻的原因。通过对近年来我国发生的粮食公共事件的总结，粮食公共危机产生的深层次原因可以归纳如下。

（一）粮食供求宏观形势的紧平衡：粮食公共危机产生的宏观背景

2004年以来，国家粮食局提出了我国粮食供求关系将长期处于"紧平衡"态势的判断，深刻揭示了我国在未来较长时期内的粮食供求趋紧的形势。在粮食供求形势发生重大转折的新时期，我国粮食公共安全问题日益突出。2008年7月2日，国务院常务会议讨论并原则通过《国家粮食安全中长期规划纲要》（以下简称《纲要》）和《吉林省增产百亿斤商品粮能力建设总体规划》。《纲要》将保障国家粮食安全问题重新定义为中长期的战略规划，是在连续五年中央一号文件支持农业之后，在战略规划上进一步明晰农业及粮食问题的重要地位。《纲要》判断我国粮食供需将长期处于紧平衡状态，保障粮食安全面临严峻挑战，受耕地减少、水资源短缺、气候变化等因素的约束，我国粮食供应能力较为脆弱，过度开发、施肥不当等造成地力被透支。因此，我国粮食供需将长期处于"脆弱的紧平衡"状态。

（二）政府粮食公共危机管理意识不强：产生粮食公共危机的意识根源

20世纪末以来，我国粮食供给较充足，市场粮价持续低迷，使部分地方政府领导忽视了粮食安全，甚至将本地区的粮食安全问题视为"伪命题"。错误地认为只要全国粮食安全供给处于安全状态，本地区就不会出现粮食安全问题。一旦当地粮食紧张，便寄希望于通过上级或中央政府的干预、帮助来解决。从已经发生的粮食公共危机管理实践来看，主要表现为政府粮食公共危机管理意识不强，思想上重视不够，资金上保障不力，物资保障不落实，不适应危机管理需要。

（三）社会心理预期的形成：粮食公共危机产生的温床

粮食公共危机的主要表现是出现粮食抢购风。粮食抢购发生的各种条件属于各种不同的随机事件，但最根本的原因是存在一个抢购者群体。这个群体的产生是因为形成了一群拥有相同的粮食短缺、粮价上涨的共同的心理预期。一旦形成这种共同的心理预期的群众达到一定规模，并且由于突发事件的爆发，同时采取抢购粮食的行动，就会引发粮食公共安全事件，进而演变成粮食公共危机。由于前述的粮食供求形势趋紧和紧平衡的脆弱性，极易产生粮食短缺和粮价上涨的社会心理预期，形成危机产生的温床。

（四）突发性事件的出现：粮食公共危机产生的诱因

自然灾害、其他公共危机事件和农产品供给紧张、价格上涨以及其他偶然性事件，都可能引起以粮食抢购为主要特征的粮食公共安全事件。其产生机理是众多的偶发性事件导致部分人群心理预期的剧烈波动，从而引发粮食公共安全事件。因此，突发性事件的出现是粮食公共危机产生的诱因。

（五）粮食供应链的波动、断裂：粮食公共危机产生的突破口

粮食供给系统就是一个粮食供应链上各企业及其他相关社会主体活动的整体集成，其组成包括粮食产销衔接管理系统、粮食供给组织管理系统，等等。一旦供应链中的某个环节出现波动甚至断裂，就会对上、下游的相关环节产生冲击，导致正常的粮食供给被破坏，突出表现在粮食储备结构不合理、储备数量不足，或者加工、运输能力不足等。粮食公共危机爆发的原因是深层次的，深层次的能量一直积蓄在某些环节，通常情况下没有找到爆发的机会。但在外部社会性事件的诱导下，从最薄弱的环节突破，从而爆发粮食公共危机。

（六）政府粮食储备不足、结构不合理：粮食公共危机产生的物质根源

1. 政府粮食储备数量不足且存在虚库现象

储备是保证市场供给稳定的基本条件，中央对粮食储备数量有明确的要求，即"产区3个月、销区6个月"。然而，有些地方并未认真落实中央的要求。地方政府的粮食储备数量不足，这在销区特别突出。现行粮食储备制度要求地方财政配套储备费用，保证库存充足。但由于粮食储备需要占用大量财政资金，为了尽量压低粮食库存，有些地方甚至以"存钱"代替存粮。例如，某大城市确定该市粮食储备规模为10万吨，但其实只储备了5万吨粮食，另外再"储备"了可购5万吨粮食的货币。表现在粮食部门的数据上完成了粮食储备任务，而实际上这些"粮食"的相当部分，还以资金形态躺在财政和金融机构的账户上（这笔资金往往被挪用）。这是造成国家特别是地方粮食储备不实的重要原因之一。一旦本地区发生粮食公共危机，就将面临无粮可调、难以及时实施应急处置的困境。

2. 粮食储备结构不合理

一些地方不但粮食储备数量不足、不实，而且粮食储备结构也不合理。粮食

公共危机爆发后往往需要迅速提供能直接消费的成品粮油。但长期以来，我国的粮食储备是以原粮为主，缺乏满足应急需要的成品粮油，特别是小包装粮油产品。此问题在政府相关部门之间争议多年未有定论。直到 2007 年 12 月 11 日，国家粮食局等五部委发出通知，要求京、津、沪等 36 个大中城市及敏感地区，地方储备中要确保可供市场 10 天以上的成品粮油应急储备，包括部分小包装成品粮油，以保证应急需要。但仍有一些地区没有落实，在随之而来的南方雪灾和汶川大地震中，成品粮油储备缺乏的后果便充分表现了出来。

（七）政府应急保障载体缺失：粮食公共危机产生的重要因素

粮食供应链包括原粮加工、运输及销售网络等环节，是市场粮食供应的物质保障基础。自从 1998 年的粮改以来，为适应对政策性粮食封闭运行的需要，大量国有粮食企业被强制改制成单一的粮食收购储存企业，大批良好的加工企业被剥离出去；而为了筹集改革成本对国有粮食职工分流减人，大批具有良好商业价值的粮食供应站被拍卖，现有的城市粮食供应主要依靠农贸市场和大型超市。大量国有粮食加工企业和粮食供应站被拍卖或剥离，导致国有粮食系统的危机干预能力被大大削弱。国家能够掌握的加工体系、供给体系十分薄弱。政府失去了原本能够掌握的应急保障载体。突出表现是在 2008 年的南方雪灾中，安徽、江西、湖北、湖南、广东、广西、四川、贵州等地国有粮食部门纷纷紧急采购柴油机加工大米应急，一些私营的现代化粮油加工企业没有发挥应有的作用。汶川大地震中，个别特重灾区基本依靠外来的救灾粮食发放，在灾后 3 个月，部分地区仍未恢复正常的粮食市场供应。

近年来粮食公共危机发生地区的案例告诉我们，对危机的干预仍然要依靠国有粮食系统。凡是粮食供应链保障能力弱的地区，都与国有粮食供给主渠道力量不强有较大关系。

（八）现行粮食管理制度的不完善：粮食公共危机产生的制度根源

粮食公共危机产生的背后，往往存在深刻的制度因素。一是粮食管理制度不适应危机管理的要求。2004 年以来，国家在粮食市场化改革的同时，开始建立面向全社会的粮食流通管理法规。但在粮食管理制度设计上偏重宏观调控而忽视了公共危机管理，存在以宏观调控取代危机管理的问题。二是粮食行政首长负责制难以落实。现行粮食省长负责制演化成对各级政府层层分解责任的做法，致使粮食储备不实、不足、不合理。三是粮食市场监管体制太复杂。粮食市场执法主体涉及到粮食、工商、质监、卫生、物价等多个部门，采取铁路警察各管一段的办法，执法效率低，扯皮现象多，相互协调难。这些制度性因素，难以适应粮食公共危机管理的需要。

二、粮食公共危机防范与管理的对策

当前，我国对粮食公共事件危机的有关理论和政策问题的研究还十分薄弱，在相当部分的地方党政领导中，普遍存在忽视粮食公共危机管理的现象。因此，在思想上重视粮食公共危机管理，实为当务之急。理论界应当加强粮食公共危机管理理论与政策方面的研究，特别是粮食公共危机的触发机制、演变规律及危机管控的对策研究。而各级党政领导和各相关部门，则必须将粮食公共危机管理作为粮食安全的重要内容，树立并增强粮食公共危机管理的意识，完善相关法律法规和配套制度建设，提高政府应对粮食公共危机的处置能力。

（一）增强政府粮食应急管理能力

政府的粮食应急管理能力主要体现在调配粮源、应急加工、运输、供应四个子系统的保障能力。这些系统必须在粮食公共危机发生之前建立健全并完善应急预案、建立合理的运行机制，重中之重又是粮食储备和供应载体的问题。

1. 应急储备保障能力

完善粮食储备体系建设，合理调整储备结构，落实储备数量。实现粮食储备由单一宏观调控向宏观调控与应急保障并重转变。一是完善空间布局。对粮食储备库点进行合理布局，在粮食产区、销区、大中城市及其他粮食安全高危区都要在合理、经济、高效的原则下进行布点。二是合理调整粮食储备品种结构。除原粮外，各级地方政府必须储备当地消费量10天以上的小包装成品粮油，维护粮食公共事件的生命线不失守。

2. 应急加工保障能力

由政府指定一部分加工能力强的大中型粮食加工厂，负责应急粮食的快速加工。结合粮食产业化发展和国家粮食宏观调控的需要，每个县级以上人民政府至少要掌握一个国有独资或政府控股的粮食加工企业，作为粮食宏观调控和应急保障的不可独缺的载体。

3. 应急调运保障能力

由交通、粮食部门通过招标方式确定一部分经营信誉好、运力调度能力强的运输企业，作为应急运输定点企业。在发生粮食公共事件时，委托其承担应急运输任务。

4. 应急供应保障能力

按照现代物流的要求，由政府指定部分商场、超市、连锁店、便民店、军粮供应点作为应急供应点。布点要合理，切实方便消费者购买。大中城市粮食部门要结合现代粮食物流业的发展，以市场经济的方式大力发展国有或国有控股的粮食连锁经营网络，解决国家粮食宏观调控和应急保障缺乏供应载体的问题。

（二）健全粮食安全及危机监测预警网络系统

建立粮食安全及危机监测预警体系是粮食市场化条件下政府实施有效宏观调控的迫切需要。随着我国粮食流通体制改革的不断深化，粮食购销市场已全面放开。但目前我国的粮食市场体系尚不完善，管理滞后，通过市场有效配置粮食资源的效率还十分低下，与大市场、大流通的市场体系还有相当的距离。政府的粮食宏观调控职能还不能完全依赖这种市场机制去运作。因此，必须加强粮食公共事件管理，完善粮食市场运行应急预警体系，提高粮食公共事件的应对能力。

在粮食购销市场全面放开的情况下，建立一套统一指挥、职责分明、高效灵敏、保障有力的粮食应急预警体系已显得十分迫切，粮食应急预警体系按照统一领导、分级负责，科学监测、预防为主，以及反应及时、处置果断的原则。建立由国家、省、市、县四级粮食监测预警系统。各级粮食行政管理机关为预警责任部门，负责做好国内外、省（地区）内外有关信息的采集、整理、分析、预测，当市场出现异常波动时，立即发出预警信号给指挥系统，由总指挥决策实施宏观调控。特别要加强对重大自然灾害和其他突发公共事件的跟踪监测，出现紧急情况随时报告。市场粮食价格预警预报体系应以初级批发市场（贸易市场）价格采集反馈系统为基础，以区域性和国家级批发市场为核心，以期货交易市场价格为先导，通过粮油信息中心体系和中介组织构建市场粮食价格预警预报信息主流和信息载体，使市场粮价预警预报体系真正发挥引导生产和消费的作用。

（三）大力发展粮食物流业

粮食物流业在粮食产业链中发挥承上启下的耦合作用，变传统的粮食流通为现代流通，对整合粮食产业链保障国家粮食安全有着重要的作用。

1. 支持现代粮食物流体系建设

加快培育粮食物流的市场主体，抓好国家粮食物流通道和物流节点规划建设，通过合理布局，实施重点突破，整合现有资源，利用先进技术，鼓励和吸收多种经济成分参与物流园区建设，在园区内形成企业集聚和产业集群，形成现代粮食流通产业核心竞争优势。

2. 制定发展现代粮食流通产业政策

产业政策是发展现代粮食流通产业的组成部分，粮食产业是弱质产业，而需要制定强有力的切合实际一系列的促进现代粮食流通产业发展的产业政策。包括财政政策、金融政策、行政指导、法律手段，等等。具体而言，政府对现代粮食流通产业的保护、扶持或调整给予财政补贴、减免税收优惠，对产业和企业发展给予资金支持，对银行等相关机构政府部门进行引导，制定支持现代粮食流通产业发展的法律、法规，使之符合现代粮食流通产业政策的要求。

（四）完善对粮食安全高危群体的行为调控措施

由于粮食公共危机的触发机制是以特定人群的抢购为重要标志，因此应当对容易做出抢购行为的社会群体进行有针对性的关注。针对现阶段我国存在粮食安全的三类高危群体，政府在粮食公共危机管理中应当采取针对性的措施，对其行为进行调控。一是对大中城市中低收入家庭，在必要时，发放粮食实物补贴，粮源可从国家政策性粮食的轮换、处置中解决；二是对具有从众心理的部分人群，政府与新闻媒体要加强宣传，化解疑虑，消除其从众、跟风的心理；三是对特大自然灾害区域的灾民，由国家提供救灾期间所需的口粮，恢复重建期间享受政府优惠政策。

（五）落实粮食公共危机管理的政府责任

政府是公共危机管理的当然责任主体，落实政府对粮食危机管理的责任，是有效预防和及时化解粮食公共危机的核心。政府对粮食危机管理总责任是：高效率开展粮食公共危机管理工作，及时化解危机，将危机的冲击和损失降低到最低限度。具体责任应当包括以下几个方面。

（1）健全粮食应急保障体系。特别是建立科学的、合理的、能够适应粮食公共危机管理需要的粮食储备、加工、运输、供应体系，及时改进现存的粮食粮食应急管理能力不足的问题。

（2）建立粮食公共危机预警体系。特别是对粮食公共事件发生后粮食市场运行情况的监测，并及时作出预警。

（3）完善粮食公共事件管理机制。特别是各级政府及政府相关部门的职责划分、统一领导和协调互动的问题。

（4）稳定社会心理预期维护社会安定。主要是建立危机处理的信息公开制度。政府在粮食公共事件或危机出现后，应当及时向社会发布真实信息，稳定社会情绪，特别是避免特定社会群体形成粮食供给不足的心理预期，出现粮食抢购风。

（5）采取行政、经济、法律措施化解危机。经济上采取各种可行措施，努力增加粮食供给，保障市场供应；行政上采取价格干预等措施，维持粮食市场价格稳定；法律上严格执法，打击各种破坏干扰危机管理的违法行为，保持社会秩序稳定。

(六) 建立并完善应急主体的利益保障制度

对政府确定的在粮食公共危机管理中承担粮食加工、运输、供给等应急任务的相关企业、经营者,应当由财政支付相应的成本,并应当由财政每年编列危机管理预算资金。一方面,确保应急体系的加工、运输等环节在危机时刻顺利启动、良好运行;另一方面,理顺经营者与政府的利益关系,规范企业参与行为。

(七) 完善突发事件下粮食危机管理法律制度

采取法律手段维护市场机制的正常运行。建立健全粮食法律、法规、规章、制度体系,以法律形式规范粮食公共危机管理,措施形成防范粮食公共事件的合理分担机制。国家建立统一领导、分级负责、属地管理为主的粮食应急管理体制。对不同等级的粮食应急状态,由中央和地方各级人民政府按照粮食事权职责处置应对。政府应当依靠法律措施严厉打击囤积居奇、哄抬物价、串谋涨价的不法厂商处以重罚,遏制其扰乱市场秩序的不法行为。例如,根据现有法律法规,政府可以对串谋涨价的处以正常价格 5～10 倍的罚款,对囤积正常销售量 30%以上的厂商给予囤积部分 1～5 倍市场价格的重罚,强制厂商保持正常的销售水平。通过以上手段控制供给减少的幅度,保证市场的基本供给能力。

第七节 粮食公共危机管理立法建议

中国对突发事件下的公共危机管理十分重视。国家立法、国务院和各部门均制定了相关的突发事件应急预案。但是,突发事件下的粮食公共危机应急管理工作才刚刚起步。粮食公共危机的有关理论和政策问题的研究还十分薄弱,在相当部分的地方党政领导中,普遍存在忽视粮食公共危机管理的现象。因此,在思想上重视粮食公共危机管理,实为当务之急。理论界应当加强粮食公共危机管理理论与政策方面的研究,特别是粮食公共危机的触发机制、演变规律及危机管控的对策研究。而各级党政领导和各相关部门,则必须将粮食公共危机管理作为粮食安全的重要内容,树立并增强粮食公共危机管理的意识,完善相关法律法规和配套制度建设,提高政府应对粮食公共危机的处置能力,切实维护国家粮食安全,保障经济平衡持续健康发展,保护社会和谐安定。

参考文献

[1] 国务院发展研究中心课题组：《我国粮食生产能力与供求平衡的整体性战略框架》，载《改革》2009年第6期，第3~35页。

[2] 樊胜根、Mercedita Sombilla：《中国未来粮食供求预测的差别》，载《中国农村观察》1997年第3期，第17~35页。

[3] 程国强、周应华、王济民、史照林：《中国饲料供给与需求的估计》，载《农业经济问题》1997年第5期，第25~29页。

[4] 刘静义、温天舜、王明俊：《中国粮食需求预测研究》，载《西北农业大学学报》1996年第6期，第59~64页。

[5] 肖国安：《未来十年中国粮食供求预测》，载《中国农村经济》2002年第7期，第9~14页。

[6] 李波、张俊飚、李海鹏：《我国中长期粮食需求分析及预测》，载《中国稻米》2008年第3期，第23~25页。

[7] 骆建忠：《基于营养目标的粮食消费需求研究》，中国农业科学院博士论文，2008年。

[8] 中国粮食行业协会、中国粮食经济学会、中国粮食行业协会大米分会课题组：《稻谷是国家粮食安全的重中之重》，2008年。

[9] 中华人民共和国卫生部、中华人民共和国科学技术部、中华人民共和国国家统计局：《中国居民营养与健康现状》，2004年。

[10] 姜风、孙瑾：《对当前中国粮食需求的中长期预测方法研究》，载《经济与管理研究》2007年第9期，第46~50页。

[11] 国家粮食局外事司课题组：《世界粮食供求现状、趋势和对策研究》，载《粮食经济研究》2004年第2期，第39~53页。

[12] 程国强、陈良彪：《中国粮食需求的长期趋势》，载《中国农村观察》1998年第3期，第1~11页。

[13] 刘爱民、于潇萌、李燕玲：《基于供求平衡表的大豆市场预警分析及

模拟》，载《自然资源学报》2009 年第 3 期，第 423～430 页。

[14] 徐翔：《中国粮食需求与供给预测》，载《南京农业大学学报》1993 年第 3 期，第 91～96 页。

[15] 陆伟国：《对我国饲料用粮数量的测算》，载《中国粮食经济》1997 年第 3 期，第 38～40 页。

[16] 隆国强：《大国开放中的粮食流通》，中国发展出版社 1999 年版。

[17] 中国营养学会：《中国居民膳食指南》(2007)，西藏人民出版社 2008 年版。

[18] 国务院：《人口发展"十一五"和 2020 年规划》（国办发 [2006] 107 号），2006 年。

[19] 胡小平、郭晓慧：《2020 年中国粮食需求结构分析及预测——基于营养标准的视角》，载《中国农村经济》2010 年第 6 期，第 4～15 页。

[20] 孙梅君：《新的粮食安全观与新的宏观调控目标》，载《调研世界》2004 年第 8 期，第 4 页。

[21] 张毅：《发挥比较优势与国家粮食安全的统一》，载《调研世界》2003 年第 3 期，第 22 页。

[22] 《我国有效灌溉面积超 9 亿亩》，载《科技日报》2011 年 11 月 21 日。

[23] 封志明、刘宝勤、杨艳昭：《中国耕地资源数量变化的趋势分析与数据重建：1949～2003》，载《自然资源学报》2005 年第 1 期，第 35～43 页。

[24] 孙兰英：《中国耕地质量之忧：污染土壤占比达 1/5》，载《瞭望》新闻周刊 2010 年 9 月 19 日。

[25] 刘俊文、贾秀春：《耕地——确保粮食安全的基础》，载《调研世界》2004 年第 6 期，第 46 页。

[26] 张凤荣、张迪、安萍莉：《我国耕地后备资源供给量——从经济学适宜性角度分析》，载《中国土地》2002 年第 10 期，第 14～17 页。

[27] 张百平、张雪芹、郑度：《西北干旱区不宜作为我国耕地后备资源基地》，载《干旱区研究》2010 年第 1 期，第 1～5 页。

[28] 张甘霖、吴运金、赵玉国：《基于 SOTER 的中国耕地后备资源自然质量适宜性评价》，载《农业工程学报》2010 年第 4 期，第 1～8 页。

[29] 张迪、张凤荣等：《中国现阶段后备耕地资源经济供给能力分析》，载《资源科学》2004 年第 9 期，第 46～52 页。

[30] 孔庆雨、郑垂勇：《财政农田水利投入的取向研究》，载《南方农村》2006 年第 5 期，第 15～18 页。

[31] 唐忠、李众敏：《改革后农田水利建设投入主体缺失的经济学分析》，

载《农业经济问题》2005年第2期,第34~40页。

[32] 李远华、倪文:《新时期农田水利基本建设的战略思考》,载《中国农村水利水电》2002年第11期,第1~4页。

[33] 赵芝俊:《国家级农技推广项目投资强度及其计算依据探讨》,载《农业技术经济》2001年第4期,第1~7页。

[34] 程式华:《中国超级稻育种研究的创新与发展》,载《沈阳农业大学学报》2007年第38期,第647~651页。

[35] 柴盈:《中国农村基础设施治理与供给制度创新研究——基于嵌套性规则体系视角的分析》,经济科学出版社2009年版。

[36] 陈秀芝、侯军岐:《我国农村基础设施融资方式创新初探》,载《农业经济》2004年第5期,第37~38页。

[37] 陈昌春、黄贤金:《灌区农业节水与土地可持续利用研究》,载《干旱地区农业研究》2004年第4期,第135~143页。

[38] 郭瑞萍:《我国农村公共产品供给制度研究》,中国社会科学出版社2008年版。

[39] 国务院研究室农村司、水利部农水司联合课题组:《积极稳妥地推进农村小型水利体制改革》,载《中国农村经济》2001年第4期,第49~55页。

[40] 顾斌杰、严家适、罗建华:《建立与完善小型农田水利建设新机制的若干问题》,载《农村水利》2008年第1期,第37~40页。

[41] 胡靖:《中国粮食安全:公共产品属性与长期调控重点》,载《中国农村观察》2000年第4期,第12~15页。

[42] 韩秀兰、阚先学:《山西省农村公共品投入存在的问题及对策》,载《安徽农业科学》2007年第34期,第11285~11287页。

[43] 李远华:《农村饮水安全、大型灌区续建配套与节水改造、大型灌排泵站更新改造项目建设进展情况通报》,中国农村水利网,http://ncsl.mwr.gov.cn,2010-11-18。

[44] 李宗才、韦春生:《对农村小型农田水利设施的思考》,载《合肥师范学院学报》2010年第5期,第30~34页。

[45] 李成贵:《农村基础设施建设:理论、意义和政策》,载《河北职业技术师范学院学报》(社会科学版)2002年第1期,第1~7页。

[46] 李代鑫:《紧紧围绕提高农业综合生产能力全面加强农村水利基础设施建设》,载《中国农村水利水电》2005年第2期,第1~3页。

[47] 刘俊:《从资金来源看中国非营利组织和政府的关系》,载《广西大学学报》(哲学社会科学版)2010年第3期,第24~30页。

[48] 刘艳平：《我国农业基础设施投资存在的问题及对策》，载《农机化研究》2007年第12期，第226~229页。

[49] 刘蕾、崔永超：《农村公共品供给资金的财政保障机制研究》，载《改革与战略》2007年第6期，第77~79页。

[50] 刘铁军等：《小型农田水利设施投资主体缺位原因分析》，载《东北水利水电》2004年第8期，第57~58页。

[51] 卢忠宝、肖杰：《我国农村基础设施建设与管理探讨》，载《北方经济》2006年第10期，第27~28页。

[52] 龙方：《新世纪中国粮食安全问题研究》，中国经济出版社2007年版。

[53] 郎永健、张尚民、李长春：《农业基础设施建设的现状及对策》，载《农村经济》2004年第2期，第81~84页。

[54] 鲁仕宝、黄强等：《农业水利基础设施建设投资主体的信用风险评估》，载《系统工程理论与实践》2010年第7期，第1300~1306页。

[55] 路艳：《论我国当前农田水利建设存在的问题及对策》，载《科技经济市场》2009年第12期，第100~101页。

[56] 林毅夫：《加强农村基础设施建设 启动农村市场》，载《农业经济问题》2000年第7期，第2~3页。

[57] 钱正英、张光斗：《中国可持续发展水资源战略研究》，中国水利水电出版社.2001年版。

[58] 宋洪远、吴仲斌：《推进产权制度与管理体制改革加强小型农田水利基础设施建设》，载《红旗文稿》2007年第23期，第16~19页。

[59] 宋洪远、吴仲斌：《盈利能力、社会资源介入与产权制度改革》，载《中国农村经济》2009年第3期，第4~14页。

[60] 吴群：《耕地质量等级与价格刍议》，载《山东省农业管理干部学院学报》2002年第1期，第32~35页。

[61] 吴光芸、方国雄：《市场失灵、政府失灵与非营利组织失灵及三者互动的公共服务体系》，载《四川行政学院学报》2005年第1期，第19~21页。

[62] 汪希成：《阳光生态工程与我国西北干旱区农田生态环境建设》，载《生态经济》2006年第9期，第100~103页。

[63] 王永莲：《我国农村基础设施融资问题研究》，载《太原理工大学学报》（社会科学版）2005年第4期，第26~31页。

[64] 王仁强、李智勇、岳书铭：《农田水利基础设施建设投入机制研究——基于山东省第二次农业普查资料的分析》，载《水利经济》2010年第2期，第60~65页。

[65] 王兴霞：《对农村小型水利工程现状及改革的思考》，载《中国高新技术企业》2010年第24期，第98~99页。

[66] 夏珺：《基本农田保护面积稳定在15.6亿亩以上耕地保护为粮食安全打牢基础》，国土资源网 http://www.clr.cn/front/read/read.asp，2010-12-6。

[67] 严瑞珍、程漱兰：《经济全球化与中国粮食问题》，中国人民大学出版社2001年版。

[68] 杨林、韩彦平、孙志敏：《公共财政框架下农村基础设施的有效供给》，载《宏观经济研究》2005年第10期，第56~60页。

[69] 张绍强：《大型灌区续建配套与节水改造"十一五"规划》，中国节水灌溉网，www.hwcc.com.cn，2009-9-24。

[70] 张祥晶：《农村人口流动对农田生态建设的影响》，载《西北人口》2004年第2期，第42~46页。

[71] 张珺：《中国农村公共品供给》，社会科学文献出版2008年版。

[72] 张胜凯、盛亚男：《推广节水灌溉技术 加强农业生态建设》，载《价值工程》2010年第27期，第155页。

[73] 赵予新：《粮食核心生产区中小型农田水利设施建设融资问题研究》，载《农村经济与科技》2009年第10期，第67~68页。

[74] 赵乐诗、周玉：《水利基础设施建设是现代农业建设的重要内容》，载《小城镇建设》2007年第4期，第22~23页。

[75] 赵珊：《中国农业水利基本建设资金配置的实证研究》，载《南京农业大学学报》（社会科学版）2007年第3期，第43~49页。

[76] 邹凤羽：《中国粮食生产与粮食安全的长效机制研究》，载《农村经济》2005年第9期，第7~9页。

[77] 中华人民共和国水利部编：《2009年全国水利发展统计公报》2010年第3期，第3页。

[78] 全国超级稻工作会议：推广超级稻和提高农民种田积极性是重点［EB/OL］，中国广播网 http://www.sina.com.cn 2009年6月21日。

[79] 袁隆平：《水稻强化栽培体系》，载《杂交水稻》2001年第16期，第1~3页。

[80] 严小微、邢福能、云勇等：《超级稻强化栽培几个关键技术问题的探讨》，载《福建稻麦科技》2006年第12期，第8~10页。

[81] 胡瑞法、黄季焜：《中国农业技术推广投资的现状及影响》，载《战略与管理》2001年第3期，第25~31页。

[82] 钱永忠：《农技推广体系建设与推广资源合理配置分析》，载《农业科

技管理》2001年第1期，第29~32页。

[83] 何传新、窦敬丽：《当前农业科技推广体系的现状及对策》，载《中国科技产业》2004年第10期，第57~60页。

[84] 樊启洲、郭犹焕：《农业技术推广障碍因素排序的研究》，载《农业技术经济》1999年第2期，第40~42页。

[85] 高启杰：《我国农业推广投资现状与制度改革的研究》，载《农业经济问题》2002年第8期，第27~33页。

[86] 侯军岐、权菊娥：《论粮食生产中的土地规模经济及其利用》，载《西北农业大学学报》1995年第12期，第56~60页。

[87] 国务院研究室课题组：《沿海地区推进农业规模经营的基本思路》，载《管理世界》1996年第1期，第177~186页。

[88] 董杰：《农业产业化与农业适度规模经营》，载《农业经济》2000年第10期，第35~36页。

[89] 张志红、吴少龙：《农业的家庭经营与规模》，载《甘肃行政学院学报》2001年第2期，第58~60页。

[90] 伍业兵：《农业适度规模经营的两条道路及其选择》，载《农业经济》2007年第11期，第34~35页。

[91] 潘宜习：《农业适度规模经营初探》，载《传承》2008年第10期，第46~47页。

[92] 戴晓鹂：《农业规模化经营现存问题的实证分析和对策研究》，载《河南工业大学学报》2008年第3期，第4~8页。

[93] 胡小平：《粮食适度规模经营及其比较效益》，载《中国社会科学》1994年第6期，第36~49页。

[94] 张春霞：《农业的规模经营必须始终把握"适度"二字》，载《福建学刊》1996年第2期，第41~43页。

[95] 程东阳：《走出农业规模经营认识上的误区》，载《社会主义研究》1998年第6期，第74~76页。

[96] 张瑞芝、钱忠好：《农业适度经营规模初探》，载《扬州大学学报》（人文社会科学版）1999年第1期，第74~78页。

[97] 王艳珍、隋欣：《种植业实行规模经营的对策》，载《商业研究》2002年第10期，第70~72页。

[98] 卫新：《浙江省农户土地规模经营实证分析》，载《中国农村经济》2003年第10期，第31~36页。

[99] 冯道杰：《关于发展农业适度规模经营的新探讨》，载《重庆邮电学院

学报》（社会科学版）2004年第5期，第69~70页。

[100] 李莉：《论土地规模经营的内生条件》，载《贵州财经学院学报》2007年第2期，第8~12页。

[101] 金高峰：《大户经营：现代农业规模经营的有效模式》，载《农村经济》2007年第7期，第89~91页。

[102] 张侠、葛向东、彭补拙：《我国土地经营规模的区域差异性分析》，载《人文地理》2003年第1期，第70~74页。

[103] 宋玲妹：《论家庭联产承包责任制下的土地规模经营》，载《河南财政税务高等专科学校学报》2006年第3期，第44~47页。

[104] 胡初枝：《农户土地经营规模对农业生产绩效的影响分析》，载《农业技术经济》2007年第6期，第81~84页。

[105] 唐敏：《组织与制度创新：中国农业第二次飞跃的关键》，载《农业经济问题》1998年第1期，第12~17页。

[106] 李红、苏杰忱：《关于农业家庭经营与规模经营问题的研究》，载《农业经济》2000年第1期，第29~30页。

[107] 郑景骥：《不可否定农业的家庭经营》，载《财经科学》2001年第1期，第87~89页。

[108] 吴志雄、毕美家：《发展农业产业化经营也是发展农业合作经济》，载《农村合作经济经营管理》2001年第9期，第8~10页。

[109] 杨玲：《适度规模的家庭经营是我国农业微观基础改造的目标模式》，载《乡镇经济》2007年第2期，第30~33页。

[110] 商春荣：《我国土地规模经营的制约因素》，载《汕头大学学报》（人文科学版）1997年第4期，第17~22页。

[111] 农村经济课题组：《内地农村土地规模经营问题探析》，载《武汉交通大学学报》1998年第1期，第51~56页。

[112] 李晓明等：《现阶段主产区种粮大户经营状况与发展对策》，载《农业经济问题》2008年第10期，第21~26页。

[113] 曲茂辉：《农村承包经营权改革问题探析》，载《农业经济问题》1998年第3期，第2~8页。

[114] 李莉：《论土地规模经营的内生条件》，载《贵州财经学院学报》2007年第2期，第8~12页。

[115] 柴高潮：《推行土地适度规模经营的时机已经成熟》，载《中国经济时报》2001年12月2日。

[116] 郑建华、罗从清：《我国农村土地适度规模经营的现实条件与对策》，

载《农村经济》2005年第4期,第24~27页。

[117] 王悦洲:《关于农业适度规模经营的思考》,载《农村经济》2003年第9期,第4~6页。

[118] 王磊、翟书斌:《农村土地流转与规模化经营——基于河南省西万村农地"整村流转"模式的思考》,载《中国集体经济》2009年第10期,第5~6页。

[119] 陈东强:《论中国农村的土地集中机制》,载《中国农村经济》1996年第3期,第23~26页。

[120] 孙自铎:《浅析农村土地集中程度滞后于农村劳动力转移速度的原因及对策》,载《安徽农学通报》2008年第14期,第22页。

[121] 陈俊艳等:《我国农村土地承包经营权流转存在的问题及对策》,载《畜牧与饲料科学》2010年第31期,第100~101页。

[122] 周虹升:《我国农村土地集中规模经营的制约因素分析》,载《消费导刊》2010年第7期,第36~38页。

[123] 辛章平、宁海林:《我国土地集中经营面临的问题及对策》,载《广西社会科学》2006年第11期,第57~59页。

[124] 刘歆立:《制约我国土地集中性流转的若干因素分析》,载《湖北农业科学》2010年第10期,第2597~2600页。

[125] 高王凌:《租佃关系新论》,载《中国经济史研究》2005年第3期,第15~24页。

[126] 赖晨:《近代闽赣边区地租率的再探讨》,载《中国集体经济》2007年第9期,第193~194页。

[127] 潘永强:《深入探讨马克思绝对地租率和量的规定理论》,载《福建论坛·经济社会版》2003年第8期,第34~37页。

[128] 周诚:《"农业解困律"概论》,载《中国农村经济》2010年第3期,第55~59页。

[129] 刘明国:《我国农业发展进入新阶段》,载《宏观经济研究》2010年第3期,第38~41页。

[130] 才吉安:《对兰州市农民专业合作社发展情况的调查与分析》,载《调研世界》2009年第12期,第47~48页。

[131] 全国人大农委法案室:《我国当前农民合作经济的基本状况》,载《中国人大》2006年第21期,第16~17页。

[132] 姜长云:《我国农民专业合作组织发展的态势》,载《经济研究参考》2005年第74期,第10~16页。

[133] 郭红东等:《影响农民专业合作社成长的因素分析——基于浙江省部分农民专业合作社的调查》,载《中国农村经济》2009年第8期,第24~31页。

[134] 张晓山:《农民专业合作社的发展趋势探析》,载《管理世界》2009年第5期,第89~96页。

[135] 张晓山:《促进以农产品生产专业户为主体的合作社的发展——以浙江省农民专业合作社的发展为例》,载《中国农村经济》2004年第11期,第4~10页。

[136] 陈红旗:《粮食政策的历史和现实》,载《中国审计》1998年第7期,第51~54页。

[137] 李成贵:《中国的粮食问题(二)——粮改的弯路》,载《粮油加工与食品机械》2005年第6期,第12~14页。

[138] 卢锋:《价格干预稳定性绩效——我国棉花行政定价与供求波动关系的研究(1981~1999)》,载《管理世界》2000年第6期,第136~145页。

[139] 王德文、黄季焜:《双轨制度对中国粮食市场稳定性的影响》,载《管理世界》2001年第6期,第127~134页。

[140] 王双正:《粮食流通体制改革30年:回顾与反思》,载《财贸经济》2008年第11期,第111~124页。

[141] 仰炬、王新奎、耿洪洲:《我国粮食市场政府管制有效性:基于小麦的实证研究》,载《经济研究》2008年第8期,第42~50页。

[142] 张玉香:《加快农业信息化建设 助推现代农业发展》,载《农民日报》2007年10月25日。

[143] 陈锡文:《中国农村改革:回顾与展望》,天津人民出版社1993年版。

[144] 褚保金、许晖:《中国粮食"政策型"波动及政策转型》,载《江海学刊》2005年第6期,第60~64页。

[145] 贺涛:《国外粮食流通体制评价及其启示(一)》,载《粮食科技与经济》2004年第2期,第47~49页。

[146] 贺伟、刘满平:《"十二五"时期我国发展现代粮食流通产业的思考与建议》,载《宏观经济管理》2010年第7期,第22~24页。

[147] 胡非凡、吴松娟:《国内粮食物流研究综述》,载《粮食流通技术》2007年第4期,第1~5页。

[148] 黄延信、韩一军:《股份合作制、收购合同制是搞活粮食流通的有效形式》,载《中国农村经济》2000年第4期,第49~51页。

[149] 冀名峰:《国有粮食企业行为研究》,中国农业大学博士论文,2003年。

［150］柯炳生：《粮食流通体制改革与市场体系建设》，载《中国农村经济》1998年第12期，第25~30页。

［151］李瑞锋、肖海峰：《欧盟、美国和中国的农民直接补贴政策比较研究》，载《世界经济研究》2006年第7期，第79~83页。

［152］厉伟、李志国：《创建农产品经纪人制度与农产品流通》，载《中国农村经济》2000年第2期，第55~57页。

［153］林毅夫：《制度、技术与中国农业发展》，上海三联书店、上海人民出版社1994年版。

［154］刘刚：《外资进入我国粮食流通领域产生的影响及应对措施》，载《中国外资》2008年第11期，第44~45页。

［155］卢凌霄、周应恒：《农产品流通效率衡量的研究：一个文献综述》，载《财贸研究》2008年第6期，第34~38页。

［156］孟菲、傅贤治：《美日农产品流通渠道模式比较及对中国的借鉴》，载《中国农村经济》2007（专刊）第141~146页。

［157］聂振邦：《法国英国瑞典粮食政策演变及对我国深化粮食流通体制改革的几点想法》，载《中国粮食经济》2001年第11期，第4~8页。

［158］秦中春：《中国粮食流通体制：宜管？宜导？宜放？》，载《中国农村经济》2003年第3期，第18~23页。

［159］宋书彬：《农村经济合作组织应成为我国农产品流通的主体》，载《山西农业大学学报》（社会科学版）2005年第4期，第337~339页。

［160］田锡全：《粮食统购统销制度研究的回顾与思考》，载《中国经济史研究》2006年第2期，第98~102页。

［161］王丹莉：《统购统销研究述评》，载《当代中国史研究》2008年第1期，第50~60页。

［162］王德文、黄季焜：《中国粮食流通体制改革：双轨过渡与双轨终结》，载《改革》2001年第4期，第99~106页。

［163］王薇薇、王雅鹏、孙凤莲、叶慧：《跨区域粮食销售市场中各主体利益的协调分析》，载《农业现代化研究》2010年第1期，第5~10页。

［164］伍山林：《中国粮食生产区域特征与成因研究》，载《经济研究》2000年第10期，第38~45页。

［165］夏春玉、薛建强、徐健：《农产品流通：基于网络组织理论的一个分析框架》，载《北京工商大学学报》（社会科学版）2009年第7期，第1~6页。

［166］肖国安：《论粮食流通市场主体培育及市场体系建设》，载《求索》2002年第5期，第26~28页。

[167] 徐振宇：《从博弈的角度看新一轮粮改》，载《中国农村观察》2001年第2期，第47~53页。

[168] 颜波、陈玉中：《粮食流通体制改革30年》，载《中国粮食经济》2009年第3期，第18~25页。

[169] 喻闻、黄季焜：《从大米市场整合程度看我国粮食市场改革》，载《经济研究》1998年第3期，第50~57页。

[170] 赵素丽：《发达国家管理粮食生产和流通的主要经验、做法及启示》，载《宏观经济研究》2005年第6期，第59~63页。

[171] 周祥、徐万彬：《农村流通现代化的路径：大力发展农村合作组织》，载《商场现代化》2007年第8期，第3~4页。

[172] 钟甫宁、朱晶、曹宝明：《粮食市场的改革与全球化：中国粮食安全的另一种选择》，中国农业出版社2004年版。

[173] 高帆：《中国粮食安全的理论研究与实证分析》，上海人民出版社2005年版。

[174] 约翰·马德莱：《贸易与粮食安全》，商务印书馆2005年版。

[175] 戴维·达皮斯：《近在眼前的粮食危机》，载美国《耶鲁全球化》在线杂志；见："外媒：七大因素影响全球粮食安全".新华网，2011年2月28日。

[176] 帕特里克·韦斯特霍夫：《粮价谁决定》，机械工业出版社2011年版。

[177] 马浩博、季建华、何冰：《针对突发事件的供应链管理研究》，载《现代管理科学》2009年第10期，第76~77页。

[178] [美] 丹尼斯·S·米勒蒂（Dennis S. Mileti）编：《人为的灾害》，谭徐明译，湖北人民出版社2008年版。

[179] 吴志华、胡学君：《中国粮食安全研究述评》载《江海学刊》2003年第3期，第69~73页。

[180] 娄源功：《中国粮食安全的宏观分析与比较研究》，载《粮食储藏》2003年第3期，第3~6页。

[181] 闻海燕：《粮食购销市场化与主销区粮食安全体系的构建》，载《粮食问题研究》2003年第2期，第16~18页。

[182] 丁声俊：《目前态势　未来趋势　粮食安全——关于我国粮食安全及其保障体系建设》，载《粮食问题研究》2004年第1期，第15~20页。

[183] 罗叶、胥璞：《从汶川大地震对粮食公共危机管理的思考》，载《粮食问题研究》2008年第4期，第29~31页。

[184] 阿玛蒂亚·森著：《贫困与饥荒——论权利与剥夺》，王宇、王文玉译，商务印书馆2001年版。

[185] 周晓虹：《传播的畸变：对"SARS"传言的一种社会心理学分析》，载《社会学研究》2003年第6期，第43~54页。

[186] 孙多勇：《突发事件下个体抢购物品现象的经济学分析》，载《经济与管理》2006年第11期，第28~31页。

[187] 文贯中、刘愿：《从退堂权的失而复得看"大跃进"饥荒的成因和教训》，载《经济学》（季刊）2010年第3期，第1083~1118页。

[188] 范子英：《关于大饥荒研究中的几个问题》，载《经济学》（季刊）2010年第3期，第1151~1162页。

[189] Alberto Valdes. *Measures of Agricultural Support Policies in Transition Economies*: 1991-1997. *The American Economic Review*, 1999, Vol. 89（May）: 265-70.

[190] Li Y H, Ni W J, Zhang Y X. *Objectives and tasks for developing efficient water use agriculture in China* [J]. *Proceedings of ICID Conference*, Montreal, Canada, 2002.

[191] Lin, Justin Yifu and Yang, Dennis Tao: *Food Availability, Entitlements and the Chinese Famine of 1959-1961*, *The Economic Journal*, 2000: 110（1）: 136-158.

[192] Nicholas Minot. *Effect of transaction costs on supply response and marketed simulations using non-separable household models*. IFPRI, AMSSD Discussion Paper. No. 36（1999）.

[193] Wen, J. Guan zhong. *Total Factor Productivity Change in China's Farming Sector*: 1952-1989, *Economic Development and Cultural Change*, 1993, Vol. 42: 1-41.

[194] Jenny Clegg, 2006, *Rural Cooperatives in China*: *Policy and Practice*, *Journal of Small Business and Enterprise Development*, Volume: 13, Issue: 2; pp. 219-234.

教育部哲学社会科学研究重大课题攻关项目成果出版列表

书　名	首席专家
《马克思主义基础理论若干重大问题研究》	陈先达
《马克思主义理论学科体系建构与建设研究》	张雷声
《马克思主义整体性研究》	逄锦聚
《改革开放以来马克思主义在中国的发展》	顾钰民
《当代中国人精神生活研究》	童世骏
《弘扬与培育民族精神研究》	杨叔子
《当代科学哲学的发展趋势》	郭贵春
《服务型政府建设规律研究》	朱光磊
《地方政府改革与深化行政管理体制改革研究》	沈荣华
《面向知识表示与推理的自然语言逻辑》	鞠实儿
《当代宗教冲突与对话研究》	张志刚
《马克思主义文艺理论中国化研究》	朱立元
《历史题材文学创作重大问题研究》	童庆炳
《现代中西高校公共艺术教育比较研究》	曾繁仁
《西方文论中国化与中国文论建设》	王一川
《楚地出土戰國簡册〔十四種〕》	陳　偉
《近代中国的知识与制度转型》	桑　兵
《京津冀都市圈的崛起与中国经济发展》	周立群
《金融市场全球化下的中国监管体系研究》	曹凤岐
《中国市场经济发展研究》	刘　伟
《全球经济调整中的中国经济增长与宏观调控体系研究》	黄　达
《中国特大都市圈与世界制造业中心研究》	李廉水
《中国产业竞争力研究》	赵彦云
《东北老工业基地资源型城市发展可持续产业问题研究》	宋冬林
《转型时期消费需求升级与产业发展研究》	臧旭恒
《中国金融国际化中的风险防范与金融安全研究》	刘锡良
《中国民营经济制度创新与发展》	李维安
《中国现代服务经济理论与发展战略研究》	陈　宪
《中国转型期的社会风险及公共危机管理研究》	丁烈云
《人文社会科学研究成果评价体系研究》	刘大椿

书　名	首席专家
《中国工业化、城镇化进程中的农村土地问题研究》	曲福田
《东北老工业基地改造与振兴研究》	程　伟
《全面建设小康社会进程中的我国就业发展战略研究》	曾湘泉
《自主创新战略与国际竞争力研究》	吴贵生
《转轨经济中的反行政性垄断与促进竞争政策研究》	于良春
《面向公共服务的电子政务管理体系研究》	孙宝文
《产权理论比较与中国产权制度变革》	黄少安
《中国加入区域经济一体化研究》	黄卫平
《金融体制改革和货币问题研究》	王广谦
《人民币均衡汇率问题研究》	姜波克
《我国土地制度与社会经济协调发展研究》	黄祖辉
《南水北调工程与中部地区经济社会可持续发展研究》	杨云彦
《产业集聚与区域经济协调发展研究》	王　珺
《我国民法典体系问题研究》	王利明
《中国司法制度的基础理论问题研究》	陈光中
《多元化纠纷解决机制与和谐社会的构建》	范　愉
《中国和平发展的重大前沿国际法律问题研究》	曾令良
《中国法制现代化的理论与实践》	徐显明
《农村土地问题立法研究》	陈小君
《知识产权制度变革与发展研究》	吴汉东
《中国能源安全若干法律与政策问题研究》	黄　进
《生活质量的指标构建与现状评价》	周长城
《中国公民人文素质研究》	石亚军
《城市化进程中的重大社会问题及其对策研究》	李　强
《中国农村与农民问题前沿研究》	徐　勇
《西部开发中的人口流动与族际交往研究》	马　戎
《现代农业发展战略研究》	周应恒
《综合交通运输体系研究——认知与建构》	荣朝和
《中国独生子女问题研究》	风笑天
《我国粮食安全保障体系研究》	胡小平
《中国边疆治理研究》	周　平
《边疆多民族地区构建社会主义和谐社会研究》	张先亮

书　名	首席专家
《中国大众媒介的传播效果与公信力研究》	喻国明
《媒介素养：理念、认知、参与》	陆　晔
《创新型国家的知识信息服务体系研究》	胡昌平
《数字信息资源规划、管理与利用研究》	马费成
《新闻传媒发展与建构和谐社会关系研究》	罗以澄
《数字传播技术与媒体产业发展研究》	黄升民
《教育投入、资源配置与人力资本收益》	闵维方
《创新人才与教育创新研究》	林崇德
《中国农村教育发展指标体系研究》	袁桂林
《高校思想政治理论课程建设研究》	顾海良
《网络思想政治教育研究》	张再兴
《高校招生考试制度改革研究》	刘海峰
《基础教育改革与中国教育学理论重建研究》	叶　澜
《公共财政框架下公共教育财政制度研究》	王善迈
《农民工子女问题研究》	袁振国
《当代大学生诚信制度建设及加强大学生思想政治工作研究》	黄蓉生
《处境不利儿童的心理发展现状与教育对策研究》	申继亮
《学习过程与机制研究》	莫　雷
《青少年心理健康素质调查研究》	沈德立
《WTO主要成员贸易政策体系与对策研究》	张汉林
《中国和平发展的国际环境分析》	叶自成
*《中国抗战在世界反法西斯战争中的历史地位》	胡德坤
*《中部崛起过程中的新型工业化研究》	陈晓红
*《中国政治文明与宪法建设》	谢庆奎
*《我国地方法制建设理论与实践研究》	葛洪义
*《我国资源、环境、人口与经济承载能力研究》	邱　东
*《非传统安全合作与中俄关系》	冯绍雷
*《中国的中亚区域经济与能源合作战略研究》	安尼瓦尔·阿木提
*《冷战时期美国重大外交政策研究》	沈志华

……

* 为即将出版图书